ÉDITION SPÉCIALE POUR LES SOUSCRIPTEURS.

LA FOLIE ESPAGNOLE

PAR

PIGAULT-LEBRUN

DESSINS

DE

HADOL

DEGORCE-CADOT, ÉDITEUR
70 *bis*, rue Bonaparte, Paris.

PIGAULT-LEBRUN

LE COUREUR D'AVENTURES

L'HOMME A PROJETS

20 livraisons à **10 cent.** — Dessins avec le texte, défendus par ordonnance ministérielle

Dessins hors texte de **HADOL** et Abel B... vendus séparément **15** centimes

2 Livraisons par semaine

A. DEGORCE-CADOT, ÉDITEUR A PARIS

1167. — Boulogne (Seine). — Imp. JULES BOYER et Cie.

LES ROMANS ULTRA-COMIQUES ILLUSTRÉS

LA FOLIE ESPAGNOLE

PAR

PIGAULT-LEBRUN

Dessins de HADOL.

Tous droits réservés.

LA FOLIE ESPAGNOLE

PAR
PIGAULT-LEBRUN

DESSINS
DE
HADOL

DEGORCE-CADOT, ÉDITEUR
9, rue de Verneuil, Paris.

LA FOLIE ESPAGNOLE

CHAPITRE 1

Il est démontré : 1° que Cerdagne et d'Aran sont moins heureux à la guerre qu'en amour ; 2° que Diergo, le dévirgineur, quoique simple capitaine, est plus veinard que le bon roi Ramire ; 3° qu'en Espagne, de même qu'ailleurs, c'est véritable pain bénit que d'enlever son amant à sa meilleure amie ; 4° que les caves ont été surtout inventées pour qu'il s'y passât des choses extraordinaires.

Le Cid, si fameux encore en Espagne, et que nous ne connaissons guère que par l'un des chefs-d'œuvre de notre grand Corneille, le Cid avait chassé les musulmans de Valence et de Tolède. Quelques efforts de plus et le mahométisme disparaissait de ce continent ; mais il fallait de l'union, et l'Espagne était divisée en plusieurs royaumes dont les rois ne s'accordaient point entre eux, ce qui souvent est arrivé depuis et arrivera encore.

Don Ramire, roi d'Aragon, avait pris les armes contre celui de Castille. Il avait appelé sous ses drapeaux ses grands et sa noblesse. Les comtes d'Aran et de Cerdagne, jeunes seigneurs catalans, tous deux beaux, fiers, pleins d'ardeur, et brûlant de se signaler, étaient cependant retenus dans leurs domaines par des motifs bien excusables. Le comte d'Aran était marié depuis un an à une jeune dame qu'il aimait passionnément. Elle venait de le rendre père d'un fils qui annonçait, dès le berceau, les traits touchants et chéris de sa mère. Cerdagne adorait Léonore de Lampurdan, jeune veuve riche, aimable, et qui unissait la sensibilité naturelle à son sexe aux singularités qui distinguent les siècles de la chevalerie.

D'Aran était heureux, Cerdagne allait le devenir, et souvent les plaisirs du cœur l'emportent sur les jouissances de la gloire. L'appel de leur roi avait réveillé en eux l'antique valeur espagnole ; mais ils mettaient dans leurs apprêts cette lenteur qui annonçait le regret de s'éloigner des vallées de la Catalogne.

Madame de Lampurdan mit un terme à tant d'incertitudes : — Partez, dit-elle à Cerdagne, ou je romps avec un amant qui semble me préférer à l'honneur, et ne me revoyez que quand vous aurez mérité ma main, que je jure de vous conserver. Son caractère était un mélange de tendresse et d'héroïsme ; elle était ferme dans ses résolutions ; elle se renferma dans son château, en interdit l'entrée à Cerdagne, et pour dernière expression de sa volonté, elle lui envoya une écharpe décorée de ses couleurs.

Les châteaux de Cerdagne et d'Aran n'étaient guère qu'à quinze lieues l'un de l'autre. L'amant de la fière Espagnole vole chez son ami ; il en attendait des consolations ; il le trouve occupé à vaincre la résistance d'une épouse qui pour le retenir usait des moyens les plus forts : elle pleurait et lui présentait son fils. Qui pourrait la condamner ? elle était mère. D'Aran la chérissait tendrement, je l'ai dit ; mais aime-t-on son épouse de la même manière que sa maîtresse ? Il s'arrache des bras de la comtesse, il revient à elle, il la comble des plus tendres caresses ; il s'éloigne de nouveau, un cri de l'enfant le ramène ; il s'échappe enfin en essuyant une larme, et il entraîne Cerdagne sur ses pas.

Leurs écuyers, leurs bannières, leurs armures, leurs palefrois se rencontrent au village de Cénet. D'Aran y avait envoyé les siens, et ceux de Cerdagne les suivaient de loin, par ordre de madame de Lampurdan. Ils traversent la Catalogne et arrivent à Saragosse, où don Ramire assemblait son armée.

Cette ville, qui est encore une des plus belles cités de l'Espagne, offrait un spectacle aussi nouveau qu'intéressant à deux jeunes gens qui ne connaissaient à peu près encore que leurs donjons, leurs créneaux, leurs ponts-levis, leurs meutes et leurs maîtresses. Le bon roi Ramire aimait le luxe et le plaisir, dont il avait été privé pendant quarante ans qu'il fut moine et évêque. On assure même qu'il ne haïssait pas les femmes, et qu'il se maria très-volontiers lorsque le pape Innocent II voulut bien le lui permettre. Et le moyen de s'y opposer ? ne fallait-il pas des successeurs au trône ?

Le bon Ramire, qui n'avait pas appris à faire la guerre dans un cloître, et qui ne se souciait pas trop d'en braver les dangers, voulut au moins en avoir une idée, et ce fut au milieu des tournois et des fêtes qu'il préparait une invasion en Castille.

Cerdagne et d'Aran étaient partout, et partout on ne voyait qu'eux. Personne ne brisait une lance avec autant d'adresse ; personne ne dansait une sarabande avec autant de grâce ; personne ne donnait autant d'inquiétude aux pères et aux maris. Cerdagne surtout, plus vif, plus sémillant, d'un esprit plus cultivé, n'avait qu'à se montrer pour plaire, et plus d'une matrone lui fit même des avances de la part de très-belles dames qu'il n'avait pas distinguées, car enfin un joli homme n'est pas de fer.

Ce n'est pas qu'il oubliât sa charmante veuve, ni d'Aran sa respectable épouse ; mais il est des privations que la jeunesse ne supporte pas, et le moyen de refuser quelques complaisances à des princesses qui veulent bien les solliciter ? Madame de Lampurdan avait donné à Cerdagne un écuyer qui lui était tout à fait dévoué, et qui lui rendait un compte exact des infidélités de son maître. Toujours singulière, elle s'en applaudissait. — Il est bon, disait-elle, qu'il connaisse plusieurs femmes ; je gagnerai à la comparaison, et s'il en est qui m'égalent en beauté, je les surpasserai toutes en tendresse, en égards, en prévenances, et surtout dans l'art heureux de chasser l'uniformité, qui tue le sentiment, en me montrant toujours nouvelle.

Quand Cerdagne était dans l'ivresse d'une nouvelle passion, elle ne lui écrivait pas ; quand il commençait à bâiller auprès de sa belle, la correspondance s'engageait de nouveau. Le jeune comte, rendu à lui-même, écrivait des lettres de feu, et madame de Lampurdan disait en souriant : — Ces femmes-là ne flattent que les sens ; moi seule ai su toucher son cœur.

Après avoir bien fait la petite guerre, il fallut entrer en campagne. A peine Cerdagne et d'Aran furent-ils sortis des murs de Saragosse qu'ils oublièrent les plaisirs frivoles qui volaient pour ainsi dire au-devant d'eux. Cerdagne regardait son écharpe blanche et rose, qui lui rappelait sa chère Léonore ; il répétait les derniers mots qu'elle lui avait adressés ; il soupirait après les combats, pour se montrer digne d'elle ; il faisait des vœux pour la fin de la guerre, d'où dépendait l'instant de son bonheur.

Il est plus aisé de conduire un diocèse qu'une armée. Après trois ans de combats, dont je ne vous ferai pas le détail, dans lesquels d'Aran et Cerdagne se signalèrent constamment, mais dans lesquels aussi le prêtre-roi eut presque toujours le désavantage, la Navarre fut enlevée à la couronne d'Aragon, passa depuis, par des mariages, aux comtes de Champagne, ensuite à Philippe le Bel, fut annexée à la couronne de France, et se fondit enfin dans la monarchie espagnole.

Pendant ces trois années, le galant Cerdagne avait séjourné dans plusieurs citadelles, où l'amour s'introduisait avec lui. Son armure bronzée et damasquinée en or, son panache blanc, sa contenance fière, frappaient d'abord les yeux. Levait-il la visière de son casque, il fixait tous les cœurs. Le raisonnement de la belle Léonore fut justifié à la fin. — Ma foi, dit-il un jour à son ami d'Aran, les femmes qui me recherchent n'aiment en moi que le plaisir ; celle-là seule sait aimer qui sacrifie ses désirs à sa vertu, à l'estime publique, et surtout à celle de l'homme qu'elle a l'intention de fixer, et cette femme est Léonore de Lampurdan. Elle est la plus respectable, comme la plus belle de toutes celles que le hasard a présentées à mes yeux. La paix est faite, je me fixe à jamais et je l'épouse.

Bien que le prêtre-roi eût perdu dans cette guerre une assez belle partie de ses États, il n'en prétendit pas moins récompenser dignement les guerriers qui l'avaient suivi. A défaut de terres, de pensions, que l'état de ses affaires ne lui permettait pas de donner, il se rejeta sur les décorations, qui ne coûtent rien, et qui flattent bien plus les grands qu'une augmentation de fortune, dont ils n'ont que faire.

Pendant qu'on se battait en Aragon et en Castille, les Maures, habiles à profiter des divisions des chrétiens, avaient repris Valence. Des moines de l'ordre de Cîteaux, assez nombreux et assez puissants pour fournir aux frais de la défense de la ville de Calatrava, armèrent leurs frères lais, leurs domestiques, leurs paysans, qui combattirent sous le scapulaire. Telle fut l'origine de cet ordre militaire-religieux de Calatrava qui eut tant de lustre pendant plusieurs siècles, dont les statuts permettaient de se marier une fois, et dont il ne reste plus que quelques commanderies, que le roi d'Espagne confère à qui bon lui semble.

L'ordre de Calatrava avait besoin, à son origine, d'un grand maître qui lui donnât autant de consistance que d'éclat, qui en ennoblît la marque distinctive en la portant lui-même, et qui la fît ainsi désirer aux seigneurs de sa cour. Les moines de Cîteaux devaient la préférence au roi d'Aragon, qui avait été leur camarade, et le bon Ramire, flatté de leur déférence, accepta un titre qui l'allait mettre à même de récompenser ses chevaliers sans frais. D'Aran et Cerdagne retournèrent dans leurs châteaux avec la croix de l'ordre au cou, distinction d'autant plus précieuse qu'elle était rare encore ; qu'elle serait aux yeux de madame de Lampurdan un signe non équivoque de la valeur de son amant, mais qui ne valait pas une portion de ses domaines qu'il avait engagée par parties pour faire face aux dépenses de ses campagnes, car les seigneurs, alors, se faisaient tuer à leurs frais : usage très-commode pour les rois, et qui, malheureusement pour eux, est tout à fait perdu.

Nos deux chevaliers traversaient la ville de Benavarri, sur les frontières de la Catalogne, où le bruit de la paix les avait devancés. Cette paix n'était pas honorable ; mais elle ne nuisait directement qu'aux intérêts du prêtre-roi, et une paix, quelle qu'elle soit, est toujours très-bonne pour le peuple. L'Aragon, la Catalogne se livraient à la joie : chacun rentrait dans son manoir. Les uns trouvaient leur famille augmentée ; les autres travaillaient à l'augmenter eux-mêmes ; tous étaient bien reçus ; et, dans le fond, que pouvaient-ils désirer davantage ? on connaissait déjà le proverbe : *Les absents ont toujours tort*, proverbe tombé en désuétude aujourd'hui que l'inconstance, le libertinage et le divorce donnent si souvent tort aux *présents*.

Revenons. Madame d'Aran et la belle Léonore, tendres, sages, et par conséquent fidèles, ne purent résister au désir de se réunir plus tôt, l'une à son époux et l'autre à son amant. Elles se voyaient fréquemment pendant l'absence de leurs messieurs. confidences d'amour sont un besoin pour deux cœurs sensibles, soirées d'hiver sont moins longues quand la conversation est attachante.

Nos deux belles travaillaient dans une des salles du château d'Aran. Les petites-maîtresses de ces temps reculés ne connaissaient pas la bougie, et la chandelle ne s'allumait que les grands jours. Une lampe à trois becs, d'un cuivre très-clair, était suspendue, par une chaîne de laiton, à une voûte rembrunie que décoraient des étendards et des timbales pris sur les Maures par les premiers comtes d'Aran ; des chaises d'érable à grands dossiers, une grande table de noyer formaient l'ameublement ; le fauteuil du seigneur était là, et personne ne s'y était assis pendant son absence : c'eût été une espèce de profanation dans un siècle où les femmes ne rougissaient pas encore de reconnaître leur maître dans leur époux.

Je ne m'étendrai pas davantage là-dessus, car je veux être lu de nos beautés modernes, qui trouvent tout simple de mener leurs maris par le nez, de dissiper leur fortune, de faire assez souvent pis; qui crient au ridicule, au scandale, si le chef homme pense seulement à rétablir chez lui l'ordre et la décence, et qui ont incontestablement raison, car enfin d'autres temps, d'autres mœurs.

Les deux dames étaient donc assises sur de simples chaises, brodant près de la table; leurs demoiselles, placées à une distance convenable, cousaient en silence (les suivantes de ce temps-là savaient se taire), lorsqu'un homme, armé de pied en cap, se présenta dans la salle : c'était l'écuyer que madame de Lampurdan avait donné à son cher Cerdagne. Il s'était détaché à l'instant où la paix venait d'être conclue, et avait marché aussi vite qu'on le peut faire sans relais et sans chevaux de poste : nos aïeux n'avaient pas toutes leurs aises.

Pendant que l'écuyer festoyait, sur le bout de la table, un reste de pâté de sanglier que lui avait présenté, avec une jolie révérence, une des demoiselles de madame d'Aran, il contait, dans certains intervalles, les faits et gestes des deux amis, et les dames laissaient tomber leur ouvrage, se penchaient vers lui, l'œil fixe et leurs lèvres purpurines entr'ouvertes; leur sein palpitait à la peinture vive et animée des dangers; le sourire reparaissait au détail d'une victoire. Une noble fierté parut sur leur visage quand elles se représentèrent un époux et un amant recevant de leur roi et l'accolade et la croix de l'ordre de Calatrava; mais au mot paix, que personne n'avait entendu encore dans ce canton, à la nouvelle du licenciement de l'armée, madame d'Aran tombe à genoux pour remercier le ciel, et la belle Léonore ordonne qu'on apprête à l'instant sa plus vigoureuse haquenée : — Où voulez-vous aller ? lui dit son amie. — Audevant de Cerdagne. — Il fait nuit. — Que m'importe ? — Et les brigands ? — Craint-on quelque chose quand on aime ?

Madame d'Aran eût rougi de ne pas faire pour son époux ce que Léonore faisait pour son amant. Suivantes, pages, valets, tout est en l'air dans le château; les armoires sont renversées pour chercher des équipages de voyage; le pavé des écuries résonne sous les grosses bottes de piqueurs; les cuisiniers chargent le fourgon de viandes froides et de bon vin, les valets s'arment à la hâte, le cornet à bouquin se fait entendre, le pontlevis se baisse, nos amazones sont en route.

La nuit est froide, l'amour l'échauffe de son flambeau : le chemin est difficile, l'amour l'aplanit: on mesure l'intervalle qui sépare encore du bonheur, l'amour le remplit en y plaçant l'espérance.

En parlant, chantant, mangeant le jour, en reposant, la nuit, dans le fourgon, on avançait, sur les renseignements que donnaient des pelotons de soldats qui s'en retournaient gaiement chez eux et qu'on rencontrait de distance en distance. Quelquefois il fallait payer leurs avis par l'abandon d'une hure ou d'un filet de chevreuil; quelquefois il fallait entendre des propos grivois, qui déplaisent toujours aux dames, à ce qu'elles disent; mais Léonore avait du caractère et se mettait au-dessus de ces détails; elle inspirait son courage à madame d'Aran.

Cependant elles avisèrent de se voiler, et firent bien, car la soldatesque, qui peut tout, respecte moins une femme de qualité qu'une grisette. Un certain capitaine Diégo, surnommé *le Dévirgineur*, accompagné d'une trentaine de drôles de sa trempe, se trouva, au point du jour, en face du fourgon, et lorgna les demoiselles suivantes. Tout était bon au capitaine en temps de paix: mais après trois ans de guerre et de privations, à une grande distance de toute habitation, dans un temps où il n'y avait ni grands chemins fréquentés, ni maréchaussée, où les différends se terminaient à la pointe de l'épée, quelle trouvaille, pour le capitaine et sa bande, que sept à huit filles, toutes jolies, bien qu'elles ne valussent pas leurs maîtresses !

Il les invite à descendre sur l'herbe verdoyante. Des cris d'abord, comme cela se pratique, et ensuite la résignation, car enfin toutes les femmes ne sont pas obligées d'être des Lucrèce. Il est des cas d'ailleurs où ce joli péché cesse d'en être un, selon l'avis des plus savants casuistes : témoin Judith, qui forniqua en sûreté de conscience avec Holopherne, parce qu'il fallait sauver Béthulie: sainte Marie Egyptienne, qui, faute d'argent, paya de sa personne le batelier qui la passait, car toute peine mérite salaire, et notre grand'maman Ève elle-même n'a-t-elle pas commencé à mettre la fornication en honneur, car enfin, lorsqu'elle était seule avec le grand-papa, qui diable avait pu les marier ?

Les pages et les valets des deux deux dames s'étaient présentés d'abord pour s'opposer aux desseins du capitaine, et sa redoutable épée les avait dispersés comme le vent chasse et roule les feuilles mortes. Quelle extrémité pour des filles d'honneur !

Elles faisaient de leur mieux pour ne pas pécher, en ne s'unissant point d'intention, et n'y réussissaient pas toujours. Les dames, qui occupaient le fond du fourgon, s'étaient hâtées, avant que les demoiselles en descendissent, de se tapir sous une couverture de soie verte, brochée d'or : les demoiselles, jalouses de prouver leur dévouement à leurs maîtresses en supportant seules des outrages multipliés, ne disaient pas un mot qui pût déceler les dames; les dames, fatiguées d'une position très-gênante (l'une avait le manche d'un gigot qui lui rentrait dans les reins, l'autre s'était assise sur une paire d'éperons qui se trouva là par malheur), les dames faisaient des mouvements qui ne furent aperçus que lorsque le capitaine et ses hommes furent susceptibles de quelque attention. Heureusement pour elles, les combattants étaient absolument hors de combat, car elles eussent obtenu la préférence qu'elles méritaient à tant d'égards. Le capitaine Diégo passa son chemin, en jurant de dépit de n'avoir pas fait perquisition dans ce chariot; en se plaignant de la nature, qui mettait des bornes à ses exploits. Les dames le virent s'éloigner avec un sensible plaisir, bien qu'un homme aussi valeureux ait toujours quelque attrait pour le sexe; mais nos dames n'avaient de leur sexe que les vertus.

Elles consolèrent leurs demoiselles, qui prétendaient être au désespoir de cette aventure, et qui ne se cachaient pas quand on rencontrait un nouveau peloton, parce qu'il était de leur devoir de s'immoler pour leurs maîtresses. *A quelque chose malheur est bon.* Des œuvres du capitaine Diégo naquirent, au bout de neuf mois, deux chenapans qui ne valurent pas mieux que leur père, qui eurent des enfants qui ne valurent pas mieux qu'eux, et, à la sixième génération, sortirent de cette souche l'illustre Cortez et Pizarre, qui allèrent en Amérique égorger, à la plus grande gloire de Dieu et de l'Espagne, douze millions d'hommes qui n'avaient qu'un tort, celui de n'être pas les plus forts. Deux femmes échappées à un semblable péril, le plus terrible qui puisse menacer des femmes d'une certaine façon, doivent nécessairement de la reconnaissance au ciel, qui les a visiblement protégées. Nos dames promirent une neuvaine à saint Jacques de Compostelle, le plus grand saint du paradis, à ce qu'on assure en Espagne, et en entrant dans cette ville de Benavari dont je vous parlais tout à l'heure, elles mirent pied à terre pour se rendre à l'église principale, et commencer l'exécution de leur vœu. Une pluie épouvantable survint, les incommoda beaucoup, mais ne leur parut qu'un moyen dont le patron se servait pour éprouver leur ferveur. Deux chevaliers bien montés, accompagnés d'une suite nombreuse, se montrent dans l'éloignement ; nos belles comtesses distinguent leurs couleurs, les armures, et enfin Cerdagne et d'Aran. Elles oublient le capitaine Diégo, saint Jacques de Compostelle et la pluie ; elles courent, elles prononcent les noms chéris ; d'Aran et Cerdagne les entendent, les reconnaissent, sautent de leurs palefrois ; ils sont dans les bras les uns des autres, ils se pressent, ils s'enlacent ; un doux frémissement agite tout leur corps ; soupirs brûlants sont le seul langage qu'ils emploient : quel autre vaudrait celui-là ?

Cependant d'Aran, qui n'était plus que le mari de sa femme, la conduisait insensiblement dans un lieu où ils pussent au moins causer à couvert. Cerdagne, malgré ses infidélités, n'avait pas cessé d'aimer sa belle Léonore, et le premier coup d'œil de la charmante veuve avait ajouté à la vivacité de ses feux. Cependant l'eau, qui tombait à flots, s'amassait entre sa cuirasse et sa cotte de mailles, bientôt elle perça le pourpoint et emplit le haut-de-chausses. Il n'est pas d'amour qui tienne contre cette froide et subite immersion. L'ivresse de Cerdagne se dissipa aussitôt ; il présenta la main à sa belle pour la conduire dans un endroit plus convenable. — Il y a trois ans que vous ne m'avez vue, lui dit madame de Lampurdan, et vous vous apercevez qu'il pleut !... vous ne m'aimez pas. — Je ne vous aime pas ! ô ciel ! — Point de mots, des choses. — Quelle preuve exigez-vous de mon amour ? Faut-il armer mes vassaux et mes domestiques ? aller, seul avec eux, attaquer et reprendre Valence ? défier le roi maure en combat singulier ? le pourfendre ou l'amener à vos pieds reconnaître que vous êtes la plus belle, et qu'il s'estime heureux d'être vaincu par vous ? faut-il ?... — Il faut vous taire pendant un an. — Comment, madame... — Je vous aime trop pour exposer votre vie ; et je me soucie fort peu que votre roi maure me trouve belle ou non ; mais je veux qu'un effort pénible me prouve que vous ne me confondez pas avec ces belles dames qui ont cru avoir votre cœur, que peut-être je ne possède pas plus qu'elles. — Vous me feriez l'injustice... — Si vous proférez un mot de plus avant le délai prescrit, Léonore de Lampurdan est perdue pour vous.

Quelque amoureux qu'on soit, il est dur de se soumettre à une épreuve aussi bizarre, surtout quand on joint aux formes aimables qui nous font rechercher, cette gaieté naturelle qui a sans cesse besoin de s'épancher. Cependant, si les maris du douzième siècle trompaient, tourmentaient, désolaient leurs femmes comme ceux du dix-huitième, les amants, tremblants devant leurs belles, aveuglément soumis à leurs moindres volontés, ne savaient qu'obéir quand elles avaient prononcé. Ce respect extraordinaire était un reste du culte que les Gaulois et les Germains rendaient à un sexe en qui ils reconnaissaient quelque chose de divin. Un amant rebelle ou parjure était, dans les fastes de la chevalerie, une chose inouïe, qui entraînait nécessairement la dégradation. Aussi voyait-on alors autant d'amants parfaits qu'on voit maintenant d'usuriers en France, de penseurs en Angleterre, de paresseux en Espagne, de banqueroutiers en Hollande, de buveurs en Allemagne, de fourrures en Russie, etc., etc.

Bien que Cerdagne fût un parleur, et un parleur aimable, il tenait à ses éperons, à sa croix de Calatrava, et surtout à sa charmante veuve. Un mot l'aurait fait traduire devant une cour d'amour, qui lui eût tout ôté à la fois. Il se décida donc à se taire ; mais il tenta un dernier effort qui ne pouvait pas le compromettre. Il tire ses tablettes, car il était savant pour le temps où il vivait : il lisait fort bien et écrivait assez lisiblement. — Je vous permets de m'écrire, lui dit madame de Lampurdan ; je vous promets de vous répondre, et même de vous parler ; mais je vous défends de faire connaître à qui que ce soit que c'est par mon ordre que vous êtes muet, ni de penser à l'hymen avant l'expiration de l'année. Sans s'occuper davantage du mauvais temps, Cerdagne, désespéré de la double peine, improvisa quatre ou cinq vers aussi mauvais que tous ceux qu'on faisait alors. Il les présenta à madame de Lampurdan, qui, charmée de se voir célébrée en vers pour la première fois, lui présenta sa main à baiser : elle lui devait quelque adoucissement. Elle s'appuya sur son poignet, couvert de son gantelet, et le conduisit dans le palais où s'étaient retirés M. et madame d'Aran. L'eau coulait de toutes les parties de leur corps. On rit beaucoup de cette ardeur qui les avait rendus insensibles à un orage tel qu'on n'en voit pas un semblable en dix ans. Pour toute réponse, madame de Lampurdan fit avancer le fourgon et ses femmes, et fut se sécher dans une salle voisine. Cerdagne, qui voulait paraître aimer la pluie depuis un moment, n'entendait pas se changer ; il regardait d'Aran et sa femme d'un air bête ; il se pinçait les lèvres pour ne pas rire, et répondait par signes à tout ce qu'on lui disait. D'Aran l'aimait véritablement; il s'alarma tout à coup, s'écria que l'amour avait rendu Cerdagne fou. Cerdagne répondit à cela par un grand éclat de rire qui confirma son ami dans son opinion. L'alarme se répandit dans le château; on courut chercher le médecin le plus renommé de Benavarri, qui accourut, suivi d'un frater et de deux apothicaires : ces gens-là courent toujours où il y a beaucoup à gagner. Le médecin prit la main de Cerdagne, qui le laissa faire. Inspection faite du pouls, le docteur décida qu'il y avait dérangement de la glande pinéale, et Cerdagne lui rit au nez; le docteur, plus convaincu que jamais par cette irrévérence, ordonna au frater d'ouvrir la veine, et aux apothicaires de préparer et de mettre en place des laxatifs. Cerdagne n'entend pas pousser la plaisanterie aussi loin; il jette la trousse du frater au feu, la perruque du docteur par la fenêtre et les deux apothicaires à la porte.

Le docteur prononce que ce genre de démence vise à l'hydrophobie, et qu'il faut lier le malade. A ce mot, Cerdagne entre vraiment en fureur, et saute sur son épée. Ses gens désolés s'arrêtaient devant lui sans savoir quel parti prendre; d'Aran pleurait et avait pourtant aussi tiré son coutelas à tout événement; le docteur, le frater, les apothicaires, des harts à la main, sautillaient autour de Cerdagne, qui les écartait à grands coups de plat d'épée; madame d'Aran, inutile jusqu'alors au tableau, avait pris le parti de s'évanouir pour le compléter. Le désordre était au comble, lorsque madame de Lampurdan rentra brillante de son propre éclat et de celui de l'habit qu'elle avait été prendre. — Comte, dit-elle à Cerdagne, je n'ai pas plus envie de vous voir enrhumé que de vous envoyer reprendre Valence; allez changer de vêtement. Cerdagne sortit avec une profonde révérence, et personne ne concevait comment ce fou, qui était menacé de la rage, obéissait au moindre mot de la beauté.

Cependant le membre de la faculté et ses suppôts n'entendaient pas désemparer. Ils redemandaient à grands cris leur malade; il fallait qu'il fût saigné et clystérisé, parce que les arrêts d'un médecin sont sans appel. — Je paye la cure, et je vous dispense de la faire, dit madame de Lampurdan en tirant sa bourse : qu'avez-vous à ajouter? — Rien, sans doute, que des révérences. Et ces messieurs se retirèrent à reculons, la tête penchée sur leurs genoux.

Madame d'Aran était revenue à elle, et parlait à son mari

de l'inconcevable état du pauvre Cerdagne; d'Aran avouait tout bonnement qu'il n'y comprenait rien, mais que leur ami ne pouvait être dangereux, puisque madame de Lampurdan avait sur lui un empire aussi absolu. Ils arrêtèrent, tous à la fois, qu'on prendrait certaines précautions contre un nouvel accès qui pouvait n'être pas éloigné. Madame de Lampurdan écoutait avec une feinte indifférence, et s'enorgueillissait intérieurement de la soumission d'un homme dont le bras avait souvent fait trembler la Castille. Cerdagne, en changeant d'habit, pensait à la singulière punition que sa maîtresse lui avait infligée, il en murmurait mentalement; il en riait l'instant d'après, et il reparut dans la salle commune, le front serein et beau comme l'Apollon du Belvéder.

Il fut s'asseoir près de sa belle Léonore; il lui peignit son amour et la joie qu'il avait de la revoir, par les gestes les plus expressifs. Sa Léonore lui répondait, de vive voix, les choses les plus tendres et les plus pathétiques, l'étonnement des spectateurs allait toujours croissant. — S'il n'est pas fou, qu'est-il donc? s'écria enfin d'Aran. — Je suis muet, écrivit Cerdagne. — Muet! reprend son ami. — Muet! continue son épouse. — Et comment?... — Et par quelle aventure?... — Ah! dites-moi... — Expliquez-vous, de grâce!... — Je suis muet, je ne puis vous en écrire davantage. — C'est une paralysie sur la langue. — Il faut faire revenir le médecin. — Sans doute.

A cette menace, Cerdagne reprend ses tablettes; — S'il reparaît devant moi, je le tue; je ne veux pas guérir. Voyez les regards d'amour que m'adresse ma Léonore : il semble que je lui devienne plus cher par mon accident. — N'en doute pas, mon ami, répond la belle veuve, et elle offre sa joue à son amant. — Oh! à pareil prix, écrit de nouveau Cerdagne, je serais muet toute ma vie.

On soupa très-gaiement. L'aventure des filles d'honneur empêcha de se remettre en route la nuit. Madame d'Aran, d'ailleurs, était bien aise, après trois ans d'absence, de causer de près avec son mari. L'agrément particulier et l'intérêt général exigeant donc qu'on passât la nuit à Benavarri, chacun se retira de bonne heure: Monsieur et madame d'Aran firent ce qu'ils voulurent; madame de Lampurdan se rappela ses nuits passées, et celles que l'amour lui réservait; Cerdagne causa tout seul: c'est une jouissance quand on s'est tu forcément pendant la journée.

LA FOLIE ESPAGNOLE

On arriva, sans mésaventure, au château d'Aran. Les amants y laissèrent les époux, et se retirèrent dans leurs donjons. Pas un voisin qu'on pût voir décemment; c'étaient de pauvres gentillâtres, des bûcherons, des laboureurs, quelques chapelains. Il y avait par-ci par-là des jouvencelles qui méritaient l'attention du comte de Cerdagne, mais il lui était défendu de parler, et elles ne savaient pas lire : il fallait donc être fidèle malgré soi. Le pays était abondant en gibier; mais on ne chasse pas sans parler à ses chiens et à ses piqueurs : il fallut donc renoncer encore à ce plaisir-là. On pouvait aller voir madame de Lampurdan; mais la décence ne permettait pas qu'on couchât chez elle. On n'avait alors pour ressource qu'un mauvais lit, offert de bon cœur par un pauvre curé, et on se lasse d'être mal couché : les séjours n'étaient donc pas très-prolongés. Le château de Lampurdan était à douze lieues de celui de Cerdagne : les voyages ne pouvaient donc pas être très-fréquents. La seule jouissance qui restât à Cerdagne était d'écrire, tant que bon lui semblait, à sa fière veuve; mais cette jouissance même lui rappelait ses privations, et puis, quand on a écrit tout ce qu'on pense, tout ce qu'on sent, qu'on a dit tout ce qu'on peut dire, il paraît assez insipide de recommencer. Cerdagne s'ennuyait, oh! il s'ennuyait... comme un écolier en classe, comme un juré à l'audience, comme un rentier qui attend son quartier, comme un mari près de sa femme. Quand il était bien sûr d'être seul, et de n'être pas entendu, il parlait, il parlait tout haut contre la fantaisie de sa Léonore, et, sans son attachement à ses éperons et à sa croix de Calatrava, je ne sais pas trop ce qui en serait arrivé.

Madame de Lampurdan n'était pas plus heureuse. Quand elle ne voyait pas Cerdagne, elle brodait et se dépitait; l'ouvrage va mal quand on n'est pas à ce qu'on fait. Elle quittait le métier, et relisait sans intérêt des lettres qu'elle savait par cœur. Lorsqu'elle en eut écrit elle-même une trentaine, elle se répétait à chaque mot et déchirait le poulet, de crainte de donner à Cerdagne une mauvaise opinion de son esprit : femme, belle et riche, elle devait avoir tous les genres d'amour-propre.

Si Cerdagne paraissait, elle volait au-devant de lui, lui disait des choses charmantes, et s'ennuyait bientôt de l'uniformité de ses signes. Elle regrettait intérieurement de ne plus entendre cette voix si touchante qui arrivait si sûrement à son cœur. Elle se rappelait certain moment assez doux de son premier hymen, et convenait, à part elle, qu'il y aurait de la duperie à reculer le second d'un an : la nature ne perd jamais ses droits. Que faire cependant? Revenir sur ses pas? Rendre la parole à Cerdagne ? ne serait-ce pas marquer un empressement qu'il pourrait interpréter à son désavantage? Son orgueil permettait-il d'ailleurs qu'elle transigeât avec son amour? et l'orgueil n'est-il pas, soit dit sans méchanceté, le sentiment dominant chez les femmes? Tout cela était embarrassant, cruel, diabolique. — Je languis, je sèche, se disait-elle quelquefois; mais je mourrais plutôt que de céder. Et, pour se dissiper, elle faisait enrager ses femmes.

Cet état de choses ne pouvait durer longtemps. L'amour, la jalousie, des craintes, assez fondées peut-être, rapprochèrent, raccommodèrent tout. C'était la fête de madame de Lampurdan, et ces jours-là se célébraient alors avec une pompe qui devait flatter singulièrement l'habitant de la voûte azurée. Cela se réduit à présent à un bouquet, à une mesquine sérénade ; la belle fait servir en reconnaissance la tourte de frangipane ; on lui chante, en buvant son vin, quelques couplets assez plats, et on s'en retourne bâiller au coin de son feu : aussi nos patrons célestes, justement choqués de cette parcimonie, nous abandonnent tout à fait, et il y paraît bien.

Madame de Lampurdan avait rassemblé chez elle la haute noblesse de vingt lieues à la ronde. Un prodigieux abatis de gibier avait été fait la veille dans ses parcs et dans ses forêts; ses gens étaient habillés de neuf, et elle venait de finir de sa main blanchette la broderie d'une robe qui devait habiller le lendemain l'image de sa patronne, qui figurait en pied sur le maître-autel, et qui foulait d'un air de dignité les dieux du paganisme.

L'aurore de ce grand jour ne fut pas annoncée au bruit du canon, parce qu'on ne connaissait pas la poudre en Europe; mais les timbales, les cymbales, les clairons et tous les instruments qu'on avait imités des Maures, et qui ont au moins l'avantage de ne pas ébranler les maisons de ceux qui ne veulent pas prendre part à la fête, ces instruments, bien ou mal embouchés, résonnèrent à la fois. Les comtes, les barons, les chevaliers, les dames, les jouvencelles sortent de leurs couchettes, revêtent leurs habits somptueux, leurs armes, leurs joyaux. La nombreuse assemblée se réunit gaiment dans une salle où était servie une table de cent couverts, chargée de toutes sortes de mets, au milieu desquels figurait l'*olla podrida*, qu'entouraient vingt flacons d'un excellent vin de la Manche. Il n'était encore que huit heures; mais alors on se levait matin et on déjeunait fort.

La comtesse de Berga, la plus jolie de toutes les dames après celle du château, était, par hasard ou autrement, auprès de Cerdagne, qu'aucun cavalier n'égalait en bonne mine. Le dangereux fripon se livrait à son goût pour la variété, et parlait, de ses yeux, à madame de Berga; mais d'une manière si positive qu'elle ne pouvait s'y méprendre. Madame de Berga avait un mari vieux et infirme; Cerdagne était charmant, et un muet ne laisse pas d'indiscrétion à craindre, car un galant homme n'écrit jamais ce qui peut lui échapper dans la vivacité de la conversation. Madame de Berga faisait toutes ces réflexions, et regardait aussi Cerdagne d'une manière très-significative. Madame de Lampurdan, à qui rien n'échappait, avait de l'humeur et faisait fort mal les honneurs de chez elle.

On savait par toute la Catalogue les engagements qui existaient entre Cerdagne et sa belle. Madame de Berga ne voulait pas être l'objet d'une fantaisie, et, pour former avec le paladin une liaison durable, il fallait le détacher de ses premiers nœuds. Elle crut avoir trouvé un moyen innocent de jeter de la défaveur sur madame de Lampurdan. Elle plaignit, en général, les jeunes seigneurs qui s'attachent à des dames qui souvent répondent à leur amour plutôt par vanité que par véritable tendresse.

Un coup d'œil très-vif de madame de Lampurdan la convainquit que le paquet était arrivé à son adresse. La réponse ne se fit pas longtemps attendre : — Je ne conçois pas, moi, reprit la belle veuve, qu'on se permette des observations aussi directes, sans un motif qu'il est facile de pénétrer. La glace était rompue, et madame de Berga s'était trop avancée pour reculer : — Il est permis, poursuivit-elle, de plaindre un chevalier qu'une infirmité subite... — Privé du cœur de sa maîtresse ; n'est-ce pas là ce que vous voulez dire, madame? — Il me semble, au moins, que son accident m'eût fait hâter un hymen nécessaire à sa consolation. — Je ne suis pas faite, moi, madame, pour consoler un mari infirme. — Quoi! madame, des applications! — La patience est une vertu que je vous souhaite et que le ciel m'a refusée. Eh bien! madame, vous vous taisez! je vous mets cependant à votre aise. Allons, déclarez franchement à Cerdagne que ma conduite doit lui inspirer de l'indifférence; qu'il peut chercher ailleurs des dédommagements, et que peut-être il n'ira pas loin pour en trouver.

Les convives stupéfaits laissaient tomber leurs fourchettes à manche de bois de cerf; madame de Berga était atterrée : Cerdagne croyait presser de son genou celui de sa jolie voisine, et l'engager à continuer un combat qui lui assurait une épouse adorée ou une maîtresse piquante; madame de Lampurdan se pinçait les lèvres et réfléchissait profondément. Le tréteau que Cerdagne avait pris pour le genou de madame de Berga, et dont la pression soutenue lui paraissait si flatteuse, le tréteau céda à la fin, il tomba et entraîna la table; madame de Lampurdan, tirée de sa rêverie par l'éclat de la chute, éclairée sur le manège de Cerdagne par la rougeur et l'embarras extrême de sa rivale, poussée par sa sensibilité alarmée et peut-être par un mouvement de justice, madame de Lampurdan se leva, et prenant cet air de dignité qui en imposait même à l'amour : — Je ne donnerai pas lieu davantage, dit-elle, aux plaintes qu'une compassion bien innocente m'adresse en faveur de mon amant; je n'autoriserai plus, par mes délais, des galanteries dont je ne pourrais raisonnablement m'offenser. Cerdagne, je vous épouse aujourd'hui; et madame, qui s'intéresse si vivement à vous, me saura gré sans doute de ma condescendance. Elle me plaindrait probablement si j'avais des infirmités à vous faire oublier, et, pour la mettre absolument à son aise, je vais lui faire juger la différence qui existe entre l'attrait du plaisir et l'amour fondé sur l'estime; pour cela je n'ai besoin que d'un mot, et je le prononce. Parlez, Cerdagne.

Cerdagne, hors de lui, tombe aux pieds de sa Léonore et ne voit plus qu'elle. Des exclamations sans suite, mais très-distinctement prononcées, prouvent qu'il n'est pas muet; madame de Berga, poussée à bout par son heureuse rivale, se croit jouée par le trop aimable chevalier : elle monte sa haquenée, et pousse à grands coups de fouet une pauvre bête bien étrangère à tous ces démêlés. Très-heureusement le comte de Berga était retenu chez lui par la goutte, et elle n'avait à Lampurdan aucun chevalier qui s'intéressât assez à elle pour jeter à Cerdagne le gage du combat.

Le tragique de la scène avait fait perdre de vue les détails comiques, les plats et les bouteilles cassés; les limiers se jetant sur les débris du festin, les pages, s'empressant de réparer le désordre, culbutés par les chiens, et les culbutant à leur tour;

la selle de la haquenée de madame de Berga, placée à la hâte, tournant au bout de cinq pas; l'amante malheureuse renversée, les jambes en l'air, et son écuyer lui tournant respectueusement le dos, tirant sa flamberge pour écarter les indiscrets, et laissant sa maîtresse se dépêtrer de son mieux ou subir le sort de la reine Brunehaut, plutôt que de souiller ses charmes d'un regard téméraire. On ne voyait que la belle, que la fortunée Léonore; on ne pensait qu'à féliciter Cerdagne. L'effort qu'avait fait sur lui-même un jeune homme aussi léger était la preuve la plus incontestable de l'amour le plus vrai et le garant le plus sûr du bonheur futur de madame de Lampurdan. Elle oublia la robe brodée de sa patronne, la patronne elle-même, et conduisit son cavalier à l'autel.

D'Aran et son épouse, enchantés d'un dénoûment qu'ils étaient loin de prévoir, présentèrent le plus beau couple de toutes les Espagnes au chapelain qui s'attendait à chanter l'office du jour, et qui ne s'était pas préparé à célébrer des épousailles; mais comme il était le seul qui sût le latin, il récita les *Oremus* en l'honneur de sainte Léonore, et prononça à haute et intelligible voix l'*Ego vos conjungo* qu'on entend à merveille dans tous les pays, et qu'on se repent parfois de s'être fait prononcer.

Vous présumez bien que la fête changea absolument d'objet. Cerdagne fut le patron du jour; il en fit le charme par un mélange de sentiment et de gaieté qui s'échappèrent comme un torrent qui a brisé les digues qui l'arrêtaient. De ce jour aussi, madame de Cerdagne abjura l'autorité qu'elle avait prise sur son amant. Elle ne prétendit d'autre empire sur son époux que celui de la beauté et des grâces, des attentions et de la douceur. Cerdagne avait souvent murmuré contre son despotisme : sa délicatesse le charma, et il s'empressa de la justifier par tout ce que devait attendre de lui une épouse accomplie. On assure même qu'il lui fut fidèle... autant qu'un mari peut l'être.

Neuf mois s'écoulèrent dans des plaisirs toujours vifs, parce qu'ils paraissaient toujours nouveaux. Madame de Cerdagne allait resserrer les liens qui l'unissaient à son époux; un gage de l'union la plus douce était attendu avec impatience, et on attendait le moment heureux en faisant de ces rêves de bonheur si naturels à de jeunes époux. Ce serait un garçon; il aurait la beauté, la sensibilité de sa mère; l'esprit et la valeur de Cerdagne. On le voyait s'échapper des bras de la comtesse pour hasarder quelques pas sur le gazon; on l'entendait balbutier ces noms chéris de père et de mère ; on souriait à ses saillies enfantines. A ces illusions succédaient des plans d'éducation qui ne ressemblaient en rien à celle qu'on donnait alors aux enfants. Puis on l'envoyait faire ses premières armes contre les Maures, et l'établissement le plus beau d'Aragon était le prix de ses exploits.

Hélas ! il vint trop tôt ce jour si ardemment désiré. Après des douleurs horribles, madame de Cerdagne donna une fille à son époux et mourut dans ses bras.

Les caractères vifs sont plus fortement frappés que d'autres, et, par une juste répartition de la nature, les chagrins les plus violents sont aussi les moins durables. Cerdagne, désespéré, ne voulait pas survivre à son épouse ; il l'appelait à grands cris; il couvrait de baisers ses restes insensibles ; il fallut employer la force pour l'en séparer. Il la suivit, baigné de larmes, dans la sépulture de ses pères, et l'instant où on finit de murer le caveau amena une crise terrible : il tomba sans connaissance aux pieds de son cher d'Aran, qui était accouru pour partager ses peines. Une salle tendue en noir, éclairée par une lampe funéraire, fut la retraite où Cerdagne s'ensevelit ; d'Aran eût le courage de s'y renfermer avec lui, d'entendre pendant plusieurs jours et de répondre à des soupirs et à des plaintes continuellement répétés. C'étaient ses soins et ses prières qui déterminaient Cerdagne à prendre quelque nourriture ; c'était sa conversation simple et attachante qui forçait l'attention de son ami, et qui faisait diversion à sa douleur.

D'Aran n'avait pas cette finesse, ce tact exquis qui distinguaient Cerdagne ; mais il avait un sens droit, et son caractère réfléchi lui avait donné le loisir d'étudier les hommes. Il sentit d'abord qu'entreprendre de fermer une plaie aussi fraîche, c'était vouloir la déchirer ; il savait qu'une perte aussi cruelle suspendait toutes les fonctions de l'âme ; mais aussi, lorsque les larmes se tarirent, que les soupirs devinrent moins fréquents, que le nom de Léonore était prononcé avec une sensibilité profonde, mais sans aucune marque de désespoir, d'Aran jugea qu'un attachement d'un autre genre, mais aussi fort sans doute, balancerait d'abord e premier, l'emporterait bientôt sur de simples souvenirs, et il prononça le nom de sa fille.

Au nom de cet enfant, dont Cerdagne ne s'était pas occupé encore, il parut sortir d'une longue léthargie. Il demanda instamment à voir sa Séraphine, et d'Aran, habile à profiter du moment, lui représenta que l'aspect de ce lieu lugubre pourrait agir trop fortement sur des organes si faibles encore. Il prit la main de son ami, et l'amour paternel l'arracha de l'espèce de tombeau où l'avait renfermé l'amour conjugal.

La vue de Séraphine rappela vivement l'idée de sa malheureuse mère ; mais insensiblement cet enfant réunit tous les sentiments dont son père était occupé. Il n'oublia jamais sa tendre, son incomparable Léonore ; mais il l'aima dans sa fille, et sacrifiant à la mémoire de la première, à l'intérêt de la seconde, le reste d'une jeunesse très-brillante encore, il jura de ne jamais former d'autres nœuds, et fut fidèle à son serment.

Un an ou deux s'écoulèrent, et Cerdagne les avait passés tantôt chez lui, tantôt au château d'Aran. Les plaisirs, nécessaires à un homme de vingt-cinq ans, avaient repris leur cours ordinaire. Cependant leur uniformité fatiguait un jeune seigneur qui avait vu la brillante Saragosse ; sa jeunesse lui imposait la loi d'ajouter de nouveaux lauriers à ses premiers exploits certain besoin de gloire, que l'amour ne contenait plus, se développait dans toute sa force ; sa fille, très-riche héritière, pouvait à la rigueur, se passer de son père, et son intérêt semblait exiger qu'il illustrât encore son nom déjà fameux. Sa vivacité naturelle lui faisait saisir avec avidité des idées qui l'avaient flatté dans tous les temps ; mais de quel côté tourner ses pas ? L'Aragon était en paix avec la Castille ; les souverains espagnols avaient conclu une trêve de trois ans avec les Maures : un fou lui procura les occasions de se signaler.

Il était difficile, alors comme aujourd'hui, d'obtenir de la considération sans fortune, sans esprit et sans naissance ; on y arrivait par la dévotion, et il n'est pas de faquin qui ne soit flatté de sortir de la classe commune. Un malheureux d'Amiens, nommé *Coucoupêtre* ou *Cucupêtre*, et que nous connaissons sous le nom de *Pierre l'Ermite*, fit longtemps, à la porte de la cathédrale, les jongleries que fit depuis, à Rome, Jean Labre, autre gueux de Boulogne-sur-Mer, qui ne fit et ne devait faire aucune sensation au dix-huitième siècle, lorsqu'au douzième, maître Coucoupêtre réussit à bouleverser l'Europe et l'Asie.

Parvenu à une certaine réputation à Amiens, Coucoupêtre crut y ajouter en allant visiter à Jérusalem le saint tombeau.

Notre gueux, revêtu par l'évêque de la robe crasseuse et du cordon de Saint-François, part la besace sur le dos, s'arrête de porte en porte, reçoit partout d'abondantes aumônes, et arrive, gros et gras, à Jérusalem, qui a été une ville superbe, à ce que disent les auteurs juifs, qui ont pu mentir sur cet article comme sur mille autres, mais qui, certainement, n'est aujourd'hui qu'une bourgade.

M. Coucoupêtre recommença à Jérusalem les farces qu'il avait jouées, avec tant de succès, à Amiens, mais d'autres lieux, d'autres usages. Les mahométans le prirent pour un fou, et les fous sont partout bafoués et honnis par la canaille. Les chrétiens de la Palestine aiment beaucoup qu'on leur porte des aumônes, et ne se soucient pas d'en faire. Coucoupêtre fut donc vilipendé par les infidèles, et abandonné par les disciples du Christ. Notre Picard, opiniâtre comme tous les gens de son pays, jura qu'il se vengerait des uns et des autres, ce qui n'est pas très-chrétien ; mais tout le monde sait que la religion doit ployer sous les petites passions de ceux qui la professent.

Coucoupêtre conçut un projet dicté par la démence ; mais il n'est pas d'absurdité qu'on ne fasse adopter à des cerveaux exaspérés, et toute l'Europe avait alors la fièvre de la susperstition. Si Coucoupêtre se fonda sur cette observation pour espérer quelque succès, il n'était pas aussi bête qu'on pourrait bien le croire.

Il se rendit à Rome, fut admis à baiser l'orteil du saint-père et lui fit une peinture si touchante des avanies que l'on faisait essuyer aux chrétiens en Palestine, c'est-à-dire de celles qu'il s'était attirées, qu'Urbain II, assez bon homme mais chrétien aussi vain et aussi entêté que Coucoupêtre, ne dédaigna pas de faire cause commune avec lui.

Il l'envoya gueuser de province en province, et communiquer partout son enthousiasme et son ressentiment. Le Picard était vif, mais sans éloquence. Le ciel est avare de ce don, et aurait pu en faire part à un homme qui embrassait aussi chaudement ses intérêts. Coucoupêtre passa encore pour un fou, quand il proposa sérieusement aux heureux habitants de l'Italie d'aller conquérir l'Arabie-Pétrée, qu'il était impossible de garder. D'ailleurs, une figure assez commune, des sandales, des pieds crasseux, des reins ceints d'une corde, pouvaient donner une haute idée de la piété du personnage, mais n'annonçaient pas de moyens fort étendus. Coucoupêtre, à peu près aussi furieux contre les Italiens que contre les mahométans, revint épancher sa bile dans le sein du saint-père.

Le saint-père trouva très-mauvais que tous les fidèles ne se fussent pas levés en masse à la voix de son envoyé. Plein de confiance dans ses talents oratoires et dans la grâce de Dieu, il convoqua un concile à Plaisance. Le coup électrique n'est pas d'un effet plus prompt aujourd'hui, que l'était alors un mot, un seul mot du saint-père. Tout le clergé italien, jusqu'aux enfants de chœur, et environ trente mille laïques, se rendirent à Plaisance. Comme il n'y a pas eu, qu'il n'y a pas, et qu'il n'y aura jamais de bergerie assez vaste pour contenir un pareil troupeau, Sa Sainteté fut obligée de haranguer en plein champ, ce qui n'est pas du tout avantageux à la poitrine d'un pape, ordinairement très-usée. Il perdit ses beaux mouvements oratoires ; mais en se passant le mot de proche en proche, tout le monde sut qu'il s'agissait d'aller guerroyer contre les Palestins, qui avaient maltraité M. Coucoupêtre. On trouva le projet superbe ; on s'écria de tous les côtés qu'il fallait partir, et personne ne bougea.

Le turc Soliman, maître déjà de la plus belle partie de l'Asie-Mineure, avait établi le siége de sa domination à Nicée, et semblait de là menacer Constantinople. L'empereur grec, Alexis Commène, sentait sa couronne chanceler sur sa tête débile. Il ne douta point que les chrétiens d'Europe, consultant leurs vrais intérêts, ne s'unissent à lui pour faire rentrer les Ottomans dans leurs premières limites. Ce plan avait le sens commun, et voilà pourquoi il ne fut pas adopté. Les ambassadeurs qu'Alexis avait envoyés à Plaisance furent à peine écoutés.

Eh ! le moyen que le pape soutînt des Grecs qui ne voulaient pas adopter cinq ou six mots qu'il avait plu aux Romains d'ajouter au symbole, des Grecs qui communiaient avec du pain levé, et qui prétendaient que manger, en carême, des œufs et du fromage, c'était faire gras ! Il était bien plus simple de traverser leur pays à main armée, de les piller si on pouvait, de s'exposer à être défait par eux avant d'arriver à la sainte pierre, objet de tant de bruit ; au moins on ne reprocherait pas au saint-siège d'avoir traité avec des schismatiques.

Urbain, que Coucoupêtre avait tout à fait enfiévré, ne fut pas rebuté par le mauvais succès de sa première tentative. Il compta sur l'esprit inquiet des Français, sur leur enthousiasme pour tout ce qui est nouveau et extraordinaire, sur une foule de seigneurs perdus de dettes, de débauche, aimant le plaisir, la guerre, le pillage surtout, et devant seconder ses vues par l'ignorance la plus crasse. Urbain partit pour Clermont en Auvergne. Il pérora sur la grande place ; les têtes s'échauffèrent ; les

Syriens vaincus, conquis, dévalisés; leur pays partagé entre vingt ou trente seigneurs qui ne possédaient qu'un donjon entouré d'un fossé bourbeux, flattèrent plus les imaginations que la remise des péchés commis et à commettre, que promettait le saint-père à ceux qui s'armeraient. On prit la croix à l'envi. Moines, femmes, marchands, vivandiers, ouvriers, tout voulut partir. On enrôla une infanterie innombrable. Tous ceux qui pouvaient disposer d'un cheval se réunirent en corps de cavalerie. Les moindres châtelains partirent à leurs frais; les pauvres gentilshommes leur servaient d'écuyers. Godefroy de Bouillon, Baudoin son frère et plusieurs seigneurs se croisèrent. Tous vendirent leurs biens au clergé, et ne les regrettèrent pas : ils allaient conquérir des royaumes. L'exemple d'une poignée de Normands qui venaient de soumettre Naples et la Sicile, semblait justifier ces chimères ; mais ces Normands étaient commandés par Guillaume Fier-à-Bras, Drogon et Humfroi, et les croisés l'étaient par Coucoupêtre. La reconnaissance, la piété et la bêtise lui avaient déféré cet honneur.

Voilà où en étaient les choses, quand le bruit de cet armement extraordinaire pénétra dans la Catalogne. Cerdagne, riche, désintéressé, ne pouvait être conduit par l'intérêt : ceux qui aiment le plaisir ne sont pas dévots. Cerdagne devait donc se soucier fort peu d'indulgences ; mais il était inquiet, inconstant, entreprenant ; il voyait de la gloire à battre les Ottomans, qui étaient redoutables alors ; sa fille était trop jeune pour l'intéresser beaucoup encore ; d'Aran trop raisonnable pour que sa conversation fût variée ; sa femme trop sage pour faire attention aux grâces de Cerdagne, et consentir à lui rendre le séjour de la Catalogne supportable. Il trouvait superbe d'être cité comme le plus brave, le plus beau, le plus désintéressé de l'armée des croisés ; de chercher Soliman dans la mêlée, de le pourfendre ; d'entrer à Nicée avec les fuyards, de s'établir dans le sérail du maître, et de prouver à ces dames qu'un seigneur catalan vaut tous les soudans du monde.

Il part donc pour la Palestine, mais comme nous ne l'y suivrons point, venons tout de suite à son retour. Il s'était battu en brave paladin. Il était lié avec Renaud et Tancrède, redouté d'Argant, aimé clandestinement d'Herminie, de Clorinde, d'Armide et de toutes les belles de la famille du Tasse. Il s'était égaré dans ces forêts enchantées découvertes par l'imagination du poète! Le libertinage, la crapule de la plupart des croisés le révoltaient, il était excédé des bénédictions et des orémus de Coucoupêtre, choqué de la morgue d'Amberto, légat du pape près des croisés. Il avait cru faire la guerre en chevalier, et les chrétiens se conduisaient en bouchers. Il prit congé de Godefroid de Bouillon après la prise de Jérusalem, c'est-à-dire six ans après avoir quitté son château. Il reprit la route de Constantinople avec ce qui lui restait de la suite brillante qui l'avait accompagné.

Après deux années de séjour à Constantinople auprès de l'Empereur Alexis Commène, Cerdagne partit chargé des bienfaits de l'empereur. Plus riche, plus aimable que jamais, il prit la route de la Catalogne. Il approchait de l'âge où on préfère une vie tranquille aux plaisirs bruyants et aux rêves de l'ambition. Sa fille, qu'il connaissait à peine, et qui entrait dans sa douzième année, lui promettait les jouissances du cœur dont il se faisait d'avance une idée délicieuse. Son éducation devait être son ouvrage. Quelques années encore, et il s'occupait de son établissement. Tout concourait à le fixer en Catalogne.

D'Aran avait quarante-cinq ans et quelques infirmités. Depuis longtemps, son épée et sa cuirasse étaient rouillées; ses lièvres et ses chevreuils rongeaient en paix les récoltes que ses paysans n'osaient défendre. Madame d'Aran n'était plus que son amie; il passait le temps à écrire à son fils, espiègle déterminé, qui faisait ses exercices à Saragosse, à se faire lire la Bible par Trufaldin, que je vous ferai bientôt connaître, et à boire de très-bon vin, en assez grande quantité pour avoir de fréquents accès de goutte.

Louis XI, qui ne naquit que trois cents ans après, n'avait pas encore pensé à rétablir les postes, si régulièrement servies sous l'ancien empire romain. D'Aran n'avait donc reçu aucune nouvelle de Cerdagne. Il le croyait encore avec ces enragés qui avaient couru en Judée sans savoir pourquoi. Il s'était mis à la tête de ses affaires, les régissait en ami fidèle, montait à cheval quand sa santé le permettait, parcourait ses domaines, faisait réparer son château, et allait une fois l'an à Barcelone, visiter la petite Séraphine qu'il avait mise dans un couvent fameux pour l'éducation des jeunes demoiselles. Là, elle apprenait à lire, à coudre, à prier Dieu, à rougir et à faire des confitures pour les malades. Depuis, tout a changé : il faut aujourd'hui que les jeunes personnes sachent chanter, toucher le piano, peindre, danser, tout faire avec grâce, même un faux pas ; aller au spectacle lors même qu'on donne le mariage de Figaro, y paraître la gorge et les bras nus, y recevoir, y glisser un billet doux. C'est charmant, mais au bon vieux temps on ne connaissait pas tout cela.

D'Aran était étendu au coin de son feu, la jambe étendue sur un coussin couvert en cuir; il sommeillait pendant que Trufaldin, assis sur un tabouret, un pupitre devant lui, et la Bible ouverte, lisait avec onction le saint inceste du saint homme Loth avec ses saintes filles. Madame d'Aran travaillait, de l'autre côté de la cheminée, à un morceau de tapisserie qui représentait le roi Agag, haché en morceaux par ordre du saint prophète Samuel; une demoiselle suivante raccommodait, derrière sa maîtresse, une paire de haut-de-chausses; une autre jouait avec le faucon favori; tout le monde était occupé, lorsque cinq à six cornets sonnèrent à la fois en dedans et en dehors du château. On a eu à peine le temps de lever les yeux, et une troupe de cavaliers est entrée au galop dans les cours. D'Aran, réveillé en sursaut, s'écrie : Ce sont les Maures ! Il se lève pour sauter sur son épée de bataille, la goutte le cloue sur le pavé. Trufaldin renverse son pupitre et se sauve à la cave, madame d'Aran se jette sur une estrade, et les demoiselles suivantes, qui n'ont pas oublié le capitaine Diégo, vont bravement ouvrir la porte.

Cerdagne entre en riant aux éclats du désordre qu'il a causé. On le reconnaît, on se précipite dans ses bras, on le reçoit comme un ami qu'on ne comptait plus revoir. Après les embrassades vinrent les épanchements; ensuite on parla d'affaire, car enfin on ne peut pas toujours s'embrasser et se dire des douceurs.

En écoutant ce que d'Aran lui racontait de ses soins pour sa fille et de l'entretien de ses châteaux, Cerdagne lorgnait la suivante qui avait repris le faucon au poing. Elle avait vingt-quatre ans, elle était fort jolie, avait beaucoup d'esprit naturel, copiait à merveille les grands airs de sa maîtresse, et se livrait indistinctement à la volupté ou à la morale, selon que ses petits intérêts ou les circonstances l'exigeaient. En répondant tant bien que mal à d'Aran, Cerdagne s'approchait de la belle, carressait l'oiseau d'une main qui en masquait une autre qui cherchait à s'occuper plus agréablement. Rotrulde repoussait doucement la main audacieuse, et regardait le paladin avec étonnement. Elle ne concevait pas qu'un seigneur qui avait vécu dans la plus grande intimité avec de grandes dames, voire même des princesses, pût s'amuser à cajoler une suivante, et pourtant cela était tout simple : les empressements qu'on marque à une femme ne se mesurent guère que sur ses agréments. Cependant Rotrulde n'avait pas entendu l'ordre, deux fois répété par la comtesse, d'aller dire au majordome de traiter plus splendidement encore que de coutume; elle était occupée à se défendre, ou l'attaque lui plaisait trop pour qu'elle fût à autre chose. La troisième invitation fut prononcée si haut et avec tant d'humeur, que Rotrulde fit un mouvement aussi rapide que la pensée pour obéir à sa maîtresse; mais Cerdagne lui pressait fortement le genou. Elle perdit l'équilibre, fit une volte pour se remettre, et ne pensa plus à l'oiseau. Elle lâcha la chaîne, et le faucon effrayé de ces tournoiements, s'enfuit à tire-d'aile, traînant sa chaînette après lui. Il sortit par une croisée qu'on avait laissée ouverte pour donner issue à la fumée : on ne savait faire encore au-dessus des foyers que de larges conduits par lesquels l'air ne tirait point, et on ne connaissait pas les fumistes.

Je voudrais bien voir nos belles d'aujourd'hui dans une halle de vingt pieds carrés, surmontée d'une voûte gothique, pavée de larges pierres; je voudrais les voir les mains, la figure enfumées, les yeux rouges, et rire et chanter malgré cela. C'est pourtant ainsi que vivaient nos pères, et ils étaient fiers comme on l'est aujourd'hui.

Madame d'Aran appelait l'oiseau chéri, et l'oiseau n'entendait rien : une terreur panique nous prive de tous nos sens. Il volait d'un donjon sur une tourelle, de là sur les créneaux de l'enceinte. Il se percha ensuite sur l'écusson de la maison d'Aran, qui décorait l'extérieur de la principale entrée. Un hibou s'était retiré sous l'aile d'un aigle de pierre qui formait le support, et s'envole à l'approche de l'oiseau royal. Il se jette dans la campagne. Le faucon retrouve son instinct, il vole après le hibou; madame d'Aran le perd de vue et s'évanouit. Cerdagne, toujours galant, même avec les femmes dont il ne se souciait pas, Cerdagne appelle ses piqueurs, demande son palefroi, et veut se mettre à la quête du diable de faucon. Ses piqueurs, fêtés par la valetaille du château, n'entendent pas la voix du maître. Cerdagne se décide au parti qu'on devrait toujours prendre pour être bien servi, celui de se servir soi-même. Il prend le chemin des écuries, et entend un carillon infernal dans la cave devant laquelle il passait, il prête l'oreille ; il croit distinguer une voix de femme; et comme une femme, quelle qu'elle soit, l'intéresse plus que tous les oiseaux du monde, il oublie le faucon, et descend, au risque de se casser le cou sur les degrés.

Vous vous rappelez qu'au cri terrible du comte d'Aran, *Ce sont les Maures !* Trufaldin s'était réfugié à la cave. Il s'était blotti comme un lièvre derrière un tonneau de vin, tremblant de tous ses membres, et priant Dieu comme on le prie quand on a peur. Rotrulde avait exécuté les ordres de madame. Le majordome avait envoyé le sommelier à la cave, et Rotrulde y était descendue avec lui, parce qu'elle avait les clefs des petits caveaux de madame, et qu'elle n'était pas fâchée d'avoir un prétexte pour se trouver en tête-à-tête avec le sommelier.

Je ne finirais pas si je détaillais les commodités et les douceurs de la vie qu'on ne soupçonnait pas au douzième siècle; il faut pourtant que je vous dise qu'on était bien éloigné de mettre le vin dans des bouteilles de verre, car si on en avait eu, le sommelier n'aurait pas été remplir ses dames-jeannes de grès au tonneau derrière lequel s'était tapi Trufaldin.

Trufaldin, en entendant jouer le robinet, ne doute pas que les Maures ne viennent boire le vin de son suzerain. Sa peur augmente un moment; mais le calme qui règne autour de lui lui rend l'usage de la réflexion. Il pense que le Maure est seul; qu'il vient à la provision pour ses camarades; que, s'il l'aperçoit, il lui fera sauter la tête d'un revers de son cimeterre, et qu'il est facile de le prévenir, sauf à devenir ensuite ce qu'il plaira à Dieu.

Trufaldin n'était pas homme à assommer un Maure d'un coup de poing : il lui fallait une arme, et il n'en avait pas. Il invoqua Samson, qui, avec certaine mâchoire, se tira d'un pas bien plus épineux, et comme il est dit dans l'Écriture : *Aide-toi, et je t'aiderai,* Trufaldin cherche doucement autour de lui. Une masse de bois, qui servait à bondonner et à débondonner les pièces, lui tombe sous la main; il se glisse le long de la pièce. Le bon sommelier, le dos baissé, son bout de résine allumé d'une main, sa dame-jeanne de l'autre, pensait à sa petite Rotrulde, qui ne devait pas tarder à sortir du caveau de madame. Le maladroit Trufaldin fait quelque bruit : — Ah ! te voilà, ma belle, dit le pauvre sommelier. Un coup terrible lui tombe d'aplomb sur les reins, et lui arrache un cri, qui fait retentir les voûtes souterraines; sa résine s'échappe, et s'éteint dans le vin qui continue de couler. Trufaldin ne veut pas laisser sa victoire incomplète; il allonge autour de lui de nouveaux coups, qui d'abord ne frappent que l'air; mais bientôt l'instrument à bondons lui meurtrit la rotule du genou, avec une telle violence, que le cœur lui manque, et qu'il tombe à vingt pas du vaincu.

Mademoiselle Rotrulde, effrayée du cri du sommelier, accourait à la hâte; elle dirigeait son flambeau vers l'endroit où devait être son bien-aimé; son œil cherchait à percer les ténèbres dans l'éloignement; elle ne prenait pas garde à ce qui se passait à ses pieds. Elle accroche Trufaldin, elle chancelle, elle tombe, elle roule, en criant à son tour. Son flambeau, son panier, deux jolies dames-jeannes, tout s'échappe, se heurte, se brise; le vin de Pobla coule sous sa cotte; une obscurité profonde ramène la terreur dans tous les esprits.

Cerdagne était descendu, aussi vite que le permettaient les ténèbres, et un escalier tournant qu'il ne connaissait pas. Il appelle, il écoute; personne ne répond. Il avance, il met le pied dans la boue formée de la terre glaise qui garnissait la cave, et du précieux vin de Pobla, il glisse, il tombe à son tour; mais il tombe assez heureusement. Des cheveux tressés et rattachés sur le haut d'une tête mignonne, se rencontrent d'abord sous sa main. Il est assez naturel de connaître à quel ennemi on a affaire, et Cerdagne continue la plus exacte inspection. Une fraise, plissée et droite, garnissait le derrière de la tête, et descendait sur quelque chose d'intéressant, qui cependant n'arrêta pas le paladin : les grands hommes ne s'amusent pas aux détails. Celui-ci donna toute son attention à une cotte d'un tissu d'écarlate, brodée par le bas d'un réseau d'or. Sous cette cotte était le plus joli petit pied, la jambe la mieux tournée, et probablement quelque chose de plus séduisant. Je ne sais pas ce que le paladin fit de tout cela; mais je puis assurer que l'examen fut long, que Rotrulde était très-rouge et Cerdagne très-gai quand ils rentrèrent dans la salle.

Madame d'Aran avait son oiseau au poing, et le couvrait de baisers. Son retour était une espèce de miracle. Une demoiselle suivante, qui ne pouvait pas voler après lui, était montée sur la plus haute des tourelles, pour suivre au moins son vol des yeux. Elle l'avait vu saisir et mettre en pièces le malheureux hibou, lorsqu'un vautour vint à tire-d'aile fondre sur le faucon. Un danger imminent fait bientôt oublier un danger chimérique. Le faucon jugea, comme bien d'autres, qu'il valait mieux fuir que soutenir un combat inégal. Il avait repris son vol vers le château ; il était rentré par la fenêtre par laquelle il était sorti, et la joie de madame d'Aran ne lui permettait pas d'observer ce qui se passait autour d'elle.

Cerdagne faisait l'aimable, en se chauffant le gras des jambes devant le foyer, et il ne s'apercevait pas que le devant de son pourpoint, de son haut-de-chausses, et le cuir rouge de ses bottines, à entonnoirs, étaient couverts de terre glaise et de vin de Pobla. Rotrulde, toujours rouge et toujours les yeux baissés, avait pris de l'ouvrage pour lui servir de contenance, et elle ne se doutait pas que le vin de Pobla et la terre glaise couvraient le derrière de ses tresses, de sa fraise, de son juste et de sa cotte. Madame d'Aran, lasse de caresser son oiseau, jeta les yeux sur Cerdagne, et partit d'un éclat de rire. D'Aran fit un effort, se tourna péniblement de côté, pour savoir de qui on riait. Il vit, malgré les oreillettes de son grand fauteuil, le devant glaisé de son ami, et il rit à son tour. Cerdagne, interdit d'abord, s'examina enfin, et rit avec les autres. Il raconta l'aventure de la cave, avec beaucoup de grâce et de facilité ; mais il la raconta comme il voulait qu'on la crût. Les femmes sont pénétrantes. Madame d'Aran regardait Rotrulde, pendant que Cerdagne contait. La petite, qui craignait que le paladin ne la sacrifiât au plaisir de dire un bon mot, était plus embarrassée que jamais, et cet embarras ne parut pas naturel à sa maîtresse. Elle jugea que Rotrulde devait avoir enlevé aussi une certaine portion de terre glaise et du vin de Pobla. Pour savoir précisément à quoi s'en tenir, elle envoya Rotrulde chercher dans sa chambre à coucher, son fuseau d'or et sa laine de Ségovie. Elle se pinça les lèvres, en voyant le derrière de sa fille d'honneur jaspé d'une singulière manière ; elle se recueillit pour décider ce qu'il y avait à faire dans une circonstance aussi importante, et jugea que, sans faire des reproches à Cerdagne, sans même entrer en explication avec lui, il fallait congédier Rotrulde, qui bien certainement n'avait pas provoqué le chevalier ; et voilà comme les grands font justice.

Dans sa narration, Cerdagne n'avait pu parler ni de Trufaldin, ni du sommelier, parce qu'il n'avait pas laissé à Rotrulde le temps de lui en rien dire. Cependant d'Aran avait conclu, avec beaucoup de sagacité, que le bruit que son ami avait entendu à la cave devait nécessairement avoir une cause. Il fit venir quelques écuyers, ordonna à ses valets de porter des flambeaux devant eux, et envoya voir dans les souterrains ce qui avait pu donner lieu à ce vacarme.

On descend : on trouve le sommelier étendu sur le ventre, l'épine du dos fracassée. On l'entoure, on le relève, et Trufaldin, plein de l'idée que les Maures sont maîtres du château, et qu'ils vont venger sur lui la mort de leur camarade, Trufaldin se relève à genoux, commence à haute voix son confiteor, psalmodie un *De profundis*. On avance à sa voix, il reconnaît les commensaux de la maison, il juge que les Maures sont en fuite; il retrouve ses sens et ses forces, et il raconte gravement qu'il a tué un ennemi de six pieds de haut, qui buvait le vin du patron. Un écuyer, plus vif que les autres, lui répond qu'il a cassé les reins au sommelier, et qu'il n'est qu'un imbécile. Trufaldin, très-bonhomme, fond aussitôt en larmes, et se jette sur le corps de son ami le sommelier, à qui il fait un mal épouvantable. On veut l'écarter; il serre le blessé dans ses bras, en lui demandant pardon, et le serre si bien qu'il lui fait passer une vertèbre à travers la peau. Le pauvre sommelier, excédé de douleur, croit se défaire de Trufaldin en lui mordant vigoureusement l'oreille. Trufaldin croit mettre fin à son supplice en appliquant un vigoureux coup de poing sur la face du sommelier. Celui-ci serre plus fort; Trufaldin crie plus haut; l'écuyer dont j'ai déjà fait mention, s'impatiente, prend Trufaldin par l'autre oreille, et l'envoie rouler dans la terre glaise et le vin de Pobla.

On remonte le sommelier sur une espèce de brancard, qu'on a fait en croisant quelques piques. Trufaldin suit en silence, son mouchoir sur les yeux. Il paraît au grand jour, et fixe tous les regards. Sa jaquette noire est garnie de haut en bas, comme le devant de Cerdagne et le derrière de Rotrulde, et il a une épaule couverte de sang, parce que l'écuyer l'a tiré avec tant de violence par une oreille que l'autre est restée dans la bouche du sommelier.

On s'occupe aussitôt des blessés. Un frater, qui ne savait d'anatomie que ce qu'on en connaissait dans un temps où c'était un sacrilége d'exhumer les morts, décida, et devina juste, que le sommelier en serait quitte pour être bossu, et Trufaldin pour la perte de son oreille.

CHAPITRE II

Ce qu'était Trufaldin ; pourquoi Batilde était Pédro, et comment par crainte de scandale chez un saint homme, un coffre-fort est ouvert. — Admirable résignation de Batilde à se sacrifier, autant et plus, pour la sauvegarde de Trufaldin obligé de voir et souffrir ce qu'il ne peut empêcher. — Le jeune don Mendoce d'Aran en fait voir de grises et même d'une autre couleur aux papas et aux maris de Saragosse. — Les folies d'Espagne commencent.

Trufaldin était un pauvre diable, fils d'un cordelier d'Urgel, et de la cuisinière d'un prébendier du chapitre de Sainte-Thérèse de la même ville. Il ne fut, en conséquence, reconnu par personne ; mais le révérend père veillait sur le fruit de ses amours, et payait les mois de nourrice avec l'argent que les fidèles destinaient à l'entretien des autels. A l'âge de quatre ans, il le mit chez une dévote, à qui il persuada de se charger du pauvre orphelin, pour l'amour de saint François. A sept ans, Trufaldin servait joliment une messe ; à huit ans, il savait lire ; à dix, il savait autant de latin que son papa avait pu lui en apprendre.

Les révérends pères cordeliers, étonnés de la prodigieuse facilité de cet enfant, délibérèrent en chapitre, sur son sort, et l'admirent dans le couvent en qualité de marmiton. C'est là qu'il se perfectionna dans la belle latinité, au point d'entendre parfaitement les psaumes, et de soutenir facilement une conversation dans ce latin, vulgairement appelé *latin de cuisine*.

C'était plus qu'il n'en fallait pour être cordelier ; mais Trufaldin voulait devenir un des aigles de l'ordre. Dispensé, à quatorze ans, du service de la cuisine, à cause de son grand savoir, il se livra uniquement à l'étude ; il lut les Pères de l'Église et les plus fameux théologiens ; il commenta l'Apocalypse ; il fournit des articles à la *Fleur des Saints* et à la *Légende dorée* ; dans ses moments perdus, il apprenait le plain-chant, et comme il avait la voix très-forte, il économisa bientôt un serpent à la communauté.

Tant de gloire ne pouvait être contenue par les murailles

de la petite ville d'Urgel ; elle s'étendit jusqu'en Aragon. Le révérendissime évêque de Saragosse, car les évêques n'avaient pas encore l'orgueil antiévangélique de se donner du monseigneur, le révérendissime voulut voir ce miracle nouveau de saint François. Il avait convoqué ce qu'il y avait de plus ergoté en théologie, pour décider d'un cas important sur la conception de la vierge Marie. Ces assemblées se nommaient *conciles provinciaux*, et le prieur des cordeliers d'Urgel, qui se croyait très-savant, ne manqua pas de partir pour Saragosse. L'évêque l'avait invité à amener Trufaldin avec lui ; mais les laïques ne pouvaient être admis aux conférences. Trufaldin, après un court examen et des réponses qui charmèrent le prélat, reçut de sa main les quatre mineurs, ou pour parler plus clairement, il fut tonsuré.

Le grand jour arriva enfin, et l'évêque proposa la fameuse question : *An virgo Maria semen emiserit in copulatione cum Spiritu sancto ?* La discussion s'engagea gravement d'abord, vivement ensuite ; enfin tout le monde parla à la fois, et on eût parlé pendant des siècles sans s'entendre, si Trufaldin n'eût demandé humblement la parole, et, sans se jeter dans des discussions scientifiques, il trancha la question avec deux mots : *Mulier erat, ergo semen emisit.*

L'évêque, étonné qu'un enfant de quinze ans décidât, avec autant de précision, un cas qu'il ne devait même pas entendre, le fit mettre à genoux devant son fauteuil, lui donna sa bénédiction, et y ajouta un *pax tecum*, un baiser au front, et prononça qu'un jour cet enfant s'assoierait sur la chaire de saint Pierre.

Pour aider lui-même à l'accomplissement de sa prophétie, le prélat notifia au prieur qu'il entendait garder le jeune néophyte au palais épiscopal, où il serait à la source des lumières. Cette notification déplut beaucoup au cordelier ; mais comme un moine n'a rien à refuser à un évêque, il fit de nécessité vertu, et s'en retourna seul à Urgel.

Voilà donc Trufaldin, bien vêtu, bien logé, bien nourri, admis à la familiarité du révérendissime, occupé à faire ses mandements, à lui trouver des citations pour ses prônes, et ayant la perspective du premier bénéfice vacant, et du saint ordre de prêtrise, quand il aura l'âge requis : le diable en ordonna autrement.

Parmi ses familiers, l'évêque avait un jeune clerc, de ceux

qu'on a depuis nommés *enfants de chœur*, et qui n'étaient pas tondus encore. Celui-ci avait des cheveux blonds, qui tombaient par boucles sur ses épaules ; un sourcil noir, bien marqué, couronnait un œil bleu, plein de douceur et d'expression ; des lèvres rosées s'entr'ouvraient pour laisser voir les plus belles dents du monde ; sur ses joues le duvet de la pêche ; de l'embonpoint, la main charmante, et beaucoup de piété ; tel était le petit Pedro.

C'est lui qui habillait et déshabillait le révérendissime, qui, par humilité, ne voulait point de valet de chambre ; c'est Pedro qui lui apportait son déjeuner ; qui le revêtait des habits sacerdotaux, qui servait sa messe, quand il lui plaisait de la dire ; qui dînait à côté de lui, pour lui couper ses morceaux et lui verser à boire ; mais, aux heures de travail, il laissait la place d'honneur à Trufaldin ; allait assister aux offices ; revenait souper, et se coucher, dans une chambrette que l'évêque avait fait arranger auprès de sa chambre à coucher, pour le trouver s'il avait quelque besoin la nuit, et pour établir le jour plus de facilité dans le service.

Pedro et Trufaldin étaient à peu près du même âge. Ils se lièrent insensiblement, bien que le révérendissime fît ce qu'il pût pour empêcher toute relation directe entre eux. Un jour, que le prélat officiait pontificalement, Pedro quitta sa stalle, et vint en occuper une vide à côté de Trufaldin. Deux jeunes gens, qui ne peuvent se parler qu'à la dérobée, ont nécessairement beaucoup de choses à se dire, quand ils peuvent causer en liberté. Ceux-ci allaient en venir aux confidences, et Pedro en pouvait faire d'assez extraordinaires, lorsque le prélat se retourna pour pousser un *Dominus vobiscum*.

Il chercha son Pedro des yeux, et le trouva, en prolongeant un peu plus que de coutume l'extension de ses bras. Il fronça le sourcil, en le voyant dans la stalle voisine de celle de Trufaldin, et lui fit signe de retourner à la sienne. Pedro, en quittant son camarade, lui dit que sa chambrette avait un escalier dérobé qui descendait à l'oratoire de l'évêque ; où on entrait par la salle des conférences, qui communiquait à la salle des retraites, laquelle ouvrait sur la salle à manger, qui était ouverte à toute heure. Il glisse à Trufaldin une clef qui ouvrait toutes les salles, et il ajouta qu'il l'attendait à minuit, si toutefois le révérendissime n'avait pas besoin alors de ses services ; mais, dans tous les cas, il ne se ferait pas longtemps attendre.

Trufaldin n'entendait rien à cette manie de vouloir passer les nuits à jaser. Jusqu'alors elles lui semblaient faites pour dormir, et la conversation du petit Pedro, bien qu'elle lui plût beaucoup, ne lui paraissait pas un dédommagement de son sommeil. Il ne s'occupa plus de cela, et se remit à chanter machinalement ses antiennes d'une voix qui faisait résonner, comme un tambour, les voûtes de la cathédrale.

Après l'évangile, le révérendissime était monté en chaire pour faire le prône. Il allait prêcher contre l'intempérance; il avait arrangé une description, très-agréable et très-poétique, de la goutte, qui en est la suite. Trufaldin avait trouvé dans le Psalmiste un texte qui renfermait tout le prône en quatre mots : *Pedes habent, et non ambulabunt*, et le prélat avait daigné sourire à l'à-propos de la citation.

Mais ce prélat était un pauvre latiniste. Il débitait avec emphase : *Pedes habent, et non ambulabunt.* — *Ambularunt!* s'écria tout haut Trufaldin. Que diable, révérendissime, quand je vous donne un texte, je n'y fais pas de solécismes. Tout l'auditoire se mit à rire; le révérendissime se déconcerta : la mémoire lui manqua net; il fut obligé de descendre, et de retourner continuer sa grand'messe. En passant devant Trufaldin, il lui lança un regard foudroyant. Trufaldin sentit bien qu'il venait de faire une sottise; mais ce n'est pas à quinze ou seize ans qu'on est maître de contenir sa fatuité, ce n'est pas même l'âge des longs repentirs. Il ne pensait plus au solécisme, ni même au prône, quand vint l'heure de se mettre à table; mais la conduite du prélat lui fit sentir qu'il conservait de la rancune. Ce fut Pedro qui reçut l'ordre de dire le bénédicité, que récitait ordinairement Trufaldin, ce fut Pedro qui resta enfermé avec l'évêque à l'heure où Trufaldin avait coutume de travailler avec lui; ce fut Pedro qui fit la prière du soir, de toute la journée; enfin Trufaldin ne put approcher son révérendissime. Il jugea qu'on ne l'avait pas encore renvoyé, de peur de paraître céder à un désir de vengeance; mais qu'on ne manquerait pas de saisir le plus léger prétexte. Il se rappela la vieille histoire de Gros-Jean, qui veut en remontrer à son curé; il déplora sa funeste imprudence, il maudit sa vanité; mais il se consola en pensant que Pedro pouvait tout sur l'esprit du patron; il se rappela la clef qui lui avait été donnée à l'église, il partit à minuit précis, pour aller trouver celui à qui il destinait l'emploi de médiateur.

Il n'a pas pris de lumière, de peur d'être remarqué; il ouvre et referme les portes, avec l'adresse naturelle à son âge ; il arrive à la chambrette de Pedro ; il appelle à voix basse, Pedro ne répond pas ; il cherche, il tâtonne ; il trouve un lit ; le lit est chaud mais il est vide. Il était clair que le révérendissime avait eu besoin du service du petit clerc, et il était plus simple de se réchauffer dans son lit, que de grelotter en l'attendant. En deux tours de main Trufaldin est déshabillé et étendu sur une couchette beaucoup plus douillette que la sienne.

Il n'attendit pas longtemps. Pedro rentra une lumière à la main, et parut fort aise de trouver son camarade ; le camarade parut fort étonné de voir à Pedro un bonnet de nuit de femme. Pedro rit de l'étonnement du camarade, souffla son flambeau, et se coucha, sans autre formalité. La main du camarade, guidée par un soupçon, qui n'était pas sans fondement, éclaircit le plus piquant des mystères. Le petit Pedro était une très-jolie fille qui animait quelquefois la vieillesse de monseigneur ; qui était toujours vierge, qui se lassait de l'être, et qui avait conjecturé que Trufaldin ferait mieux qu'inspirer le désir. Trufaldin était sage ; mais qui pourrait résister à une semblable occasion ? Il eût fallu être un Joseph : Trufaldin était un homme, et il paya les dettes du prélat.

Ce jeu, tout neuf pour tous deux, leur parut si joli, qu'ils résolurent de faire chaque nuit leur petite partie, si l'évêque n'y mettait obstacle. Il s'agissait de le ramener sur le compte de Trufaldin, et ce n'était pas chose aisée. Il avait déjà senti quelques mouvements de jalousie, et le reproche public de se faire fournir des textes avait excité une colère, d'autant plus forte, qu'il s'efforçait de la concentrer, et qu'il en cachait même le véritable motif. Lui proposer de faire grâce, c'était montrer du goût pour le coupable ; c'était au moins annoncer une sorte d'intérêt, qui pouvait donner plus de force encore à sa jalousie. La petite Batilde était femme, et par conséquent adroite : elle s'y prit à merveille.

Cette petite Batilde était la fille d'une sœur du pot, qui avait été élevée à l'hôpital, à peu près comme Trufaldin l'avait été aux Cordeliers. Le prélat faisait un jour sa visite dans l'intérieur de la maison, et la beauté de Batilde le frappa. Il lui releva le menton ; lui fit quelques questions de catéchisme, et la sœur maman, flattée des marques de bienveillance du révérendissime, s'était approchée de la petite, et lui soufflait les réponses, avec un air d'intérêt, qui éclaira le prélat, grand connaisseur en peccadilles. Il tira la sœur Thérèse à part, lui parla de sa chute, comme s'il en connaissait les détails; la troubla, la terrifia, lui arracha son secret, et lui souriant ensuite d'un air bénin, il rendit le calme à son âme, en l'assurant qu'il était toujours des moyens de trouver grâce aux yeux du Dieu des miséricordes. Vous vous doutez bien de celui qu'il proposa. Thérèse tenait à l'honneur de sa fille. Le prélat jura de la ménager, et il était incapable de manquer à son serment. Il ajouta qu'à dix-huit ans elle serait mariée convenablement, et comme il est dans la règle qu'une mère qui traite de la pudicité de sa fille y trouve son compte, le prélat examina la communauté dans les plus petits détails, jugea la supérieure coupable de petites négligences tellement multipliées qu'elles équivalaient à une faute grave, la destitua, et nomma sœur Thérèse à sa place.

Il vaut mieux, disait César, être le premier dans une bicoque, que le second dans Rome. Sœur Thérèse, flattée d'être promue à la première dignité de son hôpital, ne trouva plus de scrupules à opposer au saint évêque. Elle s'occupa, pendant quelques jours, à styler la petite à qui la figure du prélat ne revenait point, et qui rétorquait les raisonnements immoraux de sa mère, avec des syllogismes théologiques; mais quand on l'eut convaincue, la Bible à la main, que David, le plus saint des rois, avait fait assassiner le bonhomme Urie pour s'approprier sa femme Bethsabée; quand on lui prouva que ce saint roi David faisait réchauffer ses vieux pieds par une très-jeune et très-jolie fille; quand surtout on lui montra, dans la perspective, un mari beau, galant et vigoureux, et une dot rondelette, qui seraient le prix de quelques complaisances, Batilde se rendit en soupirant.

Il était incontestable que l'évêque de Saragosse avait, de droit divin, la faculté de se permettre, dans sa vieillesse, ce que s'était permis le prophète-roi dans la sienne; mais comme les usages étaient un peu changés, depuis David, il parut convenable de dérober au public ce petit commerce charnel. La maman supérieure, qui disposait de tout, avait escamoté de la sacristie un habit de clerc complet, qui alla tant bien que mal à Batilde, et qui ne la rendit que plus jolie. Pendant les vêpres, où elle s'était dispensée d'assister, sous prétexte d'une migraine, elle avait métamorphosé sa fille en garçon, et l'avait présentée à l'évêché, comme un jeune clerc, son neveu, pour qui elle venait implorer les bontés du révérendissime. Vous savez le reste.

A la suite de cette nuit délicieuse, dont j'ai supprimé les détails, Batilde, embellie des roses du plaisir, s'était levée pour aller faire son service ordinaire auprès du prélat. Elle ne savait trop comment faire tomber naturellement la conversation sur Trufaldin. Un de ses manuscrits se trouva sous sa main, elle le jeta au feu, en prononçant son nom avec colère, et le prélat rougit de fureur en l'entendant nommer. Batilde s'écria qu'elle ne concevait point comment le révérendissime laissait son offense impunie, et le révérendissime déclara tout bonnement qu'il le chasserait, s'il ne craignait pas que le public ne crût que c'était une victime qu'il immolait à son amour-propre blessé, ce qui nuirait essentiellement à la réputation de sainteté dont il jouissait dans la ville ; mais que, dans quelques mois, il lui apprendrait ce qu'on gagne à se jouer de son maître. Batilde répliqua que le crime de Trufaldin était le péché d'orgueil, que l'apostolat devait punir publiquement, et que la punition ne pouvait être regardée comme une vengeance du prélat, qui d'ailleurs gardait le coupable chez lui ; mais comme une expiation nécessaire envers le ciel. Le prélat, qui trouvait fort bon d'humilier Trufaldin, en l'éloignant de Batilde, prononça que le délinquant se rétracterait au premier prône ; que, pendant trois mois, il assisterait aux offices, à genoux, au milieu du chœur ; que, pendant ce temps, il serait privé de sa table, et d'approcher de sa personne, et qu'à l'expiration du trimestre il entrerait au séminaire.

Le corps de la sentence convenait beaucoup à Batilde, parce que Trufaldin avait conservé la clef des salles ; la dernière partie la contrecarrait, parce qu'elle ne pouvait lui donner celle de la porte du palais ; mais en trois mois on a le temps d'arranger bien des affaires. D'ailleurs Batilde savait compter, et quatre-vingt-dix nuits bien employées lui paraissaient un très-passable pis aller.

Elles furent si bien employées, en effet, que le prélat, qui avait la peau très-douce, et par conséquent le tact très-fin, crut remarquer de notables changements, qui ne déposaient pas en faveur de la sagesse de Batilde. Des yeux cernés, une sorte de pâleur, un dégoût marqué, confirmèrent ses soupçons. Il était bien sûr de n'être pas l'auteur du cas ; mais qui diable pouvait-ce être ? Depuis que Trufaldin était relégué dans les cuisines, Batilde ne parlait à aucun homme, qu'à l'église, et ce n'est point à une grand'messe qu'une fille coiffe un révérendissime. Il se douta de quelque aventure de nuit, et, blessé à l'endroit sensible, il eut la force de dissimuler, et se décida à observer de de quel côté ce coup pouvait venir.

Trufaldin n'avait pas manqué une nuit d'aller visiter sa petite Batilde, et son embonpoint naissant était le sujet de leurs inquiétudes et de leurs conversations, quand ils ne s'occupaient pas plus agréablement. Il n'y avait pas d'apparence à se flatter que le saint évêque pardonnât la plus cruelle des offenses ; il ne leur était plus possible de vivre l'un sans l'autre, et il n'y avait qu'un moyen de tout concilier, c'était de s'enfuir ensemble, par la salle des conférences, qui donnait sur le potager ; de monter sur un cerisier, qui paraissait planté exprès contre le mur, de sauter dans la rue ; de sortir de la ville, et du royaume d'Aragon ; de se réfugier en Castille, et comme on ne voyage pas sans monnaie, et que l'état de Batilde exigeait des soins, il fut convenu qu'elle ferait, le lendemain, une visite au coffre-fort du prélat, selon le précepte de l'Évangile, *Prenez ce que vous trouverez*, passage qui n'a rapport qu'à la nourriture des apôtres, mais que Trufaldin interpréta à son avantage, ainsi qu'on a toujours interprété les saintes Écritures.

On ne discute pas sur une affaire majeure sans s'échauffer un peu. On avait parlé plus haut que de coutume ; et le révérendissime, qui ne dormait plus, avait entendu quelque chose. Il avait pris ses pantoufles de buffle fourrées, sa simarre de molleton de laine, car on ne se servait pas alors de douillettes, faute de coton, parce que l'Amérique n'était pas découverte, et que la soie, très-rare encore, se vendait au poids de l'or en Europe ; il avait à la main son bâton pastoral, avec lequel il se proposait de châtier son fortuné rival. Il s'était approché doucement de la chambrette de Batilde ; mais quand il entendit tourner son amour débile en ridicule ; quand il entendit Batilde partager des transports réels, au lieu des chimères avec lesquelles il avait cru assoupir les premiers feux de la jeunesse ; quand il entendit concevoir, mûrir, régler le plan d'évasion, il ne fut plus maître de lui. Il sauta lourdement, appuyé sur sa crosse, et renversa un prie-Dieu. Les amants avertis par le bruit, sautèrent lestement de leur couchette, et les ennemis furent en présence.

Le révérendissime avait l'air d'un satyre en fureur. Ses jambes et ses cuisses ramassées étaient couvertes d'un poil épais ; la moitié de ses cheveux, gris et crépus, s'échappaient de dessous l'énorme calotte de drap qui lui emboîtait la tête, ses lèvres pendantes étaient chargées d'une écume qui coulait et tombait aux deux extrémités ; ses petits yeux ardents ressemblaient à des escarboucles ; son bâton pastoral, dont il menaçait l'Amour, complétait le tableau.

Trufaldin, bon garçon, qui allait toujours droit devant lui, et qui n'entendait finesse à rien, Trufaldin se crut perdu sans ressource ; il tomba à genoux devant le révérendissime. Baltilde eut de la présence d'esprit pour deux : — Je ne peux nier, dit-elle, que j'aie un amant, puisque vous l'avez surpris ; et j'ai eu raison d'en prendre un, puisque vous êtes nul. Vous allez faire un éclat ? qu'y gagnerez-vous ? Les grands vicaires, les diacres, les sous-diacres, les clercs, les valets, accourront au bruit, et que verront-ils ? une fille au lieu de Pedro ; une fille grosse, et qui, depuis six mois, est constamment renfermée jour et nuit avec vous. Ils trouveront Trufaldin, à qui vous ferez les honneurs de la paternité ; mais je sais seule que vous n'y êtes pour rien. Que deviendra alors le manteau de l'hypocrisie ? Il sera soulevé en entier. Allons, révérendissime, exécutez-vous de bonne grâce ; payez-moi la dot que vous m'avez promise, nous partons à l'instant, et vous ferez demain sur l'évasion de vos clercs une histoire telle que vous pourrez l'imaginer.

Le révérendissime avait toujours sa crosse levée, et il brûlait de bâtonner les amants. Cependant, les raisonnements de Batilde, bien qu'outrageants pour lui, revenaient à sa pensée. Il sentait intérieurement qu'un évêque ne peut rien gagner à être pris *flagrante delicto* : — Allez, dit-il, canaille maudite, allez fouiller dans mon coffre-fort, emportez mon argent, mon bonheur, et partez chargés de mon excommunication. Batilde se moquait complétement des foudres de l'Eglise ; Trufaldin ne les redoutait guère ; sa maîtresse était sa divinité ; son cœur était son temple ; ses faveurs sa suprême béatitude. Ils remplirent leurs poches des doublons du prélat ; Batilde lui souhaita plus de continence ou plus de moyens ; elle s'appuya sur le bras de Trufaldin, et sortit avec lui de Saragosse, sans regretter ni sa mère, ni son hôpital, ni le sort heureux dont elle jouissait à l'évêché : Trufaldin était tout pour elle, et la somme qu'ils emportaient lui paraissait inépuisable.

Le pauvre évêque passa le reste de la nuit dans d'assez tristes réflexions. Il s'occupa même de projets de vengeance, qu'il eût sans doute exécutés, si, en faisant arrêter monsieur Pedro, il eût pu cacher son sexe, dont la publicité lui ferait un tort irréparable. Il eut enfin le bon esprit de se prêter à la nécessité ; il eut même quelques idées philosophiques, chose assez rare dans un prélat du douzième siècle, et il convint, avec lui-même, qu'une fille de seize ans ne peut pas plus s'attacher à un podagre de soixante, qu'un corps vivant ne s'attache volontairement à un corps mort.

L'évasion de Trufaldin devint publique le matin à l'évêché, et l'évêque ne manqua pas de dire que le petit vaurien avait voulu se soustraire à la pénitence qui lui était infligée. Il joua assez bien l'étonnement, en ne trouvant plus Pedro, et il ne manqua pas d'ajouter que le malheureux Trufaldin avait abusé de la facilité de ce petit garçon pour l'engager à le suivre. Il ne dit mot d'une trentaine de marcs d'argent qui manquaient dans sa cassette, et après s'être entretenu deux heures de cet évènement, on l'oublia pour aller chanter la messe. Le révérendissime renonça aux petites filles, et fit bien ; mais il devint plus gourmand que de coutume, et il eut tort, car il mourut d'une indigestion.

Laissons décrire de magnifiques obsèques à ceux qui aiment les tableaux rembrunis, et suivons nos jeunes gens, gais, heureux, se croyant riches, et persuadés qu'ils s'aimeront éternellement. Ils sortent de Saragosse, et se jettent dans la campagne, sans savoir encore de quel côté ils tourneront. Trufaldin, qui n'était pas fat du tout, consulta Batilde, dont l'imagination vive lui avait déjà été utile, et Batilde décida qu'il fallait mettre les frontières d'Aragon entre eux et les suppôts du révérendissime. En conséquence, il fut arrêté qu'on se rendrait à Burgos, capitale de la Vieille-Castille, et qu'on y passerait le reste de ses jours dans l'abondance et les plaisirs, à l'aide de l'argent du révérendissime.

Il n'y avait qu'une difficulté, c'est qu'ils ne connaissaient pas les sentiers qui conduisaient en Castille. Des chemins, il n'en était pas question ; les sentiers même variaient selon le temps des moissons, du labourage ou des semailles. Trufaldin était très-embarrassé ; Batilde, toujours inventive, conduisit le petit ami sous un taillis que la lune éclairait à peu de distance ; elle se coucha gaiement sur la mousse. Trufaldin se coucha près d'elle, et comme il n'était pas brave, et que le lieu n'avait rien de rassurant, il ne pensa pas à dormir, et parla très-haut à Batilde, pour faire peur à de plus poltrons, si par hasard il pouvait s'en trouver là. — Pourquoi nous arrêter ici ? — Pour attendre le jour. — Alors que ferons-nous, ma chère petite? — Nous irons à la première hutte. — Et alors que ferons-nous, cher amour ? — Nous demanderons notre route, mon cher cœur. — Et si on a couru après nous?... — C'est le pis aller. — Si on nous trouve?... — C'est le pis aller. — Si on nous arrête?... — C'est le pis aller. — C'est le pis aller, c'est le pis aller; et notre évêque? — S'il a été assez maladroit pour faire courir après nous, je parlerai, moi. Le haut clergé s'empressera d'étouffer mes plaintes, et tout s'arrangera pour l'honneur du corps. D'ailleurs, mon ami, quand on craint tout, on n'entreprend rien. Laisse-moi dormir, je suis fatiguée, et décidée à ne plus te répondre.

Vous voyez que la petite avait d'heureuses dispositions. Elle s'endormit tranquillement, et Trufaldin se mit à chanter les litanies des saints, d'une voix si forte, qu'un lièvre et quelques coqs de bruyère, qui reposaient aux environs, en furent effrayés et commencèrent un carillon qui fit taire le chanteur. Le lièvre, aussi troublé que Trufaldin, vint lui passer sur le ventre; les coqs, en cherchant à éviter les branches, volaient au niveau du sol, et l'un d'eux lui rasa le nez du bout de son aile. Trufaldin ne doute plus que le bois ne soit enchanté; il se lève vivement, il oublie Batilde, et fuit sans savoir où il va.

Les premiers rayons du soleil dorent l'horizon, et il court encore. Il s'arrête, il regarde derrière lui : il ne voit qu'une nature riante; il se rassure, il retourne sur ses pas, et il se met à la recherche de Batilde, qu'il est désespéré d'avoir perdue, pour deux raisons : la première c'est qu'il l'aimait de tout son cœur; la seconde, qui avait bien aussi son importance, c'est qu'elle portait le petit trésor.

Il appelait, et les angles des rochers répondaient seuls à sa voix; il montait sur les arbres les plus élevés; il regardait et ne voyait rien, il courait au hasard; changeait de route sans motif; s'arrêtait, trépignait, s'arrachait les cheveux, pleurait... Une bonne vieille, qui filait au fuseau, et qui arrachait alternativement une poignée de poil à cinq ou six chèvres qu'elle faisait paître, moyen économique de filer, la bonne vieille sortit de dessous un couvert de coudriers, attirée par les plaintes du jeune Trufaldin. Elle fit trois ou quatre révérences, en voyant sa calotte et son aube, blanche comme la neige; elle s'agenouilla en approchant le ministre subalterne des autels, et lui demanda respectueusement si elle pouvait lui être utile.

Trufaldin était sans finesse; mais Batilde ne disait pas un mot qui ne s'imprimât dans son esprit. Il jugea que si elle ne le prenait pas pour un sot, elle gagnerait, ainsi qu'ils en étaient convenus, la première cabane; à moins toutefois que le diable, qui l'avait houspillé, n'eût fait pis à la petite amie. Il pria la vieille de le conduire à son humble domicile, et comme il était indifférent à la pastourelle de faire paître ses chèvres à droite ou à gauche, elle marcha devant, en répondant pieusement à un miséréré que chantait Trufaldin, pour intéresser le ciel à ses amours illicites.

Cependant Batilde, qui ne craignait ni les revenants, ni les lièvres, s'étant profondément endormie au chant du petit ami, la fraîcheur du matin l'avait réveillée. Etonnée de se trouver seule, elle avait appelé, ainsi que Trufaldin, et aussi inutilement. Elle eut la plus grande envie de monter, comme lui, sur un chêne, qui semblait défier les siècles; mais l'écorce dure et inégale lui déchirait les mains, dont une femme fait tant de cas, et pour cause, quand elle les a jolies; ses cuisses rondelettes, mais courtes, n'embrassaient pas l'arbre à moitié; et puis elle éprouvait certaines pressions dont la continuité pouvait priver l'Espagne d'un petit Trufaldin. Elle renonça à l'entreprise en soupirant; mais revenant bientôt à son caractère, elle sortit du bois en chantant la petite chanson.

Un père dominicain cheminait sur sa mule et s'était détourné en entendant les cris de Batilde. Chargé d'amulettes et d'*agnus Dei*, il ne craignait pas les voleurs, et ne risquait au plus que de partager avec eux un civet de lapin qui pendait dans une boîte de fer-blanc au bât de sa mule. Il fut aussi étonné de trouver en ce lieu solitaire un jeune clerc beau comme l'amour, et dont les vêtements religieux étaient d'une élégance peu commune. Il interrogea le pauvre petit, qui avait une présence d'esprit admirable et qui aussitôt composa un roman.

Il était parti de Saragosse avec un diacre que le révérendissime envoyait en mission à Epila : c'était une des villes par lesquelles il fallait passer pour gagner la Vieille-Castille. La nuit les avait surpris; ils avaient gagné le taillis, avaient soupé sur l'herbe fine et se disposaient à s'endormir après s'être recommandés à la Providence, lorsqu'une louve vint se jeter sur la mule qui les portait tous deux, pendant que trois louveteaux s'acharnaient après le diacre. Tout cela fut déchiré à belles dents : — Et moi, ajouta Batilde, moi, dont les faibles mains ne pouvaient défendre l'oint du Seigneur, par la vertu de saint Jacques de Compostelle et de mes jambes, je me suis trouvée à une grande distance de cette horrible scène, et j'appelais à mon secours les fidèles qu'il plairait à Dieu d'y envoyer, quand vous m'avez entendue.

— Par saint Dominique! reprit le religieux, si je n'étais attendu à Epila pour y prêcher après demain contre le roi d'Aragon, qui veut être le maître chez lui, je me ferais un vrai plaisir de vous reconduire à Saragosse. — Non pas, s'il vous plaît, révérend père, je serais au désespoir de vous retarder : prêcher contre un roi!... — Et confesser. — La confession et la prédication! Ce prince est détrôné. — Sans doute : j'allume le fanatisme, la guerre civile, j'aiguise les poignards. — C'est charmant, c'est charmant, révérend père : eh! qu'a-t-il donc fait ce roi d'Aragon? — Ce qu'il a fait, mon fils, ce qu'il a fait! Il prétend tenir ses Etats de Dieu seul, et ne veut pas être tributaire du pape. Il se joue du clergé! tête-bleue! Quand nous étions à Rome, obscurs, pauvres, simplement tolérés par les empereurs, nous étions humbles, soumis; maintenant que nous avons dans nos richesses des moyens de séduction, que nous trouvons dans la crédulité un glaive à deux tranchants avec lequel le vulgaire frappe à notre gré, il faut que tout ploie devant nous, et tout ploiera jusqu'à ce que les hommes voient clair, ce qui n'est pas l'affaire d'un jour, d'un an, d'un siècle. Mon fils, vous êtes sans doute appelé à l'ordre de prêtrise? Vous êtes jeune, et vous verrez bien des choses dont mes yeux ne seront pas témoins. Si vous voyez du relâchement dans la ferveur et dans la foi, servez-vous de vos avantages extérieurs pour approcher les grands, de votre esprit pour les aveugler; excitez une persécution; elle enfantera le fanatisme et consolidera votre empire. J'ai peut-être tort de vous révéler les secrets de l'Eglise; mais vous n'êtes point un homme ordinaire; d'ailleurs vous m'intéressez, et je vous le prouve en vous offrant la croupe de ma mule pour vous conduire à Epila, puisque vous n'êtes pas pressé de retourner à Saragosse.

Une pareille proposition n'était pas à rejeter dans la position où se trouvait Batilde. — Si Trufaldin n'est pas un sot, se disait-elle en appuyant son pied mignon sur celui du révérend pour enfourcher la mule, si Trufaldin n'est pas un sot, il se rendra comme il pourra à Epila, où il sait que nous devons passer, et le premier arrivé attendra l'autre. A la vérité, il n'a pas un grain d'argent; mais avec une aube et une calotte rouge on ne manque de rien. Les paysans lui offriront leurs poules, leurs lapins, leur vin, et le fripon aurait leurs femmes et leurs filles, qui se dévoueraient pieusement si mon petit homme pouvait m'être infidèle.

Pendant ce monologue, la mule trottinait, et Batilde, qui n'avait pas de principes d'équitation, se collait au dos du révérend. Celui-ci remarqua d'abord un ventre rondelet, que n'ont pas ordinairement les jeunes garçons; deux boules blanches comme l'albâtre, dures comme elle, appuyaient sur ses omoplates et fixèrent son attention. Il fit aussi son monologue. — Par saint Dominique, se disait-il, il y a du micmac dans le fait de ce petit clerc. Dieu sait si j'ai jamais cherché des aventures; mais puisque celle-ci se présente tout naturellement, je serais bien dupe, et puis rien n'arrive ici-bas que par ordre de la Providence. La Providence a voulu que cette jolie petite fille prît un habit de clerc; la Providence a voulu que le fripon de diacre, qui sans doute abusait de son innocence, fût mangé par les loups; la Providence a voulu que je me trouvasse, à point nommé, pour tirer la petite de ce bois malencontreux; la Providence veut que j'aie des désirs; la Providence veut donc que je les satisfasse : obéissons à la Providence.

Le révérend passe sa jambe droite par-dessus le col de sa mule, et le voilà assis sur son bât. Il regarde, il fixe Batilde, il détaille les jolis traits de son visage, et, sous prétexte de remettre en ordre les plis du devant de son aube, il s'assure de la vérité de ses conjectures. Il pousse sa mule à travers le taillis; il s'enfonce dans un fourré. — Mais, mon révérend, dit Batilde, je ne crois pas que ce soit là le chemin d'Epila? — Non, mon cher petit; mais vous avez passé une mauvaise nuit; vous avez besoin de vous remettre, et j'ai un civet admirable, plus deux petits gâteaux et une excellente bouteille de vin d'Estramadure. Batilde avait en effet besoin de restaurants, et elle sauta gaiement de sa croupe à terre. Le révérend exhiba ses provisions avec une sorte de galanterie, et, ce premier besoin satisfait, il entra en matière : — Ah çà, friponne, conte-moi ton histoire. — A qui croyez-vous parler, révérend? — A une petite espiègle, qui n'est pas novice du tout et avec qui je ne perdrai pas le temps dans un vain cérémonial. Et en effet il se mit à jouer des mains d'une terrible manière. Batilde faisait sans effort une superbe défense. Le moine n'avait rien de séduisant, et elle tenait à son Trufaldin. Le frocard se démenait comme un diable au fond d'un bénitier et n'avançait pas. On ne viole pas aisément une fille décidée à se défendre, et qui porte un haut-de-chausses sous sa jaquette et son aube. Le dominicain écumait, Batilde lui mordait les doigts et lui égratignait le visage ; le dominicain et elle avaient également besoin de reprendre haleine, et les hostilités cessèrent un moment.

Batilde, plus jeune, plus agile, et qui, d'ailleurs n'avait employé que ses dents et ses ongles, était la moins fatiguée. Le moine essuyait, avec un morceau de serge blanche, la sueur qui filtrait à travers sa barbe, le long d'un double menton, et il jurait très-énergiquement qu'après s'être refait un peu, il allait faire sauter le haut-de-chausses. Batilde, que rien ne faisait faiblir jamais, commença, sur la continence, un sermon en 3 points dont le but était d'endormir la vigilance du frocard tout en jetant à la ronde un œil observateur, disposé à saisir la moindre circonstance.

La mule, étrangère à ces débats, paissait en liberté la tendre feuillée, et s'était éloignée de quelques pas. Batilde s'interrompt au milieu d'une superbe période, elle se lève, et le moine aussi ; elle court, il la suit ; elle gagne du terrain, il enrage ; elle saute sur la mule, il blasphème ; elle presse la monture, elle sort du fourré, et le moine la regarde aller, les bras pendants, la bouche ouverte, et n'ayant plus la force de renier Dieu.

Trufaldin suivait la vieille, et continuait de chanter. Il aperçoit de loin un objet... Il s'arrête, se tait et regarde. — Ah ! mon Dieu, c'est un paladin armé de toutes pièces, dit-il à la bonne femme. — Eh ! non, eh ! non, c'est un homme d'Église. — Monté sur un palefroi bardé de fer. — Monté sur une bonne mule. — Vous ne voyez pas sa cotte de mailles blanche ? — C'est une aube. — Son casque teint de sang ? — C'est une culotte rouge. — Son bouclier pendu à l'arçon de sa selle ? — C'est une boîte de fer-blanc. — Vous croyez ? — Si je le crois ! mais, saint homme de Dieu, la peur vous a brouillé la vue. Trufaldin regarde de nouveau, il croit distinguer des traits, des formes... Il se remet, il se rassure, il court, il vole, il tient une jambe de Batilde, il y colle sa bouche, il la presse contre son cœur. — Ce n'est pas le moment, dit la petite. Saute lestement derrière moi : nous n'avons pas de temps à perdre. Et voilà Trufaldin en croupe, s'abandonnant à la conduite de Batilde, et dévorant ce que le bon père dominicain avait bien voulu laisser dans la boîte de fer-blanc.

Après avoir emporté l'argent d'un évêque, et volé la mule d'un dominicain, il n'y avait plus de quartier à attendre des gens d'église. Il fallait devancer Sa Révérence à Epila ; il fallait surtout un guide, et la Providence, qui avait sauvé Batilde des griffes du dominicain, permit que la vieille eût un petit-fils, de dix-huit à vingt ans, qui connaissait parfaitement les sentiers. On jucha la vieille derrière Trufaldin, pour faire plus de diligence, et la Providence permit que la mule ne ralentît pas sa marche, parce que le bâton noueux de la vieille lui frappait vigoureusement les côtes et le gras des fesses, ce qui n'était pas absolument juste ; mais comme il est prouvé que Dieu a tout fait pour le service de l'homme, et qu'il a voulu que l'homme abusât de tout, on ne pensa seulement pas à plaindre le pauvre animal.

On arrive à la hutte, et le jeune pâtre ne sait pas plutôt ce qu'on attend de lui, qu'il passe, en faisant le signe de la croix, son pourpoint des dimanches ; il coiffe sa capeline, ornée de plumes de coq, et le voilà en route. Il trotte, il court, pour seconder l'impatience des voyageurs, et ne pas céder à la prestesse d'une mule. En vain Trufaldin lui propose de descendre, de courir à son tour, et de le faire monter pour prendre un peu de repos ; le pâtre répond, la main à la capeline, qu'il ne sera pas dit qu'un paysan d'Aliva sera à cheval, pendant qu'un très-digne clerc ira à pied, et il recommence à courir.

On arrête deux fois dans la journée, pour faire boire et manger la mule, et le coureur. Les villages, auxquels on accorde la préférence de l'hospitalité, l'exercent dans toute sa latitude et attendent, en échange, les grâces du ciel, qui viennent ou ne viennent pas. On entra sur le soir à Epila, et comme toute peine vaut salaire, Batilde donna sa bénédiction au jeune guide, qui s'en retourna au pas, enchanté de sa journée.

Nos jeunes gens, plus enchantés encore, soupèrent et se couchèrent gaiement, sans craindre la crosse bénite de leur évêque. Ils se levèrent de grand matin, et se joignirent à un muletier, qui conduisait des voyageurs à Aranda. Il n'était pas probable que le dominicain vînt prêcher contre le roi d'Aragon, avec un visage sillonné par les ongles de Batilde ; mais on aime à respirer en paix, et pour cela, il faut s'éloigner du péril.

Les voyageurs que conduisait le muletier étaient trois marchands très-âgés, très-intéressés, très-occupés de leurs affaires et qui ne firent aucune observation sur les formes arrondies de Batilde, ni sur l'amitié, un peu trop prononcée, qui paraissait unir les deux petits clercs. Il n'en fut pas ainsi du muletier, égrillard exercé, qui ne tarda pas à démêler la partie intéressante de la vérité, et qui se garda bien de hasarder, pendant la journée, le moindre mot, le moindre geste, qui annonçassent des projets; mais la nuit!... Nuit désastreuse, nuit terrible, que je voudrais passer sous silence, si la véracité d'un historien s'arrangeait de ces restrictions.

Nos petits amants soupaient à table d'hôte, l'un à côté de l'autre; une jambe de Batilde était passée entre celles de Trufaldin, en attendant mieux : le doux sourire de la sécurité était sur leurs lèvres; l'impatience de l'amour se réveillait au fond de leurs cœurs. Etrangers aux objets de commerce, que traitaient leurs compagnons de voyage, ils oubliaient et le danger que la petite avait couru la veille, et le jeûne, et la fatigue; ils jouissaient du bonheur présent, et de celui dont ils se faisaient, pour l'avenir, une si délicieuse idée. O vicissitudes des choses humaines, qui peut vous prévoir et vous éviter !

Dans le cabaret où ils soupaient, servait une grosse tetonnière d'Andalousie, rousse, puante, sale, et d'un tempérament fougueux. Elle avait prodigué longtemps ses faveurs au muletier, qui avait justifié ses bontés par des exploits qui auraient honoré une princesse; mais, comme on se lasse de tout, même d'un muletier, la servante andalouse avait formé d'autres engagements, à la grande satisfaction du muletier, qui commençait à s'en lasser. Mais aussi, comme l'amour, chez les honnêtes gens, est toujours remplacé par une amitié solide, le muletier et la servante se rendaient mutuellement de bons offices de tous les genres.

L'Andalouse avait fait les lits des petits clercs dans une chambre à l'extrémité de la maison, et, pendant qu'ils soupaient, le muletier avait fait sauter le seul verrou à l'aide duquel ils pussent se fermer en dedans, et il avait mis dans sa poche une double clef de la serrure. Nos deux pauvres enfants avaient fermé les deux tours, et déposé la clef qu'on leur avait donnée, sur une escabelle vermoulue. Batilde avait déposé ses habits de clerc, et n'offrait plus qu'une fille charmante, aux yeux émerveillés de son amant; l'empressé Trufaldin se hâtait de suivre un si doux exemple; Batilde est dans un des lits, Trufaldin croit le partager; et pourquoi en douterait-il ?... Il entend mettre une clef dans

LA FOLIE ESPAGNOLE

la serrure ; il s'étonne, il attend...... La porte s'ouvre, le muletier paraît.

C'était un grand drôle, de vingt-cinq à trente ans, au sourcil noir et épais, au teint brun, aux cheveux crépus, aux épaules larges, et au jarret tendu. — Or çà, dit-il en prenant un air menaçant, vous êtes de petits libertins, qui avez fui de chez vos parents, qui ne voulaient pas vous marier ; vous avez pris de saints habits, que vous profanez, et je ne peux me dispenser, en arrivant à Aranda, de vous mettre entre les mains de l'inquisition. Batilde, très-pénétrante, vit d'abord où cet exorde la conduirait, et le muletier n'était pas un homme dont on pût se défaire avec les ongles et les dents. Trufaldin ne voyait pas si loin, et, toujours poltron, il crut désarmer le terrible muletier en lui racontant naïvement et avec vérité les circonstances essentielles de leur histoire. — C'est bien pis que ce que je soupçonnais, s'écria le rusé coquin ; enlever la concubine d'un saint évêque, et lui escroquer de l'argent ; voler la mule d'un dominicain qui lui avait honnêtement offert sa croupe ! Brûlés, brûlés vifs, et sans miséricorde ! — Ah ! seigneur muletier, n'y aurait-il pas quelque moyen de vous engager au silence ? — Je n'en connais qu'un. Ici Batilde s'enveloppe, se roule dans la couverture. — Et quel est ce moyen, seigneur muletier ? J'embrasse vos genoux. — Et que m'importent tes prières ? — Ah ! ce n'est pas cela ! Voulez-vous que nous partagions l'argent du révérendissime ? voulez-vous le tout ? voulez-vous la mule du dominicain ? — C'est bien de tout cela qu'il s'agit. — Hé, que voulez-vous donc ? — C'est moi qu'il veut, dit Batilde en pleurant. — Ou brûlés au premier auto-da-fé. — Et j'y consentirais ! reprend Trufaldin. — Ou brûlés, vous dis-je. — Je ne te laisserai pas brûler, mon cher petit ; l'effort est cruel, mais il s'agit de ta vie. Et la couverture se déroulait, et le muletier avait refermé la porte, et Trufaldin, qui perdait de vue les bûchers de l'inquisition à mesure que son rival devenait plus entreprenant, Trufaldin, dont le sang s'échauffa un moment, Trufaldin saisit d'un bras ferme le muletier, qui, d'un coup de poing sur l'oreille, l'envoya rouler sous l'autre lit, où il se tint coi jusqu'au jour.

Batilde se prête, avec répugnance d'abord, et par pur attachement pour Trufaldin, aux emportements du muletier. Mais quand elle eut reconnu, admiré ses qualités secrètes, quand cet athlète terrible, infatigable, l'eut réduite à demander en vain quartier, elle compara ses deux amants, et se promit bien de remarquer, à l'avenir, les hommes aux épaules larges et aux sourcils épais. Rien ne forme la jeunesse comme l'expérience.

Le muletier, rassasié de plaisir, se leva enfin, prit Trufaldin par une jambe, le tira de dessous le lit, l'enleva comme une plume, et le jeta à côté de Batilde. — Ah ça, leur dit-il, je suis honnête homme à ma manière, et je veux vous donner des avis dont je vois que vous avez besoin. Le premier, c'est que la petite quitte ses habits d'homme, qui ne sont bons qu'à donner des soupçons, et toi, que tu prennes un habit de cavalier, puisque tu veux l'accompagner. Tu auras une épée au côté : tu n'oseras pas t'en servir ; mais cela en impose toujours. Je vais courir le village pendant que mes mules déjeuneront. J'ai un ami, à qui j'emprunterai ce qu'il aura de mieux. Vous me rendrez cela à Aranda, où je dirai que vous êtes deux enfants que je conduis chez une vieille tante à Burgos, et que leur mère m'a confiés à Epila. Pour que nos trois marchands ne se doutent de rien, je leur dirai que vous m'avez quitté ce matin, et vous nous suivrez, à deux cents pas, sur votre mule et dans votre nouveau costume, qui vous rendra méconnaissables à ces yeux à lunettes. Si quelqu'un vous attaque, je suis à vous ; et, pour tout cela, je me contente des nuits que nous avons encore à passer, dans trois ou quatre mauvais gîtes. Voilà de la probité, voilà de la raison. Au reste, il faut que cela soit, car je le veux ainsi. Batilde s'était trop bien trouvée de la première épreuve pour en refuser une seconde ; la joue enflée de Trufaldin ne lui donnait pas envie d'oser dire non. Tous deux gardèrent le silence, et le muletier en conclut que le traité était accepté, selon le vieux proverbe : *Qui ne dit mot consent.*

Fidèle à l'exécution de ses promesses, il rapporta des vêtements assez propres, et qui n'allaient pas trop mal. Il enjoint aux jeunes gens de se vêtir à la hâte, de le laisser partir avec ses trois marchands, et de suivre sur leur mule à la distance convenue. Il était bien sûr que l'envie de lui échapper ne les porterait pas à rétrograder vers Epila, où ils pouvaient rencontrer le dominicain. Batilde, d'ailleurs, s'était comportée de manière qu'il dût à peu près compter sur elle, et il s'était aperçu qu'elle menait Trufaldin par le nez.

Les voilà donc en route, Batilde, jolie comme un ange sous ses nouveaux habits, très-résignée aux événements, mais n'osant pas en rire par égard pour Trufaldin, et Trufaldin, triste, pensif, la regardant la larme à l'œil, et la trouvant plus séduisante depuis qu'il avait un coadjuteur.

La petite crut lui devoir quelque consolation, et les fatigues de la nuit n'empêchaient pas qu'elle ne pût faire une libation à l'amour : le ciel, qui a voulu gâter les femmes, a permis que certaine source soit intarissable chez elles. Elle tire une des rênes de la mule, et la dirige vers un ombrage épais. Bien que Trufaldin fût un peu nigaud, et qu'il ne pénétrât pas l'intention de la belle, il lui vint pourtant à l'esprit qu'il devait profiter des journées, puisque le droit de la force lui enlevait les nuits. Il saute lestement à terre, présente la main à sa belle, et s'assied avec elle sur le gazon.... O malheureux! ô incroyable voyage! à peine Trufaldin s'est-il érigé en sacrificateur, à peine des doigts de rose ont-ils entr'ouvert l'entrée du sanctuaire, qu'une vigoureuse taloche tombe d'aplomb sur la joue que le muletier a épargnée. Trufaldin jette un cri, se relève, et reste ébahi, son haut-de-chausses sur ses talons, et la main sur sa joue, devant un chevalier beau comme Batilde, vigoureux comme le muletier, et qui était descendu du ciel à l'aspect du couple amoureux. — Ote-toi de là, maraud, dit-il à Trufaldin. Il te convient bien de t'amuser dans mes forêts; ôte-toi de là, te dis-je, ou je te perfore de ma lance. — Mais c'est ma femme, monseigneur. — Ah! c'est ta femme, petit coquin. Hé! m'as-tu payé les droits de jambage, de cuissage, de marquette et de prélibation? Ces droits charmants s'acquittent sous la feuillée, comme dans un palais; éloigne-toi, il y va de ta vie.

Trufaldin avait renoué ses aiguillettes, pendant cette harangue désespérante. Il avait une rouillarde au côté, mais il n'avait ni le courage, ni l'adresse de s'en servir. Il remonta sur la mule, pour se soustraire aux déportements du chevalier, s'il lui prenait envie de le maltraiter, autrement que par des paroles, et il le regardait faire en soupirant. Pour Batilde, elle avait été si violemment frappée des prétentions insolentes du nouvel assaillant, qu'elle n'avait pas eu la force de changer de position, ni même de faire un mouvement. Malheureux Trufaldin! il faut que tu sois témoin de tes infortunes, et que tu n'y puisses mettre un terme!

Le pauvre diable attendait, les yeux levés au ciel pour ne rien voir des choses terrestres; il espérait au moins que, lorsque Batilde aurait acquitté le droit, il lui serait permis de rentrer dans les siens. Vaine espérance! le chevalier ne se lassait pas dans ses prétentions, et Batilde, toujours plus étonnée, disait à mots entrecoupés : — Ah! Trufaldin, reçois encore ce sacrifice, c'est à toi seul que je l'offre; mais, en vérité, tu n'es ni un muletier, ni un prélibateur.

Le muletier cependant s'était impatienté de ne pas voir arriver sa belle. Il crut que les jeunes gens cherchaient à lui échapper à travers les bois. Il se sentait encore très en fonds, et il avait la meilleure envie de les faire valoir. Il prétendit avoir perdu une valise, pria ses marchands de l'attendre un quart d'heure, et poussa vigoureusement sa mule, en rétrogradant et en regardant de tous côtés. Il n'a pas fait un quart de lieue, qu'il aperçoit, à la lisière du bois, Trufaldin sur sa monture, les yeux toujours en l'air, et les bras croisés sur sa poitrine. Il pousse à lui : — Eh! que fais-tu là, imbécile? — Hélas! je ne fais rien. — Que fait Batilde? — Elle ne fait rien non plus; elle laisse faire. — Et où est-elle? — Sous ces arbres, à vingt pas. — Donne-moi ton épée. — Oh! de grand cœur. Echinez-moi cet homme-là; et, puisqu'il faut être cocu, j'aime mieux l'être de la façon d'un seul que de deux.

Le muletier saute à terre, et court en jurant, en espadonnant de l'épée qu'il ne sait pas manier, mais dont le coup sera terrible, s'il porte juste. Le bruit de sa course et de ses jurons avertit le chevalier, qui se relève aussi sot que Trufaldin, mais sans le moindre mouvement de frayeur. Sa lance n'est qu'à quelques pas; mais un homme ne marche pas facilement dans l'état où il était. Il avait l'épée au côté, il la tira, et regretta sa dague, restée à l'arçon de sa selle; mais il s'aperçut que le muletier n'en avait pas, qu'ainsi la partie était égale : il se disposa bravement au combat, et pria seulement Batilde de lui rattacher quelques aiguillettes pendant qu'il parerait quelques coups.

Batilde était assez satisfaite de lui pour lui rendre ce petit service; il était d'ailleurs trop beau pour que ses vœux secrets ne fussent pas en sa faveur; mais le muletier lui lança un coup d'œil si furieux, qu'elle jugea bien qu'il la rendrait responsable de l'aventure, s'il était victorieux, et le sort des armes est si incertain! Elle jugea qu'il était plus sage de s'enfuir, et, pour aller plus vite, elle détacha le cheval du paladin, et sauta dessus. En passant près de la monture du muletier, elle coupa les sangles avec la dague du cher prélibateur, pour ralentir au moins les poursuites; c'était une fille qui pensait à tout. Enfin elle rejoignit Trufaldin : — Au galop, marche! lui cria-t-elle. Et Trufaldin de galoper à ses côtés. — Je t'ai trompé, mon ami, lui disait-elle ; je t'ai trompé dix à douze fois, bien involontairement ; mais à quelque chose malheur est bon. Nous avons gagné à cela une belle mule, des habits passables, et un superbe cheval, sans compter ce qu'il y a dans la valise du chevalier. Dans tous les temps et dans tous les pays du monde, le cocuage rapporte quelque chose.

Ce raisonnement ne paraissait pas péremptoire à Trufaldin ; mais que diable faire ? Il n'y avait pas de remède au passé ; il fallait se prémunir contre les événements futurs, et, tout en galopant, il priait, il suppliait Batilde de tâcher de ne le plus faire cocu. Batilde le promettait, de la meilleure foi du monde, et se promettait de tenir parole, bien que convaincue par son second essai que Trufaldin était un homme fort ordinaire ; mais que peuvent les résolutions d'une jolie fille contre la méchanceté des hommes ! Toujours galopant, la fringante Batilde et son triste compagnon avaient dépassé les trois marchands, dont les mules, chargées de ballots, n'étaient pas propres à courir après des fuyards. Ces marchands, d'ailleurs, avaient autre chose à penser que des amourettes, et ne les avaient pas seulement remarqués. Nos jeunes gens allaient, au hasard de s'égarer, suivre le premier sentier qui se présentait, lorsqu'ils aperçurent un homme qui trottinait sur sa monture ; ils le joignirent bientôt, et lui demandèrent le chemin d'Aranda. Trufaldin voulait passer après sa réponse ; mais son extérieur le rassura. C'était un bon papa de soixante ans qui cheminait son rosaire d'une main, et l'autre appuyée sur des sacoches bien attachées sur le devant de son bât, et dont la vieillesse et les yeux calmes n'annonçaient aucune mésaventure. Trufaldin, tourmenté de la crainte d'avoir à ses trousses le muletier ou le paladin, hasarda de lui faire quelques questions. Il lui demanda, entre autres choses, si, pour aller à Burgos, il était nécessaire de passer par Aranda. Le vieillard répondit que la route la plus courte et la plus sûre était par Moncayo ; que c'était celle qu'il allait prendre à une demi-lieue de là, que, s'ils voulaient, ils feraient route ensemble.

Jamais proposition ne vint plus à propos, et ne fut acceptée avec plus de plaisir. Insensiblement la confiance s'établit, et la conversation s'engagea. La vieillesse est curieuse, et la jeunesse inconsidérée. Nos amants apprirent que le bon Perez était un riche marchand de bœufs, qui en avait été vendre cent cinquante à la foire d'Epila ; qu'il en rapportait le prix dans ses sacoches ; que ses valets revenaient à pied à petites journées ; qu'il disait son rosaire en route, pour que Notre-Dame du Mont-Carmel le garantît des voleurs, et qu'il allait à Burgos joindre le magot qu'il rapportait à d'autres fonds déjà considérables, avec lesquels il se proposait de finir tranquillement ses jours. En échange de sa courte histoire, Trufaldin, qui avait besoin de se décharger le cœur, lui conta longuement ce que vous avez lu, malgré les signes de Batilde, qui jugeait cette confidence au moins inutile.

— Mes chers enfants, leur dit le vieillard, vous n'avez éprouvé tant de disgrâces que parce que vous n'avez pas fait consacrer vos nœuds par un saint prêtre aussitôt que vous l'avez pu ; mais enfin à tout péché miséricorde. Promettez au bon Dieu de vous marier en arrivant à Burgos, et sûrement il vous garantira d'ici là de tout accident ; mais, comme il est dit dans l'Écriture, que je n'ai pas lue parce que je ne sais pas lire, *Aidez-vous, et je vous aiderai*, il est à propos que le long de la route, vous passiez pour le frère et la sœur, à cause de votre jeunesse, qui donnerait des soupçons, et pour rendre le tout plus vraisemblable, je dirai que la signora est ma femme. C'est un mensonge ; mais le ciel me le pardonnera en faveur du motif. — Ah çà, dit Trufaldin, vous ne me donnerez pas de taloches sur les mâchoires ? — J'en suis incapable, mon petit ami. — Vous ne coucherez pas avec Batilde ? — Non ! ni vous non plus, jusqu'à ce que vous en ayez reçu la permission de notre mère la sainte Église.

Ce nouveau traité, qui arrangeait parfaitement Trufaldin et qui ne déplaisait pas à Batilde, qui sentait bien qu'une épouse n'est pas plus responsable des accidents qu'une maîtresse, ce nouveau traité fut solennellement accepté, et l'observation en fut jurée. Il paraissait tout simple au bon jeune homme qu'on respectât une femme en pouvoir de mari, et d'un mari aussi riche que vénérable par son âge. Les galants avaient bien la ressource de la séduction ; mais Batilde avait promis de ne pas se laisser séduire.

On avait quitté la route d'Aranda ; on marchait dans celle de Moncayo ; on était gai, on riait, on chantait un psaume, on accolait la gourde, que le bon Perez portait toujours avec lui, lorsqu'on aperçut sur une hauteur un gros de cavaliers. A cet aspect, Perez descendit de sa mule, la donna à conduire en main à Trufaldin, monta le cheval de Batilde, la mit derrière lui, l'enveloppa dans son manteau, et baisa, en se recommandant au ciel, un morceau de la culotte de saint Pancrace, qu'il portait dévotement sur lui. Il craignait les voleurs, Trufaldin le cocuage : nous allons voir ce qui en était.

Les deux troupes s'approchent. Trufaldin se met provisoirement à trembler, et la richesse des habits rassure le bonhomme Perez. — Ne craignez rien, dit-il aux jeunes gens; c'est le comte de Ciria. Celui-ci n'en veut qu'aux vierges, et il s'en faut bien que vous le soyez, signora. Et il leur conta en quatre mots l'histoire du comte.

Ce seigneur, gros, court, mal bâti, laid, velu, et fort comme un ours, avait, je ne sais par quel hasard, fait à la comtesse sa femme une fille qui passait à seize ans pour la merveille du canton. Le comte de Moncayo l'avait demandée en mariage; mais il avait eu le malheur de solliciter et d'obtenir dans une cérémonie de cour, le pas sur le comte de Ciria : un tel affront ne se pardonne jamais, et la proposition de Moncayo fut rejetée d'une manière offensante. Outré du procédé de Ciria, Moncayo vint attaquer ses donjons, les enleva d'assaut, et viola la belle Éonore. Ciria jugea qu'une fille de qualité, qui a été violée, ne mérite plus de vivre, et il passa paternellement son épée au travers du corps de la sienne. Le lendemain il fit assiéger le château du comte, le prit et le tua de sa main. On croirait que tout finit là : pas du tout. Ciria jura de faire de fréquentes courses dans le comté de Moncayo; de violer toutes les vierges qu'il rencontrerait, et de les éventrer ensuite, en expiation du crime de leur seigneur, qui ne les regardait pas du tout. Quand Ciria en avait violé et tué une trentaine, il retournait dans ses terres, réparait ses forces, et recommençait. Les gens de Moncayo se plaignaient au roi d'Aragon, et ce roi, qui avait bien de la peine à se soutenir contre celui de Castille, et qui avait intérêt à ménager ses grands vassaux, n'écoutait pas les paysans. Ceux-ci ne trouvèrent pas d'autre moyen, pour soustraire leurs filles à la fureur de cet enragé, que de les dévirginer eux-mêmes, avant qu'elles pussent tenter personne. Cet usage s'étendit aux pays voisins ; il s'est conservé, à peu de chose près, et c'est ce qui fait que partout les pucelles sont si rares.

Oh ! combien, en écoutant cette admirable histoire, Trufaldin s'applaudit que Batilde ne fût pas neuve ! Il s'applaudit presque d'être cocu, et improvisa, sur l'air du *Pange lingua*, dix ou douze vers latins sur les dangers de la sagesse. Ces vers sont perdus, depuis que les petites filles n'ont plus besoin de les dire pour savoir prendre leur parti.

Cependant nos voyageurs et la cavalerie du comte sont en présence. Le comte courait depuis quatre jours ; il n'avait rencontré que des femmes, ou l'équivalent, et il avait de l'humeur : — Quel est, dit-il d'une voix terrible à Perez, ce paquet que tu portes derrière toi ? — Monseigneur, c'est ma femme. — Lève-moi ce manteau... Comment ! cette jolie personne est la femme d'un vieux reître comme toi ! — Hélas ! monseigneur, on fait des folies à tout âge. — Prends garde de me mentir, car je te pourfends des épaules à la ceinture. — C'est ma femme, monseigneur, c'est ma femme, à qui même j'ai eu le bonheur de faire un petit enfant. — Je ne m'aperçois pas de cela. — C'est qu'elle n'est pas très-avancée, et puis, monseigneur, l'étoffe de sa cotte est grossière.... — Tais-toi ; tes détails m'ennuient. Tu m'assures qu'elle est ta femme, il faut me le prouver : use à l'instant de tes droits de mari.

Perez alléguait un vœu de continence fait à saint François pour en obtenir un heureux voyage, et le comte avait tiré son épée, qui tournoyait déjà sur la tête du vieillard. Il descend de cheval, et représente humblement au comte qu'à son âge on n'épouse pas sa femme à commandement : Epouse, te dis-je, et si tu ajoutes un mot, tu es mort. Dans un semblable embarras, quelle ressource restait-il au bonhomme Perez ? Faire semblant d'obéir, s'il ne pouvait davantage.

Il donne la main à Batilde, qui se laisse conduire, et qui dit en passant à l'oreille de Trufaldin : — Ne te fais pas de peine, mon petit ; cette fois, ce ne sera que pour rire.

A soixante ans, on n'est pas homme tous les jours ; mais on l'est encore quelquefois. Les attraits de Batilde, que Perez fourrageait par obéissance, commencèrent une espèce de résurrection ; la chaleur d'un corps céleste auquel il accolait ses ruines, le ranima tout à fait. Il demanda pardon à Dieu, et se tira assez gaillardement d'affaire. Batilde fut très-étonnée d'être épousée tout à fait ; Trufaldin ne concevait rien à cette force de courage, et le comte, outré de ne faire que de vaines recherches, s'avisa de chercher une querelle d'Allemand au bonhomme. Il prétendit que Perez ne s'était marié avec une jouvencelle, qui était à peine nubile, que pour la sauver de ses mains. La contestation s'échauffait d'un côté ; l'embarras de Perez, qui ne mentait pas avec facilité, augmentait de minute en minute : la scène allait devenir tragique. Trufaldin, toujours prudent, prend le galop avec sa mule et celle du marchand de bœufs ; Batilde remonte à cheval pour courir après Trufaldin, et laisse Perez s'arranger comme il pourra avec l'Excellence.

— Allons, disait-elle, mon cher petit, ce qui est fait est fait. Quand tu pleureras, quand tu te désespéreras, qu'y gagneras-tu ? Il faut savoir prendre le temps comme il vient. Je vois dans tout ceci deux motifs de consolation. Fort heureusement j'étais grosse ; tous les seigneurs ou goujats que nous rencontrerons ne sauraient empêcher que tu ne sois véritablement le père de ton enfant, et nous tenons les sacoches du marchand, que nous pouvons emporter sans scrupules, puisque enfin il a eu du plaisir pour son argent.

Ils apercevaient les clochers de Moncayo, ils pouvaient y arriver sans guide, et ils avaient lieu de se flatter que la police s'y faisait plus exactement que dans les bois, ce qui n'était que trop vrai.

Le factionnaire qui gardait la porte de la ville trouva extraordinaire que deux jeunes enfants voyageassent seuls, avec deux mules et un cheval dont la beauté et l'embonpoint ne s'accordaient pas avec des habits de villageois. Les sacoches, dont il fit résonner le contenu, et l'énorme valise du chevalier lui donnèrent des soupçons ; il fit entrer Trufaldin et Batilde au corps de garde. L'officier les interrogea séparément, et ils se coupèrent ; il les envoya chez le corrégidor, qui en voyant une si jolie fille eut envie de la trouver innocente, et fit sortir tout le monde. Interrogés de nouveau sur ce qu'il y avait dans la valise et les sacoches, les jeunes gens ne surent que répondre. Atteints et convaincus au moins d'escroquerie, Trufaldin se mit à pleurer, et Batilde, qui ne perdait jamais la tête, fit les yeux doux au magistrat.

Il était difficile à celui-ci de faire fouetter et marquer le jeune homme sans que la jeune fille subît la même punition ; il lui paraissait cruel de laisser macérer un aussi beau corps, et, pour s'assurer à quel point il méritait ses égards, le seigneur corrégidor en fit une inspection exacte qui se termina comme l'aventure du muletier, du chevalier et du bonhomme Perez. — Si, du moins, je ne te voyais pas ! disait Trufaldin au désespoir. Et il lui fut impossible de rien ajouter : la crainte des verrous, des cachots, du fouet et de la marque lui glaçait la langue.

Le seigneur corrégidor, enchanté des appas, de la courtoisie, de la résignation de Batilde, notifia qu'il faisait grâce à l'amant en faveur de la maîtresse, qu'il gardait celle-ci, et que l'autre pouvait se retirer où il voudrait avec ses mules, son cheval, sa valise et ses sacoches ; mais que, de peur de quelque nouvel accident, il ferait bien de sortir de suite et à petit bruit de Moncayo. — Allons, mon cher petit, lui dit tendrement Batilde, soumets-toi à la nécessité. Si le chevalier, le muletier ou le bonhomme Perez te trouvent ici et t'accusent, le seigneur corrégidor, malgré ses bontés pour toi, ne pourrait te sauver ; tu m'entraînerais dans ta chute, et tu m'aimes trop pour vouloir que je sois fouettée et marquée. Va, mon cher ami, vends tes mules et ton cheval au premier maquignon, fais-toi promptement conduire à Burgos, et sois sûr que je ne t'oublierai jamais.

Trufaldin n'avait rien de mieux à faire que de suivre ce conseil, et cependant le démon de la concupiscence le retenait près de Batilde. Le corrégidor le poussa hors de son cabinet ; il sortit de la maison la tête basse, vendit ses trois bêtes à peu près pour rien, selon l'usage des jeunes gens, et se mit en route pour la capitale de la Vieille-Castille.

Batilde resta avec son corrégidor qui l'aima à la fureur pendant quinze jours, qui la passa ensuite à un inquisiteur, qui la repassa au gouverneur de la ville, qui la céda à un président du conseil d'Aragon, des bras duquel elle tomba dans ceux d'un gros cantayor, puis d'un médecin, d'un usurier dévot, d'un notaire, d'un vieux licencié, d'un petit marchand, d'un vieux sergent, de tous les laquais de Moncayo, et enfin du public, où nous la laisserons si vous le voulez bien.

Trufaldin se consola bientôt de la perte d'une fille qui l'avait si facilement abandonné, et que tout le monde caressait, hors lui. Une somme très-forte pour ce temps-là et pour un jeune homme qui n'avait jamais eu rien en propre, la dissipation à laquelle il se livra à Burgos, lui firent totalement oublier l'objet de ses premières amours. Il goûta avec avidité tous les plaisirs qu'on pouvait se procurer au douzième siècle avec de l'argent, les femmes exceptées, qu'il n'aimait pas essentiellement, et auxquelles peut-être il n'eût jamais pensé sans les avances très-prononcées de la signora Batilde.

Vous sentez bien qu'un homme de seize à dix-sept ans, qui

veut jouir de tout, qui ne connaît la valeur de rien, et dont s'emparent les escrocs de tous les genres et de tous les sexes, voit bientôt la fin de sa fortune. Celui-ci, simple et bonace, était plus facile à attraper qu'un autre, et on lui joua des tours très-plaisants dont je vous fais grâce, parce que l'ingénieux auteur de Gil-Blas ne nous a rien laissé à désirer à cet égard.

Il restait quelques ressources encore à Trufaldin, lorsqu'il eut le bon esprit de se jeter dans la réforme. Il acheta une guitare, meuble utile en Espagne de temps immémorial ; il apprit à en jouer sans maître, et se proposa de tirer parti de ce talent quand les circonstances l'exigeraient : ce qui ne tarda pas à arriver.

Il balança s'il ne se raccrocherait pas à notre mère la sainte Église, mais les petits démêlés qu'il avait eus avec plusieurs membres du clergé lui firent redouter la férule un peu dure de ces messieurs. Il jugea plus convenable de garder son indépendance et son épée, et il sortit en faisant l'énumération des moyens multipliés qu'il avait de gagner sa vie. La lecture, l'écriture, le latin, le plain-chant, une belle voix et sa guitare, ressources prodigieuses pour le temps, le rassurèrent sur son avenir.

Il commença par montrer la guitare à la jeune femme d'un très-vieil officier, qui le chassa, parce qu'il avait interposé ses bons offices pour le faire cocu la centième ou la millième fois.

Il entra dans un couvent de nonnes pour copier des missels et enseigner le plain-chant. Il était fort bien là, mais il eut le malheur de trouver l'abbesse dans une posture équivoque avec le directeur, et l'abbesse le chassa de peur qu'il ne fût indiscret.

Un célèbre médecin, qui ne savait pas le latin, le prit pour lui enseigner cette langue, et le chassa parce qu'il n'était qu'un beau garçon sans complaisance.

Une vieille dévote s'en accommoda pour se faire expliquer les saint Pères, et le chassa parce que ses mains décharnées n'opéraient aucun effet sur lui.

Un vieux seigneur le mit auprès de ses enfants pour leur apprendre à lire et à écrire, et le chassa parce qu'il eut la bêtise de remarquer, en présence d'une courtisane qui le ruinait, qu'il avait des poils gris dans sa moustache.

La courtisane le prit et le chassa bientôt, parce qu'elle s'aperçut, ainsi que Batilde, qu'il ne valait pas un muletier.

Un gros négociant, qui voulait sacrifier sa fille très-jolie et très-éveillée à un grand benêt de fils et qui la destinait au cloître, le mit près d'elle pour lui apprendre le plain-chant, et le chassa encore parce que la petite égrillarde l'avait conduit derrière un paravent pour savoir un peu ce qu'était le monde qu'elle allait quitter tout à fait.

Fatigué d'être toujours chassé, il se mit à composer des sermons pour les prédicateurs qui n'avaient que de l'organe, et il gagna très-gros, parce que le nombre de ces prédicateurs était très-grand et que les dévotes qu'ils dirigeaient payaient très-bien. Cette ressource lui manqua, parce qu'il eut le malheur de donner le même sermon à deux orateurs de la ville qui le débitèrent le même jour, dans deux églises, à heures différentes, et qui se firent moquer d'eux par les coureurs de prônes, aussi communs en Espagne que les coureurs de spectacles à Paris.

Il ouvrit une école qui fut toujours déserte, parce qu'on ne soupçonnait pas alors les avantages de la science, qu'on commence à ne plus connaître aujourd'hui.

Enfin, il vendit, le jour, sa voix aux chœurs de différentes églises, et sa guitare, la nuit, aux donneurs de sérénades. Il vieillit en faisant ce triste métier, et l'aurait fait toute sa vie, si le comte d'Aran ne se fût servi de lui lorsqu'il n'était que l'amant de sa femme à Burgos. En réglant la sérénade, Trufaldin fit parade de son érudition. Il ne parut alors qu'un original au comte; mais quand il fut père, il crut qu'un original pouvait donner d'excellentes leçons, et comme les maîtres étaient rares, il s'attacha celui-ci au moyen d'un traitement honnête, et tira de lui le parti le plus avantageux. Trufaldin était revenu de toutes les erreurs de sa jeunesse, et, à sa niaiserie, sa poltronnerie et son pédantisme près, c'était un homme comme un autre.

Revenons au comte de Cerdagne. Fêté longtemps, et las de l'être, il prit enfin congé du comte d'Aran et de sa famille, et, poussé par le désir si naturel de revoir sa fille, il prit, avec sa suite, la route de Barcelone. Le premier objet qui se présenta à lui, en sortant du château d'Aran, fut cette même Rotrulde, qui avait été si faible sans le prévoir, sans le vouloir, et que madame d'Aran n'avait pas manqué de congédier, ainsi qu'elle se l'était promis, parce qu'une femme sage ne se contente pas du témoignage de sa conscience : il faut qu'elle joigne la pruderie à la sagesse, et qu'elle ne pardonne rien aux autres.

Depuis que la gentille Rotrulde était sans condition, et par conséquent sans ressource, elle attendait, dans un hameau voisin, le jour du départ de Cerdagne, que les apprêts, nécessités par une suite nombreuse, ne pouvaient lui laisser ignorer. Elle se para le mieux qu'il lui fut possible, se mit sur son passage, et lui peignit son triste état dans une harangue qui passa pour un impromptu, mais qui était préparée à loisir. Cerdagne était peu constant dans ses goûts, et ne pensait plus à Rotrulde; mais il était galant, aimable, généreux : une femme qui perdait tout pour lui, et par lui, devait l'intéresser. D'ailleurs, elle était jolie, et pouvait être l'objet d'une seconde, et même d'une troisième fantaisie quand il ne trouverait pas mieux. Il l'envoya au château de Cerdagne, sous la garde d'un écuyer et de quelques valets, et comme une femme qu'il avait honorée de ses bontés devait y être sur un certain pied, il envoya à l'acariâtre Théodora l'ordre de la commettre à l'entretien des tapisseries, des crépines, des estrades et des lits, et à la garde et distribution des vins fins.

Rotrulde partit, bien persuadée que ses charmes la mèneraient plus loin que l'entretien du lit du maître, et Cerdagne continua sa route pour Barcelone, où il arriva heureusement, parce qu'il avait trop de forces pour que les bandits osassent l'attaquer, et il étonna toute la ville à son entrée par un luxe délicat et recherché qu'il avait emprunté de la cour de Constantinople, et dont on n'avait pas encore l'idée dans le reste de l'Europe.

Il se présenta au couvent qui renfermait Séraphine, plutôt comme un souverain qui vient répandre des grâces que comme un père qui redemande sa fille. Enchanté de la beauté, des grâces modestes, du jugement de la jeune personne, il combla les religieuses de présents ; il fit renouveler tous les ornements de l'église, doubla le nombre des vases sacrés, donna un missel en vélin, écrit et décoré de vignettes par la main du premier artiste de l'empire grec; il fit célébrer une grand'messe chantée par toutes les contre-basses de Barcelone, et, au lieu de s'y occuper de Dieu, il lorgnait les dames qu'avait attirées la pompe de cette cérémonie. En échange de tant de belles choses, l'abbesse fit suspendre l'écusson de ses armes en dedans et en dehors de l'église du couvent et de ses dépendances : c'était la magnificence du temps.

Son retour de Barcelone à Cerdagne ressembla plutôt à une

marche triomphale qu'à un voyage. Ses gens étaient couverts de fer et d'or; ses chevaux, les plus beaux de l'Andalousie, semblaient partager la fierté de ses écuyers; on allait à très-petites journées pour ne pas fatiguer Séraphine, l'objet de tous les soins, de toutes les prévenances et de tous les respects. On arrêtait aux heures des repas; des tentes magnifiques étaient tendues; des bannières de cent couleurs et d'une recherche inconnue jusqu'alors étaient plantées devant le pavillon sous lequel se retirait Séraphine; son père seul y entrait, y mangeait avec elle; c'était à qui les servirait, à qui préviendrait leurs goûts. Le site était-il romantique, paraissait-il fixer l'attention de la jeune personne, était-il abondant en gibier, on y passait des heures, des jours. Remarquait-on la satiété dans les yeux de Séraphine, les tentes étaient pliées à l'instant, les palefrois caparaçonnés, et les instruments de guerre donnaient le signal du départ.

C'est ainsi qu'on arriva au château d'Aran. Cerdagne, fier de sa fille, avait voulu la présenter à son ami, qui ne l'avait pas vue depuis deux ans. L'enthousiasme qu'elle excita fut tel que d'Aran, dans un moment d'effusion, proposa à Cerdagne d'arrêter l'union des deux familles, et de resserrer, de la manière la plus agréable, les nœuds d'une antique amitié. Cerdagne accepta avec joie une proposition dont l'effet remplirait tous ses vœux. Les domaines de d'Aran étaient immenses: il jouissait de la plus haute considération; sa noblesse remontait à l'établissement même de cette distinction, et son fils joignait, disait-on, à la plus aimable figure un esprit vif, enjoué, et une amabilité peu commune. Les deux pères fixèrent à trois ans l'exécution de leurs projets, et convinrent de les cacher à leurs enfants, qui ne répondraient peut-être aux vues de leurs parents que par des contradictions, et qui ne pouvaient manquer de s'aimer, quand le hasard paraîtrait seul les réunir. Cerdagne conduisit dans son château sa Séraphine, qui fixa près de lui les jouissances douces et ce calme du cœur si préférables aux plaisirs tumultueux des passions. De temps en temps il s'égarait encore avec Rotrulde dans ses longues galeries, dans ses bosquets solitaires; mais ce n'était qu'un reste d'habitude qu'on ne surmonte pas facilement. Il mettait d'ailleurs dans sa conduite cette décence que commandait la présence de sa fille, et qui n'accommodait pas trop Rotrulde. Elle ambitionnait le titre avoué alors de concubine; mais Cerdagne notifia sa volonté, et il fallut qu'elle ployât de toutes les manières.

Don Mendoce d'Aran continuait ses exercices à Sarragosse, et on n'y parlait que de lui. Personne ne rompait une lance avec autant de grâce, n'attaquait l'épée à la main avec autant de vigueur, ne parait avec autant d'adresse le coup d'estoc et de taille. Personne n'ajustait une flèche avec autant de justesse et ne lançait aussi sûrement la javeline dans un combat de taureaux. Entrait-il dans une assemblée, il fixait tous les regards. Dansait-il une sarabande, accompagnait-il sa guitare de sa voix, il attirait tous les cœurs. Cerdagne ne pouvait choisir un gendre qui lui rappelât plus sûrement les agréments de sa brillante jeunesse et dont le caractère eût plus de rapport avec le sien.

Cependant le charmant Mendoce entrait dans l'âge des passions. Persuadé de ce qu'il valait et des facilités qu'il rencontrerait de toutes parts, il était difficile qu'il ne s'égarât point : il lui eût fallu, à cette époque dangereuse, un guide sage et prudent, et malheureusement il n'avait près de lui que des valets destinés à obéir, et un écuyer qui aimait trop le plaisir lui-même pour contrarier ses goûts. Mendoce se livra bientôt à tous les travers. Il commença par donner des fêtes aux dames, et finit par les déshonorer. Il se battit avec des époux et des frères qu'il tuait ou estropiait ; ce qui donnait encore plus d'éclat aux fredaines de leurs sœurs ou de leurs femmes. Il jouait aux dés, jeu respectable par son antiquité, et qui remonte au temps avant le Christ, car l'Évangile nous apprend que les soldats de Caïphe ou de Pilate jouèrent aux dés la tunique sans couture du Sauveur. Or, comme on ne donne pas de fêtes et qu'on ne joue pas aux dés sans dépenser beaucoup, Mendoce, dont la pension était forte, mais bornée, fut bientôt réduit aux expédients. Ses grâces lui avaient donné des facilités auprès des dames ; son nom lui valut des avances de la part des usuriers. Il empruntait d'une main pour répandre de l'autre, et il eût fini par dépenser au delà du capital de son père, si les premiers prêteurs, alarmés de ses prodigalités et tremblant pour leurs créances, n'eussent député un des leurs au château d'Aran, pour instruire le papa-comte de la conduite de son cher fils.

D'Aran était plein d'honneur, et dans ces temps à demi barbares l'honneur consistait autant à payer ses dettes qu'à se battre courageusement. Il fut effrayé de l'énormité des sommes qu'avait dépensées son fils. Il ne se décida pas moins à payer ; mais il voulut, comme de raison, mettre un terme à cette inconduite. Il rappela Mendoce par une lettre foudroyante qui chassait l'écuyer qui avait favorisé ses désordres, et, pour s'assurer que les dettes seraient exactement payées, il remit ses fonds à Trufaldin, le fit partir pour Saragosse, et lui ordonna de satisfaire les créanciers et de ramener son fils.

Trufaldin ne pouvait pas prendre un grand ascendant sur l'esprit d'un jeune homme qui avait contracté l'habitude de l'indépendance; mais les infirmités du comte ne lui permettaient pas d'entreprendre le voyage de Saragosse, et Trufaldin était celui de ses gens en qui il avait le plus de confiance. D'ailleurs il avait élevé la première enfance de Mendoce, il avait été à la fois son maître et le compagnon de ses jeux. Mendoce pouvait négliger ses avis, mais il ne pouvait le confondre avec un domestique ordinaire, que probablement il n'écouterait pas du tout. Trufaldin partit donc accompagné de manière à ne pas craindre les voleurs.

Le bonhomme aimait beaucoup Mendoce, qu'il regardait comme son ouvrage; mais il sentit que c'était, ou jamais, le cas de réveiller son éloquence, assoupie dans un long repos. Les bonnes gens ont leur petite vanité comme les autres. Fier de porter les ordres et l'argent du papa, flatté de la commission de chapitrer le fils, il jugea qu'il convenait de l'aborder avec une harangue d'un style relevé, où la sévérité fût tempérée par l'indulgence. Il employa à écrire ce discours le temps que son escorte passait à manger et à dormir; il le lisait, le relisait en marchant, pour trouver des inflexions de voix propres à donner plus de force, de grâce ou de noblesse à ses phrases, et les paysans devant qui il passait se mettaient à genoux, persuadés que Trufaldin était un prédicateur ambulant. Un licencié, maître d'école à Venasque, le supplia de lui donner au moins son brouillon, pour servir de catéchisme, en attendant que son évêque fût assez savant pour en faire un. Par le petit échantillon que nous allons en donner, vous allez juger si le discours de Trufaldin méritait cet honneur. Vous y trouverez des choses qui vous paraîtront au-dessus de sa portée; mais daignez vous rappeler que depuis trente ans il était compilateur, et je vous ai dit qu'il avait de la mémoire. Figurez-vous le bonhomme monté sur sa mule, les jambes pendantes, criant, gesticulant, suant, et perdant de temps en temps la parole, parce qu'il n'avait pas fait une étude de l'art de respirer à propos.

« Semblable à l'enfant prodigue, vous avez fait, mon très-cher frère, toutes les folies qui peuvent désoler un papa, faire mourir une maman, et vous n'annoncez encore ni le repentir, ni même du penchant à la repentance. Il faut donc éclairer votre esprit, purifier votre cœur par la vertu de la parole, et vous ramener aux vrais principes dont vous vous êtes écarté. Établissons ces principes, discutons-les l'un après l'autre, et soyons court et clair si nous pouvons.

« L'art d'être aussi heureux que notre nature en est susceptible se réduit à quatre choses : 1° discerner prudemment ce que notre intérêt et celui de la société nous ordonnent ou nous défendent ; 2° être assez courageux pour lui obéir, quelques obstacles qu'on ait à surmonter ; 3° préférer l'honnête à l'utile ; 4° mettre un frein à ses désirs.

« Divisons donc notre sujet, ainsi que le bon sens l'indique, et traitons en quatre points de la *prudence*, de la *force*, de la *justice*, de la *tempérance*, quatre vertus que vous n'avez pas pratiquées du tout, quoiqu'elles vaillent bien les vertus théologales, qui sont, ainsi que vous le savez, ou comme vous ne le savez pas, la foi, l'espérance et la charité, vertus qui ont pu faire des saints, et qui n'ont formé que de petits hommes. »

Prenant en pitié l'impatience du lecteur de suivre le fil du récit émouvant dont nous sommes le consciencieux historien, nous laisserons Trufaldin s'époumonner pendant une heure ou deux à propos des trois premiers points : la *prudence*, la *force* et la *justice*, pour arriver au point culminant de son argumentation :

« La *tempérance*, dans son acception vague et générale, est la sage modération qui fixe dans de justes bornes nos désirs, nos sentiments, nos passions. Pour ne pas trop m'étendre, je lui donnerai ici une signification plus bornée ; je la considérerai comme un frein qui contient nos penchants corporels, et qui, nous faisant éviter les excès opposés, rend ces penchants non-seulement innocents, mais utiles.

« Les principaux vices que réprime la tempérance sont l'incontinence et la gourmandise. Les autres dérivent tous de l'une ou l'autre de ces deux sources, et, par conséquent, les deux bases de la tempérance sont la *chasteté* et la *sobriété*.

« La chasteté ne doit pas être confondue avec la continence. On peut être chaste sans être continent, comme on peut être continent sans être chaste. La pensée seule fait perdre la chasteté, et ne suffit pas pour enfreindre la continence. Tous les hommes, sans exception, doivent être chastes; nul n'est obligé d'être continent.

« La continence consiste à s'abstenir des plaisirs de l'amour; la chasteté, à ne jouir de ces plaisirs qu'autant que la loi naturelle le permet et de la manière qu'elle le permet. La continence, bien que volontaire n'a rien d'estimable en elle-même ; qualité inutile ou nuisible à la société, elle mérite plutôt le blâme que l'éloge.

« Quiconque est conformé de manière à pouvoir procréer son semblable a le droit de le faire, et le doit. Voilà la voix de la nature, et la nature est au-dessus des institutions, ou des motifs particuliers qui semblent devoir lui imposer silence.

« Il n'est donc pas de raisons qui obligent à une continence perpétuelle. Il en est qui la rendent utile, mais pour un temps. Je m'explique. Il est de droit naturel que chacun puisse disposer du bien qui lui appartient en propre ; cependant la prudence veut qu'un mineur, un furieux soient privés de l'exercice de ce droit, dont ils abuseraient infailliblement. Ainsi quoique le commerce entre les deux sexes soit naturel, il est des circonstances où il peut être légitimement suspendu.

« Il est bien, par exemple, qu'un enfant qui n'a pas encore le jugement formé ne puisse, sans l'aveu de ses parents, contracter un engagement sérieux ; il y aurait au contraire inhumanité à l'abandonner à la témérité et à l'inconsidération naturelles à son âge, mais la continence est toujours un devoir pour lui.

« Une jeune personne sous la tutelle d'un père avare attend patiemment que son tuteur veuille bien lui remettre le bien de sa mère. Un jeune homme aimable se présente ; sa tendresse et ses soins lui méritent le cœur de l'objet qu'il aime. Sa fortune et son rang ne permettent pas de douter que ses vues honorables ne soient encouragées par le tuteur. Il parle, il est refusé. Le père ne déclare pas le motif de son refus : on devine aisément qu'il est dicté par l'avarice. Il prie le jeune homme de cesser ses assiduités, et la difficulté de se voir ajoute, selon l'usage, à l'ardeur des jeunes amants. Ils prennent un parti qu'ils croient immanquable pour arracher le consentement du père. Ce moyen ne réussit pas auprès de lui. Dût l'ignominie de sa fille rejaillir sur lui-même, ce père s'emporte, éclate, et la condamne au repentir et aux pleurs.

« Auquel imputerons-nous le tort de cette scène scandaleuse? à tous trois sans doute. Un père dur et injuste, un amant qui séduit sa maîtresse, une fille qui méprise l'autorité paternelle, sont également coupables.

« L'union de deux amants n'exige pas, me dira-t-on, ce vain cérémonial auquel on les assujettit. La loi naturelle ne veut que le consentement libre des parties, et je conviens de la vérité du principe ; mais la simplicité même de cette loi a autorisé les législateurs à régler par des lois positives la solennité des mariages. Elles n'obligent, à la vérité, que comme lois de police mais les lois de police obligent tous les membres d'un État.

« Vous sentirez la nécessité de celles-ci, si vous réfléchissez combien il importe à la société que le mariage soit un lien durable. C'est dans l'amour conjugal que la tendresse paternelle et maternelle prend sa source ; c'est cette tendresse qui assure l'existence, l'éducation, le bien-être futur des enfants. Que deviendraient-ils, privés de ces secours, et qui les leur offrirait si le mariage n'était qu'un engagement passager ? Les lois positives, en déterminant la solennité des mariages, secondent la loi naturelle en assurant sa durée. Le rendre plus authentique, c'est le rendre plus difficile à dissoudre. On rompt aisément un engagement secret et furtif ; mais quelle force n'acquiert pas un nœud contracté devant des témoins respectables, cimenté par la puissance paternelle et consacré par les lois de l'État !

« Cependant deux jeunes gens, maîtres de leurs actions, vivent ensemble sans tenir l'un à l'autre par d'autres liens que ceux d'un amour constant. La possibilité d'une rupture les alarme sans cesse, et de cette crainte que tempère la certitude d'être aimé naissent ces égards mutuels, ces soins, ces complaisances qui alimentent leur amour. Libres de se séparer, ils n'en sont que plus unis. Ce qui est volontaire ne coûte rien ; mais le plaisir même fatigue lorsqu'il est un devoir.

« Je conviens sans difficulté que l'union de ces amants n'a rien qui blesse la nature. C'est ainsi sans doute que se formaient les engagements des premiers âges. Les amants consentaient à se prendre pour époux ; ils agissaient en conséquence et ils l'étaient en effet ; mais aujourd'hui que toutes les nations attachent par considération d'état une infamie à ces sortes d'unions, comment, si vous joignez l'estime à l'amour, proposerez-vous à l'objet qui vous les inspire une association qui la déshonore ? De quel front profiterez-vous de la loi qui vous autorise à reconnaître vos enfants naturels, lorsqu'il faudra déclarer devant une assemblée de magistrats que leur mère et vous vous vivez dans le libertinage ?

« Mais combien sont plus coupables encore ces voluptueux inconstants qui n'aiment que pour jouir, et qui cessent d'aimer quand ils ont joui ; qui, semblables aux animaux, méconnaissent l'objet qui concourait à leurs plaisirs et les fruits qui en résultent ! La nature, quelque indulgente qu'elle soit, proscrit de semblables feux. Les unions qu'elle forme ont une postérité pour objet, et c'est ce que ces libertins décidés craignent et évitent.

« Quelque inexcusable que soit ce honteux libertinage, ce n'est encore qu'un léger égarement, comparé à l'adultère. A l'excès d'incontinence et de lubricité, qu'il a de commun avec les autres vices qui blessent la chasteté, l'adultère ajoute l'injustice, le parjure et la perfidie.

« L'épouse adultère est parjure en ce qu'elle viole la foi jurée ; injuste en ce qu'elle donne ou s'expose à donner à son époux des enfants étrangers qui dépouilleront les enfants légitimes ; perfide en ce qu'elle masque son impudicité, qu'elle entretient la confiance par des caresses feintes, dont l'air de vérité prouve une longue étude de la dissimulation et la corruption la plus profonde.

« Et son complice, croyez-vous que je l'excuse? Non. Cette femme fût peut-être restée vertueuse si elle n'eût pas trouvé un suborneur ; mais eût-elle été elle-même la corruptrice, le compagnon de ses désordres est criminel comme elle, car c'est commettre un crime que d'y concourir.

« Cependant par une inconcevable perversité, l'adultère passe communément pour une galanterie excusable. Un tas de gens sans mœurs en font gloire loin d'en rougir, et les gens sans mœurs pullulant, dominant dans la société, on les écoute, on leur applaudit. Mais les brigands se glorifient aussi de leurs forfaits, et lorsqu'il est question de prononcer sur l'énormité d'un crime, est-ce donc le criminel même qu'il convient de consulter?

« La *sobriété* consiste dans l'usage modéré des aliments et dans le bon usage des richesses ; celui-ci est au moral ce que le premier est au physique : de l'un dépend la conservation de la santé, de l'autre la conservation de la vertu.

« Pour inspirer aux jeunes Lacédémoniens le goût de la sobriété, on amenait devant eux des esclaves qu'on avait exprès enivrés, et ce honteux abrutissement dont l'ivresse est accompagnée faisait sur des organes neufs une impression profonde. On n'est plus réduit à se servir de ce moyen bizarre. Beaucoup de nos concitoyens de toute espèce et de tout état prennent très-volontiers le rôle des esclaves de Sparte. Vous les voyez, énervés, débiles, perclus, passer leur vie à boire et à dormir. Vous les rencontrez sans connaissance, sans pouls, meurtris, livides et sanglants, les jambes fléchissantes, les bras sans action, et ces leçons vivantes sont sans effet, parce qu'elles sont trop fréquentes.

« La nature a déterminé la quantité d'aliments que nous devons prendre. Aller au-delà, c'est altérer sa santé, c'est abréger sa vie et se détruire volontairement, c'est enfreindre la loi naturelle qui veut que nous nous conservions.

« La sobriété, ainsi que toute autre vertu, tient un milieu entre les deux extrémités opposées. Détruire son tempérament par des abstinences outrées est aussi condamnable qu'abréger ses jours par l'excès de la bonne chère. Celui qui prend un poison lent est-il moins homicide que le frénétique qui se poignarde ? et si vous condamnez l'un, pourquoi ferez-vous grâce à l'autre ?

« La *sobriété dans l'usage des richesses* n'est pas plus commune que la première, mais l'abus est moins sensible en ce qu'il n'altère pas l'extérieur d'une manière frappante ; il est plus cruel peut-être dans ses effets.

« Des différentes classes d'hommes riches, la plus raisonnable est composée de ceux qui, de père en fils, ont toujours maintenu leur aisance, et savent à peine s'il est quelqu'un qui manque du nécessaire. A la vérité, ils sont ordinairement insensibles à la misère d'autrui ; mais c'est le seul reproche qu'on puisse leur faire, car enfin ce n'est pas un crime que d'être riche.

« Ceux que la fortune change le plus, sont les nouveaux enrichis, qui semblent porter sur leur front le montant des sommes qu'ils possèdent. Leur fierté, leur hauteur, leur arrogance augmentent avec leurs richesses. Ce qui peut consoler l'honnête homme de leur impertinence, c'est que ces fortunes faites si rapidement fondent avec autant de rapidité.

« Pour accumuler et dissiper des richesses immenses, il ne faut que deux générations : le père amasse, le fils dépense, voilà le cours ordinaire des choses. C'est là ce qui facilite le commerce, ce qui fait circuler le bien des familles.

« Souvent on se croit économe parce qu'on n'est pas précisément prodigue ; on ne se reproche pas ses dépenses frivoles, parce qu'elles n'excèdent pas le revenu et que le fonds reste intact. Soulager les malheureux n'est pas considéré comme un devoir, on ignore même que ce puisse être un plaisir.

« Par quelle fatalité est-on moins disposé à secourir l'indigence, selon qu'on en est plus éloigné par sa fortune ? Les indigents obtiennent plus des êtres presque aussi indigents qu'eux que des riches. Il semble qu'on ne compatisse qu'aux maux qu'on éprouve en partie. Je dis en partie, car un homme accablé de misère épuise sur lui-même toute sa sensibilité, et l'excès du malheur rend aussi incapable de commisération que le comble de la prospérité.

« On appelle dans le monde se faire honneur de son bien, tenir une table splendide, avoir un hôtel, des meubles précieux, des bijoux de prix, un domestique nombreux, de brillants équipages, se livrer enfin aux jouissances du luxe autant qu'on le peut sans déranger sa fortune. J'appelle, moi, se faire honneur de son bien, en user en homme sage, et surtout en homme bienfaisant.

« Tels sont, mon cher frère, les résultats de mes réflexions sur la sagesse et sur les vertus isolées dont le rapprochement la constitue. Puissiez-vous profiter de cette leçon, que je crois salutaire dans toutes ses parties ! c'est ce que je vous souhaite au nom du Père, du Fils et du Saint-Esprit. Amen. »

Trufaldin arriva à Saragosse sans s'en apercevoir. Il répétait sur la route les parties de son discours qui devaient faire le plus d'effet sur son pupille ; il essayait les intonations les plus nobles et non les plus vraies, et le temps passe vite pour un auteur que l'amour propre enivre de ses fumées.

Trufaldin descend à un superbe palais que lui indique son guide, et lui, qui entendait parfaitement la sagesse par divisions et subdivisions, ne concevait pas qu'on pût, sans une obole, se loger aussi magnifiquement. Il entre, il est arrêté à chaque pas par des valets qui se multiplient de chambre en chambre, et il ne concevait pas qu'on pût se charger de nourrir tant de monde sans avoir pour soi-même des moyens d'existence. Il arrive à la salle où Mendoce badinait avec une jeune esclave more, jolie comme les Amours, et il ne concevait pas comment on achète une jolie femme qu'on peut être forcé de revendre le lendemain.

C'est que Trufaldin n'avait pas une idée à lui, que sa fibre la plus heureusement organisée était celle qui fournit à l'action que nous appelons *mémoire*; que sa mémoire lui persuadait.

ainsi qu'à tous les compilateurs, qu'il avait beaucoup d'esprit, et qu'il en avait aussi peu que d'usage du monde qui expliquait ce qu'il voyait.

Mendoce reconnut d'abord le complaisant de son enfance et son indulgent instituteur ; sa présence lui rappela mille souvenirs, d'autant plus agréables qu'ils étaient innocents. Il laissa sa Moresque, se leva, et vint avec cordialité jeter ses bras au cou de Trufaldin. Trufaldin, qui s'était préparé à jouer le maître d'école, ne pouvait se prêter à des caresses qui ne s'accordaient pas avec la sévérité d'un sermonneur. Il écarta doucement Mendoce de la main, arrangea sa jaquette, sa cravate et sa moustache, toussa, cracha et commença.

A peine eut-il articulé ces mots : *Semblable à l'enfant prodigue, vous avez fait, mon très-cher frère...* à peine eut-il débité cette phrase, que la jolie esclave more éclata de rire ; ses filles suivantes rirent, ses valets rirent, et Mendoce, prenant Trufaldin par un bras et lui faisant faire une pirouette, rit à son tour et s'écria : — Que vient me conter ce vieux roquentin ! — Je puis être un vieux roquentin, seigneur Mendoce, ce qui n'empêchera pas que mon discours en quatre parties ne soit très-raisonnable. — Garde tes prônes pour les prédicateurs qui voudront te les acheter. Je ne connais qu'une morale, jouir de la vie ; qu'une occupation, jouir de la vie ; qu'une chose utile, jouir de la vie. — Mais, mon très-cher fils, on se damne avec tout cela. — Qui te l'a dit ? — L'Ecriture. — Qui l'a écrite ? — Des hommes. — Et pourquoi ces hommes auraient-ils plutôt raison que moi ? Mon cher Trufaldin, j'ai un estomac pour digérer, des jambes pour courir, un cœur pour aimer et une imagination vive pour tout saisir, tout caresser. — Ah, mon cher frère ! semblable à l'enfant prodigue... — Hé, va te promener, avec ton enfant prodigue ; tu n'as pas fait soixante milles pour me parler uniquement de l'enfant prodigue. Au fait, que viens-tu faire à Saragosse ? — Payer vos dettes, méchant enfant que vous êtes. — Payer mes dettes ! Ah ! cela vaut bien mieux qu'un sermon. Un temps viendra sans doute où il sera du bon ton de ne les pas payer, mais ce temps est éloigné encore ; il faut plier sous les préjugés du siècle où l'on vit. Vite, qu'on assemble mes créanciers.

Ce mot fait un effet plus prompt que le tocsin. En cinq minutes les créanciers se rassemblent ; on examine, on conteste leurs titres, on caresse les uns, on intimide les autres ; on gagne un quart sur le tout, et les créanciers gagnent moitié sur le reste.

Mendoce avait pris les fonds des mains de Trufaldin; il avait payé lui-même, il avait serré le surplus. Sa jolie Moresque s'applaudissait d'avoir de l'or à dissiper; Mendoce était enchanté de pouvoir faire de nouvelles folies, et Trufaldin ne concevait rien à une joie qui paraissait sans fondement.

Exact à remplir les missions dont le chargeait son suzerain et maître le comte d'Aran, il tira de son sein la lettre qui était autrement énergique que le sermon, et qu'il était impossible de ne pas lire, comme on avait refusé d'écouter l'autre. Il la présenta respectueusement à Mendoce. — Ah, ah! mon père m'écrit, je le croyais brouillé avec moi; voyons ce qu'il me mande : Vous vous êtes conduit comme un insensé..... J'en conviens. Je dois mettre ordre à vos déportements... Hé, de quelle manière? Je me gêne pour payer vos dettes... C'est bien paternel, assurément. Mais vous partirez sur l'heure... Pour aller où? Vous suivrez Trufaldin... Cela n'est pas sûr. Il vous ramènera dans mon château... L'agréable séjour! Et du consentement de votre mère... Ah, ah! à quoi ma mère a-t-elle donc consenti? Je vous enfermerai dans la tour du Nord... Diable! Où vous resterez le temps nécessaire pour reconnaître vos erreurs, et malheur à vous si vous vous permettez de nouveaux écarts lorsque mon indulgence vous aura rendu la liberté! — Oh! bien certainement, je ne partirai pas. — Mais mon cher seigneur, la docilité filiale... — N'exige pas que je me constitue prisonnier. — Mais votre père le veut ainsi. — Mon père a tort de le vouloir ainsi. — Mais... — Trufaldin, tu m'ennuies. — Semblable à l'enfant prodigue... — Vas-tu recommencer? — Non, je renonce, puisque vous ne voulez pas m'entendre, aux applaudissements que vous m'eussiez prodigués si vous m'eussiez entendu; je vais vous parler raison. Vous dépendez de votre père; partez puisqu'il le veut. — Je ne partirai pas. — Hé! que ferez-vous, ici? De nouvelles dettes? Je suis chargé de vous ôter le crédit. — C'est égal, je ne partirai pas. — Hé, de quoi vivrez-vous? — Je n'en sais rien. — Flétrirez-vous la noblesse de votre origine en escroquant le tiers et le quart? — Trufaldin! — Supporterez-vous la misère, vous qui avez l'habitude du superflu? — Peut-être. — Consentirez-vous à tenir votre existence de la générosité de vos égaux? — Jamais. Quelle horreur! — Partons donc. — Pour la tour du Nord? — Vous y aurez le grand nécessaire, et j'y adoucirai votre sort en trichant un peu votre papa et en vous administrant les secours spirituels, si nécessaires aux malheureux. Semblable à l'enfant prodigue, vous avez fait, mon très-cher frère... — Trufaldin, je vais t'assommer. — Je me tais, monseigneur.

Trufaldin se retire dans un coin, tremblant, selon sa coutume ordinaire. Mendoce délibère cinq minutes avec sa Silvia, et Silvia, qui est attachée à Mendoce autant par inclination que par intérêt, Silvia, qui jouit d'une sorte de considération à Saragosse, parce que les époux, les pères, les amants lui doivent quinze jours de repos, Silvia opine pour le départ, parce que le prêtre-roi a des obligations au comte d'Aran, et qu'il pourrait fort bien sacrifier les fils par égard pour le père.

Où ira-t-on? On n'en sait rien. De quoi vivra-t-on? On ne s'en inquiète guère. On congédie les valets, les servantes; on vend son mobilier, on fait ses ballots, on ordonne au palefrenier qui reste de bâter trois mules, et on se dispose à sortir gaîment de Saragosse. Qu'a-t-on à craindre? on a de l'argent pour trois mois si on veut vivre économiquement, et trois mois sont un siècle dont on ne peut atteindre le terme.

Trufaldin, présent à ces arrangements, ne manqua pas de citer le passage de son discours qui avait un rapport direct à la circonstance. — Combien sont coupables les voluptueux inconstants qui n'aiment que pour jouir, et qui cessent d'aimer quand la jouissance a amené la satiété... — Pour la seconde et dernière fois, tais-toi, laquin; je veux courir les champs. — Je les courrai avec vous. — Pour instruire mon père? — Pour vous empêcher de faire des sottises majeures. — Tu te crois donc bien sûr de ton ascendant? — Pour vous aider au moins, vous consoler quand vous les aurez faites. — A la bonne heure. — Pour vous servir, puisque vous avez renvoyé vos valets. — Soit. — Je me perds dans l'esprit du comte d'Aran. — C'est clair. — Mais il viendra un temps où vous pourrez me dédommager de mes sacrifices... — Je n'y manquerai pas. En attendant, si mon père, instruit par d'autres ou par toi, envoie ses hommes d'armes sur mes traces, avant qu'ils s'assurent de ma personne je t'ouvre le crâne de ma hache, et tu iras prêcher chez les morts. Voilà le traité que je te propose, accepte-le si tu veux.

Trufaldin accepta sans balancer, non qu'il eût envie d'observer le traité dans tous ses points, mais il était timoré et incapable de s'opposer ouvertement aux projets de l'étourdi et fougueux Mendoce. Or, puisque le jeune homme partait que pouvait-il faire de mieux que de le suivre? Il est certain que ses remontrances pouvaient être utiles, et qu'au moins le comte d'Aran aurait quelquefois des nouvelles de son fils. Trufaldin, en paraissant se détacher des intérêts du père, n'avait voulu que s'assurer la confiance du jeune homme. Cependant la menace d'être envoyé prêcher les morts avait opéré quelques changements dans ses idées. Il écrivit en cachette une belle lettre au papa, où il lui prouvait par divisions et par subdivisions que les voyages formeraient bien autant son fils que le séjour de la tour du Nord; que la misère qu'il éprouverait sans doute ferait plus d'effet que ce qu'on pouvait lui dire de plus beau sur l'économie; que, las de souffrir, il soupirerait pour la maison paternelle, et se croirait enfin trop heureux d'y rentrer; et pour éviter que l'apparition subite des hommes d'armes n'autorisât Mendoce à jouer de la hache, Trufaldin se garda de donner aucun renseignement sur le chemin que prendrait le jeune homme. Ayant accordé ainsi sa sûreté personnelle avec son devoir, il attendit l'occasion de faire remettre son épître.

Quand il fut sorti de Saragosse, et un peu avancé dans la campagne, Trufaldin essaya indirectement une dernière tentative. — L'affreux pays! — Superbe, Trufaldin. — Superbe! des rochers, des ronces, des précipices, des torrents! — Rien de pittoresque comme cela. — Arrêtés à chaque pas... — Cela exerce la patience. — Accablés de fatigue... — L'exercice fortifie le corps. — Et la signora, comment supportera-t-elle cela?... — L'amour fait tout supporter. — Et quand il s'éteint? — On se quitte. — Allons, dit Trufaldin entre ses dents, je ne ferai jamais rien de cet homme-là, il se moque de tout.

Comme on marchait à l'aventure, on se trouva bientôt dans des bois tellement fourrés, qu'on n'avançait plus qu'en coupant ou en arrachant les broussailles dans lesquelles les mules entraient jusqu'au ventre. — Vous avez beau dire, dit Trufaldin, jamais vous ne vous accommoderez de ce genre de vie-là. — Vie délicieuse. — Fastidieuse, périlleuse, calamiteuse. — Des entreprises hardies, des aventures piquantes, des plaisirs variés, les plus heureux souvenirs... — Ils seront beaux, nos souvenirs! Des dangers, des combats, des gourmades; un jour couchés sur la dure... — Le lendemain sur le duvet. — Chassés d'un côté. — Accueillis de l'autre. — Ici un mari jaloux. — On le brave. — Plus loin des Mores à pourfendre. — Oh ! rien n'est gai comme cela. — Je veux que le diable m'emporte si je vois là rien de plaisant. — Je n'y vois rien que d'enchanteur. — Ah çà ! écoutez donc, les chevaliers errants déjeunent quelquefois. — Et font déjeuner leurs dames, et n'oublient pas leurs écuyers.

Aussitôt Mendoce étale sur l'herbe des provisions assez copieuses, et comme on oublie assez facilement les distinctions au sein d'une nature sauvage, le palefrenier, le précepteur, le chevalier et la dame s'assirent sans façon autour d'une cuisse de chevreuil, et n'en laissèrent que les os. En mangeant et en digérant, Trufaldin faisait de nouvelles réflexions ; il pensait que le nom d'*Aran* était tellement connu dans le royaume d'Aragon, que le vieux comte serait tôt ou tard informé des lieux où son cher fils faisait le vagabond, qu'il ne manquerait pas de mettre des hommes d'armes à sa poursuite, et que lui, innocent envers Mendoce, n'en serait pas moins exposé au tranchant de sa hache. Or, comme le sentiment de sa conservation est celui qui agit le plus fortement sur un poltron, Trufaldin reprit la parole : — Il me vient une idée. — Et laquelle ? — Vous ne voulez pas retourner au château ? — J'ai pris mon parti, et certainement je n'en changerai pas. — Vous ne voulez pas non plus être obligé de batailler avec les soldats du comte ? — Ce serait ma dernière ressource. — Hé bien ! il faut changer de nom. — Tu pourrais bien avoir raison. — Vous serez un jeune chevalier échappé des fers des Sarrasins. — Des Sarrasins ! — Oui, du romanesque ; cela frappe l'esprit, cela intéresse. — A la bonne heure. — Il ne s'agit plus que de trouver un nom prépondérant, un nom qui en impose... Almanzor, par exemple. — Almanzor, soit. Et toi ? — Oh ! je veux continuer de me nommer Trufaldin ; ce nom-là n'est ni fameux, ni connu. Mon habit est moitié ecclésiastique, moitié séculier ; je serai votre chapelain. Et la signora Silvia, qu'en ferons-nous ? — Hé parbleu ! ce sera la belle Roxane, la sultane favorite du soudan d'Egypte, qui aura favorisé mon évasion, et que j'aurai épousée par reconnaissance. Ainsi, nous pourrons coucher ensemble sans scandaliser personne ; et le plaisir de faire un roman, de tromper la bonne foi des uns, de mettre en défaut la finesse des autres ! oh ! cela sera charmant, délicieux !

On remballe les dames-jeannes, les petits couteaux et les fourchettes de fer, on remonte sur les mules, et le palefrenier en avant continue d'ouvrir le passage la hache à la main. La journée se passe gaîment. Vers le soir, on découvre un ermitage bâti sur le haut d'un rocher ; et on se décide à demander le couvert au saint ermite, et à partager avec lui ce qu'on a encore de provisions. On tourne autour de la roche, on découvre un étroit sentier taillé dans la pierre, on y fait grimper les mules au hasard de rouler avec elles dans les précipices. Fait-on un faux pas on rit. La sultane est-elle obligée de s'accrocher, pour avancer, à la jaquette de Trufaldin, on rit. Reculent-ils six pas après en avoir fait péniblement deux on rit. On arrive, excédé de fatigue, hors d'haleine, trempé de sueur, à la porte du bon ermite, et on y arrive en riant. La belle chose que l'insouciance !

CHAPITRE III

L'ermite Pacôme et son ermitage ; évènements miraculeux et non miraculeux qui ne seraient point contés s'il ne s'agissait d'ermite et d'ermitage... en Espagne.

Le bon ermite était à genoux devant une image de saint Pacôme, il détourna un peu la tête à l'arrivée des bruyants voyageurs, il leur fit un signe léger de la main, et continua sa prière. — Voyez, disait Trufaldin, ce que c'est que l'amour du devoir, rien ne détourne ce saint homme du sien, ni la beauté de la sultane, ni votre habit doré, ni ma mine vénérable. Prenez exemple et profitez, seigneur Almanzor.

Le seigneur Almanzor tourne le dos au prédicateur, qui, pour passer le temps, se met à prier avec l'ermite ; il prend la main de la belle Roxane, parcourt avec elle l'ermitage, et fait en deux minutes l'inventaire des lieux. Une tête de mort sur un prie-Dieu, un grand crucifix pendu au mur, un grabat assez propre d'ailleurs et où on peut fort bien coucher deux ; plus, un jardin garni d'assez beaux fruits, au fond duquel est une petite grotte où on a juché l'image de la Vierge, et derrière laquelle sont placés au frais le lait, le beurre, les œufs, et quelques outres pleine d'un vin vieux, destiné sans doute à fortifier l'estomac du vieillard.

Il s'avançait vers Almanzor et Roxane d'un air serein et calme, lorsqu'ils sortirent de la grotte : — Vous cherchez un asile, leur dit-il, e! j'ai bien peu à vous offrir; disposez de l'offrande de la pauvreté pénitente : Dieu me récompensera demain, il ne laissera pas manquer son serviteur. — Voyez, disait Trufaldin, ce que c'est que l'amour de l'humanité; vous n'avez jamais fait part aux malheureux de votre superflu, et le saint homme se prive pour vous du nécessaire. Prenez exemple et profitez... Et pour passer le temps, il fit un tour de jardin et cueillit les plus beaux fruits.

Mendoce remercie poliment l'anachorète; et comme il sent que ses provisions pourront lui être nécessaires le lendemain, il accepte avec cordialité ce qu'on lui offre avec franchise. Le lait, le beurre, les œufs, les plus beaux fruits, le meilleur vin passent de main en main, et arrivent en un clin d'œil à l'oratoire où on avait pratiqué une petite cheminée. La sultane du soudan d'Egypte prend une mauvaise poêle, et la nettoie; Mendoce casse les œufs, Trufaldin ramasse des brins de bois sec et fait du feu, l'ermite conduit le palefrenier et les mules à un endroit écarté où la roche forme un toit naturel, ils les déchargent des ballots, et leur donnent ce qui reste d'orge à l'ermitage.

Quand l'anachorète rentre, le souper se trouvant prêt, chacun se dispose à y faire fête. Mendoce invite son hôte à partager un festin dont il fait seul les frais : — C'est jour de jeûne, répond l'ermite, je resterai près de vous, et en vous regardant manger je me mortifierai davantage. — Voyez, disait Trufaldin, comme l'homme de bien est toujours maître de lui-même. Le bon frère n'a rien pris depuis dîner, demain les fidèles ne lui apporteront rien peut-être, et il remplit ses obligations sans rien prévoir que le témoignage d'une conscience pure. Prenez exemple et profitez... Et pour passer le temps, Trufaldin se mit à manger comme deux, et à boire à l'avenant.

Les autres, qui avaient aussi bon appétit, expédièrent promptement les provisions de l'ermite. Ce ne fut pas cependant sans s'interrompre quelquefois pour répondre aux questions assez naturelles du frère sur le hasard qui les avait conduits à l'ermitage, sur leur naissance, leur état, leurs aventures. Mendoce improvisa une histoire très-courte, très-claire, très-variée et très-satisfaisante ; et après avoir trompé la simplicité de l'ermite, il ne pensa plus qu'au coucher.

La politesse voulait qu'il refusât le grabat que l'ermite voulait absolument lui céder ; mais comment laisser coucher à terre une sultane favorite qui a beaucoup fatigué le jour, et qui, probablement, fatiguera autant le lendemain ? Tout fut arrêté, ainsi qu'il suit, par le bon frère. Le chevalier Almanzor et la digne épouse qui a sauvé un chrétien occupent le grabat, Trufaldin et le palefrenier s'étendent à côté d'eux sur de la paille fraîche ; et l'ermite, à qui ses hôtes n'ont pas donné le temps de dire ses offices du soir se retire auprès des mules pour les garder, et passer le reste de la nuit en prières. — Prenez exemple, disait Trufaldin en s'endormant ; prenez exemple et profitez.

Quand on a beaucoup marché et qu'on a l'estomac garni, on dort profondément et longtemps. Il était grand jour quand Trufaldin se réveilla. Il étend les bras, se frotte les yeux, tire le palefrenier par une jambe ; et comme ils n'avaient pas eu le temps de se déshabiller, ils sont aussitôt prêts que debout. Ils laissent reposer les époux pendant qu'ils vont préparer les mules et relever le saint ermite, qui doit avoir souffert de la fraîcheur de la nuit. Ils arrivent, et le palefrenier se frotte les yeux une seconde fois, parce qu'il ne voit pas ses mules. Trufaldin ne doute pas que l'ermite qui dort à terre ne les ait laissé échapper. Il s'approche pour l'éveiller : c'est en effet la robe de l'ermite ; mais le frère n'est plus dedans. Près de la robe sont quelques toiles de ballots, les provisions de bouche, la guitare de Trufaldin et celle de Mendoce, une paire de castagnettes à mademoiselle Silvia ; mais l'or, l'argent, les effets précieux, tout est parti avec les mules et l'ermite.

Trufaldin tombe d'abord dans un état de stupeur, naturel à un homme vulgaire que frappe un coup inattendu. Il lève les yeux au ciel, il serre les dents, il bat ses cuisses de ses mains, il trépigne, et tout à coup il prend sa course vers l'ermitage, et le palefrenier, machine passive, le suit en imitant ses gestes convulsifs.

— Nous sommes volés, nous sommes volés ! s'écrie Trufaldin en entrant dans l'oratoire. Ce fripon que je croyais un saint a employé la nuit à nous dévaliser, au lieu de la passer en prières. Almanzor et Roxane se réveillent en sursaut, se mettent sur le derrière comme deux singes, regardent, écoutent, et Trufaldin leur crie de nouveau aux oreilles : Ce fripon, que je croyais un saint, a employé la nuit à nous dévaliser ! — Bah ! dit Silvia. — Diable ! reprend Mendoce. — Diable ! Bah ! réplique Trufaldin. Est-ce ainsi qu'on se détache des biens de ce monde ? Levez-vous, seigneur chevalier ; prenez votre flamberge et votre hache d'armes, et courez après le voleur. — Eh ! où veux-tu que je l'aille chercher ? il connaît le pays, et nous ne pouvons faire quatre pas sans arrêter. Allons, prêche donc, vieux rhéteur. Rien ne détourne ce saint personnage de son devoir... Il se prive pour vous du nécessaire... Il va passer la nuit dans le jeûne et l'oraison... Prenez exemple et profitez. Eh, parbleu, profite toi-même, et apprends que les vertus exagérées ne peuvent être sincères. La perfection n'est point le partage de l'homme, et celui qui en prend l'extérieur ne peut être qu'un fripon ou un charlatan. Ah çà ! ce drôle-là a-t-il en effet tout emporté ? — Il a laissé quelques lambeaux de toile, le pâté de sanglier, des guitares, des castagnettes... — Il a laissé tout cela ? — C'est bien heureux, n'est-il pas vrai ? — Trop heureux, sur mon honneur, et peut-on manquer de quelque chose avec ces effets précieux ! — Croyez-moi, seigneur, retournons au château. La sultane favorite du soudan d'Egypte pourra être reçue parmi les suivantes de votre mère ; vous en serez quitte pour un séjour d'un mois ou deux dans la tour du Nord, et cela sera infiniment plus doux que les hasards que vous pourriez courir. — Retourner au château quand je suis sans ressources ! donner lieu à mon père de croire que la misère, et non le devoir, me ramène auprès de lui ! Ton conseil n'a pas le sens commun. — Mais que voulez-vous faire ? — Je n'en sais rien ; mais nous verrons. — Vous verrez, vous verrez... Mais il faut voir tout de suite. — Rien ne presse, mon ami : nous avons un pâté de sanglier. — Quelques andouillettes... — Ah ! ah ! — Plus, les outres pleines de vin qui sont cachées derrière la statue de la Vierge. — Avec tout cela, on a le temps de tenir conseil. Nous sommes ici à l'abri de la pluie et de la chaleur ; nous ne craignons pas les voleurs, puisque nous n'avons plus rien : déjeunons et délibérons.

Trufaldin apporte le pâté en grondant ; le palefrenier va prendre le vin. On se met à table, on mange, on boit, on chante, on rit, comme si on était sûr du lendemain. Trufaldin seul, et Trufaldin dévot, par suite, gourmand, faisait la grimace. Conseil privé du chevalier, il ouvrit mille avis qui tendaient à s'assurer une existence honnête et paisible ; le palefrenier opinait de la tête et appuyait les ouvertures de Trufaldin ; Silvia, vive, légère, inconsidérée, très-attachée à Mendoce, qui était fort aimable, se trouvait bien avec lui dans un palais, dans un ermitage ; elle ne l'eût pas quitté dans un désert : elle attendait donc qu'il lui plût de prononcer pour se ranger de son avis et Mendoce prononça :

— Comme ton saint ermite nous a volé beaucoup au delà de la valeur de sa bicoque, la bicoque nous appartient de droit. — Après? dit Trufaldin. — Nous resterons ici jusqu'à ce que nous ayons fait les dispositions nécessaires pour le projet que je vais vous communiquer. — Soit. — Les fidèles qui apporteront les offrandes à Dieu les consacraient en effet au diable, puisque l'ermite est un escroc. Or, les choses ne changeront pas de destination quand nous nous les serons appropriées. — Mais vous n'avez pas l'air d'un ermite, et on ne vous donnera rien. — Je vais t'en donner l'air. Tu endosseras la robe du papelard ; tu as son maintien réservé, pieux ; la manie de parler de vertus que tu ne connus jamais ; et en te faisant une barbe des cheveux du palefrenier, le déguisement sera parfait. — Vite, vite, au projet, car je ne veux pas jouer éternellement l'ermite. — Pendant que tu occuperas l'oratoire, que tu amuseras les imbéciles en regardant le ciel de travers, Silvia et moi nous nous occuperons utilement. — Oui ! à faire de petits ermites, peut-être ? Mais observez donc qu'on ne peut passer toute la journée à jouer à ce jeu-là. — Eh ! laisse-moi donc parler, bavard impitoyable. — J'écoute. — Avec nos morceaux de toile, Silvia nous fait des habits longs et des toques ; et moi, assis à côté d'elle, j'écris les vers qu'elle m'inspire. — Et à quoi cela mènera-t-il ? — Je me fais troubadour. — Autre idée biscornue. — Pas tant, pas tant. Nous vivons honorablement d'un talent recherché partout. Il n'est pas de château où nous ne soyons accueillis, considérés, et nous offrirons aux seigneurs châtelains un assemblage de talents tel qu'aucune troupe de troubadours n'en a présenté encore. Tu sais parfaitement le plain-chant, tu mettras mes vers en musique. J'ai une haute-contre passable ; toi, une très-belle basse-taille ; Silvia, un dessus précieux ; nous pinçons fort bien de la guitare : en faut-il plus pour vivre heureux et indépendants? Voilà, mon ami, voilà comme l'homme que rien n'affecte brave la misère, l'écarte, jouit du présent, et se moque de l'avenir. Prends exemple à ton tour et profite.

— Quoi, sérieusement, vous voulez vous faire troubadour? —

Très-sérieusement. — Le fils d'un seigneur, propriétaire de trente lieues à la ronde? — Le fils d'un seigneur peut n'être qu'un sot, et celui qui vit honorablement de ses talents est toujours recommandable. Prends exemple et profite. — Mais... — Quoi? — Vous ne serez pas troubadour toute votre vie. — Je ne sais même pas si je le serai dans huit jours. Ne me romps pas la tête davantage et obéis. — Mais... Ici Mendoce lève le bras d'une manière si expressive que Trufaldin court, passe la robe, coupe les cheveux du palefrenier, se barbouille de miel le bas de la figure, se colle une longue barbe, et se montre devant le patron, qui lui rit au nez, qui le plante à genoux devant le prie-Dieu, lui met un rosaire à la main, lui ordonne d'attendre les chalands dans cette attitude, et passe, avec la sultane, dans la grotte du jardin.

Pendant que Silvia taille et coud, Almanzor enlève la seconde écorce d'un cerisier, il arrache une des pointes de la couronne de fer de la Vierge, et laisse couler ces vers :

ROMANCE

Sur la tombe d'Isidore
L'amitié jette des fleurs,
Au trop malheureux Zamore
Elle donne aussi des pleurs.
Tous deux jeunes, tous deux tendres,
Devaient-ils sitôt mourir?
Honorons au moins leurs cendres,
Et gardons leur souvenir.

Ce fut un cruel roi more
Qui jadis donna le jour
A la sensible Isidore
Victime d'un triste amour.
Sans fortune et sans naissance,
Zamore n'avait qu'un cœur :
C'est bien peu pour l'espérance,
C'est beaucoup pour le bonheur.

L'amante savait se taire,
Et l'amant savait jouir.
Le voile heureux du mystère
Embellit jusqu'au plaisir.
Au sein d'une nuit profonde
Le roi more les surprit,
Bonheur passe comme l'onde,
Et le malheur lui survit.

L'infortunée Isidore
Fuit de rochers en rochers;
Le tendre amant qu'elle adore
La soutient dans les dangers;
Mais le père, outré de rage,
Paraît avec ses soldats.
Nos amants perdent courage,
Un torrent retient leurs pas.

L'œil effrayé d'Isidore
En sonde la profondeur ;
Cet œil revient sur Zamore
Et sur son père en fureur.
Elle hésite... elle s'écrie :
— Rien ne peut nous secourir,
Pour toi seul j'aimais la vie,
Te perdre est plus que mourir.

Les bras de la tendre amante
Pressent l'amant qu'elle aimait.
Et sur sa bouche brûlante
Sa bouche encor s'attachait...
Ces déplorables victimes
Du roc s'élancent enfin :
L'onde entr'ouvre ses abîmes...
Ils terminent leur destin.

En ce temps-là, on aimait les longues chansons qui voulaient dire quelque chose : témoin la romance de Geneviève de Brabant, de Joseph, du Mauvais riche, et autres, qui heureusement ont été recueillies dans le *Cantique* de Marseille, gros volume *in-octavo* que personne ne lit plus, et dont les chansons pourtant sont bien aussi insignifiantes que celles qu'on fait tous les jours avec des *roses* fraîchement *écloses*, des *soupirs* doux comme *zéphyrs*, des *flammes* qui brûlent les *âmes*, de très-innocentes *beautés* et des torrents de *voluptés*. Chaque siècle a son goût. On voulait des choses alors ; aujourd'hui on se contente de mots, pourvu qu'ils soient mis en roulades avec un accompagnement de timbales : *bene sit.*

Quoi qu'il en soit, les vers de Mendoce, qui n'étaient pas très-mauvais pour des vers du douzième siècle, ses vers l'étonnèrent à un tel point, le transportèrent tellement qu'il se leva comme un inspiré, une main sur le front, et l'autre sur le cœur; qu'il courut à l'oratoire pour faire passer sa verve dans les veines de Trufaldin, lui faire produire, à la minute, un chant digne d'accompagner ses paroles.

Pauvre Trufaldin! il était dans un embarras tout autre que celui de la composition. Le père d'une petite fille charmante, à qui l'ermite, qu'il représentait, avait fait pieusement un enfant, vengeait à grands coups de bâton l'honneur de sa famille outragée. Le palefrenier, effrayé de la vivacité de l'attaque, avait pris la fuite et ne reparut plus, ce qui était assez égal à Mendoce; car enfin, quand on n'a plus de mules, on 'a plus besoin de palefrenier; son état présent ne lui permettait pas de garder des bouches inutiles. Il n'en était pas ainsi de Trufaldin, qui devait mettre ses vers en musique, les chanter avec lui et aider à la sultane à faire la cuisine quand il faudrait dîner en plein champ. Mendoce, outré de la manière dont on traitait son camarade en Apollon, prit le paysan par un bras, l'envoya à l'autre bout de l'oratoire, et sentait une forte démangeaison de le rosser; mais Trufaldin lui représenta que le cas s'ébruiterait, que les paysans des environs viendraient tomber sur l'ermitage et les ermites, et qu'il aimait mieux pardonner les coups qu'il avait reçus que de se voir exposé à être échiné tout à fait. Pour la première fois, Mendoce écouta cette remontrance pleine de sens, et commença à parlementer avec le paysan. A peine a-t-il commencé le récit du tour perfide que leur a joué le véritable ermite qu'une jeune fille, jolie comme un ange et la taille rondelette, entre le petit panier au bras dans lequel est le fromage à la crème. Le père indigné que sa fille reparaisse à l'ermitage malgré ses défenses, n'écoute plus le troubadour et tombe sur elle; Mendoce tombe sur lui; le futur de la petite, qui avait promis de tout oublier et qui l'épiait, entre et tombe sur elle: quatre ou cinq femmes qui apportaient leur offrande s'indignent que les pères et les maris trouvent mauvais que les ermites fassent des enfants, et elles tombent sur le père et sur le futur; on se mêle, on se pince, on se mord, on s'égratigne; la sultane qui accourt au bruit, est renversée d'un soufflet de jambon qui était destiné au papa. Une autre femme s'embarrasse dans sa cotte, tombe sur elle, et une seconde sur celle-là; elles saisissent les paysans aux jambes, les entraînent après elles et les paysans entraînent après eux ce qui reste de femmes debout. On se bat sur le carreau; toutes les cottes sont en l'air. L'une découvre une jambe, une autre sa cuisse; celle-ci son devant, celle-là son derrière. Mendoce riait aux éclats, et rirait peut-être encore s'il n'eût pensé que sa sultane, qui était dessous, allait être suffoquée; mais comment la tirer d'entre sept ou huit personnes accrochées les unes dans les autres ? il se fait aider par Trufaldin; ils apportent une jarre pleine d'eau, et la vident sur les combattants. On se relève, on s'écrie, on se disperse; on renverse en fuyant, prie-Dieu, crucifix, têtes de morts et rosaires; en deux secondes, il ne reste sur le champ de bataille que le bénitier, les deux paysans, les deux troubadours et la sultane. Toutes les femmes ont disparu et ont pris la route du jardin. Mendoce regarde et ne voit personne. Cependant le jardin est petit; pas de grands arbres, et la grotte est sans profondeur. La frayeur leur a-t-elle fait sauter le rocher qui domine à pic sur un précipice effroyable. Mendoce monte sur un cerisier planté sur le bord de la roche; il avance bravement le long d'une forte branche qui s'étend au-dessus du précipice; il regarde, et ne voit rien. — Allons, dit-il en descendant, elles sont parties par la voie des airs. Cela aurait été croyable si les ballons eussent été inventés.

Trufaldin, qui s'embarrassait fort peu de ce qu'étaient devenues ces femmes, et qui ne se souciait plus de jouer à l'ermite, avait été reprendre ses habits et faisait tranquillement sa toilette au pied de la statue de la sainte Vierge. Il la priait dévotement de le garantir de nouvelles algarades; il baisait avec respect le bas de sa robe de bois, lorsque le très-petit bout d'une chaînette de laiton qui dépassait la robe, s'embarrassa dans ses doigts. En retirant maladroitement sa main, il tire la chaînette, la sainte Vierge fait un grand mouvement, et Trufaldin fait un saut en arrière; il relève les yeux, et ne voit plus de sainte Vierge. Il aperçoit, sur une surface beaucoup plus large, trois diables très-bien faits, car ils étaient fort laids. A leurs pieds était un trou étroit, mais qui paraissait profond. Il ne doute pas que l'enfer ne vienne de s'ouvrir pour le punir d'avoir endossé une robe qu'il était indigne de porter. Il fait un second saut en arrière, et tombe dans l'oratoire en poussant un cri affreux. Mendoce accourt; Trufaldin, dans des transports à se faire crever lui-même, et à faire mourir les autres de rire, lui montre de la main l'enfer prêt à l'engloutir; les deux paysans, terrifiés à ce spectacle nouveau pour eux, s'écrient que le diable a pris possession de l'ermitage pour punir l'ermite de ses crimes, et qu'il a emporté les femmes qui se donnaient à ce malheureux; ils se plongent le visage et les mains dans le bénitier de quinze ou vingt pintes, et ils sortent à genoux et à reculons en se promettant bien de ne jamais remettre les pieds dans ce lieu de terreur.

Mendoce, qui ne craint ni le diable ni l'enfer, s'approche des trois figures et reconnaît, en riant, selon sa coutume, que la sainte Vierge et son saint piédestal s'ouvraient du haut en bas, et démasquaient l'entrée d'un petit escalier grossièrement taillé dans le roc. Il démêle, avec sa sagacité ordinaire, que les diables sont en dedans pour effrayer les bons chrétiens du douzième siècle qui, par hasard ou par curiosité, tireraient la chaînette; il conclut enfin que toutes ces dames sont descendues par l'escalier à un lieu qui leur est parfaitement connu, et où l'ermite se dédommageait amplement de la sévérité de mœurs qu'il affectait en haut.

Mendoce saute sept à huit degrés, décidé à vérifier les faits : les ténèbres le forcent à s'arrêter. Il écoute, le plus profond silence règne partout. Il est brave; mais le cas est épineux. Il se consulte, il remonte, renferme les diables sous l'enveloppe extérieure de la bonne Vierge, et assemble une seconde fois son conseil.

Il fait part à Silvia et à Trufaldin de ses observations et de ses idées. Trufaldin n'entendait plus rien, et il fallut ouvrir et fermer plusieurs fois la machine devant lui pour le convaincre qu'un escalier n'est pas l'enfer, et que les diables qu'il a vus sont de la façon de quelque bâtier de village. Les têtes remises, la discussion s'engagea.

Mendoce concevait bien que la petite fille se fût réfugiée là pour échapper à son père et à son futur; mais il ne devinait pas pourquoi des femmes, qui ne devaient de compte à aucun des spectateurs, s'étaient réfugiées dans les entrailles de la terre, au lieu de s'aller bonnement sécher au soleil. Le cas parut extraordinaire à Silvia, et Trufaldin déclara modestement qu'il n'y comprenait rien.

C'est bien ici que je pourrais vous conter des choses bien invraisemblables, bien impossibles, qui empêcheraient les petites filles de dormir, et qui feraient serrer les jeunes maris de si près qu'il faudrait bien qu'ils se réveillassent; mais la vérité, que je respecte au suprême degré, ainsi que je l'ai prouvé en plusieurs volumes, ne me permet pas d'imaginer. Un historien fidèle doit se borner au simple récit des faits.

Mendoce, qui avait à lui seul de la tête pour trois, pensa que, quelque motif qui eût déterminé ces dames à descendre, il n'était pas probable qu'elles passassent la journée entière loin de ceux à qui elles devaient compte de leur conduite; que, sans doute, elles attendaient, pour sortir, le moment où elles croiraient que l'ermitage serait évacué par des hommes qui n'avaient plus d'intérêt à y rester, et jugea qu'il fallait provoquer leur sortie par une retraite simulée, sauf à revenir ensuite faire une inspection exacte des lieux, le flambeau d'une main, et la hache de l'autre. Trufaldin trouvait très-bien qu'on se retirât, et ne jugeait pas à propos qu'on revînt; Silvia ne s'en souciait pas non plus; mais Mendoce observa que, depuis trente-six heures qu'ils avaient quitté Saragosse, ils n'avaient eu d'autre aventure que de se laisser platement voler, et que, si le souterrain ne promettait ni monstres, ni génies à combattre, il pourrait au moins satisfaire la curiosité. Il ajouta d'ailleurs qu'il le voulait ainsi et il commença le déménagement, qui ne fut pas long.

Il enveloppa le pâté de sanglier, les andouillettes, les guitares et les castagnettes dans les robes des troubadours, qui étaient à peine coupées; il mit le paquet sous un bras, prit la sultane sous l'autre, et Trufaldin suivit en branlant la tête, et disant entre ses dents :

La valeur n'est valeur qu'autant qu'elle est utile.

On descend le rocher, on monte un rideau couvert de bois; on coupe des branches qu'on fiche en terre autour de soi pour n'être pas vus, et on se ménage des jours pour pouvoir tout observer.

Au bout du rideau était un terrain sablonneux, et à travers les énormes racines d'un vieux chêne on voyait un trou qui annonçait l'entrée du terrier d'un renard ou d'un blaireau : nos aventuriers n'y firent pas grande attention en passant. Mendoce cependant aimait la chasse; mais il n'avait ni meutes ni furets, et il était occupé d'autre chose.

Ils n'avaient pas passé deux heures au milieu de leurs branchages qu'ils aperçurent dans la campagne les six ou sept paysannes, qu'ils reconnurent à leurs habits; mais ce qui paraissait inexplicable à Mendoce, c'est que ces habits, qui avaient été couverts d'eau et de terre, paraissaient de la plus grande propreté; le bavolet et le bas de coton étaient d'un blanc à éblouir; les cheveux étaient en ordre et retroussés avec grâce : il s'y perdait.

Par où d'ailleurs étaient-elles sorties, puisqu'elles avaient paru d'un côté opposé à l'ermitage ? On soupçonnait bien qu'elles n'étaient aussi propres que pour ne pas donner des soupçons chez elles ; mais la petite ne pouvait en imposer ni à son père ni à son futur, et puis il y avait donc dans ce trou quelque bonne fée, compatissant aux faiblesses des femmes, et réparant d'un coup de baguette le désordre de leur toilette.

— Il est évident, seigneur, disait Trufaldin, qu'il y a de la diablerie là-dedans. — Il n'y a pas de diablerie ; mais il y a quelque chose d'inconcevable que j'éclaircirai, dussé-je ne pas sortir du trou. — Ah ! seigneur, au nom de votre digne père, qui est un peu sévère, mais qui vous aime ; au nom de votre mère, de ses maux de cœur de neuf mois, et de ce qu'elle a souffert en vous mettant au monde... Il ne m'écoute seulement pas. En effet, Mendoce était déjà bien loin.

Silvia, qui l'aimait vraiment, courait à côté de lui, et Trufaldin était resté à sa place, parce qu'il fallait, disait-il, qu'il en restât au moins un pour garder les équipages.

En repassant devant le prétendu terrier à blaireaux, Mendoce s'arrêta et trouva le fond tapissé de mousse ; ce qui ne lui parut pas naturel. Il écarte avec quelque peine des racines entrelacées, il s'engage sur les genoux et sur les mains ; le trou s'élargit insensiblement. — Je suis heureux, dit Mendoce, voilà le commencement d'une véritable aventure.

Le sexe aime aussi les aventures, mais d'un genre tout différent ; et Silvia oublia sa tendresse à l'aspect des difficultés et par la peur des ténèbres toutes-puissantes sur les esprits faibles. Elle retourna près de Trufaldin, qui lui passa la main sous le menton et qui lui dit : — Consolez-vous, consolez-moi, consolons-nous ; je vous épouserai quand nous serons sûrs que l'insensé aura trouvé sa fin. Un soufflet fut la réponse de Silvia, parce que, s'il est vrai qu'une femme puisse se décider à tout, il est au moins des propositions que l'amour-propre ne saurait entendre.

Mendoce n'avait pas fait trente pas qu'il était absolument privé de la lumière, et que la voûte était assez élevée pour qu'il pût se tenir debout. Le vent qui lui soufflait au visage annonçait un souterrain tortueux et prolongé. Il se repentit de s'être engagé dans ce mauvais pas. Il se rappela les dernières paroles de Trufaldin, et balança s'il retournerait en arrière. Une fausse gloire lui fit tout mépriser; il tira son épée et s'avança tête baissée.

Bientôt des soupirs se font entendre; Mendoce s'arrête, et un malheureux caillou qui roule sous ses pieds le décèle. — Est-ce vous, frère Pacôme? dit une voix argentine. — Oui, oui, c'est moi, répond Mendoce à voix basse. — Ah! que vous vous êtes fait attendre! — Il a bien fallu donner à ces malencontreux chevaliers le temps d'évacuer mon pauvre ermitage. — Mon père m'a trouvée là-haut, et il m'a battue; je n'ose plus retourner chez nous. — Tu n'y retourneras plus, et il ne te retrouvera pas ici. En écoutant, en répondant, Mendoce s'avançait. Il approcha si près qu'enfin la petite fille se trouva sous sa main. Elle était étendue sur un lit de feuilles sèches, Mendoce l'avait trouvée fort jolie; il était jeune; et il n'y avait pas d'apparence que Silvia vînt le déranger. Ce qui est nouveau est toujours le plus beau, et l'amour de la nouveauté fait faire des prodiges. Mendoce en fit tant, que la petite s'écria à la fin : — Non, tu n'es pas frère Pacôme!

La paix est bientôt conclue, quand on fait mieux que son rival. Mendoce et la petite s'expliquèrent amicalement. Il raconta, lorsqu'il ne put plus agir, ce qui lui était arrivé à l'ermitage, et la petite lui dit sans rougir, parce qu'il ne la voyait pas, que l'ermite était un homme de trente ans au plus, qui portait une fausse barbe, pour inspirer la sécurité aux hommes et la confiance aux femmes; qu'il amadouait celles-ci avec de belles paroles, les engageait à revenir, leur faisait boire de bon vin, dans lequel, sans doute, il mettait quelque chose; qu'alors on se laissait aller. — Et vous savez bien, ajouta la petite, que, quand on a eu une fois ce malheur-là, on n'est pas fâchée de recommencer.

— Et depuis quand ce chien d'ermite demeure-t-il ici? — Depuis cinq à six ans. — Et pourquoi ce souterrain, puisqu'il peut, quand vous êtes seules là-haut avec lui, vous rendre malheureuses tout comme ici-bas? — Oh! le souterrain était fait, et la sainte Vierge aussi. — C'est-à-dire qu'il a pris tout cela des mains de son prédécesseur. — Je le crois. — Aussi fripons l'un que l'autre; mais, encore une fois, à quoi bon ce souterrain? — Je vais vous le faire voir. La petite tire de sa poche un briquet et de l'amadou; une lampe s'allume. La petite fixe le chevalier et lui sourit; le chevalier la rend malheureuse encore, et la petite sourit de nouveau. — Oh! oh! dit-il, je ne saurais faire face à de nouveaux malheurs. Voyons, examinons ceci. C'était le roc brut, sans art, sans apprêts ; mais le coquin d'ermite y avait réuni toutes les commodités de la vie. Excellente couchette, sièges douillets, provisions délicates, habits de femme, qui tous étaient alors faits d'une grosse étoffe de laine noire. — J'y suis, dit Mendoce : ces dames n'ont fait que changer de vêtements, ce qui leur arrive, sans doute, quand le frère Pacôme les a un peu trop chiffonnées. Il n'est pas bête du tout, cet ermite-là : là-haut l'apparence de l'austérité, et ici tout ce qui fait le prix de l'existence. Ah! ah! qu'est-ce que cette grande armoire? — Je n'en sais rien, seigneur chevalier ; frère Pacôme ne l'ouvre jamais devant nous. — Je vais le savoir à la minute. Et le chevalier fait sauter la porte avec le pommeau de son épée.

Mendoce et la petite voient d'abord quelques rouleaux d'étoffe noire, des ciseaux, du fil, des aiguilles, des bavolets tout coupés. — Fort bien, dit Mendoce ; l'ermite s'occupe de ses femmes ; voilà de la reconnaissance. — Oh! nous faisons cela nous-mêmes à nos moments perdus, et les habits neufs que nous rapportons à la maison sont des dons que frère Pacôme a reçus à la ville pour les pauvres du pays. — Hé bien! voilà qui est tout à fait vraisemblable ; et ces chapelets, ces scapulaires, ces *agnus Dei?* — C'est ce que nous rapportons aux enfants… — Du frère Pacôme? — Et à ceux de nos maris : ils en font aussi quelquefois, seigneur chevalier. — C'est bien heureux, en vérité.

Deux tiroirs fixent l'attention de Mendoce : ils étaient fermés à clef, et les clefs ne se trouvaient pas. Mendoce se servit de la pointe de son épée, et fit sauter les serrures : les tiroirs étaient remplis d'argent. — Oh! oh! je ne suis pas le seul que ce coquin-là ait volé. — On l'a dit, et je commence à le croire. — Il reviendra sans doute, car il n'est pas présumable qu'il abandonne ici le double au moins de ce qu'il m'a pris.

La petite regardait cet argent d'un air ébahi, et, réfléchissant à ce que venait de dire Mendoce, elle pensa comme lui ; d'autant mieux que l'ermite ignorait encore que son père eût découvert sa grossesse. L'entrée du souterrain, qui donnait dans le bois, lui permettait de retourner la nuit à l'ermitage sans être aperçu, et il pourrait voir, par une petite fente que la sainte Vierge avait au bas du ventre, s'il devait se rétablir dans son domicile.

Il y avait lieu de croire cependant que son absence durerait quelques jours, car il devait penser qu'un jeune homme alerte ne manquerait pas de courir le pays après son voleur ; comme il était présumable qu'il s'en éloignerait, après avoir fait des recherches inutiles. Ces raisonnements étaient fondés ; mais une chose embarrassait Mendoce. Ceux que l'ermite avait volés avant lui devaient avoir fait de l'éclat dans les environs, et avoir nui singulièrement à la réputation du personnage. — Ils ont crié en effet, dit la petite, mais les femmes raccommodent tout : le premier était un menteur. — A la bonne heure pour le premier, mais les autres ? — L'un était un hypocrite, qui voulait faire chasser l'ermite pour s'emparer de l'ermitage. Celui-là se vengeait, disait-on, de ce que le frère Pacôme lui avait refusé l'hospitalité, parce qu'il avait tenu des propos irréligieux ; enfin, les femmes exigent une autre fois que leurs maris fassent perquisition dans l'ermitage, quand le frère est disposé à les recevoir, et que tout annonce la ferveur et la pauvreté.

Après cette courte explication, la petite prit la main de Mendoce, et le pressa de sortir et de s'éloigner, parce qu'elle craignait que son père ne revînt quand sa frayeur serait passée. Elle craignait bien aussi que l'ermite rentrât. Il avait pris de l'ascendant sur elle, et elle n'avait pas envie de quitter Mendoce pour le frocard.

Le jeune homme avait grande envie d'attendre son ermite, et de lui donner une de ces leçons dont on se souvient toute la vie ; mais il fallait passer une nuit ou deux à la belle étoile, et le seigneur Mendoce aimait ses aises. D'ailleurs, il ne voyait pas grand honneur à étriller un ermite. Il se disposa donc à céder à l'empressement de la petite, et il commença à se faire restitution aux dépens des deux tiroirs ; ce que le rigoriste le plus sévère ne peut certainement blâmer.

Il avait scrupuleusement compté un nombre de marcs égal à celui qu'on lui avait pris, et il s'éloignait la lampe à la main. La petite le tira par son pourpoint : — Et ce reste-là, que deviendra-t-il ? — Je ne m'en inquiète guère. — Vous le laissez ? — Prendre au-delà de ce que j'ai perdu, ce serait me dégrader ! — Mais j'ai perdu aussi, moi, et il est naturel que je me rembourse. — Oh ! cela c'est une autre affaire. — Dix marcs pour mon pucelage. — Ce n'est pas trop. — Vingt pour mes complaisances. — A la bonne heure. — Et le reste pour mon douaire. — C'est trop juste. Et le reste fut en effet emporté.

Mendoce, enchanté de se retrouver en fonds au moment où il comptait le moins, aussi charmé d'avoir conquis une jolie fille qui jetterait de la variété dans ses amours, Mendoce rejoignit en chantant Trufaldin et Silvia. La vue de l'argent opéra dans les esprits un changement aussi rapide qu'heureux ; mais la sultane fronça le sourcil quand Almanzor lui annonça que, l'humanité ne permettant pas d'abandonner la petite au ressentiment de son père, ils allaient la prendre avec eux. Il eut beau lui faire observer qu'elle avait besoin d'une aide qui partageât avec elle les petits soins de la communauté ; il eut beau lui protester que son attachement pour elle l'avait déterminé, autant que le désir de rendre service à la pauvre petite fille, Roxane crut voir en elle une rivale, et les femmes se trompent rarement sur cet article. Elle regardait la petite en dessous, et ses charmes et sa fraîcheur, et certains regards qu'elle interceptait au passage, confirmèrent bientôt ses soupçons. Que pouvait-elle dire? Rien : elle appartenait à Mendoce. Que pouvait-elle faire? Barrer cette nouvelle intrigue ; c'est le parti que prennent toutes les femmes, et c'est ce qui ne manque jamais de faire d'une fantaisie une inclination sérieuse.

Tout le monde se mit en route, les uns fort contents, les autres feignant de l'être. La petite, qui connaissait ces bois comme le souterrain de l'ermitage, conduisit la caravane par des sentiers qui l'éloignaient de la cabane de son père et de la ville de Plasencia où frère Pacôme allait ordinairement faire ses emplettes, et où sans doute il était allé vendre les mules en habit de cavalier.

Trufaldin retrouva l'usage de la parole à mesure qu'il s'éloigna des lieux où il avait été tourmenté de la crainte des hommes et des diables. — Maintenant que vous êtes en fonds, dit-il à Mendoce, vous renoncerez sans doute à la fantaisie de vous faire troubadour ? — Pas du tout. — Quoi ! vous voulez encore aller gueusant de porte en porte ? — Qu'appelles-tu gueuser ! Demander, recevoir l'hospitalité dans les châteaux ; payer dans les chaumières ; porter partout le plaisir avec moi, et me faire la réputation du plus aimable et du plus éloquent de tous les ménestrels. Tiens, prends mes vers, et fais-moi du chant là-dessus. — Composer en marchant ! — La marche éveille l'imagination. — Et ce paquet la tue. — Donne-le-moi. — Je souffrirais, seigneur... — Donne, te dis-je : l'égalité est le premier charme du métier que nous allons faire.

Et on chemine, Mendoce le paquet sur la tête, sautant comme un chevreuil ; Silvia observant la petite ; la petite sautant autour de Mendoce, et Trufaldin marchant gravement, battant la mesure sur l'écorce où étaient écrits les vers, essayant des tons, et gravant ceux qui lui paraissaient dignes de passer à la postérité.

En marchant, en sautant, en chantant, en buvant, en mangeant, on arriva à la vue d'une ville qu'on ne connaissait pas ; mais, comme on est bien reçu partout avec de l'argent, il était assez égal d'entrer dans cette ville ou dans une autre. Mendoce était bien aise qu'il s'en présentât une, parce qu'il voulait équiper sa troupe d'une manière digne d'un troubadour de distinction. Le chant était fait ; il en était content, et il se proposait de commencer, dès le lendemain, l'exercice de l'honorable profession. Il le commença en effet, mais non précisément comme il se l'était proposé.

La ville qu'il voyait est la bicoque appelée *Longarès*. Il suivait les bords riants d'une jolie petite rivière qui y conduit, et dont j'ai oublié le nom, lorsqu'il distingua dans l'éloignement un grand homme d'assez mauvaise mine et assez bien armé, qui venait droit à lui. On ne se connaît pas dans ce monde, et précaution est mère de sûreté. Mendoce avait à défendre sa personne, son argent, ses deux femmes, le camarade Trufaldin, et les débris de son pâté : des intérêts aussi majeurs exigeaient qu'il fût sur ses gardes. Il rendit le paquet à Trufaldin, et s'avança le premier pour reconnaître les dispositions de l'arrivant. Celui-ci s'arrête à quelques pas, fixe Mendoce, fait un saut en arrière, et met la main sur la garde de son épée. La petite, qui ne quittait pas Mendoce, fixe l'inconnu, jette un grand cri, fait un demi-tour à droite, et s'enfuit en criant : — C'est l'ermite !

L'ermite reconnu tire l'épée ; Mendoce, honteux de s'être laissé prévenir, tire la sienne, et se précipite. Bientôt il s'aperçoit que son adversaire a autant d'adresse et plus de force que lui. Ils ne savaient ni l'un ni l'autre pourquoi ils se battaient, car Mendoce avait repris ce qu'il avait perdu, et l'ermite ignorait qu'il eût fait restitution ; mais enfin c'est ainsi qu'on se bat d'ordinaire d'homme à homme et de peuple à peuple.

Frère Pacôme serrait vivement le chevalier. Il écarte son fer d'un vigoureux coup de talon, fait une passe sur lui, jette son pied gauche derrière le pied droit de son adversaire, le pousse rudement de la poitrine, le renverse, saute par-dessus lui, allonge un coup de pied dans les côtes de Trufaldin, qui priait Dieu sur le paquet pour le succès des armes de son maître ; charge le paquet sur son épaule, s'élance dans la rivière, la traverse en plongeant, reparaît sur la rive opposée, et montre son derrière à son ennemi stupéfait, qui n'a pu le suivre, parce qu'il ne sait pas nager.

— La valeur n'est valeur qu'autant qu'elle est utile,

disait Trufaldin en se frottant le côté. La petite a conservé son argent, parce qu'elle a pris la fuite ; vous avez fait le bravache, et vous avez perdu le vôtre : que ne vous sauviez-vous aussi ? — Malheureux ! — Hé, sans doute. Je suis poltron, et je m'en trouve bien. Je me tire de tout avec quelques coups de pied ou de bâton ; mais vous vous exposez à vous faire tuer ! Si ce chien d'ermite ne préférait le butin au sang, j'aurais une belle nouvelle maintenant à porter au château d'Aran. Voyez-vous votre père au désespoir ; votre mère mourante, dont la malédiction vous poursuit au fond de la rivière où cet enragé-là n'eût pas manqué de vous jeter ?... Voyez-vous.... — Voyez-vous un valet maladroit, qui raisonne quand je suis furieux. Viens, coquin, viens te placer à côté de Silvia ; veille à sa sûreté, autant que le peut un poltron, et je vais châtier de la manière la plus éclatante ce coupe-jarret qui m'affronte. Attendez-moi tous deux ici.

Trufaldin n'osait plus parler raison ; mais il eût donné sa vie, si elle lui eût été moins chère, pour prévenir un second combat. Il ne trouva pas d'autre moyen pour arrêter son maître que de flatter son goût dominant : — Observez, lui dit-il, votre précepte d'hier ; bravez la misère, jouissez du présent, et moquez-vous de l'avenir. Renoncerez-vous, parce qu'un insolent vous a montré son derrière, au plaisir de chanter vos vers si harmonieux et si coulants ? Qu'est devenue cette émulation qui allait faire de vous le premier ménestrel de l'Espagne ? — Je le serai toujours, corbleu ! — Vous ne le serez pas si vous vous faites tuer. — Les armes me sont journalières, et je n'aurai pas été impunément volé et insulté par un coquin.

Il parlait en effet, lorsque Silvia, qui, pour ne pas user de son crédit, ne faisait de remontrances que dans les grandes occasions, lorsque Silvia prit la parole, et représenta à Mendoce que la présence de la petite et le contenu du paquet prouveraient à l'ermite que tous ses secrets étaient connus ; qu'il se garderait bien de retourner à l'ermitage, où il ne pouvait s'attendre qu'à un mauvais parti, et que tout le fruit que Mendoce retirerait de sa démarche serait de brûler, s'il voulait, une cabane, ce qui n'est ni bien difficile, ni bien glorieux : — Hé bien, chantons, reprit Mendoce. Nous avons encore mes vers, ta musique, vos guitares et les castagnettes ; allons, chantons et marchons.

> Loin de nous la prospérité,
> Des sots éternelle manie :
>
> La médiocrité
> Est mère du génie.

Tiens, mets-moi cela en musique. — Pardon, seigneur, mais il y a dans vos vers quelque chose qui n'est pas exact. — Qu'est-ce, docteur ? — La médiocrité soupe, et nous ne souperons pas ; on n'héberge point les troubadours dans les villes. — Non ! Hé bien, faisons une chanson de table, et célébrons au moins des plaisirs que nous ne pouvons goûter. Nous dormirons ensuite ; et vive la joie, quoi qu'il arrive. Écoute :

> Pour bannir le chagrin
> Et jouir de la vie,
> Buvons d'excellent vin,
> Prenons femme jolie.
> Moquons-nous d'un oison
> Qui condamne l'ivresse :
> Ce qu'on perd en raison
> On le gagne en tendresse.

Allons, mes amis, avec ces trois morceaux et ma fécondité, nous sommes en fonds pour notre début. Nous n'avons pas d'habit de costume, hé bien ! nous nous en passerons. Marchons et chantons.

Un vieux château, dont les donjons n'étaient pas si élevés que les clochers de Longarès, se montra tout à coup au détour d'une colline : — Nous souperons ! s'écria Trufaldin. — Nous souperons ! répètent Mendoce et Silvia. Accordons nos guitares ; faisons un bout de répétition en plein champ, et allons enchanter le seigneur châtelain.

Le pont est levé selon l'usage. Le nain qui veille au haut de la tour prend son arbalète, ajuste la flèche et crie : Qui vive ! Les guitares et un chant chevaleresque répondent pour les troubadours. Les sons mélodieux parviennent jusqu'à la salle basse, où le seigneur châtelain sommeillait en digérant un copieux dîner ; il secoue l'oreille, ouvre les yeux, se lève, court à sa fenêtre et ordonne qu'on baisse le pont et qu'on introduise les trouvères.

CHAPITRE IV

Infortunes conjugales du seigneur Gonzalve, et celle non moins innombrables de ses nobles convives — *Meli-melo* et *tohu-bohu* nocturne tout à fait réussi de donas, signoras, chambrières, duègnes, avec comtes, marquis, hommes d'armes et laquais. — Un poignard planté à l'espagnole plus haut que la jarretière de la terrrible Séphora fait parler beaucoup de lui. — Entre temps, il est narré les conséquences tout à fait désagréables de la chute d'un ciel de lit à un moment inopportun.

Mendoce se présente avec les grâces que donne l'éducation ; Silvia avec la modestie piquante de la beauté ; Trufaldin avec sa bonhomie accoutumée. — Voyons d'abord un essai de vos talents, dit le seigneur châtelain, car je suis connaisseur, et on ne m'en fait accroire sur rien. Si vous êtes vraiment des troubadours, ce château sera votre demeure autant de jours qu'il vous plaira y rester.

On commence la fameuse romance : *Sur la tombe d'Isidore*, avec accompagnement en deux parties, ce qui ne s'était pas entendu jusqu'alors, et, à la fin de chaque strophe, le châtelain s'écriait : — Ce sont, parbleu, ce sont des troubadours !

— Nous souperons, disait tout bas Trufaldin. — Nous souperons, répètent Silvia et Mendoce. — Mais comment, poursuivit le seigneur, des trouvères voyagent-ils dans cet équipage ! l'un ressemble à un chevalier... — Je le suis en effet, seigneur, répond Mendoce. Et il raconte avec emphase les fariboles qu'il a arrêtées avec Silvia et Trufaldin.

Un chevalier troubadour, un chevalier qui a été de la seconde croisade, un troubadour qui s'accompagne en deux parties, était un être précieux pour le châtelain. Ce qui surpassait tout à ses yeux, c'était la sultane favorite, qui avait rendu la liberté au chevalier ; c'était le chevalier, qui, par reconnaissance, avait épousé la sultane ; c'était enfin l'aumônier qui les accompagnait partout pour attirer sur eux les bénédictions du ciel. Dès ce moment les égards se joignirent aux marques d'intérêt. Il fut décidé que les troubadours feraient une neuvaine au château et qu'il leur serait donné des mules, de l'argent et des valets pour les conduire ensuite où ils voudraient se rendre.

Le seigneur châtelain prend la main de la belle Roxane et la conduit à la chambre, où s'ennuyait sa jeune et belle épouse en faisant semblant de travailler, mais en pensant à ce qui occupe les jeunes femmes qui ont de vieux maris. Il fut décidé encore que la sultane reposerait sur une couchette, qu'on dresserait à côté de celle de madame, ce qui arrangeait le seigneur, qui avait toujours besoin de repos, et le preux Almanzor, qui avait bien acquis le droit de se reposer, avec sa petite qui lui plaisait tant et à laquelle il ne pensait plus.

Pendant qu'on apprête un somptueux souper, le patron fait passer Mendoce dans un vaste cabinet ; et comme l'amour-propre est toujours la première sensation qu'on cherche à satisfaire avec des inconnus, il lui montre les portraits en pierre de ses nobles aïeux. Il les avait fait enlever de leurs tombeaux et en avait garni le pourtour du cabinet, ce qui faisait un coup d'œil très-divertissant. Il raconta au brave Almanzor les exploits de chacun, ce qui fut bien aussi ennuyeux que l'histoire de Mézerai, sans pourtant être aussi long. Il raconta que, déjà surchargé de la gloire de ses ancêtres, il avait jugé inutile d'en acquérir pour son compte particulier ; qu'il avait passé sa vie à faire enrager ses vassaux, ses domestiques et à tromper ses maîtresses. — A propos de cela, dit-il, je vais vous prouver la multitude et les agréments de mes conquêtes. Il en prouva la quantité par autant de bracelets en cheveux, accrochés chacun à un clou doré, et rangés par ordre chronologique. Il prouva ses plaisirs par les obstacles qu'il avait eu à vaincre, les ruses qu'il avait fallu employer. Il conta si longuement, qu'Almanzor allait s'endormir malgré son appétit, si le châtelain n'eût fini de la manière la plus propre à réveiller l'attention d'un amateur. Il apprit au jeune troubadour que depuis six mois il avait épousé une jeune personne, jolie au delà de l'imagination, parce qu'une belle femme ne coûte pas plus qu'une laide ; il ajouta qu'il n'était pas jaloux, parce qu'il avait éprouvé que cela ne servait à rien ; il conclut en disant qu'il amusait sa femme avec des fêtes, parce que femme dont la tête est occupée a le cœur en repos, et il invita le chevalier à imaginer quelque chose aussi galant que nouveau.

Mendoce, dont la tête et le cœur étaient également ardents, prit feu à la minute pour la châtelaine, qu'il ne connaissait pas, et ne pensa plus qu'à prolonger son séjour pour mettre à fin une intrigue qui ne devait pas se terminer avec une dame de haut parage comme avec la petite du souterrain. Il proposa de l'amuser deux ou trois jours avec des chansons nouvelles, et, pendant qu'elle les apprendrait, de lui préparer la plus piquante des surprises.

— On voit tous les jours, dit Mendoce, des événements inattendus, extraordinaires, attachants; on entend des conversations vives, pressées, spirituelles; pourquoi ne mettrait-on pas cela en action en ôtant aux conversations ce qu'elles ont de trop long et en ajoutant quelque chose aux événements trop communs? — Bien, seigneur Almanzor, bien, très-bien, de par Dieu! — J'ajoute à la prose languissante la force et le charme des vers. — C'est cela, mon ami, c'est cela. — Et pour inspirer plus de vénération pour mon talent, je le consacre à des sujets révérés du vulgaire. — De mieux en mieux, sur mon âme. — Le mystère de la Conception, par exemple. — Oh! que ce sera beau! — Avez-vous des vassaux intelligents, adroits? — Par centaines, mon ami. — Je fais construire une maison tout à fait semblable à celle de Notre-Dame de Lorette. La Vierge est en prières et se détourne à l'aspect de la Volupté, que le Diable lui présente. Elle va céder, car elle est femme; mais le beau Gabriel entre par la croisée, son rameau de lis à la main. A son aspect, la Volupté et le Diable disparaissent; la Vierge conçoit sans plaisir pour accoucher avec peine et le spectacle finit par un *Stabat Mater*, sur un air nouveau. — Embrassez-moi, homme étonnant, embrassez-moi encore. Votre idée aura des imitateurs, je vous en réponds. Et en effet, Mendoce fut l'inventeur de ces mystères qu'on joua dans toute l'Europe chrétienne, jusqu'à l'époque où la renaissance des lettres tira de la poussière les Grecs et les Romains, et fournit des modèles que nous avons surpassés, quoi qu'en disent les vieux admirateurs des vieilles choses.

— Ah ça! reprit le châtelain, qui jouera le Diable? c'est un vilain rôle. — Mon aumônier; il est déjà habillé de noir. — Et il n'est pas beau : j'ai un bois de cerf qui lui ira à merveille. —

Sans doute, cette coiffure va à tout le monde. — Et la Volupté? — Ma sultane. Elle a un petit air fripon, qui caractérisera le personnage. — Et l'ange Gabriel? — Moi, si vous voulez. — Vous. Chevelure blonde et bouclée, œil bleu, taille élancée; avec cela une tunique blanche, de longues ailes faites avec les queues de mes paons, et ce sera parfait. Et la sainte Vierge ? — Ah! voilà où je suis un peu embarrassé : il faudrait une seconde femme... — La mienne, chevalier, la mienne. Personne n'a l'air aussi virginal, et, entre nous soit dit, elle est encore vierge, ou peu s'en faut. Ah çà, mais ne faudrait-il pas, pour la bienséance, que je jouasse avec madame... une jeune épouse... — Ah! vous avez raison, il ne faut pas que vous perdiez vos droits sur madame, même en plaisantant : l'honneur, la réputation... Hé, m'y voilà ; vous serez saint Joseph. — Justement c'est mon patron. — Je vous en fais mon compliment.

La grosse cloche annonce que le souper est sur la table, et le châtelain invite Mendoce à descendre. La jeune Séphora était déjà placée. Elle leva sur Mendoce un grand œil humide, qu'elle baissa en s'inclinant légèrement. Mendoce salua profondément et se mit auprès d'elle; le châtelain s'assit auprès de la sultane. Trufaldin, enchanté, entonna un bénédicité sur un air de sa façon, et se mit à jouer de la mâchoire à sa manière ordinaire, c'est-à-dire de façon à étonner les plus gourmands. Mendoce partageait le temps entre deux appétits ; les meilleurs morceaux pour son estomac; les propos les plus délicats, les plus fins pour la dame. La dame ne répondait pas directement; mais un sourire payait la louange adroite. Insensiblement la modestie céda aux charmes d'une conversation enjouée; elle répondit par de simples mots, à la vérité ; mais de ces mots heureux, soignés, qui annoncent l'esprit joint au désir de plaire. Le châtelain était enchanté : — Bravo ! criait-il à chaque instant, bravo ! C'est un combat, un carrousel, un tournoi d'esprit. Corbleu ! madame, je ne croyais pas que vous en eussiez tant, et je rends grâces au gentil trouvère qui l'a développé tout à coup. Il vous en fera bien voir d'autres. L'ange Gabriel, saint Joseph.... Ah ! ah ! ah ! mais ceci est encore un secret. Ah çà, contez donc à madame comment vous vous êtes tirés des mains de ce vilain soudan d'Egypte. Cela doit être curieux, et les dames aiment l'extraordinaire.

Mendoce n'était pas préparé à conter, et d'ailleurs il avait à dire à madame des choses plus intéressantes que ce qu'il pouvait imaginer. Il répondit que son aumônier, qui narrait parfaitement bien, allait satisfaire la curiosité du seigneur châtelain. Trufaldin, qui avait l'imagination paresseuse, se défendait de toutes ses forces. Un geste impératif de Mendoce lui ouvrit la bouche, et pendant que Trufaldin contait le chevalier jasait avec la dame, qui riait quelquefois en regardant son mari qui écoutait, la bouche ouverte, et qui gobait les niaiseries que lui débitait M. l'aumônier.

— Les chrétiens et les Turcs, disait Trufaldin... Et l'Europe et l'Asie... Aidez-moi donc un peu, seigneur Almanzor... Ah! m'y voilà, seigneur châtelain. Je cherchais quelques détails qui m'étaient échappés, et j'entre en matière. J'avais marché à la croisade pour prêcher les chrétiens et combattre les Turcs, ainsi qu'ont fait beaucoup de gens d'église. Après des succès mêlés de revers, nous arrivâmes sous les murs d'Antioche, où se livra cette fameuse bataille dont vous avez sans doute entendu parler. J'y coupai les oreilles au tambour-major du soudan d'Égypte, et j'allais le dégalonner, suivant les droits de la guerre, lorsqu'un marabout qui battait de la grosse caisse me la passa tout entière de la tête aux talons. Comme il faut pouvoir agir pour se battre, et que j'étais encaissé, j'en passai par ce que voulurent messieurs les Sarrasins. On me roula dans mon tonneau jusqu'au Caire, où j'arrivai tout étourdi, ainsi que vous pouvez le croire, et on m'enferma dans le sérail du soudan pour enseigner la musique à ses enfants de chœur. C'est là que je connus le seigneur Almanzor, dont Argant avait arrêté les exploits au moyen d'un nœud coulant qu'il lui jeta au cou, et qu'il serra de manière qu'Almanzor fut obligé de le suivre en laisse. La princesse Abaquaba, que vous voyez devant vous... — Abaquaba! reprit le vieux Gonzalve. Ne m'avez-vous pas dit que la princesse se nomme Roxane? — Oh! oui... oui, seigneur châtelain, elle a pris ce nom depuis que nous voyageons incognito; mais elle est de la célèbre famille Abaquaba dont le fondateur a bâti les murs de Jéricho... — Que Josué renversa au son des trompettes? — Précisément. — Famille ancienne, seigneur aumônier; diable! Poursuivez. — La princesse Abaquaba et sa cousine Ibiquibi, deux des femmes du soudan, qui en a beaucoup trop, nous firent d'abord les yeux doux, et en chevaliers galants nous les aimâmes à l'adoration. Elles jurèrent de nous délivrer et de se délivrer avec nous, et un soir qu'on les croyait endormies, elles descendirent doucement sur la terrasse qui donne sur la mer;

nous nous mîmes tous quatre sur une table de cèdre du Liban, et, élevant les jupons de ces dames au-dessus de nos têtes, nous descendîmes assez doucement de la terrasse dans la mer. Deux requins qui passaient par là sentirent la chair fraîche, et se jetèrent sur Abaquaba et Ibiquibi, beaucoup plus fraîches que nous. A notre tour, nous sautâmes sur le dos des requins; nous leur passâmes dans la gueule les jarretières de nos dames, qui sautèrent lestement en croupe derrière nous, et nous forçâmes nos montures à nager vers Cadix. Nous n'en étions guère qu'à cent lieues, lorsqu'un corsaire de Tripoli parut et vint sur nous à pleines voiles. Dans ce péril éminent, j'invoquai saint Jacques de Compostelle, en qui j'ai toujours eu beaucoup de confiance; mais, hélas! qu'arriva-t-il? Ibiquibi, qui avait eu le malheur de s'attacher à un prêtre de la sainte Église, fut prise par le corsaire, je ne sais pas trop comment, et saint Jacques nous transporta en un clin d'œil, mon compagnon, sa sultane et moi, dans le cœur de la métropole de Tolède. Depuis ce moment fatal, nous courons le pays, prêchant une nouvelle croisade, et tâchant de lever des soldats pour délivrer Ibiquibi des mains des corsaires tripolitains, et Dieu sait dans quel état nous la retrouverons! Voilà, je crois, seigneur, un récit à tirer des larmes de tous les yeux. — Et le sujet d'une superbe romance, continua le seigneur châtelain. Seigneur Almanzor, il faut faire cela à madame. — Si madame le permet..... — Comment donc, mon cher ami, elle en sera très-reconnaissante.

Séphora rougit, Mendoce pressa légèrement un genou qui ne répondit pas, mais qui ne se retira point. Silvia, à qui rien n'échappait, se mordait les lèvres. Trufaldin essuyait les siennes avec l'importance d'un auteur qui a recueilli les applaudissements de l'assemblée, et le bon Gonzalve commença à chanter. Il mit tout le monde en train. Mendoce improvisa avec succès des couplets qu'il chantait au mari, et qui s'adressaient à la femme; la volupté les dictait, et le désir se cachait sous le voile de la décence. Séphora n'était plus à elle; le feu circulait avec son sang. Elle se leva pour cacher son trouble, et sortit avec ses femmes et Roxane, qui devait coucher auprès d'elle. Chacun se retira de son côté. Séphora ne dormit point, parce que l'amour naissant chasse le sommeil; Roxane ne dormit pas, parce que la jalousie la tourmentait; Almanzor ne dormit pas, parce que tantôt il pensait à Séphora, et tantôt il écrivait les premières scènes du Mystère de la Conception; Trufaldin ne dormit pas, parce qu'il réfléchit aux moyens de faire parvenir au père de Mendoce certaine lettre que vous avez peut-être oubliée ; Gonzalve dormit profondément, parce qu'il ne pensait à rien.

Mendoce ne savait pas trop comment il profiterait des heureuses dispositions qu'il avait remarquées dans la belle Séphora. Les mœurs espagnoles sont sévères, et pénétrer dans son appartement sans son aveu, c'était s'exposer à un éclat qui le perdrait dans l'esprit du mari, qui n'était pas dangereux, mais qui avait bien le droit de mettre l'ange Gabriel à la porte. Silvia avait trop d'intérêt d'ailleurs à ne pas laisser Séphora seule, pour ne pas manquer de lui faire assidûment sa cour. Tout cela était embarrassant ; mais l'amour trouve toujours quelque moyen conciliatoire. Mendoce écrivit une lettre passionnée qu'il se promit de glisser pendant le dîner sur les genoux de la dame. Probablement elle n'oserait pas la lui rendre en présence de son mari ; plus probablement encore elle la lirait quand elle serait seule, et la lecture d'une lettre aussi agréablement tournée la disposerait à en recevoir une seconde. L'intrigue se lierait alors, car enfin c'est répondre à des billets doux que les recevoir et les lire. Il passa la matinée à donner ses idées et ses ordres aux charpentiers, menuisiers et décorateurs du seigneur Gonzalve. Les quittait-il un instant, il venait écrire une scène. Etait-il las de composer, il retournait presser l'établissement des ateliers ; il marquait dans le parc les arbres dont la grosseur et la direction des branches pouvaient abréger la main-d'œuvre ; il faisait les billets d'invitation pour la noblesse du voisinage ; il envoyait avertir les ménétriers des environs de se tenir prêts à la première sommation ; le seigneur Gonzalve suivait ses opérations, admirait sa vivacité, la clarté de ses plans, voyait déjà tous les tableaux et jouissait d'avance.

On sonne enfin le dîner, et chacun se rend à la salle commune. Mendoce remarqua que Séphora était plus parée que la veille, et il en augura bien. Elle rougit encore en le voyant ; un sourire imperceptible effleura ses lèvres de rose, et lorsqu'elle s'assit son pied se trouva, par hasard sans doute, sur celui de l'aimable chevalier. On ne connaissait pas les serviettes, qu'on étend à volonté sur ses genoux, et même sur ceux de sa voisine, et qui permettent à deux mains qui se cherchent de se rencontrer et de se toucher un moment. Un gros chien favori, portant le collier doré aux armes du maître, suppléa aux serviettes : tout sert à l'amour. Le chien était couché paisiblement sous la table,

Mendoce lui presssa vivement la queue du pied qu'il avait libre; le chien se leva en jetant un cri, Mendoce prétendit qu'il lui avait mordu la jambe ; il se baisse pour y regarder, Séphora se baisse aussi par un intérêt bien naturel ; Mendoce lui prend la main, l'ouvre, y met son billet, la referme, se lève aussitôt, fait quelques tours par la salle en disant à Gonzalve inquiet : — Ce n'est rien, ce n'est rien, ses dents n'ont pas percé ma bottine.

Que devait faire Séphora de ce billet caché dans sa main ? Le rendre était impossible, le remettre à son mari eût été d'une imprudence impardonnable. C'était troubler son repos sans nécessité ; c'était compromettre un étourdi, très-blâmable sans doute, mais qui n'était pas coupable au premier chef parce qu'il aimait une jolie femme. Il n'y avait qu'un milieu dans tout cela, c'était de mettre le billet dans sa poche, et ce fut ce qu'elle fit.

On se remit à table, et Mendoce ne retrouva ni le pied ni le genou. Il ne s'en étonna point. Il avait donné l'éveil à la pudeur, qui devait combattre au moins pour la forme ; mais l'agitation du sein, l'incarnat soutenu des joues, lui prouvaient que ces combats étaient trop vifs pour être durables.

Après le dîner, il reprit ses travaux. Silvia s'attacha plus que jamais à obséder la jeune dame ; Trufaldin chercha à se lier avec un vieux écuyer dont il comptait faire son confident, et Gonzalve fut faire sa méridienne, et s'endormit en chantonnant un nouveau couplet du jeune troubadour.

Au souper du soir, au dîner du lendemain, à tous les repas qui suivirent, Mendoce remettait un billet. On les prenait tous, on ne répondait à aucun, et le silence de femme qui aime ne saurait être éternel. L'amoureux chevalier pensa enfin que Séphora recevait ses lettres parce qu'il y avait du danger à les refuser, et que sa complaisance n'irait pas plus loin.

Séphora, de son côté, pensait que le chevalier n'avait épousé la sultane que par reconnaissance, comme elle n'avait épousé Gonzalve que par intérêt. La froideur du jeune homme pour cette Roxane, ses empressements auprès d'elle, annonçaient clairement de l'indifférence pour l'une et de l'amour pour l'autre. Il est agréable pour une femme sage d'être aimée d'un petit être charmant qui en vingt-quatre heures est devenu l'ami de la maison ; mais à quoi cela peut-il mener ? Se manquer à soi-même, quelle horreur ! Et puis le chevalier doit bientôt partir ; point de ressources.

Trufaldin avait empaumé son écuyer. Intendant des châteaux et domaines du seigneur Gonzalve, il avait toujours un prétexte qui autorisait des courses plus ou moins longues : il partit avec la lettre de M. l'aumônier pour rendre le calme à un père au désespoir.

Silvia sentait bien qu'elle ne pouvait rien attendre que d'une nouvelle infidélité, qui peut-être lui ramènerait le volage. C'était un pis aller fort incertain ; mais Mendoce l'avait achetée, payée, il était le maître, et il n'y avait rien à gagner à se brouiller ouvertement avec lui. Il était facile de le faire congédier en informant Séphora qu'il n'était point son mari, et Gonzalve que les princesses Abaquaba et Ibiquibi, les requins et saint Jacques de Compostelle étaient autant de chimères imaginées par M. le chapelain ; mais Mendoce pouvait découvrir cette menée, passer de l'indifférence à la haine, la revendre à quelque roturier, la donner même à quelque goujat. Sans ces considérations, quel tapage elle eût fait ! Elle plus jolie, plus aimable, plus enjouée que cette Séphora, qui ne pouvait avoir aux yeux du petit traître que le très-mince mérite de la nouveauté. Ainsi pensait Silvia, ainsi pensent toutes les femmes sur le compte de leurs rivales.

Gonzalve, vieux, cassé, n'ayant plus que le souvenir de ses qualités physiques, avait cependant conservé un libertinage de tête qui ne va pas loin, mais qui ne laisse pas d'amuser celui qui est forcé de s'en tenir là. Il savait sa femme par cœur, il continuait de fourrager par habitude mais sans plaisir ; et le sixième jour de l'arrivée du chevalier, il lui passa par la tête que de nouveaux appas pouvaient être piquants à parcourir, et opéreraient peut-être une espèce de résurrection. Il était d'ailleurs naturaliste, et l'histoire naturelle d'une princesse africaine ne doit pas ressembler à celle d'une Aragonaise. Il n'y avait qu'une difficulté, c'est que Mendoce était jeune et beau, qu'il était vieux et laid, et femme qui se prête à une infidélité veut pouvoir compter sur un bénéfice clair.

Cependant ce beau chevalier était le mari de la princesse ; les maris jeunes et beaux négligent leurs femmes, et les femmes n'aiment pas à être négligées. Un vieillard bien empressé, bien tendre, faisant peu, mais essayant l'impossible, prouve au moins la passion, et les femmes aiment les hommes passionnés. D'ailleurs le preux Almanzor faisait voyager sa princesse à pied, lui faisait faire maigre chère, et elle trouverait au château le nécessaire et le superflu, motif tout puissant sur une femme qui a raison de craindre que la pauvreté n'altère sa fraîcheur. A la vérité, Séphora pouvait trouver extraordinaire qu'une étrangère s'établît chez son époux ; mais un vieillard madré a tant de moyens d'en faire accroire à une femme de dix-huit ans, qui n'a d'expérience que celle qu'il lui a communiquée, et c'est si peu de chose que cela ! Il était possible qu'Almanzor prît de l'humeur en se voyant souffler sa femme ; mais si cette femme s'obstinait à rester, ou si elle partait pour revenir qu'aurait à se reprocher le vieux châtelain, et qu'entreprendrait un jeune homme contre un sexagénaire qui ne pouvait plus soutenir une lance ? Et puis, n'avait-on pas main-forte au château ? Gonzalve arrêta donc à part lui qu'il saurait comment sont faites les princesses africaines. Il fit l'empressé auprès d'Abaquaba, et Mendoce n'eut pas l'air de s'en apercevoir : il fallait qu'il jouât le mari ; mais il s'applaudissait intérieurement d'une fantaisie qu lui donnerait plus de liberté. Il se conduisit cependant avec une extrême circonspection, parce qu'il savait que le mari le plus convoiteux de la femme du prochain ne se soucie pas du tout que le prochain convoite la sienne.

Un jour pourtant que Silvia et Gonzalve se promenaient dans le parc, Séphora, qui les voyait de sa chambre, descendit, sans autre intention sans doute que de savoir ce qui occupait si fort le chevalier avec les ouvriers du château. Mendoce la voit, va au-devant d'elle, lui remet une quinzième ou seizième épître que Séphora lui rend avec les précédentes, en lui disant à demi-voix : Parlez-moi, si vous avez quelque chose à me dire ; mais ne m'écrivez plus, je ne sais pas lire.

Elle avait cela de commun avec la plupart des belles dames de ce temps-là ; mais ce n'était pas moins diabolique pour Mendoce. Que de peines, que d'esprit il avait perdus ! — Eh bien, madame, puisque vous ne savez pas lire, il faut s'expliquer clairement et brièvement : je vous adore. — Ah ! c'est là ce que vous m'écriviez ! — Que puis-je espérer ? — Rien. — Quoi ! mon amour... — Il m'offense, il outrage mon époux, qui vous a reçu comme un père. Séphora ne pensait pas précisément tout cela ; mais sa gouvernante lui avait appris ces expressions banales qui éloignent l'homme qui aime faiblement, et qui font faire à l'amant passionné les extravagances qui prouvent la sincérité de son amour, distinction qu'une femme sage est toujours bien aise de pouvoir faire.

Gonzalve et Silvia qui aperçurent Mendoce et Séphora se hâtèrent de les joindre, pour ne pas avoir l'air d'être en tête-à-tête. Mendoce, toujours maître de lui, se plaignit amèrement de ce que Séphora répétait de travers son rôle de la sainte Vierge : Séphora, qui ne savait de quoi il était question, mais qui avait comme toutes les femmes l'esprit du moment, répliqua avec aigreur à Mendoce qu'elle ne pouvait savoir des vers qu'il ne lui avait lus que deux fois ; Gonzalve se plaignit de ce que Mendoce avait trahi son secret ; Mendoce répliqua que la Vierge ne pouvait écouter l'ange Gabriel et lui répondre convenablement s'ils ne commençaient par s'entendre : — Oh! oh! oh! dit Gonzalve en riant, la princesse jouera parfaitement la Volupté et sans leçons. — Et vous jouerez aussi saint Joseph à miracle. — Vous croyez? — Je vous en réponds. — Bon, bon. Continuez vos leçons à la Vierge, moi je vais faire travailler la Volupté.

Les deux couples se séparent. Le châtelain et la sultane s'enfoncent dans un bosquet ; Mendoce en cherchait un opposé ; mais Séphora voulait savoir ce que faisaient les charpentiers ; elle voulait avoir une idée générale de la fête ; elle voulait surtout que Mendoce lui répétât plusieurs fois quelques tirades saillantes de son rôle, et pour cela il n'était pas nécessaire de chercher l'ombre et le secret. Mendoce insista ; elle se défendit en femme décidée. Il céda, persuadé qu'elle évitait toute espèce de conversation particulière : moi, je crois qu'elle n'était que prudente, et qu'elle voulait seulement avoir l'air de s'être occupée de la fête, et pouvoir répondre à son cher époux s'il lui plaisait de lui en parler. Le rusé Mendoce jugea qu'avec une pareille femme il n'avait rien à attendre que d'une circonstance heureuse, qu'elle éloignerait, qu'il fallait faire naître, et dont il était essentiel de savoir profiter. Trufaldin avait pris sans difficulté le rôle du Diable, qui choquait son amour-propre, parce qu'il voulait entretenir Mendoce dans une parfaite sécurité. Il passait à l'étudier le temps qu'il employait ordinairement en remontrances, et il était assez avancé. Silvia avait peu à dire et était prête, Gonzalve n'avait que quatre vers ; mais il y avait beaucoup d'action dans tous les rôles. Mendoce représenta la difficulté de prendre de l'ensemble, la gloire qu'il y aurait à surprendre la noblesse des environs par l'exécution vraie et précise d'une chose tout à fait nouvelle ; il conclut en déclarant qu'on n'arriverait à ce but qu'à force de répétitions.

Gonzalve fut entièrement de cet avis. Une seule difficulté l'arrêtait ; c'est que la copie de la sainte maison de Lorette n'était pas terminée. Mendoce répondit qu'il arrangerait quelques chambres du château, de manière à pouvoir répéter son mystère. En effet, il coupa une vaste salle en deux avec des tapisseries de haute lisse très-exactement cousues ensemble. D'un côté, il établit l'oratoire de la Vierge, et de l'autre le laboratoire de saint Joseph.

Une croisée en face de l'oratoire ouvrait sur un beau verger. C'est de là que la Volupté et le Diable devaient tenter la brune Marie. Pour l'ange Gabriel, qui n'avait pas encore ses ailes, il convint d'entrer tout bonnement par la porte. Le public devait voir commodément tous les acteurs, en supposant abattu le mur qui fermait la maison du côté du verger, et qui ne se trouverait pas à la cellule qu'on bâtissait dans le parc.

La leçon bien faite à chacun, saint Joseph passe dans son laboratoire, prend sa hache et se met à équarrir un chevron. Deux ou trois polissons qui devaient figurer des chérubins étaient autour de lui. L'un retournait la pièce de bois quand le saint personnage l'avait suffisamment hachée d'un côté ; l'autre ramassait précieusement les copeaux ; le troisième recevait dans une bouteille les *hans* que le saint charpentier poussait à chaque coup de hache, tableau aussi piquant que varié et qui enchantait le seigneur châtelain.

La croisée était ouverte, et le Diable présentait à la Vierge la Volupté dans un désordre et dans des attitudes propres à faire naître certaines idées. La sainte Vierge, à genoux, ne levait pas les yeux de dessus son livre, et faisait force signes de croix qui ne produisaient aucun effet sur l'esprit tentateur. Le Diable, plus enflammé, plus entreprenant que jamais, par les charmes que son rôle lui permettait de découvrir et de toucher, attendait avec impatience que l'apparition de Gabriel le chassât avec la Volupté dans le fond du verger. Un moralisateur est un homme comme un autre.

Ce beau Gabriel paraît enfin, prononce un exorcisme en vers pompeux, les ennemis du salut disparaissent, et saint Joseph, qui ne doit rien savoir de l'étonnante visite que reçoit sa femme, continue à travailler. Gabriel s'approche de la Vierge, et, sans préambule, sans perdre de temps, il débute avec la pétulance d'un petit-maître, et la vigueur d'un Alcide. La Vierge prie, conjure à voix basse ; Gabriel n'écoute rien et ne lui dit que ces mots : — Votre mari est là, et je suis décidé à tout.

Il était aimé, la Vierge était prudente, sa tête était échauffée... Elle la perdit tout à fait.

Saint Joseph, tout à son rôle, dit en soufflant et appuyé sur sa hache :

> Non, mon espoir n'est pas déçu :
> Honneur à ma belle industrie,
> Ma pièce est enfin équarrie.

— Et la sainte vierge a conçu,

reprend l'ange Gabriel.

C'était le dénoûment, et certes il n'était pas malheureux. Gonzalve passe par-dessous la tapisserie et vient embrasser sa femme en se frottant les mains. Il la trouve sur son prie-Dieu qu'elle n'a pu quitter, le corps voluptueusement penché en arrière, et soutenue sur ses deux coudes ; son visage rouge comme du feu qu'elle s'efforçait de cacher dans ses mains : — Bravo ! bravo ! s'écrie-t-il, quelle vérité ! Oh ! je n'en reviens pas. Je crains que madame ne retrouve pas devant le public ce beau mouvement d'émotion. — Je ne le crois pas non plus, dit Mendoce en souriant; mais il n'est pas nécessaire, pour que la représentation plaise, qu'elle soit portée à ce degré de vérité. Faisons de suite une seconde répétition, pour ne rien perdre des effets que nous avons trouvés. — Excellente idée, mon ami, et si ma femme n'est pas fatiguée... — Oh ! madame ne saurait l'être encore. Séphora n'était pas remise, elle ne savait que répondre ni que faire; elle resta sur son prie-Dieu, et regarda le chevalier d'un air moitié tendre, moitié colère. Après tout, elle n'avait consenti à rien ; ce qui était fait, était fait ; le caractère imprimé aux Joseph ne peut s'effacer, et quelques fois de plus ou de moins ne font rien à l'affaire.

Gonzalve court pesamment après la Volupté et le Diable, qu'il fallait ramener pour commencer une seconde répétition. Séphora, la belle, la trop sensible Séphora, saisit ce moment pour donner un libre cours à son désespoir, à ses larmes, à ses reproches, ou peut-être pour jouer tout cela. Mendoce n'était pas novice ; il savait que femme qui aime pardonne toujours ce qu'elle n'a pas dû permettre, et qu'il n'est qu'un moyen de mériter le pardon. Il mérita le sien d'une manière si complète, que Séphora lui donna d'elle-même le baiser de paix.

Gonzalve avait trouvé la Volupté dans un désordre un peu

plus caractérisé que celui qu'il fallait pour la scène ; cependant il n'avait rien vu qui pût établir des soupçons fondés. D'ailleurs, il n'était pas possible qu'une sultane préférât un pauvre chapelain à un seigneur d'importance : ainsi raisonne l'amour-propre. La vérité est que l'ardente Silvia se voyait négligée par Mendoce ; elle avait éprouvé que Gonzalve ne pouvait rien ; Trufaldin n'était pas beau, il n'était pas jeune ; mais il était homme, très-homme. Il ne s'était pas arrêté à des propositions qui valent des soufflets ; il avait agi tout bêtement, et ma foi on l'avait laissé faire.

On répéta une seconde, une troisième fois ; on répéta le lendemain, le surlendemain, et Séphora finit par demander elle-même des répétitions. Mendoce n'en pouvait plus ; Trufaldin marchait courbé sur sa canne ; Gonzalve se moquait d'eux, et jurait qu'il était infatigable, et qu'il répéterait cinquante fois par jour : je le crois.

Ce jour qu'on attendait si doucement et pour lequel on avait fait de si grands préparatifs parut enfin. La sainte maison était placée sur une éminence couverte de gazon ; derrière la maison étaient les ménétriers qu'on avait soigneusement cachés dans des arbustes, pour que cette musique invisible parût tout à fait céleste. Elle devait avoir toute l'harmonie que nous supposons à celle des anges, car il faut, toujours et partout, que le spectateur aide un peu à la lettre, et cherche à se faire illusion.

Sur un côté de la sainte maison était une touffe de coudriers dont Mendoce avait fait abattre le centre : c'était la loge où devaient s'habiller les acteurs, et où devait être un buffet de rafraîchissements.

En avant de la maison étaient des gradins en amphithéâtre. Les premiers étaient couverts des tapisseries dont on pouvait se passer au château, et de toutes les housses des mulets brodées aux armes du châtelain : ces gradins étaient réservés à la haute noblesse. Les autres, en simples planches, étaient destinés aux écuyers, aux gentillâtres, aux gens de service, aux manants que la curiosité attirerait.

Dans un coin du parc on avait établi les cuisines : il fallait que tout fût champêtre. Un bœuf entier tournait embroché par un baliveau de quatre ans. Trente serfs étaient commandés pour le servir sur un brancard garni en dessous de terrines pour recevoir le jus que ferait couler à flots monsieur l'écuyer tranchant. Près du bœuf rôtissait un veau de très-belle apparence ; à dix pas de celui-ci, cuisaient modestement trois moutons ; enfin on avait enfilé, dans trois vieilles lances suspendues les unes sur les autres, faisans, perdreaux, oisons, poulets et autres volailles.

Autour d'une table de six cents couverts, qu'ombrageaient de vieux chênes, étaient rangées debout vingt à trente pièces de vin, et une salle verte avait été percée, battue et sablée pour le bal.

Déjà le cornet sonnait à chaque instant du haut de la tour ; déjà le château s'emplissait de gens et les écuries de mules. Gonzalve, enchanté des dispositions de son cher ami Almanzor, recevait ses convives avec l'empressement que donne la vraie gaieté, et leur promettait une journée miraculeuse. Mendoce s'était échappé de la foule ; il était monté chez Séphora, qui se formait de jour en jour, et qui savait déjà éloigner ses femmes sous des prétextes si naturels, que les plus fins eussent été en défaut. Ils se dédommageaient bien innocemment de la contrainte qu'ils éprouveraient dans la journée, et, dans les intervalles d'un dédommagement à un autre, Mendoce, qui n'avait pas de raisons de rien cacher à une femme dont il s'était assuré, et qui peut-être était flatté de lui apprendre qu'il n'était rien moins qu'un aventurier, Mendoce contait à Séphora sa véritable histoire.

Séphora jouissait du plaisir d'avoir fixé un des premiers seigneurs de la Catalogne ; elle s'applaudissait surtout de ne trouver dans cette épouse, qu'elle craignait tant, qu'une esclave dont on disposerait si on avait intérêt à l'éloigner ; elle voyait dans la sécurité de son mari, son goût pour les fêtes, et dans la féconde imagination de Mendoce des moyens sûrs de perpétuer une intrigue qui faisait le bonheur de sa vie. Elle couvrait son amant de caresses ; elle souriait aux serments qu'il lui faisait d'aimer toujours, serments qu'il prononçait de bonne foi, bien qu'il en eût violé mille de cette espèce, et que rien ne dût lui faire croire qu'il tiendrait plutôt ceux-ci que les précédents ; mais notre cœur est fait ainsi : *la passion voit tout éternel, et la nature humaine veut que tout finisse.*

La grosse cloche du château a sonné ; on se rassemble de toutes parts. Mendoce présente à une assemblée aussi nombreuse que brillante sa Séphora, parée des mains de l'art et embellie par celles du plaisir ; sa Séphora, qui ne voit que lui dans une foule de jeunes chevaliers qui semblent se disputer un seul de ses regards ; sa Séphora, qui n'a qu'une attention, qu'un travail, qu'une gêne, c'est de cacher l'amour qui la consume et qui la nourrit.

On dîne, on mange, on boit, on rit. Gonzalve prie son cher Almazor de commencer l'enchantement ; il avait fait des couplets délicieux : le bonheur n'en dicte pas d'autres, Silvia et Trufaldin l'accompagnaient de leurs guitares ; cette nouveauté enchaînait toutes les langues, flattait toutes les oreilles. Pas un vers sentimental que chaque femme ne pût s'appliquer ; pas un qui ne fût fait pour Séphora, pas un qu'elle ne s'appliquât. Ivre de son amour, de celui de son amant, de ses grâces mâles et fières, elle croyait n'avoir plus rien à désirer. Les éloges flatteurs dont on le combla lui procurèrent un plaisir dont elle n'avait pas d'idée, celui de le voir recherché, caressé, honoré par des gens dont l'hommage désintéressé n'était que plus flatteur. Il semble qu'un cœur amoureux s'enrichisse de l'éclat, des qualités, des succès de l'objet aimé.

Gonzalve s'était enroué à force de crier bravo ! — Messieurs ! criait-il, messieurs ! j'ai imaginé ces fêtes, parce qu'il faut des plaisirs innocents à une femme sage ! Ici Séphora rougit. — L'homme qui les dirige, l'homme que vous applaudissez, et qui vous étonnera encore davantage, n'a pas reçu de récompense ; je lui réserve à vos yeux celle qui doit flatter le plus un chevalier : allons, Almazor, levez-vous, et, pour la première fois, embrassez madame ; je le permets.

Mendoce se lève en riant de tout son cœur. — Voyez, voyez, disait Gonzalve à un seigneur qui était près de lui, ce baiser ne lui fait pas la plus légère impression. Oh ! c'est un garçon sage, réservé..... Voyez, voyez comme madame rougit. Ils ont pourtant répété souvent ensemble ; mais c'est qu'elle est d'une pudeur, d'une chasteté !... Heureux, mon ami, cent fois heureux l'homme à qui le ciel accorde une pareille femme !

Les tambours battent, les fifres jouent, les trompettes sonnent, tout annonce des plaisirs nouveaux. On quitte la table, on court, on s'empresse, les acteurs s'habillent, les spectateurs se rangent, les invisibles ménétriers commencent ; quarante violons raclent à la fois la même partie d'une vieille chanson faite en l'honneur du Cid, et on s'extasie, et on applaudit des pieds et des mains. Ce n'est pas que l'air eût rien de bien étonnant ; mais jamais quarante violons ne s'étaient trouvés ensemble depuis l'invention de l'instrument, et ces sons aigus, qui sifflaient à travers les branches ou qui arrivaient sur les ailes du vent de bise, avaient quelque chose de si extraordinaire pour des gens qui n'avaient vu aucune de nos merveilles, qu'il n'est pas permis de se moquer d'eux. Ce n'était rien encore : des hérauts d'armes annoncent que la maison qu'on voit est celle de la sainte Vierge, et qu'on va représenter le mystère de la Conception, rendu par des figures vivantes. On ne se possède plus ; le délire est au comble.

La sainte Vierge est en costume, sa figure céleste est voilée ; ses mains officieuses ont attaché les ailes à l'ange Gabriel, et sa belle bouche a dit bien bas : *Pour la première fois, l'Amour les coupera ce soir.* Le diable s'est coiffé de son bois de cerf, saint Joseph a pris sa hache ; ses chérubins l'entourent ; douze rideaux, qui n'en font qu'un, se tirent sur un long cordeau de la buanderie de madame ; des mains, déjà enflées, applaudissent à la bonhomie du représentant du patron des bons maris. On regarde la Vierge ; toutes les femmes envient ses charmes, tous les hommes voudraient être l'ange Gabriel. Personne, hélas ! ne se doutait de l'accident dont on était menacé.

On avait à peine débité dix vers, que le majordome annonça un grand seigneur catalan, que la renommée avait instruit de la magnificence de la fête, et qui venait y prendre part. Il était suivi de ses écuyers et de cinquante hommes d'armes, ce qui n'était pas suspect alors, parce que les grands voyageaient ainsi, et en mettant pour le souper un bœuf de plus à la broche on était sûr de traiter dignement ce seigneur et son escorte.

Saint Joseph oublia un moment un rôle et vint féliciter l'arrivant. L'arrivant lui dit à l'oreille qu'il avait quelque chose de la plus haute importance à lui révéler ; saint Joseph répondit qu'il ne pouvait donner audience à personne que lorsque la sainte Vierge aurait conçu, et que tout ce qu'il pouvait faire, c'était de recommencer les dix vers qu'il avait débités. Il retourne à sa place, reprend sa hache et recommence. C'est de cette époque que les prédicateurs ont pris l'usage de recommencer leur sermon lorsqu'un personnage distingué entre, même à la fin du discours.

Tout alla fort bien jusqu'à l'entrée de l'ange Gabriel. Il était monté à la croisée sur une échelle, ainsi que cela se pratique encore à présent, et il s'était couché sur le ventre les ailes étendues au bout d'une planche frottée de savon vert, qui allait en baissant jusqu'au pied de l'oratoire de Marie, et qui était

8

barbouillée en jaune pour figurer un des rayons de gloire qui accompagnent ou qui précèdent l'ambassadeur du Saint-Esprit.

L'ange galant s'agenouille devant la séduisante Marie et la salue d'un *Ave, Maria.* Toutes les femmes se disent à l'oreille que le bel ange est digne d'être le père du Sauveur ; les hommes se disent que la Vierge mérite d'en être la mère et l'épouse, ce qui, à la rigueur, pouvait être sans inceste, puisque c'était le bon Dieu qui se faisait lui-même. Oh! si nous avions tous cette faculté, que de perfections nous rassemblerions sur nous ! Taille, tournure, fraîcheur, jeunesse éternelle, fortune immense, que de choses nous nous donnerions! Pour de l'esprit, du jugement, de la moralité, personne n'y penserait sans doute, car nous savons tous que nous avons de tout cela beaucoup plus qu'il n'en faut.

Au milieu de ces murmures d'approbation, le seigneur catalan s'était levé, regardait l'ange Gabriel, le reconnut au son de voix, et s'écria : — Par la sambleu ! je crois que voilà mon drôle ! Le fripon d'ange, frappé de l'organe qui a articulé ces paroles, regarde aussi, et s'écrie à son tour : — Par la sambleu ! je crois que c'est mon père ! Il repasse par sa fenêtre, prend son échelle, la jette entre les jambes des chevaux de quelques hommes d'armes du papa qui voulaient lui disputer le passage, sans chausses, sans haut-de-chausses, il court à travers le bois en petite tunique blanche qui ne descend qu'aux genoux, et il est arrêté à chaque pas par ses grandes ailes, qui ploient, qui cassent, qui se déplument, et qu'il n'a pas le temps d'arracher tout à fait.

A ces terribles mots, *Voilà mon père,* Séphora, qui sait ce qu'a à craindre son amant, se trouve mal ; Trufaldin, qui veut recueillir le prix de son zèle, n'entend pas que le jeune homme s'échappe ; il court après lui en habits de diable, son bois de cerf noué sous le menton, et l'appelle en feignant de vouloir l'accompagner ; mais en effet pour avertir les hommes d'armes de la route qu'il prenait. Les hommes d'armes que le comte d'Aran avait mis prudemment en vedette, avaient vu passer un ange et un diable, et ne sachant rien de ce qui se faisait à cent pas devant eux, ils avaient été terrifiés, et restaient immobiles comme vous le seriez si les fantômes de Robertson vous apparaissaient au milieu de la nuit sans que vous fussiez prévenu. La Volupté cherchait à faire revenir la sainte Vierge : saint Joseph, avec sa bonhomie ordinaire les fourrageait toutes deux ;

les spectateurs, empressés de l'aider, sautèrent par-dessus les bancs, renversèrent, éteignirent quatre flambeaux qui éclairaient la scène. Quand on est dans les ténèbres, il faut nécessairement jouer des mains, et ce jeu-là mène promptement à un autre. On était mêlé ; celui qui rencontrait une femme s'accrochait à elle quand les formes ne le repoussaient pas ; celle qui trouvait à prendre s'accrochait et ne lâchait prise que lorsqu'il ne restait plus rien. Alors on accrochait ou on se laissait accrocher ailleurs. Le tumulte dura jusqu'au jour, et personne ne s'en plaignait parce que chacun y trouvait son compte. Quelle nuit pour les vieilles dont les ruines se soutenaient encore ! quel nuit pour les jeunes qui avaient rencontré leur amant! quelle nuit pour les amants qui soupiraient après l'instant du bonheur ! quelle nuit pour les amants qui brûlaient d'être infidèles ! quelle nuit pour les maris qui désiraient un héritier de leur nom, et qui, par amour-propre, croyaient leurs femmes stériles !

Laissons le diable et l'ange Gabriel courir les champs. Revenons aux comtes d'Aran et de Cerdagne depuis si longtemps oubliés.

D'Aran avait fait arranger la tour du Nord pendant que Trufaldin était allé lui chercher son fils. Les portes étaient réparées, les serrures rouillées étaient frottées et huilées, des grilles neuves étaient posées aux fenêtres, un domestique bègue, sourd et ne sachant pas lire, était chargé des fonctions de geôlier. Il devait fournir au jeune captif d'excellents aliments parce qu'il ne faut, dans aucun cas, altérer l'estomac d'un fils unique ; il lui était enjoint en outre d'ouvrir sa fenêtre deux heures par jour, pour renouveler l'air de ses poumons. Quant à l'exercice, on jugea qu'il en avait assez pris à Saragosse, et de toutes les manières, pour pouvoir s'en passer pendant quelques mois.

La comtesse d'Aran n'avait pas vu d'un bon œil ces rigoureux préparatifs. Elle était mère, bonne mère, et ce sexe indulgent le devient davantage quand le coupable est aussi cher. Elle avait essayé plusieurs fois de fléchir son mari qui était bon père aussi, mais qui avait de la fermeté et même de la roideur dans le caractère, et qui termina les sollicitations par un : *je le veux*, prononcé avec la dignité d'un héros du douzième siècle.

Depuis quinze jours on attendait le prisonnier, et on n'en avait pas de nouvelles. On comptait les heures, les minutes. Madame d'Aran ne dissimulait plus ses alarmes, le comte renfermait les siennes, mais le diable n'y perdait rien.

Il était en effet extraordinaire que Trufaldin n'écrivît pas s'il était arrivé quelque chose de funeste; il n'était pas vraisemblable que sept ou huit hommes armés qui l'accompagnaient eussent tous péri, et aucun n'avait reparu. Le comte voulait faire partir quelques écuyers pour Saragosse; la comtesse observait que la goutte laissait du relâche à son mari, et qu'il est des cas où on ne doit s'en rapporter qu'à soi-même. Le comte se décida donc à se mettre dans sa litière; il se fit accompagner d'une forte escorte, et partit pour aller lui-même aux informations.

Son premier soin en arrivant à Saragosse fut d'aller présenter ses respects au prêtre-roi, qui le reçut fort bien, mais qui ne put lui donner des nouvelles de son fils, parce qu'on n'avait pas encore imaginé les lieutenants de police, les exempts, les inspecteurs, les mouchards, le guet, les réverbères et tant d'autres moyens de servir les uns et de désoler les autres. Aussi se couchait-on à sept heures dans la capitale du royaume d'Aragon, parce que les rues n'étaient point pavées, qu'on risquait, en sortant la nuit, de se mettre dans la boue jusqu'aux aisselles, ou d'être dépouillé par les filous, ou de recevoir sur la tête des cassolettes que chacun avait le privilége de vider par sa fenêtre.

En récompense, c'était une ville charmante le jour. Le boulanger vous vendait à faux poids, le boucher vous donnait de la viande pourrie, le marchand de vin vous faisait boire du poiré pour du vin blanc; on vous égorgeait chez les filles, on vous volait dans les tripots. Vous opposiez votre poignard à ces petits inconvénients; il servait vos haines personnelles, votre ambition, votre intérêt, et si vous pouviez, après avoir poignardé sept ou huit personnes, gagner la porte d'une église, d'une chapelle, d'un couvent, il n'était plus question de rien. Oh! que nous avons raison de regretter le bon vieux temps.

Ce n'était pas tout à fait la même chose dans le quartier de la cour. On n'y était assassiné qu'en duel, parce qu'une garde nombreuse veillait sur toutes les avenues qui conduisaient jusqu'au prince; on n'y craignait que des indigestions, parce que les pourvoyeurs se faisaient donner ce qu'il y avait de mieux; les dames ne vous volaient point, parce que vous leur prêtiez volontairement de l'argent qu'elles vous rendaient en toute autre monnaie; on n'osait vous accuser d'un crime, parce que vous appeliez au jugement de Dieu, que vous faisiez venir votre accusateur en champ clos, et que si vous aviez le bras bon, vous prouviez évidemment votre innocence en lui passant votre lance au travers du corps. Aussi le quartier de la cour était celui de tous ceux qui laissaient à la canaille les petites friponneries, les forfaits obscurs dont j'ai parlé plus haut. C'était là que le comte d'Aran avait pris un logement. Tous les matins, il montait sur sa mule et parcourait les différents quartiers de la ville suivi de quatre officiers. Il prenait des informations, n'apprenait rien, revenait s'ennuyer orgueilleusement auprès du monarque qui tombait dans l'enfance, de ses courtisans, qui le regardaient comme un provincial, et des dames de la cour, qui ne prenaient pas garde à lui parce qu'il était vieux.

Ce genre de vie l'ennuya bientôt. Il sentit qu'il était plus agréable de commander dans ses domaines que de ramper à la cour; il sentit que toutes ces beautés capricieuses ne valaient pas une épouse dont les soins tendres, empressés, soutenus, dont la société égale et douce effaçaient les rides naissantes; mais comment retourner auprès d'elle sans lui apporter des nouvelles de son fils?

Fidèle à la loi qu'il s'était imposée de passer ses matinées en recherches, il aperçut un jour un des gens qui avaient accompagné Trufaldin. Ce drôle, ainsi que ses camarades, s'étaient bien trouvé du séjour et de la licence d'une grande ville; ils l'avaient préférée aux travaux utiles et honnêtes qui avaient occupé leur première jeunesse, et ils avaient pris chacun un maître qui les habillait, les nourrissait, les payait bien et ne leur donnait rien à faire. C'est depuis ce temps que les jeunes paysans ont pris la louable habitude de quitter la charrue, de venir endosser la livrée dans la capitale, de passer les journées entières, à la porte de l'hôtel, à ricaner au nez des passants ou à faire pis.

Le comte d'Aran n'eut pas plutôt aperçu celui-ci, qu'il poussa sa mule, le fit entourer par ses estafiers, et lui ordonna de lui dire ce qu'était devenu son fils. Le drôle répondit qu'il appartenait à M. le comte de Pardès, qui ne souffrirait pas qu'on insultât sa livrée, et qu'il exigeait au nom de son maître qu'on lui laissât le passage libre. Comme il était convenu entre gens d'un certain rang qu'un père infortuné, ou tout autre, ne pourrait faire parler un coquin qu'autant que son maître le trouverait bon, le comte d'Aran fut trouver le comte de Pardès, commença par l'informer des égards qu'il avait eus pour son nom, lui exposa ensuite le sujet de son voyage, et apprit selon toutes les règles de l'étiquette du temps que son fils et Trufaldin étaient disparus et couraient le pays. Le malheureux papa n'était plus en état de courir comme eux; il reprit tristement le chemin de son manoir, et voulut, en passant, avoir la consolation de s'affliger avec son cher Cerdagne.

Cerdagne avait cinquante ans, mais nulle infirmité. Il ne jouait plus que rarement avec la petite Rotrulde, qu'il gardait à peu près par reconnaissance. Tous ses goûts, tous ses plaisirs, tous ses vœux se réunissaient sur sa fille, belle au delà de l'expression, aimante comme sa mère, douce comme madame d'Aran, aimable et polie comme son père. Seul capable de faire l'éducation de Séraphine, il avait formé son esprit, et lui avait communiqué ces qualités séduisantes auxquelles il avait dû tant de brillantes aventures, et dont elle était incapable d'abuser.

Tout à fait revenu des étourderies de sa jeunesse, Cerdagne ne haïssait pas les jeunes gens étourdis. Il prétendait qu'un sage de vingt ans doit n'être qu'un sot à trente, et au lieu de se répandre en doléances pendant le long récit de l'ami d'Aran, l rit beaucoup des extravagances de son gendre futur, et en plaisantant tant que d'Aran étonné s'arrêta au moment où il allait assaisonner sa péroraison de quelques larmes qui, selon lui, devaient faire un grand effet sur son auditeur.

— Je n'aurais pas cru, dit-il en remettant son mouchoir qu'il avait tiré d'avance, je n'aurais pas cru qu'il y eût le mot pour rire dans tout cela. — Je ne vois pas qu'il y ait de quoi pleurer : ton fils fait des sottises à dix-huit ans, tant mieux. — Comment, tant mieux ! — Aimerais-tu qu'il en fît après être marié? — Je ne veux pas qu'il en fasse du tout. — Un jeune homme vif, enjoué, aimable, ne pas faire de sottises ! — Je n'en ai pas fait, moi. — Hé bien ! il paye ta dette. — Il me payera la sienne ; la tour du Nord l'attend. — Es-tu fou? — Je suis juste. — Tu ne sais ce que tu dis. La justice n'est autre chose que l'action de rendre à soi-même et aux autres ce qui leur est dû. Ton fils ne mérite pas d'être enfermé dans une vilaine tour parce qu'il t'a mangé de l'argent, et qu'il court l'Aragon pour se soustraire à ta sévérité ; voilà pour lui. Tu ne te donneras pas le chagrin de le voir souffrir ! tu ne t'exposeras pas à perdre son cœur par une rigueur inutile ; voilà pour toi. — Inutile, dis-tu ? — Très-inutile. Mon ami, la nature fait les têtes folles, et la nature seule les mûrit. Renverse tes grilles et tes verrous, embrasse ton fils quand tu le verras, recommande-lui d'être sage ; il te le promettra, et il tiendra parole s'il le peut : voilà tout ce que je vois à faire dans cette circonstance. — Et tu lui donneras ta fille? — Oui, parbleu, je la lui donnerai. J'en ai fait bien d'autres à son âge. En ai-je moins été excellent mari, bon père, bon ami? Tu ne sais pas, toi qui as toujours été sage, quel ascendant prend sur une jeune tête une femme belle, aimable et vertueuse. — Ce malheureux Mendoce, que fait-il à présent? — Des étourderies. Que veux-tu qu'il fasse? — Pas de ressources! pas d'argent! — Ah! avoue donc que tu serais trop heureux de pouvoir lui en envoyer. Tu me fais pitié avec ta tour du Nord. — Il tombera dans la misère. — Tant mieux encore. — Je ne vois pas cela. — Eh! mon ami, l'infortune est le grand précepteur des jeunes gens; il n'y a pas de sermons, de verrous qui vaillent ses utiles leçons. — Mais s'il pâtit? — Nous le remettrons. — S'il est rejeté? — Il poussera plus loin. — Outragé? — N'a-t-il pas une épée? — Tu me fais frémir. — Allons, toujours extrême! — Tout à l'heure tu étais un homme dur, te voilà maintenant père pusillanime. — Si du moins je savais où il est! — Il faut le chercher. — Puis-je courir sans cesse, m'exposer à être repris de ma goutte dans un bois, dans un village? — Je courrai pour toi. — Ah! mon ami! mon digne ami! — Pas de remerciments, tu ne m'en dois pas! Il faut bien que je tâche de retrouver mon gendre. Retourne dans ton château, envoie quelques-uns de tes gens; car je ne connais pas ton fils; je me mettrai à la tête de tout mon monde, nous nous partagerons en quatre troupes, nous fouillerons la Catalogne, l'Aragon, les deux Castilles, et quelque sottise d'éclat nous le fera retrouver.

Le comte d'Aran repartit pour son château, persuadé par Cerdagne qu'il ne faut exiger de la jeunesse que ce qu'elle peut donner, et que les pères les plus sévères ne sont pas les plus heureux. Il consola un peu sa femme en lui rappelant l'adresse et l'activité de son ami; ils espéraient tout de l'avenir en pensant que la raison cachée sous l'amabilité de Cerdagne pourrait beaucoup sur leur cher Mendoce. Une seule chose leur paraissait inexplicable, c'était que Trufaldin, qui leur devait tant, qu'ils croyaient digne de leur confiance, eût consenti à partager les travers et la fuite de son jeune maître: c'était sur lui que devaient retomber les effets d'une colère que Cerdagne avait détournée de Mendoce. On ne trouvait pas de châtiments assez sévères pour punir sa perfidie, quand le vieux écuyer de saint Joseph parut avec la lettre de ce pauvre Trufaldin.

Elle fit passer tout à coup cette famille désolée de l'excès de la douleur au comble de la joie. Le comte d'Aran ne connaissait pas le seigneur Gonzalve, qui avait passé les deux tiers de sa vie dans une entière obscurité ; mais il comptait avec raison sur les égards que personne ne pouvait refuser à un nom illustré par ses aïeux et par lui. Cependant un héros a la goutte comme un chanoine, d'Aran sentait quelques picotements, provoqués par le voyage assez pénible qu'il venait de terminer. Il écrivit une belle et longue épître au seigneur Gonzalve, et il fit partir le plus leste de ses écuyers sur le meilleur de ses chevaux pour porter le paquet à Cerdagne, qu'il rendait dépositaire de l'autorité paternelle.

Dès ce moment madame d'Aran pria moins le bon Dieu ; elle oublia sa Bible, elle délaissa sa tapisserie ; elle sourit à ses gens : elle caressa son mari ; son mari, aussi gai qu'elle, répondit à ses agaceries. Des appas qui pouvaient passer encore pour un hasard supportable, et que trois épais fichus dérobaient depuis des années à tous les yeux, eurent pour lui les charmes de la nouveauté. Les jésuites n'étaient pas encore inventés ; mais on connaissait déjà certaine grâce efficace dont la femme la plus réservée fait toujours un certain cas. Madame d'Aran avait la main très-belle ; il est des circonstances où le devoir conjugal peut s'étendre un peu loin, et le comte se trouva enfin en état de grâce. Madame d'Aran, bien sûre de lui, le quitte, et va, les yeux baissés et rougissant à demi, ordonner à sa femme de confiance de préparer la couche nuptiale, abandonnée depuis quinze ans à la poussière et à son chat favori. Il n'était pas impossible encore qu'un petit frère ou une petite sœur vînt dans neuf mois punir le fougueux Mendoce, et madame d'Aran caressait cette idée. Une fille surtout comblerait tous ses vœux ; elle ne ferait pas de sottises, elle lui tiendrait fidèle compagnie, et la piété filiale lui fermerait les yeux.

Le souper fut animé comme l'imagination des deux époux. Propos galants, petits soins, attentions fines, tout fut mis en usage de part et d'autre. Les domestiques étaient émerveillés ; d'Aran était étonné lui-même, et madame s'applaudissait de son ouvrage. Elle se frottait les mains qu'elle regardait avec complaisance, et se promettait *in petto* d'en faire quelquefois encore des instruments de grâce efficace. Enfin on se met au lit, dans ce lit jadis le théâtre de plaisirs purs et multipliés, et qui va l'être encore à la multiplicité près.

En effet tout allait au mieux. La bonne comtesse avait déjà

été heureuse; le comte touchait au moment de l'être, et sa laborieuse épouse le secondait de son mieux. Tout à coup... crac, crac, crac... une des barres de la couchette casse, elle entraîne le dossier; les deux colonnes de la tête se brisent, les colonnes du pied ne peuvent plus soutenir un ciel de six pieds en carré; elles rompent aussi. Les matelas étaient descendus assez mollement à terre; les époux s'étaient prêtés à une chute assez indifférente jusqu'alors, et le brave d'Aran n'avait pas perdu les arçons; mais le dossier lui tombe sur la tête, le ciel du lit lui couvre tout le corps, et le tient cloué à son poste. Madame d'Aran crie qu'elle étouffe; le comte d'Aran crie qu'il ne peut faire le moindre mouvement, et comment remuer sous un ciel de lit de bois de noyer, à moulures d'or, entouré de grosses verges de fer qui supportent huit rideaux d'un point de Hongrie d'un quart de pouce d'épaisseur?

Les malheureux époux continuaient de crier, et eussent crié jusqu'à extinction de forces et de chaleur, si un fripon de page qui les avait servis à table et qui comptait sur une scène comique, n'eût été après souper écouter à la porte de la chambre nuptiale. Le bruit occasionné par la chute du lit et les premières exclamations du comte et de la comtesse le mirent d'abord au fait; mais comment entrer, lui qui devait être couché à l'autre extrémité du château, sans déceler sa petite curiosité et s'exposer à être chassé? Il était plus simple d'aller avertir une des femmes de madame, avec qui il n'était pas mal, et qui trouverait peut-être un prétexte pour entrer chez sa maîtresse. Il cherchait en tâtonnant la chambre de sa belle, et sa belle, qui ne l'attendait pas cette nuit, s'était levée doucement, et était allée au bout de la grande galerie chercher un bel écuyer qui ne pouvait la venir trouver, parce que sa chambre n'était séparée de celles des autres femmes que par une mince cloison. Le page ne concevait pas où pouvait être sa maîtresse à pareille heure; il ne soupçonnait pas qu'elle eût, ainsi que bien d'aimables friponnes, l'art de mener deux intrigues de front. Il ne savait quel parti prendre; il allait, il venait, et ses maîtres suffoquaient, victimes de ses irrésolutions. — Si du moins j'avais fini, disait le malheureux comte en haletant. — Hélas! j'allais finir pour la seconde fois, reprenait la comtesse en mots entrecoupés. Qu'il est dur d'être étouffés dans un semblable moment!

Une demi-heure de plus et ils l'étaient infailliblement; mais le diable, qui aime les pages, leur souffle toujours quelque expédient. Le démon familier de notre espiègle lui suggéra d'aller mettre le feu à un tas de bourrées qui était dans le fournil, précisément au-dessous de la salle des pages. Il était tout simple alors de sonner la grosse cloche, de crier au feu, de mettre tous les gens sur pied, et de se faire un mérite d'avoir été le premier levé. A la vérité, ce moyen pouvait incendier tout le château; mais le diable ne donne pas un conseil qui ne soit une méchanceté.

Au tapage infernal que fit le page quand il eut allumé ses bourrées, il eût réveillé toute une armée. L'un courait son haut-de-chausses à la main; celle-là, en se couvrant un sein d'une main, découvrait l'autre; celui-ci, pour se cacher le derrière, démasquait le devant. On allait, on criait, on se heurtait, on ne s'entendait pas; les fagots brûlaient toujours, madame était toujours écrasée par monsieur, qu'écrasait à son tour le fardeau qu'il portait.

Quand le page vit que les femmes ne s'occupaient que de leurs tétons, dont la plupart ne valaient pas la peine d'être cachés, il courut lui-même à la chambre des maîtres, car enfin ce ne peut être un crime que de sauver son seigneur de la grillade. Lorsqu'il vit leur situation diabolique, il hurla, parce que personne ne l'eût entendu s'il n'eût fait que crier. Deux ou trois valets vinrent et mêlèrent leurs hurlements à ceux du page. En un instant, palefreniers, écuyers, marmitons, filles d'honneur, filles suivantes, toute la maison est dans la chambre. Six hommes vigoureux enlèvent le bois de noyer, le fer et le point de Hongrie. Monsieur et madame respirent; mais dans quel état, grand Dieu! s'offrent-ils à tous les regards! Monsieur, pour s'ébattre plus voluptueusement, avait quitté sa chemise de laine, et la honte empêche madame de penser à sa position. Monsieur, enragé que le point conjugal paraisse au grand jour, court comme les autres par la chambre et cherche de quoi le couvrir. Il veut arracher un juste, un fichu, une cotte, à quelqu'une des femmes, toutes se sauvent devant lui. Il les traite de folles, d'imbéciles, et il ne réfléchit pas qu'il est nu, et loin de cet état qui détermine quelquefois une femme à s'arrêter. Il continue de les poursuivre; elles s'obstinent à le fuir; il traverse une salle basse, il croit voir un vieux manchon sur le carreau, il le prend, remonte, s'approche de madame, applique le manchon au point central, et madame se lève brusquement en poussant des cris affreux, et elle se met à courir comme les autres précisément dans l'état où était Eve avant qu'elle pensât à la feuille de figuier, mais n'ayant pas les cheveux aussi longs que ceux de la grand'maman du genre humain.

Le comte la regardait avec étonnement, et ne concevait rien à la conduite de ce modèle de chasteté. Il ne savait pas que ce qu'il avait pris pour un manchon était un hérisson qu'il avait saisi par la tête, et dont les pointes avaient chassé la pudeur jusqu'au fin fond de sa grotte rosée.

Lorsqu'on parvint à s'expliquer et à s'entendre, car c'est toujours par là que se termine le désordre le plus extraordinaire; lorsque chacun eut caché tant bien que mal ce qu'on montre avec tant de répugnance ou avec tant de plaisir; lorsqu'on eut humecté avec de l'eau-de-vie de lavande les piqûres multipliées qu'avait faites le bien innocent hérisson, on s'aperçut que le feu avait gagné la salle des pages. On s'empressa pour l'éteindre; mais comme on n'avait ni administration des eaux, ni pompiers, ni seaux de cuir, ni échelles pour les incendies, toute l'aile brûla avec trente pauvres mules qu'on oublia dans l'écurie qui touchait au fournil, et tout le château eût brûlé sans doute si les gros murs de l'aile incendiée, déjà très-vieux et soutenus debout par les poutres qui portaient les planchers, ne se fussent écroulés d'eux-mêmes, et n'eussent en grande partie étouffé le feu. Il ne périt sous les décombres que sept palefreniers. On donna de petites pensions aux veuves de ceux qui en laissaient et on ne s'occupa plus des maris, qui, en effet, n'étaient que des roturiers qu'on appelait alors des *vilains*.

Pour le page qui avait sonné le tocsin, à qui monsieur et madame croyaient devoir la conservation du reste de leur château, et à qui ils devaient en effet de n'être pas morts de suffocation, il fut élevé au grade d'écuyer et admis à la familiarité du maître.

Cependant un lit cassé, un enfant manqué, le papa contusionné, la maman lardée, une aile brûlée, etc., étaient autant de présages funestes auxquels s'arrêtait péniblement madame d'Aran, et qui furent justifiés par l'événement. Le courrier revint le lendemain du château de Cerdagne, et rapporta que le comte, ami ardent et esclave de sa parole, était parti la veille pour courir après son gendre; qu'il n'avait laissé chez lui que le nombre de gens nécessaire à la garde de son manoir; qu'il s'était réservé la Castille-Neuve, jaloux de prouver son zèle en cherchant Mendoce dans la province la plus éloignée, le courrier observa qu'avant qu'il eût pu le joindre le jeune seigneur aurait peut-être pris congé du bon châtelain Gonzalve.

Le comte d'Aran sentit tout cela, et bien que moulu par son ciel de noyer doré; bien que tourmenté par sa jambe goutteuse qui le dardait fréquemment, il monta en soupirant dans sa litière, et se fit porter à petites journées chez Gonzalve, ce qui donna le temps à l'ange Gabriel de répéter, tant que le jeu plut à lui et à la brune Marie.

Vous avez vu comment Mendoce a esquivé la férule paternelle; comment le traître Trufaldin l'a suivi; comment on se mêla d'abord pour rendre la connaissance à la vierge, et ensuite pour avoir du plaisir; mais ce que vous ne connaissez pas et ce que je dois vous apprendre, car je n'ai rien de caché pour vous, c'est que le bonhomme Gonzalve et le sage d'Aran avaient été tâtonnés par de jolies petites menotes qui s'étaient vite retirées en trouvant une barbe épaisse, un gros ventre et un haut-de-chausses vide. D'Aran, qui n'avait plus l'esprit tourné à la plaisanterie, criait à Gonzalve de faire monter ses convives à cheval ou à mule, et de les mettre à la poursuite de son fils. Gonzalve, qui ne se doutait pas que d'Aran fût le père de l'ange Gabriel, et qui était bien aise de profiter aussi des ténèbres, n'écoutait pas le seigneur catalan. Le seigneur catalan, las de crier en pure perte, rentra comme il put au château, appela en vain ses gens et ceux de Gonzalve, qui tâtonnaient aussi de leur mieux; il parcourut vingt ou trente salles ou chambres; ne sachant enfin à qui s'adresser et pressé du besoin de se reposer, il se déshabilla et se coucha dans un lit assez beau, après avoir poussé la porte et fermé le pêne d'une serrure saillante.

Gonzalve, beaucoup moins sage que lui, restait dans la foule, tâtait partout, était bien reçu d'abord, et entendait avec un dépit mortel la jeune ou vieille déité s'éloigner de lui en riant aux éclats. Jaloux de jouer son rôle tout comme un autre, il glisse son poignard dans son haut-de-chausses, en fait passer le manche par la brayette et le fait prendre effrontément par la première dondon qui se présente. La dame enchantée ne pousse pas plus loin ses recherches; Gonzalve, très-gascon sur l'article, veut que la méprise lui fasse honneur, il se nomme et pousse l'aventure à bout. La dame se sent inondée au visage, aux cuisses, à toutes les parties nues, et ne conçoit rien à cette immersion qui ne devait pas être extérieure. C'est que le bon Gonzalve n'était pas absolument maître de ses voix urinaires, et certaine évacuation s'opérait d'un côté pendant que le manche du poignard jouait au *remplaçant* de l'autre. La dame trouve un pli de sa robe chargé de quelque chose dont la limpidité annonçait de la supercherie ; elle démonte son écuyer et se sauve dans un autre coin. Elle éprouve bien quelque embarras dans sa marche, mais elle l'attribue aux exercices répétés de la nuit.

Un cavalier la saisit... Son menton est à peine couvert d'un léger duvet ; ses forces masculines ont encore les contours gracieux de la jeunesse. Il couvre de baisers le plus beau sein du monde ; la nature et la force de son imagination font le reste. Il culbute sa donzelle, se présente en vrai brave, recule, et court en criant partout qu'il y a conspiration contre le sexe masculin, et que les femmes viennent de se mettre des éperons...

Aussitôt tous les hommes s'arrêtent ; les femmes se relèvent et crient à la calomnie. Les valets qui craignent d'être éperonnés par telle ou telle comtesse courent chercher des flambeaux ; l'ordre se rétablit aussitôt. — Que diable ! s'écrie le chevalier blessé, je ne sais qui c'est, mais je n'ai pas calomnié. Si la dame est si sage, elle pouvait se retirer de la foule, et il n'est pas nécessaire pour prouver sa vertu qu'elle me fît une boutonnière au ventre.

— Seigneur, lui dit Séphora, il est possible que pendant que nous étions dans les ténèbres, une de nos filles suivantes... — Je ne sais si elle est maîtresse ou suivante ; mais c'était la septième à qui je faisais la cour, et je me présentai assez bien à celle-ci pour qu'elle ne me jouât pas un tour de cette espèce. — La sixième, la septième ! reprit Séphora d'un petit air prude ; vous avez rêvé cela, seigneur, ou vous seriez donc le seul pour qui on ait eu des bontés, ce qui n'est pas présumable. Voyez si ces chevaliers parlent de quelque chose. — Corbleu ! madame, s'ils ne parlent pas, c'est qu'ils n'ont pas trouvé de femmes éperonnées. — C'en est trop, seigneur Gonzalve, on perd votre maison d'honneur. Le combat à outrance, voilà le noble moyen d'imposer silence à ce malencontreux chevalier.

Gonzalve aimait beaucoup sa vie casanière ; il ne s'était jamais battu, et ne se souciait pas de commencer : — Venez, madame, venez, disait-il, que je vous parle en particulier. Et pendant qu'il la tirait à l'écart, qu'il lui représentait qu'il était ridicule de jouer sa vie contre un préjugé, qu'il se serrait contre elle pour lui parler plus bas, quelque chose d'aigu lui entra dans la cuisse et lui fit faire un saut de six pieds. Séphora, déjà intriguée par les plaintes du chevalier, ne sachant à quoi attribuer le saut de son mari et se sentant coupable de quelques peccadilles nocturnes, laisse Gonzalve geindre, et prendre le parti qu'il voudra. Elle regagne le château clopin-clopant, monte à sa chambre, tire sa clef, ouvre sa porte, la referme, se déshabille seule et sans lumière pour la première fois de sa vie, et se jette dans son lit, espérant trouver le repos dont elle avait tant besoin. Un cri perçant part à ses oreilles; un animal, quel qu'il soit, saute par-dessus elle et renverse tous les meubles en répétant vingt fois : *Je suis mort!*

C'était le comte d'Aran qui, ne connaissant pas la distribution des appartements, s'était fourré dans la couchette de Séphora; c'était le diable de poignard dont la pointe lui était entrée dans la fesse, qui le faisait sauter comme un chevreuil. Séphora, plus étonnée que jamais de ce troisième accident, s'inspecta d'un tour de main et trouva que sa difficulté de marcher attribuée mal à propos à un exercice forcé, était l'effet de ce chien de poignard qui s'était glissé là sans qu'elle sût comment. La présence d'un être quelconque l'autorisait à appeler; elle ouvrit sa fenêtre sous ce prétexte; mais son but principal était de jeter le poignard dans le fossé fangeux du château, sauf à laisser trouver les causes de tant de blessures par les gens qui ont assez d'esprit pour tout expliquer.

On avait conduit dans une salle basse le chevalier qui avait une boutonnière au ventre. Il jurait pendant qu'on le pensait que, s'il connaissait la donzelle, il tuerait son père, son mari, ses frères et tous les mâles de sa lignée. Pendant qu'il se répandait en menaces, on amena dans la même salle Gonzalve qui traînait sa cuisse, qui ne pensait plus à son poignard qu'il croyait perdu. Il était loin de s'imaginer qu'il l'eût planté à sa femme elle-même, qui lui avait paru bien plus séduisante lorsqu'il l'avait prise pour la femme d'autrui. Vous savez la chanson : *On veut avoir ce qu'on n'a pas*, etc. On était monté aux cris de Séphora, et on amena encore dans cette salle le malheureux d'Aran tenant sa fesse à deux mains, protestant qu'il ignorait comment il avait été blessé; mais assurant qu'il n'avait vu ni armes ni éperons à madame, dont il se repentait bien sincèrement d'avoir pris le lit par méprise.

Tous les hommes se rassemblèrent insensiblement dans cette salle. Chacun donnait son avis sur cette aventure ; on déraisonnait à qui mieux mieux. Gonzalve voulut émettre son sentiment tout comme un autre : — Messieurs, dit-il, messieurs, je vois ici un miracle. Le lecteur rit peut-être de l'idée de Gonzalve. Hé bien, monsieur le lecteur, ses auditeurs ne rirent pas du tout : c'était le temps où on commençait à faire liquéfier tous les ans le sang de saint Janvier à Naples ; où on montrait en France la sainte ampoule, que le Saint-Esprit avait incontestablement apportée dans son bec pour le sacre de nos rois ; c'était le temps où on montrait ailleurs le prépuce de Jésus-Christ, et nous avons vu de nos jours le diacre Pâris faire des cabrioles dans le cimetière de Saint-Médard, sans avoir eu de longtemps l'envie d'en rire. Nos Aragonais ne rirent donc point, et ce n'est pas étonnant ; mais la première donnée de Gonzalve demandait des développements qu'il s'empressa de donner : — Messieurs, reprit-il, c'est sans doute une œuvre méritoire que d'avoir représenté d'une manière sensible le saint mystère de la Conception. Le ciel, touché de cet hommage nouveau, a voulu qu'à l'avenir madame fût pure comme la mère du Sauveur, qu'elle a rendu visible à vos yeux ; il a frappé et il frappera sans doute à l'avenir tous les hommes qui l'approcheront de trop près, comme il a frappé de mort subite les Philistins qui osèrent mettre la main sur l'arche sainte. Pour moi, je jure que dès ce moment je renonce à mes droits de mari. Le bonhomme ne promettait rien que de très-facile à tenir.

Les uns s'écrièrent hautement que son explication était toute naturelle ; quelques mécréants, car il y en a partout, doutaient un peu que le ciel lui-même eût perforé un ventre, une cuisse et une fesse ; mais ils se gardèrent bien de dire ce qu'ils en pensaient, parce qu'ils savaient que des chrétiens d'une foi robuste mutilent, brûlent, tuent ceux qui ne sont pas de leur avis. Le chevalier donna pourtant à entendre que Séphora n'était pas de moitié dans le châtiment que lui avait infligé le ciel, et qu'il concluait de ses manières accortes qu'elle ne désirait pas qu'il fût puni aussi cruellement. — Comment donc ! je le crois, reprit Gonzalve ; madame est la douceur même et je suis sûr qu'elle est désespérée de tout ceci. Pauvre petite mignonne, il t'en coûtera de renoncer aux caresses conjugales ; mais, semblable à l'Église, tu abhorres le sang, et tu ne consentirais pas à répandre le mien une seconde fois.

Qu'arriva-t-il de tout ceci ? Que les chevaliers et leur suite s'en allèrent chez eux après avoir épuisé les provisions du château; que d'Aran remonta dans sa litière avec un emplâtre au derrière, et retourna chez lui plus affligé que jamais; que Silvia, abandonnée à elle-même, s'attacha exclusivement à Gonzalve; que Gonzalve, persuadé que nul homme ne pouvait approcher sa femme sans avoir un trou au ventre, renvoya ses duègnes, la laisser aller partout et recevoir chez elle qui lui plaisait ; que la petite femme qui avait pris goût à la chose renia sa patronne, et suivit le sentier battu par Madeleine pécheresse ; qu'elle se trouva grosse sans que Gonzalve sût comment, ni elle non plus, car enfin, disait-elle, aucun de ceux que je vois n'a de trou au ventre, et c'était très-vrai ; que Gonzalve enfin, persuadé que le Saint-Esprit s'était encore mêlé de cette affaire, attendit avec la dernière impatience la naissance de cet enfant, qui devait être pape pour le moins... mais cette fois la sainte Vierge accoucha d'une fille.

Il y avait de quoi dérouter la confiance la plus opiniâtre, et Gonzalve ne voulut pas démordre de son opinion. On se moqua de lui et vous vous en moquez peut-être aussi. Eh bien ! tous les railleurs eurent tort. Cette fille fut cette fameuse papesse Jeanne qui a fait tant de bruit de son vivant, et qui fut cause après sa mort que le pape nouvellement élu est mis sur une chaise percée pour constater qu'il a, en effet, les pièces dont il a promis à Dieu de ne se servir jamais.

CHAPITRE V

Diable et archange s'ensauvant de compagnie à travers champs. — Une veuve promptement consolée. — Deux ou trois nuits agréables chèrement payées. — Accouchement impromptu. — Voyage à travers les Espagnes et aventures auxquelles Mendoce et Trufaldin ne comprennent rien, si ce n'est que leur cicerone est une jeune fille inconnue, mais bien jolie, ce dont enrage Trufaldin, et ce qui plaît fort à Mendoce.

Le comte et la comtesse d'Aran avaient perdu l'envie de donner un frère ou une sœur au fugitif Mendoce. Ils n'avaient qu'un désir, de le revoir et de lui pardonner; qu'un espoir, que la division de la troupe de Cerdagne qui courait l'Aragon pourrait enfin le ramener. Il était écrit là-haut que son retour ne serait pas si prochain, et qu'il s'opérerait d'une toute autre manière.

Nous l'avons laissé courant avec Trufaldin, l'un habillé en ange, et l'autre en diable. Mendoce sautait les halliers, les buissons, pour éviter les épines; Trufaldin, qu'on avait mis dans une peau de sanglier, passait partout et allait aussi vite que Mendoce, qui se piquait de temps en temps, et qui s'arrêtait pour se frotter les jambes. Il était sans armes. Trufaldin était dans la vigueur de l'âge, il sentait la possibilité d'arrêter seul un jeune homme qui n'avait pas encore toute sa force; mais ce jeune homme était brave, Trufaldin était poltron, et il se contentait de se retourner et d'écouter si les hommes d'armes venaient ou ne venaient pas.

Après quelques heures de course, Mendoce, excédé de fatigue, s'arrêta et s'assit. Il repassait dans sa tête les événements de la nuit, et ne comprenait rien à la brusque apparition de son père. Gonzalve ne l'avait pas mis sur la liste des invités; il ne lui en avait jamais parlé; jamais son père ne lui avait dit qu'il connût Gonzalve; il était donc clair qu'il n'était pas attendu chez le châtelain, il était donc évident qu'il n'y était venu que pour le faire transporter dans sa chienne de tour. Mais comment avait-il su qu'il trouverait son fils dans ce château? Mendoce n'avait été rencontré par personne qui pût instruire son père. Toutes réflexions faites, le jeune homme jugea que Trufaldin avait profité d'un séjour de plusieurs semaines pour dépêcher quelqu'un au château d'Aran. Il était fort aise que cette aventure l'eût débarrassé de Silvia; mais il regrettait la dame du lieu dont il se croyait aimé, qu'il avait vue s'évanouir et qu'il ne soupçonnait pas capable de l'avoir oublié cette nuit même dans les bras du premier consolateur. Il ne se doutait pas non plus que le premier minois piquant lui ferait oublier Séphora : ce que c'est que nous !

Quoi qu'il en soit, Mendoce, plein d'amour, à ce qu'il croyait, furieux contre Trufaldin qui s'était assis près de lui, dédaignant d'entrer en explication avec le traître, lui assène un coup de poing terrible sur l'oreille. Une des pointes du bois de cerf, auquel il ne pensait plus, lui entre dans la main et le rend plus furieux encore. Il se jette sur Trufaldin stupéfait, étourdi et tremblant; une force surnaturelle l'arrache de ses mains; Trufaldin ne court plus, il vole : Mendoce craint qu'il n'aille encore le trahir et le livrer, et il vole sur ses pas. L'œil sans cesse fixé sur lui pour ne pas le perdre dans l'obscurité, Mendoce le voit d'une taille, d'une grosseur prodigieuses, et il lui semble qu'il a quatre pieds. — Oh ! oh ! dit-il en courant, le diable, pour le punir de l'avoir joué, lui aurait-il en effet donné sa figure ? Mais eussé-je affaire au diable lui-même, je n'en démordrai pas, et je déchirerai avec mes dents et mes ongles, l'animal que j'ai devant moi.

Il continue à courir, et tout à coup il voit le monstre s'abîmer dans les entrailles de la terre. — Je te suivrai jusqu'en enfer ! s'écrie Mendoce. Les comtes d'Aran ne connaissent pas la frayeur. Il fait quelques pas encore, et il roule, non pas en enfer, mais sur une vieille femme, sur Trufaldin, et sur une mule qui vient de manquer des quatre pieds.

La vieille avait été vendre quelques denrées à Longarès, et elle revenait de nuit pour traire ses vaches au point du jour. Elle approchait avec sécurité du lieu où Mendoce, assis, réfléchissait. Elle s'était trouvée presque en face de lui lorsqu'il gourma Trufaldin. Trufaldin, en voulant esquiver les coups, avait gagné les bords du chemin; la vieille, effrayée de l'apparition subite d'un ange qui battait un diable, avait piqué vivement sa mule; la mule, en passant devant Trufaldin, avait accroché le bois de cerf dans ses sangles, et avait traîné le diable après elle ; cédant enfin au poids qui la tirait de côté et qui détruisait l'équilibre, elle s'était laissée aller à terre.

Mendoce était naturellement bon. Ce tableau, si différent de celui qu'il attendait, dissipa sa colère; il éclata de rire. Trufaldin se rassura; il avoua sa perfidie, que le motif rendait bien excusable; il jura, par tous les saints du paradis, par son âme, par celle de Mendoce, qu'il se bornerait désormais à le servir fidèlement ; Mendoce pardonna, et s'approcha de la vieille : — Mon bon ange gardien, lui dit-elle à genoux, renvoyez le diable en enfer, et ordonnez à ma mule de se relever. Mendoce se remit à rire, conta ensuite à la vieille les raisons du déguisement.

Et comme on ne peut pas toujours rire quand on est à peu près nu, sans argent, que la nuit est fraîche et qu'on n'a pas de gîte, Mendoce interrogea la vieille sur sa localité et ses moyens. Pour toute fortune, elle avait deux vaches; pour tout mobilier, un grabat; pour toute société, une orpheline dont elle était l'aïeule. Mendoce s'enquit aussitôt de l'âge, de la taille, de la figure de l'orpheline. Elle était au plus jolie, faite au tour, et âgée de huit ans. Mendoce, qui devenait déjà infidèle à Séphora, répliqua à la vieille qu'il n'entendait pas la déranger ; mais qu'elle lui indiquerait sans doute quelque château voisin où on exerçait l'hospitalité. — Hélas ! mon bon seigneur, il n'y a pas, dit la vieille, de château dans ce canton; mais au bout de cette percée, à un quart d'heure de route, vous trouverez un joli manoir nouvellement bâti, et dont la maîtresse est tout à fait revenante. — Trufaldin, gagnons le manoir. — Mais, reprit la vieille, le maître est un peu brutal. — Je le mettrai à la raison. — Et vous n'avez pas d'armes. — Ah ! c'est vrai. Trufaldin, tu te présenteras, et nous lui ferons peur, puisque nous ne pouvons le battre. — Ma foi, seigneur, présentez-vous vous-même. S'il y a des coups à recevoir, ils vous reviennent de droit à vous qui êtes le plus brave. — Marchez devant sans observations, monsieur le faquin, où vous allez recevoir par derrière les coups que vous craignez par-devant.

Avec quelques mots énergiques, on faisait de Trufaldin ce qu'on voulait. Il prit le devant; la vieille releva sa mule, lui remonta sur le dos, et s'éloigna lestement des originaux qui lui avaient d'abord fait tant de peur et dont la présence continuait à l'intriguer. Elle alla traire ses vaches ; et Mendoce et Trufaldin arrivèrent, avec le crépuscule, à une porte de chêne doublée en fer qui ouvrait sur la cour de la maison, qu'entourait un ruisseau d'eau vive qui servait à la fois de fortification et d'étang.

— Si nous frappons à la porte, dit Mendoce, on ne nous ouvrira point, dans l'état où nous voilà. — Eh bien! seigneur, tournons d'un autre côté. — Non pas, s'il vous plaît; la maîtresse est jolie. — Il y a de jolies femmes partout. — Je veux voir celle-ci. — Mais pourquoi chercher des difficultés?... — Elles ajoutent un charme au plaisir. Allons, on t'a cousu dans une peau de sanglier; descends le fossé, je te sauterai sur les épaules et nous passerons à l'autre bord. — Ce malheureux goût pour les aventures ne sera donc jamais satisfait? — Oh! que de raisons! monsieur, portez-moi et passez.

Trufaldin obéit. Au milieu du fossé il trouve une fouëne qui servait à piquer des anguilles. Voilà une arme, dit Mendoce, qui doit mettre à la raison le mari le plus brutal. Il relève les trois pointes de la fouëne, en appuie le manche contre son épaule, et ressemblerait à Neptune armé de son trident s'il était vieux et laid comme le dieu; s'il portait une couronne, et si son joli corps était drapé au lieu d'être nu.

Les voix de nos voyageurs avaient pénétré jusque dans la maison. La maîtresse était seule, elle n'avait rien distingué du colloque; mais, surprise d'entendre des hommes à pareille heure, lorsque l'humeur connue de son mari les éloignait, même en plein jour, elle descendit dans une première enceinte fermée par une grille de fer, et cria *qui vive !* à travers les barreaux.

A ce cri, que Trufaldin crut sorti du plus mâle des poumons, il se jeta la face contre terre. Mendoce se retint au manche de sa fouëne, monta sur les reins de son écuyer, et, se plaçant en héros de théâtre, il répondit qu'il s'appelait *saint Michel*, qu'il venait une seconde fois de terrasser le démon qui rôdait sans cesse autour de cette maison, sur laquelle lui, archange, veillait; qu'il priait la maîtresse d'ouvrir la grille, afin qu'il jetât l'esprit immonde dans sa mare, parce que la bouse de vache a une vertu particulière ignorée en Europe et très-connue sur les bords du Gange.

La dame ne savait pas ce que c'est que le Gange, et elle trouvait que saint Michel pouvait fort bien jeter son diable dans un puits qui était dans la première cour. Trufaldin, qui ne voulait pas jouer Satan jusqu'au bout, se dérobait de dessous les pieds de Mendoce, et courait sur ses genoux et sur ses mains. Mendoce répondait à la maîtresse du logis, la maîtresse lui répliquait; plus le colloque se prolongeait, plus les idées superstitieuses s'éloignaient, et moins saint Michel espérait que la grille s'ouvrirait. Il allait essayer de la faire sauter avec son trident, quand Trufaldin poussa un cri à épouvanter tous les loups de la forêt. Mendoce se retourne et voit un homme vigoureux qui brisait à grands coups de fléau les épaules de son écuyer, et qui disait en grinçant des dents : — Je vais arranger saint Michel comme le diable, et leur apprendrai à tous deux à venir faire des contes bleus à ma femme quand je n'y suis pas. — Hélas! disait le diable en faisant des grimaces vraiment diaboliques, jamais je ne fais de mal à personne, et je suis battu par tout le monde. Comme il finissait ce mot, son redoutable adversaire tombe sur lui de toute la pesanteur de son corps en poussant un profond soupir. Mendoce, qui trouvait fort mauvais qu'un autre que lui battit son écuyer, venait, sans autre formalité, d'enfoncer sa fouène dans le flanc du batteur, sans réfléchir que sur les bords du Gange, comme en Europe, chacun est maître chez soi, et que celui qui viole un domicile doit s'estimer heureux, dans tous les pays du monde, d'en être quitte pour quelques coups de bâton. Quoi qu'il en soit, l'homme au fléau se mourait et, bien que le tragique n'appartienne pas à cet ouvrage, vous conviendrez qu'on ne fait pas un roman de chevalerie sans tuer quelqu'un, et il vaut mieux que ce soit un fripon qu'un autre.

Mendoce se repentait amèrement de sa vivacité. Oter la vie à un homme lui paraissait un acte horrible quand la nécessité y forçait; c'était un crime irrémissible quand on le commettait de sang-froid ou par un simple mouvement d'orgueil. Il sentait des larmes qui allaient s'échapper, lorsque la dame du logis ouvrit la grille avec vivacité, courut à son mari en sanglotant, le jugea mort, le retourna avec son pied pour s'en assurer tout à fait, et jetant ses bras au cou de Mendoce elle lui couvrit le visage de baisers, en lui disant avec effusion : — Ah! de quel homme tu m'as délivrée !

Mendoce regardait cette femme la bouche béante, les bras tombants, et à chaque baiser son étonnement redoublait. — Allons, dit-il, si j'ai fait une bonne œuvre à la bonne heure; mais, ma foi, je ne m'en serais pas douté. Il relève Trufaldin, et la dame dit qu'elle va le coucher dans son propre lit, et lui bassiner tout le corps avec de l'eau-de-vie camphrée : autre stupéfaction de la part de Mendoce. Trufaldin, qui était rancuneux et qui ne craignait pas le défunt, le prit par les deux jambes et le porta sur le bord du puits; la dame l'aida à l'y jeter, et Mendoce ne concevait pas que la haine conjugale pût aller jusque-là. — Que diable! disait-il, il y a des cocus partout; mais accabler de caresses le meurtrier de son mari, aider à le jeter dans un puits, c'est un peu fort : à quel monstre ai-je donc affaire ?

Il avait pris Trufaldin sous un bras pour l'aider à marcher, et la jeune femme s'empresse de le soutenir sous l'autre. — Ah! mon Dieu! ah! mon Dieu! répétait-elle à chaque pas, de quel homme je suis délivrée !

Mendoce, dont la conscience se calmait par ces exclamations réitérées, revenait à son caractère, et cherchait à démêler, autant que le permettait la faiblesse du jour, les traits de cette femme que la vieille avait dit être si jolie. Il crut trouver quelques rapports entre ce visage et celui de certaine fillette... Pour la taille, il était difficile de la juger, la dame était grosse, très-grosse, et cet état n'est pas avantageux.

En entrant dans la maison, la lumière d'une lampe qui brûlait encore termina les incertitudes de Mendoce. — Eh! c'est toi, ma chère enfant! — Ciel! juste ciel! c'est le gentil chevalier de l'ermitage! — Eh! par quelle aventure ?... — Par quel heureux hasard ?... — Depuis quand mariée ? — Depuis quand changé en saint Michel? — Mais, ce mari que j'ai tué... — N'empêchera plus que je sois au seul homme que j'aie jamais aimé. — Mais enfin, quel était-il ? — L'ermite. — L'ermite! Oh! le coquin, je lui devais bien cela. Embrassons-nous, ma chère petite; je t'assure que je ne t'ai pas oubliée un instant. — Ah! mon Dieu! ni moi non plus. Ils disaient aussi vrai l'un que l'autre.

— Allons, dit Trufaldin, au moins, dans ce cas-ci, il n'y a pas d'adultère; c'est même une œuvre pie que de consoler les veuves; mais ne pourriez-vous remettre les consolations après mon pansement, car je souffre comme un damné ? — Il a raison, dit la petite. Laisse-moi un moment, mon ami : la maison, de l'or, des provisions et le temps, tout est à nous.

Elle allume un grand feu; elle fait chauffer des restaurants, et Mendoce et Trufaldin se restaurent. Elle couvre le blessé de compresses d'eau-de-vie, elle bassine un bon lit, et elle aide à l'écuyer, qui avait à peine la force d'y monter. En allant et en venant, en servant, en caressant Mendoce, elle lui contait l'histoire du frère Pacôme.

Ce drôle avait servi, en qualité de soldat, dans la seconde croisade. Il avait contracté en Syrie l'habitude de la bonne chère et de la licence. De retour en Espagne, il trouva très-dur de travailler beaucoup, de manger peu, de dormir moins encore, et il se fit voleur. Il avait une bande nombreuse, à la tête de laquelle il faisait un butin considérable ; mais ce métier, qui paraît si avantageux dans un pays sans police, avait pourtant ses inconvénients. Les seigneurs du pays armèrent contre Pacôme ; il était obligé de se battre tous les jours. Tantôt vainqueur, tantôt vaincu, il n'était plus occupé qu'à se défendre.

Il jugea qu'il ferait bien de jouir des douceurs de la vie, et pour cela il commença par voler ses camarades, les abandonna ensuite, et chercha les moyens de se dérober à toutes les recherches. Il trouva l'ermitage habité alors par un honnête homme, car on n'en disait ni bien ni mal. Il lui proposa, d'un ton hypocrite, de faire son salut avec lui. L'autre ermite était vieux ; il avait besoin de quelqu'un qui pût aller à la quête et faire le gros ouvrage de la maison : il admit Pacôme, et il mourut le troisième jour, probablement parce que le genre de vie que comptait mener le nouveau venu demandait qu'il fût seul.

« Vous savez comment, en paraissant vivre dans l'abstinence, il se procurait jusqu'au superflu ; comment, en affectant la chasteté, il s'était fait un joli sérail : voici ce que vous ne savez pas.

Lorsque, pour la seconde fois, il eut dévalisé Mendoce et passé la rivière à la nage, il se trouva dans un canton qu'il ne connaissait pas, et il fallait qu'il déposât son or quelque part. Il était bien décidé à ne pas retourner à son ermitage ; mais il connaissait à l'autre rive des grottes, des chênes creux où il avait souvent fait des dépôts quand il exerçait la charge de capitaine. Il repassa donc la rivière quand Mendoce fut éloigné ; il se jeta dans le bois et rencontra la petite, que le poids de sa dot empêchait d'aller bien lestement.

Il la battit d'abord à outrance, parce qu'il prétendit qu'elle l'avait volé. Il la traîna par une oreille de caverne en caverne, et, lorsqu'il voulait dormir, il lui attachait les deux jambes, lui liait les mains derrière le dos, et la menaçait de lui ôter la vie si elle faisait le moindre effort pour s'échapper. Débarrassé de son masque de dévot, il se livrait à sa férocité naturelle. Il était brutal, lors même qu'il faisait le mari, ce qui arrivait très-fréquemment, et c'étaient les moments les moins malheureux de la petite.

En allant et venant avec elle, il avait rencontré la maisonnette agréable que venait de faire bâtir un prébendier de Longarès. Le terrain relevait du seigneur Gonzalve, qui, moyennant un léger tribut annuel, promit au prébendier sûreté et protection. La maison plut à Pacôme, et il proposa au propriétaire de la lui vendre. Le propriétaire répondit qu'il l'avait fait bâtir pour son usage, et qu'il n'entendait pas s'en défaire. Pacôme eut envie de le tuer pour terminer la contestation; mais il pensa qu'il ne fallait point se brouiller avec un seigneur dont il aurait besoin à son tour s'il s'établissait sur des terres de sa relevance. Il jugea qu'un prébendier devait avoir quelque vice capital, et il espionna celui-ci. Il ne découvrit rien, et il envoya la petite elle-même le tenter, avec l'ordre de lui donner toutes sortes de facilités. La petite accepta volontiers une mission qui lui donnerait quelque relâche. Elle espérait même trouver les moyens de s'échapper; mais Pacôme rôdait sans cesse autour de la maison. Ce n'est pas qu'il aimât encore la petite, mais il trouvait du plaisir à la tyranniser.

Cette petite avait souvent envie d'avertir le pauvre prébendier de ce qu'on machinait contre lui; mais il y allait de sa vie, et la crainte lui glaçait la langue. Douce, bonne, elle caressait son hôte qui était paisible et aimant. Ce qui devait arriver arriva; ils finirent par coucher ensemble.

Pacôme était convenu avec elle d'un signal extérieur quand ils en seraient là. La petite ne le donna pas la première, la seconde, la troisième nuit; mais le jour qui suivit elle aperçut de sa fenêtre le redoutable Pacôme, qui lui faisait des gestes furieux, et le soir elle attacha en pleurant son fichu blanc en dehors de la maison, et descendit ouvrir le verrou d'en bas quand le prébendier fut endormi.

Pacôme avait employé utilement ces trois ou quatre jours. Lorsque la petite le croyait caché sous un mur, derrière un arbre, il rassemblait des témoins aussi honnêtes gens que lui, et un tabellion qui l'avait deux fois tiré d'affaire en percevant pour épices la moitié des effets volés. Ils entrèrent à petit bruit, et ils entourèrent le lit du prébendier avant qu'il fût éveillé. Le tabellion le tira par la barbe, et lui dit avec dignité qu'il avait été informé de ses désordres, auxquels il refusait d'ajouter foi, et que sa visite n'avait eu pour but que de le justifier aux yeux de ses accusateurs; mais qu'une jeune femme dans son lit était une preuve sans réplique, et qu'il ne pouvait se dispenser de faire son devoir. Il commença un procès-verbal, qu'il allait, disait-il, envoyer à l'évêque de Saragosse.

Pacôme intercéda vivement pour le prébendier : — Il ne faut pas, disait-il, que cet ecclésiastique perde sa prébende et sa liberté, parce qu'il a été faible ; on assure d'ailleurs qu'il n'est pas coutumier du fait. Il ne faut pas non plus que le scandale qu'il cause reste sans punition ; le châtiment le plus chrétien, parce qu'il sera le plus utile, c'est de lui ôter une maison qui lui procure la facilité de pécher. Je lui en ai offert un bon prix ; j'en vais donner moitié, qui sera partagée en vacations entre le seigneur tabellion et ses gens. Le contrat qu'on va faire portera quittance du total, et tout sera dit.

Il est dur de payer aussi cher les bontés d'une jolie fille ; mais il est cruel d'expier quelques jolies nuits dans la misère et la captivité. Le prébendier apprécia les sollicitations de Pacôme à leur juste valeur ; mais il se crut trop heureux de s'en débarrasser en lui abandonnant sa maison. Il signa le contrat, fut éveiller son vieux domestique, monta sur sa mule, et retourna à Longarès, dégoûté pour jamais de la manie de bâtir.

Le fripon Pacôme s'établit aussitôt dans son nouveau domaine, et paya le prix convenu à ses fidèles amis. Satisfait de la docilité de la petite, il voulut lui donner la marque la plus flatteuse de sa satisfaction, le don de sa main. La vérité, qu'il ne disait pas, c'est qu'il voulait s'attacher une femme dont il venait d'éprouver l'adresse, et qu'il comptait employer souvent à l'avenir. La petite n'osa le refuser, en partie par timidité, un peu par l'espoir d'un sort avantageux, du moins du côté de la fortune, et par l'idée assez vraisemblable que l'opulence pourrait faire de son mari, comme de tant d'autres que nous connaissons, un homme à peu près honnête.

Le mariage fait, elle vit qu'elle s'était trompée sous tous les rapports. Les prodigalités de Pacôme le réduisaient sans cesse aux expédients. Il jurait, il battait alors, et menaçait souvent de faire plus : c'était un enfer anticipé que la vie de la petite.

Une des grandes ressources de son mari était d'exercer l'hospitalité et de dévaliser ses hôtes sans qu'ils pussent se plaindre ; car il avait grand soin de se maintenir dans les bonnes grâces du seigneur Gonzalve, qu'il achetait à la vérité un peu cher. Il avait triplé, quadruplé le tribut que lui payait le prébendier ; mais il savait s'en dédommager.

Un étranger, égaré ou surpris par la nuit, se présentait-il

chez lui, la petite était obligée de lui faire les yeux doux. Cent coups de fouet si elle y manquait, cinquante si le voyageur ne se prenait pas dans ses filets, et jamais Pacôme ne manquait à sa parole. Grande chère et bon vin achevaient ce que les œillades de madame avaient commencé. Pacôme alors feignait d'être dans l'ivresse, il gagnait en chancelant une chambre voisine, se jetait sur une couchette, et ronflait bientôt à tout faire trembler. L'état présumé du mari faisait naître la confiance du voyageur, il devenait entreprenant; la petite se montrait facile, et au moment le plus intéressant Pacôme arrivait, sa longue épée à la main, et paraissait prêt à percer d'un même coup l'ingrat qui outrageait la sainte hospitalité et la perfide qui le déshonorait. Ce coquin avait un extérieur imposant et une voix forte, il ne manquait pas d'esprit, et il avait arrangé un protocole tel, qu'un seigneur ne se serait pas exprimé autrement. Il intimidait le pauvre voyageur, qui se trouvait trop heureux de composer avec le mari outragé; de se retirer, sain et sauf, en lui laissant son argent, et il gardait le silence sur le tout, parce qu'on ne se vante jamais d'une aventure galante dont on a été la dupe.

La petite était née sensible, et l'éducation n'avait pas éloigné d'elle la faiblesse, compagne ordinaire de la sensibilité. Toujours prête à céder à son cœur, elle détestait la vie crapuleuse où l'abus de la force la réduisait. Si, du moins, elle avait eu quelque domestique à qui elle pût se confier, et qui fût disposé à la tirer de cet insupportable esclavage! mais Pacôme avait trop d'intérêt à n'avoir pas de témoins de ses actions pour vouloir être servi par d'autres que sa femme. Ce service était pénible; il était exigé avec la plus impérieuse dureté, et tel était l'état de cette malheureuse, qu'elle avait souvent pensé à se détruire, quand Mendoce vint la délivrer de son scélérat de mari.

Rien ne s'oublie aussi aisément que le mal passé. La petite se voyait une veuve très-opulente pour son état, l'avenir ne lui promettait que des jouissances, et le présent lui offrait un joli homme à qui elle avait souvent été infidèle, mais qui avait fait une forte impression sur son cœur. Elle lui proposa tout bonnement de l'épouser et de partager avec lui ce qu'elle avait. Mendoce s'était promis de ne jamais se marier que pour un mois. Il rit beaucoup de la proposition de la petite veuve, l'épousa sur-le-champ, l'épousa plusieurs fois encore, dans un lit bien chaud, qu'elle consentit à partager avec lui, mais sans notaire et sans prêtre. Il protestait à la petite que cette manière valait mieux que l'autre, et la petite convenait qu'au moins les résultats étaient les mêmes.

— Ah çà ! dit-il en s'éveillant, comment vais-je m'habiller, car je suis las de jouer à l'ange et à l'archange ? — Mon cher petit, tu choisiras au magasin. — Ah ! tu as un magasin ? — Complet. Magistrats, guerriers, marchands, tout a passé ici... — Et y a laissé quelque chose ! Voyons ton magasin.

Il était amplement fourni. En tournant et retournant tout, Mendoce reconnut deux ou trois de ses habits, autant de soutanelles à Trufaldin, qui étaient dans les ballots que portaient les mules qu'avait si bien gardées le frère Pacôme. — Ma foi, dit-il, c'est une vraie trouvaille, et personne ne dira que nous nous sommes habillés à la friperie. L'ange Gabriel reprend la tournure d'un élégant et riche seigneur ; la petite le regarde, essuie furtivement une larme, et lui dit : — J'ai eu tort de te proposer de m'épouser tout à fait ; mais si je ne suis pas digne de ton nom, je mérite ton cœur ; donne-le-moi, reste ici ; tu partiras quand tu seras fatigué de ta petite ; mais elle fera tout pour te plaire longtemps, car elle sent que son bonheur la quittera avec toi.

Mendoce était léger, inconsidéré, fou ; mais il avait le cœur bon. Ce langage, simple et vrai comme la nature dont il était l'organe, fit sur lui une forte impression ; il promit à sa petite plus qu'on ne peut tenir à vingt ans, et sa petite le crut, parce qu'elle désirait qu'il fût sincère.

Trufaldin, qui n'avait rien de mieux à faire que de réfléchir dans son lit, et que la peur rendait prévoyant, les interrompit pour leur demander ce qu'ils comptaient faire de feu frère Pacôme, qui gisait dans le puits et que le premier venu pouvait reconnaître : — Que m'importe ce drôle ? disait Mendoce. — Et à moi ? ajoutait la petite. — Que diable ! reprenait Trufaldin, ayez donc conséquents une fois dans votre vie. Vous avez tué un fripon, c'est fort bien ; mais vous n'ignorez pas qu'il est défendu de se faire justice soi-même. — Et quand on ne nous la fait pas ? — Il faut souffrir. — Je ne souffre rien. — Il n'est pas question ici de faire l'aimable. Il faut tirer Pacôme du puits ; l'enterrer de votre mieux, puisque je suis hors d'état de vous y aider, et dire à ceux qui viendront le demander qu'il est disparu, et qu'il a abandonné sa pauvre petite femme. Sans cela, partons à l'instant, et je vous suivrai comme je pourrai, ou bien il faudra vous suivre en prison, dont votre père vous tirerait sans doute; mais il n'est pas agréable d'avoir un procès criminel sur le corps quand on peut se l'épargner. — Allons, tais-toi, bavard, nous allons suivre ton conseil pour t'engager au silence. — Bavard ! bavard ! on bavarde toujours quand on vous parle raison.

La petite prend un croc et une corde, Mendoce la suit et essaie de repêcher le défunt. Il y mettait toutes ses forces, mais il était maladroit comme un seigneur. La petite secondait ses efforts, et elle fit tant, que le fils de Pacôme, de Mendoce ou de tel autre, incommodé de cet exercice, demanda à sortir d'une manière si positive, que madame sa mère jeta les hauts cris, et rentra en tenant son petit ventre à deux mains. Mendoce jeta sur Pacôme quelques paquets d'osier, destinés probablement à attacher des treilles qui grimpaient le long des murs, et qu'il était assez naturel d'humecter. Il courut après la petite, embarrassé comme un jeune homme qui ne connaît de l'amour que la partie agréable, et qui jusqu'alors s'était fort peu inquiété des suites de ses plaisirs. — Ah ! mon Dieu ! disait-il en courant çà et là, ah ! mon Dieu ! pas de matrone; et où aller en chercher une ? Trufaldin, entends-tu quelque chose à cela ? — Oui, sans doute, je sais qu'il faut rendre douloureusement ce qu'on a pris avec volupté, d'après l'arrêt de Dieu, qui prononça que, puisque Eve avait mangé une pomme, les femmes enfanteraient avec douleur. — Et comment enfantaient-elles auparavant, butor ? — Avec délices, seigneur. — Il faut que leur construction ait diablement changé; mais ce n'est pas de cela qu'il s'agit : il faut aider cette chère enfant. Lève-toi, et viens ici. — Hé, je ne saurais me remuer. — En ce cas, je vais faire la sage-femme. — Ah ! mon Dieu ! mon Dieu ! que je voudrais voir cela !

Mendoce retrousse ses manches et se met à genoux devant sa petite, qui l'effrayait par ses cris. — Faites ceci, faites cela, lui disait-elle, et Mendoce éperdu faisait tout le contraire. Il avait les mains partout; il suait sang et eau, et il allait probablement tuer l'enfant et la mère, lorsqu'il aperçut quinze à vingt cavaliers dans la cour dont probablement Pacôme avait laissé la porte ouverte en rentrant. Il les prend pour des compagnons du défunt; il laisse sa petite crier, saute sur une hache, et s'avance bravement au-devant de cette troupe en criant : *Vinci aut mori !* reste précieux du latin que lui avait appris Trufaldin.

— *Vinci aut mori* est excellent à la guerre, lui répond un homme qu'il reconnaît pour le frater du château de son père; *nunc est bibendum*.

Mendoce sentit d'abord que c'était lui qu'on cherchait, et ne concevait pas que le frater ne le reconnût point. Il y avait de bonnes raisons pour cela. En faisant la sage-femme, en portant ses mains partout, il les avait aussi portées à son visage couvert de sueur, et il avait plutôt l'air d'un boucher que du fils du seigneur propriétaire d'un cinquième de la Catalogne.

— *Nunc est bibendum*, répète le frater. — Il s'agit bien de boire! réplique Mendoce persuadé qu'il n'était pas connu, par un prodige qui le confondait, aidez-moi si vous pouvez à sortir du plus grand embarras où je me sois jamais trouvé. — Qu'est-ce que c'est? — Ma femme accouche... — Ah! et vous avez voulu faire un métier auquel vous n'entendez rien; je croyais que vous veniez d'égorger un bœuf. Voyons votre femme. — Le seigneur est homme de l'art? — Chirurgien-major des villes et villages du comte d'Aran. — Ah! comment se porte ce cher comte? — Mal. Il a un libertin de fils qui le mettra au tombeau; mais voyons votre femme. — Et croyez-vous que le fils ait des torts? Un père qui veut l'enfermer.. — Qui vous a dit cela? — La renommée. — Et ce fils n'a pas passé par ici? — Je ne crois pas. — Nous le cherchons partout avec les hommes d'armes du comte de Cerdagne; malheur à lui si nous le rencontrons! — Prenez garde, frater, qu'il ne vous châtie lui-même. — Oh! je suis en force, nous sommes vingt contre un; mais voyons votre femme.

Mendoce ne se souciait pas trop que le frater entrât, parce qu'il ne pouvait manquer de reconnaître Trufaldin, que le mal tenait cloué dans son lit. D'un autre côté il sentait le besoin qu'avait la petite d'un secours urgent, et il trouvait plaisant de faire accoucher sa maîtresse par le chirurgien de son père. Il pesait le pour et le contre, et l'accoucheur était déjà en position et commençait son office. Mendoce intrigué prit une couverture, la jeta sur le lit de Trufaldin, et dit bien près du traversin : — Si tu remues ou si tu parles, tu es mort.

Trufaldin avait eu d'abord une forte démangeaison de se faire reconnaître et de rendre son maître à sa famille; mais il avait fait des serments affreux, et on ne perd pas son âme pour obliger les hommes. Il sentait que les cavaliers le forceraient à parler s'il se laissait voir par eux : rompre le silence lui paraissait impossible; s'exposer à être battu.... il l'avait été autant que mortel puisse l'être sans en mourir. Il s'était tiré de son lit comme il avait pu, et s'était allé blottir dans une grande armoire qui servait de garde-manger.

— *Nunc est bibendum*, redit le frater en recevant un enfant gros et gras qui ne se sentait nullement des chagrins de madame sa mère. Mendoce, enchanté de voir la petite délivrée, conduisit l'accoucheur au garde-manger, lorsqu'une seconde troupe parut dans la cour. C'était l'intendant de Gonzalve qui cherchait à réparer le vide que la dernière fête avait fait à sa caisse, qui faisait une tournée chez ses redevables dans une litière bonne et commode, et qui faisait escorter d'une manière imposante ses sacoches qu'on portait devant lui.

Mendoce, que tout intéresse ou intrigue, s'arrête, regarde; le frater ouvre l'armoire, et voit quelque chose de velu derrière une moitié de cochon; il examine de plus près, distingue une figure humaine, et s'écrie : — Le voilà ! le voilà ! — Qui donc ? reprennent ses hommes d'armes. — Trufaldin, celui qui accompagne notre jeune maître, et il va nous dire où il est... Mendoce rougit, Trufaldin met le doigt sur sa bouche pour indiquer qu'il ne pouvait rompre le silence; le chef des hommes d'armes, impatient, s'avance vers lui la masse levée. Mendoce se jette en avant avec sa hache, et jure qu'il ne souffrira pas qu'on porte la main sur un homme qu'il a reçu chez lui, et qu'il a trouvé dans la forêt, moulu de coups que lui a donnés son maître en le quittant.

Ce conte assez vraisemblable d'après la violence connue du jeune d'Aran; l'air naturel du conteur en imposèrent aux cavaliers, qui allaient s'en retourner en se contentant de ramener Trufaldin, quand l'intendant de Gonzalve entra dans la maison, entendit des cris d'enfant et félicita la petite. Il ne fallut qu'un mot pour mettre le frater sur la voie. Il conta le plus prolixement qu'il put que le mari de la jolie petite femme avait failli la tuer par un zèle mal-entendu; qu'heureusement lui, chirurgien, était arrivé assez à propos pour prévenir un malheur. Vint ensuite l'énumération des bévues du mari et des difficultés étonnantes que l'art avait surmontées. — Tout cela est fort bien, reprend l'intendant, et je vous fais mon compliment; mais je n'ai pas de temps à perdre : voyons, où est le mari ? — Hé, parbleu ! le voilà, dit le frater en lui montrant Mendoce. —

— Cette figure barbouillée, lui ! Pacôme est plus grand que lui de toute la paume de ma main.

Mendoce sentait bien qu'il était inutile de chercher à en faire accroire à l'intendant, et qu'il fallait enfin prendre la route de la tour du Nord. Il se mit à siffler un petit air en homme décidé, qui a fait ce qu'il a pu pour éviter la prison, mais qui a le courage de la braver.

Pendant qu'il sifflait au milieu des hommes d'armes qui formaient un cercle exact autour de lui, l'intendant interrogeait la petite, qui mentait, comme de raison, et le frater s'approchait de son jeune seigneur, un bassin d'eau claire à la main. — J'ai eu l'honneur, lui dit-il respectueusement, de faire l'accoucheur à votre sollicitation, permettez que je fasse maintenant le barbier. Je ne vous épilerai pas la moustache, puisque vous n'en avez pas encore, mais je m'assurerai du moins si la jolie figure que je soupçonne sous cette marqueterie rouge y est en effet. — Allons, soit, dit Mendoce en riant, viens, viens, mon cher Domingo, viens me débarbouiller.

Le frater saute de joie en s'entendant nommer, et ne doute plus de rien. Il persuade à Mendoce, en le décrassant, que son père lui pardonnera bientôt, que sa mère le fléchira sans doute; mais qu'à tout événement il fallait qu'il marchât avec ses hommes, dont il serait traité avec le respect qui lui était dû, s'il n'était pas récalcitrant. Ces gens-là, disait Mendoce en lui-même, ne peuvent avoir l'ordre de me tuer; si je les attaque, ils fuiront devant moi... Oui, mais je suis à pied, et ils sont à cheval; ils me suivront, me harcèleront, ils ne me laisseront pas un instant de relâche, ils finiront par me forcer comme un lièvre, et ils m'emporteront. — Allons, allons, dit-il tout haut, faites mon paquet, celui de Trufaldin, et partons pour la tour du Nord, puisque définitivement il faut en essayer.

Trufaldin finissait de s'habiller à l'aide de son intendant, qui l'avait reconnu, et ils se félicitaient ensemble d'un dénoûment qui allait rendre monsieur l'aumônier à la vie douce pour laquelle la nature l'avait formé. La petite, bien fâchée de perdre son joli seigneur, sentait pourtant que les prérogatives du veuvage et son enfant pouvaient consoler de bien des pertes. Cette scène, qui avait pu être orageuse, allait se terminer avec simplicité, résignation et bonhomie, lorsqu'un homme de l'escorte de l'intendant entra en criant : — Au meurtre! au meurtre! en voulant faire boire nos chevaux, nous avons tiré Pacôme du puits.

A ces mots, le tableau change en un clin d'œil : Mendoce pâlit, Trufaldin tremble, et la petite se met à pleurer. L'intendant, assez bon diable, ne condamnait encore personne; mais le chef de son escorte, homme madré et considéré de Gonzalve, s'érigea aussitôt en jugé, et interrogea sévèrement la veuve. Mendoce, trop généreux pour la laisser sous le soupçon d'un crime dont elle était innocente, prit la parole, s'accusa avec fermeté, fournit en preuves contre lui-même l'habit mouillé encore avec lequel Trufaldin avait passé le fossé; la fouène, dont le manche, couvert d'une humidité verdâtre, n'avait pu être trouvé que dans l'eau; les dents de cette fouène faisant autant de blessures au flanc du défunt; le fléau avec lequel Pacôme avait éreinté Trufaldin, qui douze heures auparavant se portait à merveille et jouait les saints mystères au château même de Gonzalve; enfin il conclut que la petite veuve n'avait pu être d'intelligence avec eux, qui avaient passé un mois chez le châtelain, et que le seul tort qu'on pût leur reprocher, c'était d'être entrés par un autre chemin que la porte, et qu'au reste Pacôme, dont il cita les hauts faits, avait bien mérité sa triste fin.

L'officier, après avoir réfléchi, pesé, commenté chaque phrase et vérifié chaque fait, proclama la petite veuve innocente, et il ajouta que le seigneur Gonzalve ne souffrait pas qu'on tuât impunément des vassaux qui lui payaient soixante marcs d'argent par an; que ce seigneur avait sans doute beaucoup d'amitié pour Mendoce, mais que son devoir, à lui, était de le conduire provisoirement dans les prisons de sa juridiction.... — Dans les prisons, faquin! interrompit fièrement Mendoce. — Qui osera l'y conduire, reprit plus haut encore l'officier de Cerdagne, et faire un tel affront au nom d'Aran? — Ce sera moi. — Toi! — Il ira. — Il n'ira point. — Il ira, vous dis-je. — Par saint Jacques, tu en as menti. Un vigoureux soufflet est la dernière réplique de l'officier de Gonzalve, et celui de Cerdagne tire aussitôt l'épée.

— Amis, dit-il à ses hommes d'armes, nous devons rendre ce jeune seigneur à son père, et vous devez venger l'affront que votre chef a reçu. En avant, marche!

Les deux troupes se choquent, se battent d'abord dans la maison, se poussent et se développent dans la cour. Ceux qui ont le temps de saisir leurs chevaux sautent dessus, les autres combattent à pied; on se charge avec une égale fureur.

Mendoce était bien loin de vouloir du mal à Gonzalve, et même à ses gens. Il se jeta dans la mêlée, il parla, il cria, il proposa des voies d'accommodement : peine inutile. L'officier de Cerdagne était brave comme son seigneur et incapable de pardonner un soufflet ; l'autre n'était pas homme à se laisser tuer sans se défendre, et tout ce que Mendoce gagna à vouloir arranger des gens décidés à se battre, ce fut un coup de poitrail de cheval qui le jeta à dix pas.

Il prit de l'humeur à son tour, et se rangea du parti de ceux qui appartenaient à l'intime ami de son père, et qui voulaient lui sauver la honte d'être emprisonné comme un criminel. Sans casque, sans cuirasse, sans la plus légère cotte de mailles, il se jette au milieu des hommes d'armes couverts de fer, et joue de sa hache en déterminé. Joignant la ruse à la valeur, il se glissait entre les chevaux, leur coupait les jarrets, et échappait aisément à ceux qui combattaient à pied, et que le poids de leur armure empêchait de courir aussi lestement que lui.

L'affaire fut longtemps à se décider. Ces armures complètes rendaient les guerriers presque invulnérables ; il était plus facile de les assommer que de les blesser. Cependant les troupes de Cerdagne, exercées, aguerries, devaient l'emporter sur celles du pacifique Gonzalve, et ce fut ce qui arriva. Mendoce s'était emparé d'un cheval qui errait çà et là sans cavalier, et il acheva de fixer la victoire. Quand il la vit certaine, et qu'il crut pouvoir quitter le combat sans honte, il prit un parti fort simple : il fit une volte de côté, enfila au grand galop la porte de la cour, et se jeta dans le bois en s'écriant : — Ma foi, me voilà encore une fois revenu de la tour du Nord.

Sa fuite fait cesser à l'instant la bataille dont il était l'unique cause. Ceux des deux partis qui se portaient bien se mettent à l'instant à sa poursuite, les uns pour le ramener chez son père, les autres pour le conduire dans les prisons de Gonzalve. Leurs prétentions réciproques, trop clairement énoncées en galopant, amenèrent à la lisière du bois une seconde rixe très-favorable au fugitif. Il suivit un sentier battu de toute la prestesse de son cheval, ne s'occupa plus de ce qui se passait derrière lui, et fort peu de l'avenir. Il avait bien déjeuné, et n'était pas homme à s'inquiéter tant qu'il n'avait besoin de rien.

Quand les combattants eurent brisé bien des épées et bien des lances, et qu'ils eurent épuisé leurs forces, il fallut qu'ils s'arrêtassent. Ils convinrent qu'ils s'étaient tous comportés en braves gens, et que, puisque Mendoce s'était échappé, ce qu'ils pouvaient faire de mieux, c'était de s'aller refaire chez eux ; et ils en avaient besoin ; il n'en était aucun qui ne fût couvert de contusions, beaucoup étaient blessés, heureusement il n'y avait pas de morts. Le frater fit les premiers pansements du mieux qu'il put, et on se sépara bons amis en apparence, et sans avoir rien gagné que des coups, ce qui arrive communément à la fin de toutes les guerres. L'intendant seul perdit à celle-ci : il ne retrouva pas sa litière.

La troupe de Cerdagne trouva en arrivant au château les trois autres corps rentrés. La longueur, l'inutilité des recherches, les fatigues continuelles avaient dégoûté jusqu'à Cerdagne lui-même ; la mauvaise saison approchait, les chemins devenaient impraticables, il licencia son monde jusqu'au printemps, selon l'usage du siècle où les vassaux ne devaient de service que pendant un temps limité.

Cerdagne fut rendre compte du triste succès de son entreprise. Il raconta à d'Aran comment on avait trouvé son fils près du château de Gonzalve, comment il s'était échappé de nouveau ; il jugea de son séjour dans ce canton qu'il était retenu par quelque amourette. Il espérait qu'un autre moyen qu'il avait imaginé réussirait mieux que le premier. Le comte d'Aran n'y comptait guère, et la réserve de la comtesse ne permettait pas qu'on s'ouvrît à elle sur cette dernière ressource. Cerdagne prévoyait que, dans tous les cas, Mendoce resterait aux environs de Longarès jusqu'à la belle saison, puisqu'il était à peu près nu et sans argent, et il conclut qu'au pis aller il fallait prendre patience jusque-là.

Le papa se désolait, la maman était au désespoir. Cerdagne ne riait plus ; l'escapade commençait à lui paraître longue et forte. Cependant trois affligés trouvent toujours quelques motifs de consolation, et le moins triste amuse quelquefois les autres ; c'est ce que fit Cerdagne pendant plusieurs jours. Il vit ses amis sourire à l'espoir du printemps ; il retourna près de sa Séraphine, la seule avec qui il pût converser depuis que l'enjouée, la sémillante et parfois raisonnable Rotrulde était absente, et pour cause.

Courons maintenant sur les traces de Mendoce, que nous avons laissé galopant sur son grand cheval de bataille. Il chantait, le monsieur, et ne pensait pas aux entrailles maternelles que son absence déchirait, aux larmes secrètes qu'il faisait répandre. Ingrats enfants, que vous nous causez de peines ! Et vous vous plaindrez quand les vôtres nous vengeront un jour, et vous trouverez des gens qui vous plaindront, et vos enfants aussi seront plaints à leur tour, quand vos petits-enfants commenceront leurs fredaines, car tout le monde en doit faire plus ou moins. Le premier homme a donné un mauvais exemple ; ceux-là se suivent aisément, et celui d'Adam le sera jusqu'au dernier homme. Après cela, la fin du monde, l'extinction de la matière qui ne peut s'anéantir, l'éternité que personne ne conçoit, mais dont on ne saurait douter ; le paradis placé on ne sait où, l'enfer au centre de la terre qui ne sera plus ; le purgatoire... Mais où diable vais-je m'embarquer ? Rions, rions et laissons toutes ces rêveries aux cerveaux atrabilaires.

Mendoce galopait donc et chantait la chansonnette. Il suivait un sentier aussi riant que le permet la nature à la fin d'octobre. Les arbres verdoyaient encore, et un soleil faible, mais pur, dardait ses rayons à travers les branches qui se dépouillaient à chaque coup de vent. Mendoce était sur une éminence où quatre chemins se croisaient. — Lequel prendrai-je ? disait-il. Ma foi, pour les affaires que j'ai à suivre, la route est bien indifférente. Et il se décide pour celle qui lui offrait les sites les plus piquants.

Il descendait, galopant toujours et faisant succéder une seconde chanson à la première, quand il aperçut une litière dans le fond du vallon sur lequel il dominait. Elle allait au pas, comme vont toutes les voitures portées sur le dos de deux mules, et l'aimable polisson devait la joindre en dix minutes. — Je trouverai là-dedans, disait-il encore, quelque prélat, quelque douairière, quelque médecin. Le premier doit nourrir son prochain, la seconde sera sensible à mes charmes, et je ne crains le troisième qu'au coin de mon chevet : avançons.

En avançant, il reconnaît des panaches de mulets aux couleurs du seigneur de Gonzalve ; bientôt il aperçoit la bannière flottant à la tête de la litière. — Parbleu, dit-il, c'est Séphora qui se promène, et quoiqu'il fasse un peu frais, je peux jouer à l'ange Gabriel ici comme ailleurs. Elle n'a pas de suite, et cela ne laisse pas d'être commode.... Il pousse plus vivement encore, il approche, et il voit deux ou trois individus mêlés dans la litière : — Adieu, dit-il, adieu, flatteuse espérance de doux plaisir ; c'est un hôpital ambulant que j'ai devant moi... Il arrive, il voit son cher Trufaldin. Il regarde de plus près, c'est la petite veuve et son enfant. — C'est un prodige. — C'est un miracle. — Je suis ravie. — Je suis comblé. — Et pourquoi?... — Comment?... Raconte-moi... — Raconte toi-même.

La petite, effrayée du carillon infernal qu'on faisait dans sa cour, craignant pour elle, pour le précieux et dernier rejeton du sang de Pacôme, la petite s'était levée comme elle avait pu. Tout le monde se battait, hors Trufaldin, qui tremblait de quatre membres. Ils s'étaient mutuellement entr'aidés, et s'étaient juchés dans la litière à laquelle personne ne pensait plus; ils étaient sortis à la barbe des combattants qu'occupaient le désir de tuer, la nécessité de se défendre, et comme Mendoce, ils avaient pris le premier chemin qui s'était présenté devant eux.

— Hé! où vas-tu comme cela, ma petite? — Je n'en sais rien, mon petit, et toi? — Je n'en sais pas davantage. Je bénis le hasard qui nous réunit. — Tiens, cher Mendoce, ne nous quittons plus. — C'est bientôt dit, madame, je n'ai rien, et vous voulez que je me charge d'une femme en couche et d'un enfant auquel, à la vérité, je peux avoir contribué... — Bah reprit Trufaldin, ne savez-vous pas que les femmes pensent à tout : nous avons dans la litière l'or et l'argent du défunt. Madame n'a laissé que des habits dont elle se soucie peu, et sa maison que personne n'emportera. — Allons, soit, voyageons ; je peux sans scrupule manger quelques marcs du trésor du frère Pacôme : ce sera une restitution. Sur quelle route sommes-nous ici? — Je n'en sais rien. — Ni moi. — Ni moi. — Quelle est la ville la plus prochaine? — Je n'en sais rien. — Ni moi. — Ni moi. — Quel parti allons-nous prendre? — Je n'en sais rien. — Ni moi. — Ni moi. — Voilà un voyage qui commence bien, tâchons au moins de nous orienter. A six lieues devant nous, un peu à droite, un peu à gauche, doit être la ville de Longarès, qu'il faut éviter, de peur de trouver le château de Gonzalve, que je ne me soucie pas de revoir depuis que nous avons échiné ses gens. En tournant du côté du levant, nous trouverons la grande rivière d'Ebre sur laquelle nous voguerons. Nous la descendrons jusqu'à son embouchure, où nous nous embarquerons pour la Catalogne : c'est prendre le long tour, mais personne ne nous suivra là. Nous nous tiendrons à dix ou douze lieues des domaines paternels, et, certes, ceux à qui il prendra envie de me chercher encore, étendront leurs courses plus loin, parce qu'ils ne me soupçonneront pas l'audace de me tenir aussi près. Voilà un plan arrêté. Le soleil va se coucher derrière nous, donc nous avons le levant en face, vive la joie! et passons en avant.

— Ah çà, dit Trufaldin en se tournant péniblement du côté de Mendoce, voilà un plan arrêté, c'est fort bien. Je m'embarquerai avec vous, moi, qui crains l'eau comme les chats ; mais nous ne sommes pas encore à l'embouchure de l'Ebre. Il est possible que nous ne trouvions pas un hameau d'ici à demain matin, et croyez-vous que je puisse passer la nuit dans une litière ouverte, moi, rompu à votre service, et votre petite puisque vous la nommez ainsi, votre petite, qui est accouchée ce matin, peut-elle supporter le froid pendant une traite aussi longue? Que le diable m'emporte, si j'entends rien à votre façon de voir. Vous seriez à merveille dans une des tours de votre père ; vous feriez votre paix avec lui, vous reviendriez un haut et puissant seigneur, et vous aimez mieux courir les champs ! A quoi vous a mené cette chienne de manie? En sortant de Saragosse, vous vous réfugiez chez un ermite qui vous vole. Vous le retrouvez en habit de cavalier ; vous vous battez avec lui, il vous désarme, et m'enfonce une côte d'un coup de pied. Vous entrez chez un seigneur qui a une jolie femme.... crac, la tête se monte, vous lui faites jouer la vierge Marie, et saint Joseph à son époux. Vous êtes forcé de vous sauver de là, sans haut-de-chausses et sans bonnet, et vous courez comme un Basque après moi, qu'entraîne la mule d'une vieille sorcière. Elle vous parle d'une autre jolie femme... pan, vous entrez chez elle sur mes épaules, le mari m'éreinte, et vous le tuez. Après cela, vous faites le mari vous-même, vous faites l'accoucheur ; que ne faites-vous pas? Des hommes armés se présentent, vous vous battez avec eux comme si vous étiez dans une peau d'acier ; enfin vous voilà parti pour la mer Méditerranée, et un naufrage terminera nos caravanes. Quel chien de plaisir trouvez-vous donc au métier que vous nous faites faire? Il me déplaît, seigneur, il me déplaît, et beaucoup. — L'ennuyeux péroreur! Eh bien! prends mon cheval et de l'argent dans tes poches, retourne au château, et ne me romps pas la tête davantage. Moi, j'aime le genre de vie que je mène : je respire le grand air, je m'amuse de tout, je ne dépends de personne, je suis enfin un habitant de l'univers. — Le beau titre! — Tu te plains des coups que tu as reçus, pourquoi n'es-tu pas plus brave? — Ma foi, monsieur, la valeur est un don que Dieu fait à qui bon lui semble. — Tu crains de mourir de froid dans ta litière, descends. J'ai ma hache d'armes, je bâtis en une demi-heure une cabane pour nous tous, et le premier caillou frotté sur mon arme nous allume du feu. Tu vas me dire maintenant que tu crains la faim et la soif... — Non, seigneur, non, je ne dirai pas cela; j'ai, comme madame, ma petite prévoyance; sous ce matelas est la moitié de cochon derrière laquelle j'étais caché dans l'armoire; plus deux gâteaux cuits sous la cendre et une dame-jeanne pleine d'un excellent vin. — Mais voyez donc ce maraud qui a un magasin complet et qui ose se plaindre lorsque je voyageais gaiement, persuadé que je ne trouverais dans ce bois que des cure-dents ! Allons, arrête tes mules, et je mets la main à l'œuvre.

Il descend en effet de cheval, passe ses rênes dans une branche fourchue, et attaque le premier arbre à grands coups de hache. Il se hâte; les coups se succèdent sans interruption; il est hors d'haleine, et l'ouvrage avance peu. Il ne se décourage pas; mais il est forcé de prendre un peu de repos.

— Voyez, disait-il une main appuyée sur sa hache et s'essuyant le front de l'autre, voyez s'il est une position aussi agréable que la nôtre : cet endroit nous plaît, hé bien ! nous y couchons. Demain, autre habitation, autres mets. Je bâtis une cabane en roseaux sur le bord de l'Èbre ; je fais des lignes avec la queue de mon cheval, et je vous sers un souper tout en poisson. Après-demain..... — Après-demain, nous ferons comme nous pourrons ; tâchez seulement de nous arranger un abri pour ce soir. Et Mendoce se remet à l'ouvrage, travaille beaucoup et fait peu de chose. Il s'arrête une seconde fois, et voit, à quelque distance, une tête qui se montrait derrière un gros orme, et qui le regardait fixement. Il court de ce côté, la hache à la main, et trouve un jeune homme d'une figure très-agréable qui lui sourit avec douceur.

La jeunesse inspire la confiance, et la hache de Mendoce tomba d'elle-même à la vue de l'étranger. L'étranger s'avança vers Mendoce, lui présenta la main, et voilà la connaissance faite. — Je suis surpris par la nuit comme vous, lui dit le jeune homme; j'ai poussé mon cheval, guidé par les coups de votre hache, qui retentissaient dans la forêt. Je croyais trouver un bûcheron que j'allais prier de me conduire à sa hutte, et je me suis arrêté à l'aspect de votre litière et des personnes qui sont avec vous. Votre conversation, que j'ai entendue, m'avait donné sur vos moyens d'existence et vos principes des soupçons qui m'ont déterminé à me cacher ; mais une figure comme la vôtre dissipe à l'instant toutes les craintes, et je vois que vous êtes simplement un ami du plaisir qui se dérobe à la sévérité paternelle. — Précisément, seigneur, et peut-être y a-t-il quelque analogie entre vos goûts et notre situation. — C'est absolument la même chose. — Parbleu, seigneur, je suis enchanté de ces rapports. — Je passerai la nuit avec vous, si vous le permettez, et je vais vous épargner bien du travail. — Vous me rendrez service, car je suis sur les dents.

Mendoce croyait que le jeune homme allait prendre la hache à son tour : point du tout. Il remonta à cheval, s'éloigna au grand galop, et revint, l'instant d'après, avec un énorme paquet derrière lui. — Mon valet, dit-il, portait en croupe cette tente et ces provisions. C'est un garçon déterminé et bien armé. Je l'ai laissé à cinquante pas pour veiller aux environs avec l'ordre de se replier sur nous s'il entendait quelque chose de suspect.

Aussitôt le jeune homme et Mendoce déroulent une assez belle tente. Les piquets sont enfoncés, la toile est tendue, et on a une maison. On y porte les matelas de la litière, et voilà des lits, où l'on couche les malades. Le jeune homme exhibe un fort joli souper, et Mendoce, qui ne veut pas lui céder en générosité, allume un bon feu, embroche son quartier de lard à un bâton bien effilé, assied Trufaldin sur un tas de feuilles sèches, et le charge de tourner le rôt. Pendant qu'il cuit, on cause, on plaisante, on se plaît mutuellement, la confiance s'accroît, et on se raconte ses aventures. Le jeune homme commence, et conte ce qu'il veut. Mendoce prend la parole après lui, et conte ce que vous savez. Il n'avait pas de motifs de rien cacher à un ami, qui, comme lui, fuyait un père, qui paraissait de si bonne foi, et qui, dans aucun cas, ne pouvait être à craindre, puisqu'il était sans armes.

A mesure que Mendoce contait, la figure du jeune homme s'épanouissait davantage ; la joie brillait dans tous ses traits. Mendoce attribuait cette gaieté à sa manière plaisante de conter : elle avait un motif tout différent.

Pendant que ces messieurs se faisaient des confidences réciproques, la petite veuve réfléchissait sérieusement à sa position critique. Si le jeune homme ne s'était pas présenté, elle n'aurait eu pour toit que le ciel. Ce désagrément l'attendait le lendemain, et peut-être les jours suivants, sans compter les dangers, les aventures désagréables, le défaut de soin dans des marches pénibles et longues, et tout cela, comparé à la vie douce qu'elle pouvait mener dans sa jolie maison, nuisait singulièrement aux charmes du beau Mendoce, et effaçait insensiblement le plaisir de l'avoir retrouvé. A la vérité, se disait-elle, c'est un joli homme ; mais on en trouve partout. C'est un seigneur, et il me quittera au premier jour. Un bon mari, qui me plaise, et dont je ferais la fortune, me conviendrait bien mieux ; mais comment quitter Mendoce, après lui avoir proposé moi-même de le suivre ?

En effet ce changement subit devait la faire accuser d'inconséquence, et je ne sais pourquoi on brave plus aisément la peine, les fatigues, qu'un ridicule.

Trufaldin, lui, tournait la broche, sans penser à rien qu'à se chauffer. Il présentait au feu son dos macéré, autant que le permettait l'exercice dont son maître l'avait chargé. L'eau-de-vie et la chaleur opérèrent un changement assez sensible. Il débrocha son porc, et le servit à ces messieurs avec assez de facilité.

Le souper fut très-gai, de leur part au moins, car la petite continuait à penser, et Trufaldin, qui se sentait mieux, ne s'occupa qu'à faire fête à tous les mets qu'il avait devant lui.

Le jeune homme trouvait admirable l'idée que Mendoce avait conçue de suivre les bords de l'Ebre. — Quoi de plus plaisant, disait-il, que de voyager sur l'eau pendant que le papa vous cherche sur terre ! il y a là de quoi le désespérer. — Je serais pourtant fâché d'ajouter à ses chagrins. — C'est à lui seul qu'il doit s'en prendre : enferme-t-on des jeunes gens comme nous ? — C'est vrai, c'est très-vrai, ce que vous dites là, et je l'ai souvent pensé. — Malgré cela, pas de rancune ; à la santé de nos papas. — Oh ! du meilleur de mon cœur.

Le jeune homme insinua ensuite qu'il était difficile de voyager avec une femme dans l'état de la petite ; qu'elle exposait visiblement sa vie, et qu'on était revenu de la folie de se tuer pour prouver sa fidélité. Il ajouta qu'il était indispensable qu'elle retournât à son domicile, dont la frayeur l'avait chassée ; qu'elle s'y rétablirait ; qu'elle y reprendrait cette fraîcheur qui avait charmé son chevalier ; qu'ils se rejoindraient facilement à Am-posta, dernière ville à l'embouchure de l'Ebre, ou dans une des jolies îles situées à peu de distance du rivage, où Mendoce vivrait agréablement et ignoré jusqu'au moment où l'amour viendrait l'y combler de nouvelles faveurs. Très-probablement le jeune homme avait une intention en proposant ce plan ; mais la petite et Mendoce ne virent que ce qu'il avait de raisonnable. Il favorisait les projets actuels de la première, et la fatigue de la soirée avait fait revenir le second de sa manie des cabanes.

Cependant ils ne parlaient ni l'un ni l'autre. Les amants se quittaient au douzième comme au dix-huitième siècle ; mais ils ne se disaient pas en face qu'ils s'ennuyaient mutuellement, et qu'ils seraient enchantés d'être débarrassés l'un de l'autre. Ce qui contribuait surtout à rendre intérieurement Mendoce de l'opinion du jeune homme, c'est que la petite était dans un état à ne pouvoir le dédommager de longtemps des peines qu'il prendrait pour elle, et comme elle il disait à part lui : — C'est une jolie femme, mais on en trouve partout.

C'était au plus adroit à amener une rupture, dont personne n'eût à se plaindre, et, dans les jeux de caprice, les femmes ont un tact, une finesse, qu'il a plu à la nature de nous refuser.

La petite trouva un moyen qui conciliait tout. Elle se plaignit un peu d'abord, beaucoup ensuite, très-fort dans le milieu de la nuit. Mendoce, qui avait eu bien de la peine à s'endormir, fut réveillé par ses gémissements continuels. Il s'approcha d'elle d'un air touché ; il lui dit en s'efforçant de pleurer qu'il l'aimait trop pour souffrir qu'elle devînt victime de son amour, et il la conjura de retourner chez elle. La petite lui répondit en pleurant tout de bon, car la nature a accordé à ce sexe charmant le don de pleurer à volonté, la petite répondit qu'elle mourrait peut-être du regret de le quitter ; mais qu'elle sentait bien qu'elle mourrait sûrement si elle continuait le voyage, et qu'elle prenait, par excès d'amour, le seul parti qui pouvait la lui conserver. La vérité, c'est que cette petite, Séphora et toutes les femmes que Mendoce avait trouvées jusqu'ici, n'aimaient que le plaisir, à qui elles donnaient le nom d'*amour*, beaucoup plus décent, ainsi qu'il a plu au charmant Boufflers d'appeler des cœurs...... ce que vous savez bien. Une autre vérité, c'est que Mendoce avait donné de bonne foi dans la même erreur. Il trouvera peut-être une femme qui lui fera connaître le véritable amour.

Au point du jour, la petite, après avoir rendu à Mendoce l'or que feu Pacôme lui avait volé, se laisse porter dans sa litière. Elle sanglotait pendant le court trajet, elle sanglotait quand elle fut dedans ; elle ne pouvait détacher ses bras du cou de Mendoce ; elle sanglotait après l'avoir quitté ; on l'entendit sangloter après qu'elle fut partie, et quand elle eut fait quatre pas on n'entendit plus rien.

Trufaldin avait voulu monter à côté d'elle, parce qu'il n'était pas encore, disait-il, en état de marcher. Le jeune homme avait observé qu'il était utile à son maître ; qu'il commençait à se rétablir. Il avait offert d'accompagner la petite veuve, et il avait instamment prié Mendoce d'accepter, comme une marque de sa sincère amitié, son cheval pour son écuyer, et sa tente pour les nuits qu'ils seraient obligés de passer en plein vent. Cette générosité n'était pas trop naturelle ; mais Trufaldin y trouvait son compte, et Mendoce n'en était pas étonné, parce qu'il se sentait capable, en pareille circonstance, d'un semblable procédé. Il avait un peu résisté pour la forme, et le jeune homme avait levé toutes les difficultés en l'assurant que son valet gardait deux forts chevaux, et qu'il recevrait avec plaisir les mêmes secours de Mendoce, s'il le rencontrait un jour dans un état de détresse, ce qui n'était pas impossible.

— Le drôle de garçon ! disait Trufaldin à Mendoce, quand ils se mirent en marche. Me voilà bien monté ; je porte notre maison derrière moi ; vous avez devant vous des sacoches qui valent un buffet complet, et qui sont garnies au moins pour deux jours ; et ce jeune homme nous a tout abandonné, avec autant de facilité que si cela ne coûtait rien : tenez, seigneur, jeunesse, générosité, ou insouciance à part, cette conduite ne me paraît pas très-naturelle, et il y a quelque chose là-dessous. — Et que veux-tu qu'il y ait ? — Moi, je ne veux rien : je désire que tout ceci soit aussi simple que vous le croyez. — Au moins tu n'accuseras pas ce jeune homme d'être un voleur ! — Oh ! non, ses manières grandes... — Il n'a pas l'air d'un trompeur. — Non, mais il pourrait en être un. — Et que peut-il nous faire ? — Je ne sais pas. — Tu vas voir qu'après nous être tirés des mains d'une cinquantaine d'hommes d'armes, je craindrai un jeune homme seul, plein de candeur et de franchise, parce qu'il m'a abandonné une tente et un cheval dont j'avais besoin : va, tu n'es qu'un sot, et tu finiras par avoir peur de ton ombre. — Je ne suis qu'un sot, c'est bientôt dit : si vous aviez voulu écouter, à Saragosse, le sermon que j'avais composé pour vous, vous auriez de moi une opinion toute différente. — Hé bien, voyons ton sermon ? aussi bien je n'ai pas reposé de la nuit, et un chevalier errant doit dormir à cheval comme dans un lit. — C'est trop flatteur, en vérité ; n'importe, je commence, et les beautés de mon discours vous tiendront éveillé. Et il reprend : — Semblable à l'enfant prodigue, mon très-cher frère... Et il n'avait pas fini le premier point, que Mendoce dormait d'un profond sommeil, et il le tirait par la manche, et Mendoce ouvrait les yeux, écoutait une ou deux phrases, bâillait et se rendormait, et Trufaldin se mord les lèvres, et il veut punir son cheval, qui n'avait pas besoin de sermon, du mépris que Mendoce faisait du sien. Il lui allonge un coup de houssine sur les flancs, et le cheval prend le grand galop et l'emporte à travers la forêt, et Trufaldin, qui n'a galopé de sa vie, jette les hauts cris, et Mendoce se réveille en sursaut, et il galope après son écuyer. Ils traversent des halliers, des ravins ; ils arrivent à un chemin qui paraît assez fréquenté. Le cheval de Trufaldin se jette de lui-même dans cette route, et court plus vivement encore. Trufaldin, désarçonné, se tient d'une main à la crinière, et de l'autre à la queue. Il fait des grimaces épouvantables, et finit par faire dans son haut-de-chausses.

Mendoce le suivait toujours et riait aux éclats. Trufaldin, indigné de cette gaieté hors de saison, lui tirait la langue, ne pouvant faire mieux. Dans la violence de ses efforts, il relève la queue de son cheval, à laquelle il se tenait, la croupière sort, la selle tourne, Trufaldin tombe, et le cheval galope tout seul. Mendoce, qui sent le besoin de monter son écuyer, galope après sa monture, et le laisse geindre et se frotter le derrière contre un arbre.

A force de galoper, le beau chevalier découvre les bords riants de l'Ebre, un peu au-dessus de la ville de Quinto. — Le cheval de Trufaldin, disait Mendoce, semble avoir deviné mes intentions : il m'a conduit à merveille. Sans doute il s'arrêtera à moins qu'il ne passe la rivière à la nage. Le cheval ne s'arrêta point ; il tourna à droite, continua à galoper sur le gazon qui bordait l'eau, et entra dans une maisonnette dont Mendoce était encore éloigné de deux cents pas.

A peine le cheval est-il entré par une porte, qu'il ressort par une autre ; un homme saute dessus et repart au galop ; Mendoce enfonce les éperons dans le ventre de son coursier en criant au voleur ! Le voleur gagne le bois et disparaît. Mendoce arrive au lieu d'où ce malheureux cheval venait de repartir ; il met pied à terre ; il entre la hache à la main : ce n'est pas une maisonnette, c'est une écurie assez vaste, dont les mangeoires encore garnies annoncent que dix ou douze chevaux viennent d'en sortir. Pas d'habitation auprès, par conséquent personne à qui on puisse demander des renseignements, et, pour comble de malheur, la tente et les provisions du jeune homme sont derrière le cheval, qu'on vient de voler avec tant d'effronterie.

Mendoce écumait de fureur ; il frappait de sa hache les râteliers et les mangeoires qui volaient en éclats. Fatigué de ce jeu, qui ne le menait à rien, il sort pour reprendre son palefroi ; il ne le trouve plus. Il s'étonne, il jure, il tempête, il regarde de tous côtés ; un autre homme, sorti il ne sait d'où, s'enfuyait dessus à toute bride. — Allons, se dit Mendoce, Trufaldin ait, ma foi, raison : ce jeune homme se sert des avantages de sa figure pour gagner la confiance des voyageurs. Il m'a donné son cheval, bien sûr qu'il me conduirait ici, et que, de gré ou de force, on m'y prendrait le mien. Il faut pourtant avouer, ajouta-t-il en riant, que le tour est bien joué. J'aime qu'on montre de l'esprit, et même à mes dépens. Après tout, j'ai mon or dans mes poches. Je comptais voyager sur l'eau ; cet événement rend nécessaire ce que j'avais décidé comme chose d'agrément, et je ne verrais pas le moindre mal à tout ceci, si j'avais déjeuné.

Pour tromper son appétit, il usa de sa ressource ordinaire ; il commença la chansonnette en retournant vers l'endroit où il avait laissé Trufaldin, dont la société lui devenait plus nécessaire que jamais : c'était un être bien heureusement organisé que ce jeune Mendoce.

Après un quart d'heure de marche, il aperçut son écuyer qui débouchait du bois, monté sur un âne qui trottillait d'assez bonne grâce : — Allons, se dit Mendoce, nous perdrons quelque chose au change ; mais enfin, pour un blessé, un âne vaut beaucoup mieux que rien.

Trufaldin s'avançait avec un air de satisfaction qui annonçait qu'il n'avait pas regret au troc. Mendoce le regardait venir, assis sur l'herbe, continuant sa chansonnette et s'interrompant quelquefois pour rire de la figure hétéroclite du bonhomme. Ils s'approchent enfin. — Et où as-tu pris cet âne ? — Je ne l'ai pas pris. — Où l'as-tu trouvé ? — Je ne trouve jamais rien de bon. — On te l'a donc donné ? — Précisément. — Ah ! ah ! — Un homme a paru tout à coup et m'a dit : — Monte là-dessus, laisse-toi conduire, et il a disparu. — Ces voleurs-là sont polis, au moins, ils ne veulent pas qu'un pauvre blessé aille à pied. —

Ah ! vous convenez enfin que ce sont des voleurs ! — Il faut bien que j'en convienne, puisqu'ils m'ont repris leur cheval, et qu'ils ont emmené le mien. Au moins ne sont-ce pas des voleurs malfaisants ; mais qu'as-tu dans ce bissac ? — Je n'y ai pas regardé ; je ne pensais qu'à vous rejoindre. — Voyons, mon ami, voyons... du pain, une volaille froide, du vin... Diable, c'est une trouvaille que cela : déjeunons.

Mendoce détache le bissac ; il aide Trufaldin à descendre ; il passe les rênes de la bride de l'âne dans son bras, il coupe la volaille en quatre avec sa hache, faute d'un couteau, et nos voyageurs reprennent des forces.

Ils finissaient de déjeuner lorsqu'ils aperçurent un homme assez bien mis, et monté sur un cheval pie, qui venait à eux au petit pas. Mendoce, qui commençait à devenir défiant, donne les rênes à tenir à Trufaldin et se lève, la hache au poing. Bientôt il reconnaît dans cet homme un chevalier qui avait assisté à la représentation du mystère de la Conception, et qui dans la journée lui avait fait toutes sortes de prévenances. Mendoce fut un peu honteux d'être trouvé dans un aussi pauvre équipage ; mais il n'y avait plus moyen d'éviter la rencontre, et il entra en conversation avec cette facilité, cette grâce qui ne le quittaient jamais.

Le chevalier s'arrêta près de Trufaldin, lui dit les choses les plus flatteuses sur la manière dont il avait représenté le Diable ; Trufaldin ouvrait la bouche et gobait l'encens, lorsque le chevalier tira brusquement l'épée, coupa d'un coup les rênes que tenait l'écuyer, en appliqua un vigoureux sur la croupe de l'âne, qui partit au galop. Le chevalier poussa son cheval en chassant l'âne devant lui, et l'âne, le chevalier et son cheval disparurent en un moment.

— Que le diable m'emporte, s'écria Mendoce, si j'entends rien à tout cela ! — Allons-nous-en, seigneur, allons-nous-en. — Hé, tu dis que tu ne peux marcher ? — Je ferai un effort. Par grâce, allons-nous-en. — Mais que signifie tout ceci ? — Je n'en sais rien ; mais allons-nous-en. — Celui-là donne un cheval, celui-ci un âne ; d'autres semblent se faire un malin plaisir de nous reprendre tout ; des chevaliers même se mêlent à ce jeu : je m'y perds. — Il est joli, le jeu ! Ne voyez-vous pas que ce chevalier est un voleur comme les autres ; qu'il s'est introduit, à la faveur de la foule, chez le seigneur Gonzalve pour y faire quelque coup ? Partons, au nom de Dieu, partons. — Partons, soit.

Appuie-toi sur mon bras et tâche de te traîner... Mais quelle chienne d'odeur sens-je donc? — Oh! c'est que... c'est que... — C'est que? — Quand ce cheval m'emportait... — Hé bien! — La peur... — Après? la peur?... — M'a fait lâcher... — Descends à la rivière, vilain, lave-toi de la tête aux pieds ou je te laisse. — Aidez-moi du moins un peu. — Le joli métier que je fais depuis hier! Un accouchement là-bas, et ici... — Ah! commencez-vous à vous dégoûter... — Tu m'en dégoûterais pour la vie. Allons, faquin, dans l'eau, et jusqu'aux oreilles.

En descendant du chemin vert au bas bord de la rivière, ils aperçurent un autre homme qui dormait, ou qui en faisait semblant. — Encore un voleur, dit Trufaldin. — Hé! tu ne rêves que voleurs. Ne vois-tu pas ces lignes tendues, ce poisson dans cette poche? c'est un pêcheur. — Bonhomme, bonhomme, éveillez-vous, et dites-nous le nom et la distance de la première ville en descendant la rivière. Le pêcheur, véritable ou supposé, ouvre les yeux, étend les bras, bâille avec assez de vérité pour dissiper les soupçons de Trufaldin, et il nomme à nos aventuriers la ville de Quinto, distante encore de deux lieues. — Je n'irai pas jusque-là, dit Trufaldin. — Je vous y conduirai, si vous voulez, mes bons seigneurs, dans la nacelle de mon maître. — Et où est cette nacelle? reprit Mendoce. — Là-bas, derrière cette roche. — Va la chercher, reviens en diligence, et tu seras content de moi. — J'y cours.

Pendant qu'il va et revient, Trufaldin lave sa personne, ses habits; les tord pour en extraire l'eau, et il grelotte, et les dents lui claquent, et Mendoce rit en le forçant à prendre son pourpoint.

— Nous voilà bien, dit le jeune homme. Ce matin nous étions richement vêtus; nous avions deux bons chevaux, et nous n'avons plus à notre service qu'un pourpoint et un haut-de-chausses à nous deux. Si l'on rencontrait ici des gens disposés à vêtir le prochain, comme on en trouve de prêts à lui fournir des montures! — Oui, et à cent pas plus loin nous en trouverions d'autres qui nous dépouilleraient et qui vous battraient, vous, parce que vous voudriez les battre. — Hé bien! ce serait le pis-aller; mais je souffre de te voir le derrière au vent, et moi, les épaules nues. Comment entrer dans une ville fagottés de cette manière?

Le pêcheur revient; il fend vigoureusement l'onde, qui s'oppose en vain à ses efforts; il remonte, il arrive, il s'arrête. —

Allons, dit Trufaldin, des habits dans le fond de la barque! il y a de la diablerie là-dessous. — Il n'y a rien que de très-simple, répondit en souriant le pêcheur : ce sont des habits dont mon maître se couvre pour se garantir du froid quand il va à la pêche. — Veux-tu nous les prêter? reprit Mendoce. — Bien volontiers, mes bons seigneurs : ils sont grossiers, mais propres.

Mendoce et Trufaldin font leur toilette en descendant rapidement la rivière. Ils passent devant l'écurie où Mendoce était entré. — Mon ami, dis-moi pourquoi cette écurie est ainsi isolée? — Je l'ignore, mon bon seigneur. — A qui appartient-elle? — Je l'ignore. — Par quelles gens est-elle fréquentée? — Je l'ignore. — Hé! que diable! tu ignores tout. — C'est que je suis pêcheur, et que je ne m'occupe que de mon métier. — Cette écurie ne dépendrait-elle pas de cette jolie habitation que je vois là-bas? — Oh! non, cette maison est celle de mon maître. — Diable! il est donc riche, ton maître? — Il est du moins fort aisé. — Et sait-il que tu nous mènes à Quinto? — Non, il est à Ampesta; mais en passant je préviendrai sa fille. — Il a une fille! — La plus jolie du canton. — Ah! oui, oui, il faut prévenir sa fille, je veux la saluer, la remercier, la... — Hé! monsieur, lui dit tout bas Trufaldin, ce sera encore quelque coupe-gorge que cette maison-là. — C'est le pis-aller; mais je ne passerai pas sans voir la jolie fille. — Oh! quel homme! quel homme! Et le pêcheur, qui prêtait l'oreille, entendait tout, à peu près, et souriait, penché sur ses avirons.

On arrive devant la maison rustique. Rien que de très-simple, et en même temps rien de gai, de propre comme cela. Mendoce, qui ne perdait pas la maison de vue, depuis qu'il savait qu'elle était l'asile de la beauté, Mendoce, en approchant, avait remarqué une femme qui, de temps en temps, entre-bâillait la porte, regardait sur la rivière, et se renfermait pour recommencer le même manége un moment après; il semble, disait à part lui Mendoce, qu'elle attend un amant que favorise l'absence du père : quel qu'il soit, je le supplanterai.

Il n'attend pas que la barque soit tirée et attachée à terre, il franchit, avec la légèreté d'un oiseau, l'intervalle qui le sépare du bord. Il est dans la maison, et Trufaldin n'est pas encore levé de son siége. Une fille, âgée de vingt-quatre ans à peu près, un peu marquée de la petite-vérole, que les Arabes venaient de nous communiquer, et cependant fraîche comme la rose, piquante comme toutes les brunes, vive comme elles, la jolie fille se lève et demande modestement au chevalier à quoi elle peut lui être bonne. — A tout, signora, à tout. Et il tourne le compliment le plus agréable, le plus spirituel, et la jolie fille baisse les yeux, et elle rougit, et elle fait une révérence qui n'est pas gauche du tout, et elle se remet sur sa chaise, et Mendoce, assis déjà auprès d'elle, sans y être engagé, sans même qu'on lui ait répondu un mot, Mendoce continuait à la faire rougir, à lui faire baisser les yeux, et quelquefois la jolie brune les relevait tout à coup, regardait Mendoce, et se pinçait les lèvres pour ne pas rire.

— Oh! disait en lui-même le jeune homme, à qui tant de succès avaient donné la plus haute idée de son mérite, elle rougit, parce qu'elle a de la pudeur; elle baisse les yeux, parce qu'elle ne juge pas à propos de m'y laisser lire encore, et elle sourit à mes saillies, parce qu'elle en sent le mérite. L'esprit et la gaieté paraissent propres au climat, ou du moins aux individus qui habitent cette maison. J'ai vu aussi notre pêcheur sourire, toujours à propos, et son langage n'est pas aussi grossier que celui des gens de cette espèce.

Trufaldin entre en se traînant lourdement. Il fait à peine attention à la jolie brune, et il commence une inspection exacte de la maison. Chambres, cabinets, armoires, il ouvre tout. — Que fais-tu là ? — Je m'assure s'il n'y a pas des hommes cachés ici. — Insolent! — Comme il vous plaira; des injures font moins de mal que des coups : je me moque des unes, et je suis bien aise de me garantir des autres. — Tu manques de respect à madame. — Bah! vous lui en manquerez bien davantage si elle vous laisse faire. Rappelez-vous seulement que partout où vous avez trouvé une jolie femme, il vous est arrivé une catastrophe. Votre métier est de faire l'amour; mon devoir est de prévenir les accidents : faisons chacun notre affaire. Dites de jolies choses, faites-en si vous pouvez, moi, je poursuis mon examen des lieux.

Mendoce se lève pour châtier Trufaldin; la jolie brune le retient, lui proteste que les propos de l'écuyer ne l'empêchent pas de rendre justice au mérite du maître et elle pense qu'on peut pardonner bien des choses à un vieux domestique. — Tenez, tenez, dit Trufaldin en jetant un gros paquet au milieu de la chambre, j'avais tort, n'est-ce pas, d'avoir mauvaise opinion de cette demeure? Voilà vos habits et les miens que j'avais liés dans une serpillière, lorsque vous vous disposiez à partir de chez la petite veuve pour la tour du Nord. Le paquet y était resté oublié par vous qui vous battiez, et par moi qui me sauvais. Qui diable l'a apporté ici? Des voleurs qui sont entrés chez la petite après notre départ, et qui établissent leur magasin dans cette maison.

La preuve jetée sur le plancher était d'une certaine évidence; Mendoce prit le sérieux, et fixa la jolie brune. Loin de paraître embarrassée, elle sourit avec plus de grâce que jamais, et raconta qu'un chevalier fort bien monté était passé il y avait environ une heure; qu'il portait devant lui ce paquet, qui l'embarrassait, et qu'il l'avait priée de le garder jusqu'à son retour. — Monté sur un cheval pie? reprit Trufaldin. — Précisément, répondit la jolie brune. — C'est le coquin qui m'a volé mon âne. Il fait sans doute une tournée générale; mais d'après le proverbe : *On prend son bien où on le trouve*, permettez que nous reprenions nos habits, dont nous avons le plus grand besoin, et que nous partions pour Quinto avant le retour de ce drôle-là, avec qui vous vous arrangerez, madame, comme bon vous semblera.

La jolie brune se plaignit alors amèrement d'un incident dont elle n'avait pu prévoir les conséquences, et qui allait la perdre dans l'estime d'un jeune seigneur qui ne l'aurait jugée que sur les apparences. Elle ajouta qu'il était permis, sans doute, de reprendre son bien; que l'air de Mendoce ne lui permettait pas de douter de l'assertion de son écuyer; mais qu'une femme seule avec un valet sexagénaire ne pouvait rester exposée aux outrages du brigand, qui devait repasser dans le jour. — Mon père est à Ampesta, dit-elle. Ce que je peux faire de mieux, c'est de l'aller joindre; et si je ne craignais pas d'être incommode, ajouta-t-elle en regardant Mendoce comme vous a peut-être regardé quelquefois femme qui était bien aise de vous plaire, si pourtant, lecteur, vous en valez un peu la peine, je vous proposerais, continua la jolie brune, de me permettre de vous accompagner. — Vous, incommode, signora! vous, demander comme une grâce la plus précieuse faveur que vous puissiez m'accorder! Ma hache, mon bras, mon sang, mon cœur, tout est à vous. — J'accepte votre secours, seigneur; pour votre cœur... — Hé bien! mon cœur?... — Je ne sais pas si l'offre doit me flatter. — Que puis-je vous offrir davantage? — Je ne suis pas faite pour être votre femme, et je suis trop fière pour être votre maîtresse. — Voilà qui s'appelle parler, interrompit Trufaldin.

11

Vous ne seriez pas dans tous ces embarras, si vous eussiez toujours rencontré des femmes comme madame ; en supposant toutefois qu'elle ne vous tienne pas la dragée haute pour vous faire sauter après. — Faquin ! — Faquin... c'est répondre à des choses par des mots.

— Pédrillo, dit la jolie brune au bon pêcheur aussi tranquillement que si elle n'eût rien entendu, apprêtez la barque couverte ; portez-y ce que nous avons de meilleur, appelez un aide, et partons.

Pédrillo obéissait aux ordres de sa maîtresse, et Mendoce faisait des efforts incroyables pour imposer silence à Trufaldin. Il était plus aisé de l'assommer que de le faire taire, et Mendoce n'était pas encore assez amoureux pour en venir à une pareille extrémité. Il prit le parti de laisser gronder le bavard, et il causa avec la jolie brune pour détourner son attention. Les reparties étaient vives, spirituelles ; Mendoce ne concevait pas que la fille d'un pêcheur pût s'énoncer ainsi. Il était quelquefois tenté de penser comme Trufaldin et de la prendre pour une aventurière ; mais, après tout, si cette jolie femme n'était qu'une friponne, que devait-elle gagner en s'éloignant de ceux qui pouvaient l'appuyer par la force, et pourquoi quitter sa maison pour faire tomber dans le piége ailleurs un homme qui n'avait que peu de chose à perdre, et qui paraissait lui inspirer déjà une sorte d'intérêt?

Mendoce se promenait par la chambre en réfléchissant à tout cela, quand on l'avertit que la barque était prête. Il passa avec Trufaldin dans la chambre voisine ; ils ouvrirent leur paquet, et s'habillèrent plus convenablement. Mendoce mit dans son costume une recherche qui annonçait le désir de plaire. Il rentra dans la chambre où ils avaient laissé la jolie brune, et il la trouva vêtue d'une manière aussi éloignée de son état que propre à relever sa beauté. Mendoce resta interdit devant elle : la jolie brune lui lança un de ces regards qui font naître l'amour, ou qui le portent jusqu'au délire ; elle lui sourit sans baisser les yeux ; lui montra les plus belles dents du monde, et lui dit : — Ici je suis la fille d'un pêcheur ; à Quinto et ailleurs, je suis l'unique héritière d'un homme aisé. L'extérieur est ce qui frappe d'abord les yeux, et pourquoi ne pas donner de soi une certaine opinion, quand on le peut sans déranger ses affaires?

Elle présenta la main à Mendoce avec cette grâce, cette aisance qu'on n'acquiert que dans le plus grand monde, et que le jeune chevalier ne manqua pas d'attribuer à une éducation soignée. Trufaldin lui-même ouvrait de grands yeux, et se repentait presque de l'indiscrétion de ses propos : ce n'était rien encore.

On monte sur un bateau, au milieu duquel s'élève une chambre; on entre dans cette chambre, on la trouve décorée de ce qu'avait de plus recherché le luxe de ce temps : partout la commodité se trouvait alliée à la richesse. — Quel pêcheur que ce pêcheur-là ! disait Mendoce. C'est quelque prince more qui s'est réfugié dans ce canton. — Que je suis bête, disait de son côté Trufaldin, d'avoir tenu des propos à cette femme ! S'il lui prenait envie de me jeter à l'eau pour me punir ! — C'est le pis aller, lui répondit Mendoce. — C'est le pis aller, c'est le pis aller... Respect à part, seigneur, allez-vous faire lanlaire, avec vos pis aller !

La jolie brune, la princesse more, ou telle autre que vous connaissez bien et que vous ne devinez pas, était couchée sur une chaise longue et brodait. Mendoce observait ses doigts, et se disait : — Jamais cette femme-là n'a été à la pêche; cette peau d'une blancheur, d'un moelleux !... Diable m'emporte si je me doute qui elle peut être ; mais, quelle qu'elle soit, il ne faut pas qu'elle m'échappe. Cette conquête manque à ma gloire, et je la crois disposée à orner mon front d'un myrte de plus.

Il prend un pliant et s'assied près d'elle ; il attaque, on se défend. Ce n'est plus la modestie d'une petite bourgeoise qui combat le plaisir, c'est une femme qui parle un langage analogue à ses habits, qui persifle avec finesse, qui rit d'un soupir, qui prévient le découragement par un mot, et qui d'un mot arrête l'indiscret qui va s'égarer. Mendoce s'est joué de toutes les femmes, celle-ci le joue à son tour. Il s'étonne de plus en plus ; la difficulté ajoute au désir; la tête s'embrase, pour la première fois, le cœur est effleuré. Il devient timide, et la jolie brune lui dit avec un sourire enchanteur : — Je conçois, en effet, qu'une femme jolie, spirituelle, aimable et aimante pourra tout faire de vous. — Ordonnez, madame, ordonnez. — Je ne suis pas la femme que je viens de dépeindre. — Vous les surpassez toutes.

On arrive sous le pont de Quinto. — Appelez Pédrillo, dit la jolie brune à Mendoce. Le vieux domestique paraît, et elle continue : — Pédrillo, je n'arrêterai pas à la ville ; ce jeune seigneur n'y serait pas bien. On le recevra convenablement où vous savez : descendez jusque-là.

Pédrillo sort avec une inclination respectueuse, reprend ses avirons, et on recommence à voguer. Mendoce recommence ses propos galants et tendres ; et, chose remarquable, il ne se répète pas, parce qu'il parle d'après son cœur. La jolie brune répond des mots, mais des mots toujours heureux. Mendoce brûle de la traiter à sa manière accoutumée, et de finir un cérémonial qui ne le conduit à rien. La jolie brune le devine, et un regard sévère calme ou contient au moins l'effervescence du jeune homme. Il ne se reconnaît plus.

Le bateau s'arrête. La jolie brune sort. Mendoce se précipite pour lui offrir la main. Il la conduit à une maison apparente située sur le bord de la rivière. On entre, on ne rencontre personne ; la jolie brune parcourt les appartements aussi librement que si elle eût été chez elle. Un domestique se présente enfin, un second, un troisième. — Ah ! signora, dit le premier, que votre cousin sera fâché de ne s'être pas trouvé ici pour vous recevoir ! — J'en suis fâchée moi-même ; mais je serai plus heureuse une autre fois. Cependant, Alvaro, il faut me traiter, moi et mes compagnons de voyage. — Comment donc, madame ! avec un sensible plaisir. Vous dînerez sans doute ? — Et de grand appétit ! n'est-il pas vrai, chevalier ? — Nous n'avons que peu de chose à vous offrir ; mais du moins vous n'attendrez pas. Et les domestiques sortent en souriant.

— Que diable ! se disait Mendoce, le rire est donc une maladie particulière à cette famille et à ceux qui la servent, car enfin, loin d'être ridicule, je suis au contraire... Il est interrompu dans ses réflexions satisfaisantes par les deux domestiques qui apportent une table toute servie et chargée des mets les plus délicats. — Comment recevez-vous donc, s'écria Mendoce, ceux que vous attendez ! Votre cousin, madame, est donc un seigneur de la plus haute distinction ? — Mon cousin est un pêcheur. — Cela n'est pas croyable. — Je vois ce que c'est, reprit Trufaldin ; ce sont des pêcheurs comme était pasteur Abraham, qui couvrait toute la Mésopotamie de ses troupeaux et de ses serviteurs. — Précisément, répondit la jolie brune. Et elle sourit encore.

Elle fit placer Mendoce vis-à-vis d'elle. Sa belle main lui servait ce qu'il y avait de mieux et lui versait les vins les plus recherchés. Rassurée, en apparence, par une distance convenable, elle répondait plus directement aux choses tendres qu'il lui adressait ; elle ne dissimulait plus le plaisir qu'elle se promettait à voyager quelques jours avec lui.

Trufaldin, qui ne parlait jamais à table, disait en lui-même :
— Encore une de prise.

Jusque-là Mendoce n'avait pas eu la peine de désirer, et il sentit ce que le désir a de charmes. Son ivresse était au comble, il le croyait du moins, quand la jolie brune demanda un tuorbe. Elle en joua, elle chanta avec une délicatesse, un goût, une précision dont Mendoce avait à peine l'idée. Il se jeta à ses genoux ; il la conjura de ne pas se cacher davantage, de lui faire connaître celle qui était digne de son amour, de son respect, de sa main. Il se nomma lui-même pour lui prouver qu'il pouvait élever ses vœux jusqu'à elle. Il embrassait ses genoux, il baisait ses mains, il les baisait encore, et dans ce trouble, dans cet aimable désordre des sens, rien n'échappait à l'aimable fripon. Il remarquait l'œil humide, la rougeur de la volupté, un sein agité qui semblait vouloir s'échapper du corset, et toujours suppliant, toujours soumis, il devenait actif, entreprenant même... La jolie brune lui saisit les deux mains, l'embrassa sur la joue, et lui dit : — Je ne vous ai pas caché l'impression que vous avez faite sur moi, je me la reprocherais si vous ne m'aimiez pas, et souvenez-vous qu'on ne cherche pas à déshonorer l'objet qu'on aime : levez-vous, reprenez votre place, et voyons comment vous chantez.

Mendoce obéit sans résistance, sans murmure. Il chante, et fort mal. La jolie brune rit ; il se déconcerte, et chante plus mal encore ; elle rit plus fort ; il se pique, l'amour-propre blessé l'occupe seul ; ses sens s'appaisent, il se remet, il chante, il chante bien, très-bien, à merveille. Trufaldin, qui a dîné, prend sa partie, fait ronfler sa basse-taille ; le tuorbe s'unit aux voix, et la voix de la jolie brune au tuorbe. Au moment où on n'est pas rassasié de plaisir, mais où il va diminuer, Alvaro entre avec une guitare ; il pince une sarabande. Mendoce prend la jolie brune, et elle danse comme elle chante, comme elle parle, comme elle fait tout.

De la danse on revient à la musique, de la musique on repasse à la danse ; on dit de jolis riens ; on joue à mille jeux, on n'est que deux, et on se suffit tellement que l'appartement est éclairé avant qu'on ait pensé qu'il est nuit.

— Quelle folie ! s'écrie la jolie brune. Des voyageurs perdre ainsi une après-dînée ! — Elle ne l'est pas pour moi, madame. — Ni pour moi, chevalier, sous un certain rapport; mais enfin nous pouvions coucher à Sastago. — Nous y déjeunerons demain. Vous faites tout oublier, méchant homme que vous êtes. — Ah! si vous disiez vrai! — Pas d'équivoques, je les déteste, c'est le cachet du faux bel esprit. — Il est certaines choses cependant qu'il faut bien gazer un peu. — N'ayez à exprimer que des sentiments louables, et vous direz clairement ce que vous n'avez pas craint de penser. Soupez-vous, mon cher ami ? — Et beaucoup même, répondit Trufaldin. — Alvaro, faites servir ces messieurs; moi, je n'ai besoin de rien, et je vais me retirer. — Quoi! sitôt, madame ! une nuit entière loin de vous! — Vous me trouverez demain avec plus de plaisir. D'ailleurs, j'ai quelques ordres à donner pour notre voyage. Embrassez-moi, et restez, je vous l'ordonne. — En voilà enfin une qui vous mène, dit Trufaldin, quand elle fut sortie. Si vous passiez seulement un mois avec elle, elle ferait plus que tous mes sermons et que les tours de votre père. — Mon ami, elle m'étonne, elle me confond, elle prend sur moi un ascendant qui m'humilie. Oh! je le vaincrai. — Gardez-vous-en bien! — Une femme charmante qui m'aime, et qui me le dit, me traiterait comme un écolier! — Elle vous a jugé, seigneur, et elle voit que le seul moyen de vous fixer est de vous refuser tout. — Elle changera de langage dans quelques jours. — Qui vous l'a dit? — Elle est femme. — Et par conséquent fière, adroite, et très-capable de déjouer vos petites ruses. — Mais enfin, qui est-elle? — Elle vous l'a dit. — Imbécile, tu vas croire que c'est la fille d'un pêcheur! Tu ne vois pas qu'elle ne parle jamais de ses parents sans rire? C'est une grande dame qui se cache. Et quels peuvent être ses motifs? Elle ne me cherchait pas, puisque nous l'avons trouvée chez elle. Il y a là-dessous quelque mystère qui m'échappe, et cela est piquant, diabolique. Allons, mange, gourmand, au lieu de me répondre. — C'est ce que je peux faire de mieux, puisque vous parlez pour vous et pour moi.

Mendoce ne mangeait pas, malgré les soins attentifs de M. Alvaro, qui chargeait ses assiettes et les desservait pleines. Il se levait, il marchait à grands pas, il se frappait le front, il s'asseyait, il se relevait encore. Trufaldin s'endormait les coudes sur la table, et Alvaro, ennuyé du manège de Mendoce, lui proposa enfin de s'aller coucher. Mendoce le suivit sans répondre, trouva une belle chambre, un bon feu et deux excellents lits. Il demanda à Alvaro d'un petit air indifférent où était l'appartement de madame : — Seigneur, elle m'a défendu de vous le dire. — Et pourquoi cela? — Pour vous mettre dans l'impossibilité de rien tenter qui vous brouille avec elle. — Voilà une femme qui pense à tout : n'importe! tu me le diras, n'est-ce pas? — Non, seigneur. — Un marc d'or? — Mon maître le pêcheur ne me laisse manquer de rien. — Que le diable t'emporte! Vas-tu me faire aussi des contes, toi! Et Mendoce le met dehors par les épaules.

Mendoce se couche et ne dort pas : c'est la règle. Il passe deux heures à se tourner, à se retourner dans son lit, et, jetant tout à coup les couvertures au milieu de la chambre, il se lève dans une espèce de rage d'amour, et s'écrie : — Je la trouverai!

Trufaldin ronflait à tout faire trembler. Mendoce n'éprouve donc aucune espèce d'opposition. Il sourit en passant son haut-de-chausses; il prend une lampe qui continuait de brûler, il ouvre sa porte, il avance, il enfile un long corridor, il écoute à toutes les serrures, il n'entend rien, il ne voit pas de lumières, il continue de marcher, il va, il vient, il retourne, il saute, il trépigne, il fait tant que sa mèche descend, et s'éteint au fond de la lampe chargée d'huile.

Le voilà dans les ténèbres, et il rit. L'embarras où il se trouve peut être attribué à d'autres besoins que le besoin d'amour, cette idée lui sourit encore, et il frappe à toutes les portes. Personne ne lui répond, et il appelle, il crie, il écoute, et le plus profond silence règne autour de lui. Il cherche à regagner sa chambre. Il tâtonne, les bras tendus en avant, et il croit s'apercevoir qu'il est dans un corridor beaucoup plus large que celui où on l'a logé. Il se flatte qu'il sera entendu dans une autre partie de la maison; il crie à tue-tête, il fait retentir les voûtes prolongées, il entend un long éclat de rire : — C'est elle, dit-il, ou c'est le diable! Et il court vers l'endroit d'où le bruit lui semble partir. Il tombe de vingt pieds de haut au moins, et roule sur un tas de paille; il se relève, il remue tous ses membres. — Allons, dit-il, je ne suis pas blessé, voyons à peu près où je suis. Il marche avec beaucoup de précaution; il descend de son tas de paille et se trouve dans l'eau jusqu'à mi-jambe. Il lève la tête, et, à la lueur des étoiles, il démêle un bâtiment carré que ferme de toutes parts une petite cour au milieu de laquelle est une mare où il va se jeter; il sort de l'eau, fait le tour des bâtiments, trouve quelques portes, mais de ces portes telles qu'on en voit aujourd'hui aux prisons, et contre lesquelles il s'use la peau des mains sans en ébranler un clou. — Diable! se dit-il, voilà une tentative qui finit d'une manière bien désagréable. N'importe, il faut tirer parti de tout, et un chevalier errant doit dormir sur la paille comme dans le meilleur lit. Il remonte sur ses gerbes, en dérange quelques-unes, fait un trou, se glisse dedans, se couvre avec deux ou trois bottes, ferme la paupière en disant : — Dormons, puisqu'il n'est pas possible de faire mieux : demain nous verrons. Et il dormit en effet d'un profond sommeil.

Il était grand jour lorsqu'il se réveilla. Il sort de son trou, il se regarde, il se tâte. Ses jambes sont teintes de l'eau jaunâtre dans laquelle il les a plongées, ses cheveux bouclés sont pleins de paille, son haut-de-chausses est froissé, taché, perdu. — Impossible de me présenter ainsi devant elle, et ce coquin de Trufaldin, qui ne pense pas à me chercher, à me tirer d'embarras! Et l'instant d'après, pensant à sa grotesque figure, il riait comme un fou.

Il fallait cependant prendre un parti, et il ne savait à quoi se décider. Il entendit enfin un grand bruit dans un des bâtiments qui environnaient la cour. Une porte s'ouvre enfin. Il se tapit de nouveau dans son trou, il regarde à travers la gerbée..... O douleur! ô désespoir! c'est la jolie brune qui riait des injures de Trufaldin d'aussi bon cœur que Mendoce avait ri lui-même un moment auparavant. C'était Trufaldin, qui prétendait qu'on avait attiré son maître dans un coupe-gorge, qui jurait très-énergiquement qu'il prétendait le revoir, ou que le comte d'Aran viendrait brûler la maison et les fripons qui l'habitaient. C'étaient Alvaro et ses camarades qui suivaient la jolie brune et qui riaient comme elle. Plus on riait et plus Trufaldin jurait. Il protestait que, si la dame était seule, il l'étrillerait de la bonne manière, et les éclats de rire redoublaient, et Mendoce s'enfonçait davantage dans son trou : il eût voulu se cacher dans les entrailles de la terre. Tout à coup il s'élance, il paraît sur le haut des gerbes en s'écriant : — Ma foi, il faudra toujours que je sois vu dans cet équipage : autant à présent que plus tard !

Tous les yeux se tournent sur lui; les rieurs rient de plus belle; Trufaldin se joint à eux; Mendoce rit comme les autres, il a le bon esprit de tourner son aventure en plaisanterie. On ne connaissait alors ni les tables de nuit ni les meubles utiles qu'elles recèlent : il composa une histoire sur la nécessité où il avait été de sortir de sa chambre, sur sa lampe éteinte par le vent, et il mentait avec beaucoup de facilité. A mesure qu'il contait, la jolie brune retrouvait son sérieux ; elle prit insensiblement un front, un regard si sévère que Mendoce décontenancé s'embrouilla, se coupa dans sa narration, balbutia et resta court. — Mon cher ami, lui dit-elle, le mensonge se peint dans votre embarras, dans vos contradictions, et surtout dans un reste de pudeur qui vous empêchent de continuer. Souvenez-vous toute votre vie qu'on pardonne une faiblesse à un homme d'honneur, et que l'habitude du mensonge le dégrade à jamais. Je sais comme vous ce que vous prétendiez faire. Vous venez d'éprouver et vous éprouverez toujours qu'il n'est aucune faute qui n'entraîne une punition plus ou moins prompte, plus ou moins forte. Je me rendrai quand le moment sera venu, et votre triomphe sera pur, parce que mon cœur le partagera, et qu'il ne sera pas suivi des regrets qui accompagnent toujours les moyens indignes d'un homme délicat. Allez, suivez Alvaro, il vous aidera à reparaître dans un état décent.

Mendoce, rouge jusqu'aux yeux, avait écouté la mercuriale sans penser même à interrompre la charmante prêcheuse. Il suivit Alvaro sans répondre un mot, fit sa toilette à la hâte, rentra dans la salle commune, se jeta aux pieds de la jolie brune, et allait commencer un discours expiatoire qu'il avait arrangé en s'habillant. — Levez-vous, lui dit-elle en le regardant avec tendresse, et ne parlons plus de rien : je n'aime pas à me rappeler ce qui ne fait pas honneur à mes amis. Déjeunons.

On déjeuna et on repartit. Mendoce fut embarrassé quelques moments; mais deux ou trois saillies agréables de la jolie brune le mirent à son aise. Ces mots heureux : Je me rendrai quand le temps sera venu, se retracèrent à sa mémoire ; il redevint tendre, empressé, galant, aimable, il redevint Mendoce.

On vogue une partie du jour; il tire à sa fin, et il n'a duré qu'un moment. La jolie brune est à demi vaincue; sa raison combat encore; mais elle ne cache pas les progrès rapides que la candeur, la docilité de Mendoce ont faits sur son cœur. — Quand viendra le moment ? avait-il répété cent fois; et des caresses toujours innocentes, mais toujours vives répondaient à la douce interrogation et prouvaient égalité d'amour et de désir.

On arriva près de Miquineça, petite ville encore très-éloignée de la mer, mais où la Sègre, qui prend sa source au-dessous du château de Cerdagne, se jette dans l'Ebre. Pédrillo paraît, et demande si madame ne verra pas son oncle en passant. — Comment, si je le verrai ! il ne me pardonnerait pas de passer ainsi. — Oh ! dit Mendoce en riant, est-ce à cet oncle qu'appartiennent ce vaste parc et ce château situés à mi-côte ? — Précisément. — Et c'est sans doute encore un oncle pêcheur. — Précisément. — Ah ! ah ! ah ! ah ! tenez, mon aimable amie, vous oubliez à votre tour la leçon que vous m'avez faite. — Si je mentais, mon cher Mendoce, j'aurais au moins un motif bien louable. — Et lequel ? — Celui de vous conduire au bonheur par la route la plus douce.

Mendoce, ivre d'amour, lui présente la main. La jolie brune lui donne deux baisers, s'appuie sur cette main, la presse dans la sienne et la porte à ses lèvres ; Mendoce ne se possède plus ; mais on est sorti de la barque. Pédrillo, Trufaldin, un vieillard qui s'avance d'un air gai et prévenant, tout l'oblige aux plus violents efforts. Il se contient en répétant : — Quand le moment viendra-t-il donc ?

Le vieillard et la jolie brune sont dans les bras l'un de l'autre. — Ah, mon oncle ! — Ah, ma nièce ! — Que diable, disait Mendoce en les suivant, ce n'est pas là un pêcheur ! — Et que vous importe, reprenait Trufaldin, pourvu qu'il nous reçoive bien et nous fasse faire bonne chère ?

Et en effet, si le goût avait régné au souper de la veille, la profusion et la magnificence distinguaient celui-ci. Le pêcheur avait les manières et le langage de la cour, et Mendoce disait à part lui : — Quand le moment sera venu, elle ne me cachera plus rien ; attendons jusque-là, et ne l'indisposons point par des questions auxquelles elle n'a pas jugé à propos de répondre.

Pendant le repas on parla beaucoup du père de la jolie brune. Il avait logé chez son frère, et il avait appris que l'homme qu'il allait chercher à Ampesta était allé à Urgel, à peu de distance de certain château que nous connaissons tous. La jolie brune rêva quelques instants en apprenant cette nouvelle, et elle déclara qu'au lieu de descendre l'Ebre jusqu'à la mer, et de faire soixante lieues de trop, elle allait remonter la Sègre jusqu'au fond de la Catalogne. — J'en suis fâchée, ajouta-t-elle avec un soupir, car je perdrai un compagnon de voyage bien intéressant. — C'est moi qui perdrais tout en vous quittant, madame. Je remonterai la Sègre avec vous. — Mais il me semble, chevalier, que votre intention était de vous embarquer à Ampesta pour

Bayonne. — Je ne connaissais pas cette route, madame, et je n'aurai qu'un regret en l'abrégeant, ce sera de vous perdre plus tôt. Le fripon ne pensait pas à la quitter ; mais la présence d'un oncle donne nécessairement à la conversation le ton de la plus grande réserve. — Mais, reprit cet oncle, vous ne trouverez pas un seul gîte supportable le long de cette rivière. — Oh ! mon oncle, j'ai une grande barque ; vous savez qu'elle est commode ; vous y ferez arranger un cabinet pour le chevalier et son écuyer, et nous y passerons les nuits. — Oh ! disait tout bas Mendoce, c'est là que viendra le moment tant attendu.

Il ne pensait pas qu'il était dans l'ordre qu'un oncle laissât ainsi voyager sa nièce ; il avait oublié que cette nièce, qui n'avait quitté sa maison que pour éviter le chevalier au cheval pie, pouvait rester chez son oncle, où elle était en sûreté, au lieu de courir toute une province avec un jeune homme de vingt ans. Peut-être pensait-il que l'amour qu'il lui avait inspiré avait changé ses projets ; et puis, si c'était effectivement une famille de pêcheurs, ce qui pourtant n'était pas vraisemblable, les habitudes de la première éducation pouvaient rendre cet oncle moins difficile sur les convenances. Peut-être aussi Mendoce ne pensa-t-il à rien de tout cela, et n'était-il occupé que de l'idée de l'heureux moment qui le flattait, l'amusait, l'obsédait sans cesse.

On quitta la table le plus tôt possible, parce que l'amour aime la liberté, que la présence des grands-parents l'enchaîne et que des amants déjà sûrs l'un de l'autre préfèrent la solitude à la contrainte. Mendoce se laissa conduire à sa chambre, après avoir salué sa jolie brune de la manière la plus respectueuse et la plus froide. La jolie brune se retira dans la sienne après avoir rendu une révérence jusqu'à terre ; une de ces révérences qui ne signifieraient rien du tout, sinon qu'on a appris à danser, si un coup d'œil de la plus douce expression ne l'avait accompagnée, et n'avait dit : Je suis pour vous, et la révérence pour mon oncle.

La jolie brune dormit ou ne dormit point. Mendoce, malgré son amour, malgré ses désirs, qu'irritaient les difficultés, Mendoce se dédommagea des fatigues de la nuit précédente. Trufaldin reposa comme un homme qui a parfaitement soupé et qui n'a pas de soucis. Ils dormirent si bien qu'il fallut les éveiller pour leur dire que la barque était prête, les cabinets et les lits arrangés, qu'on avait embarqué des provisions suffisantes à la longueur du reste du voyage, et que le pêcheur châtelain les attendait pour déjeuner.

La jolie brune causait avec son oncle dans une embrasure de croisée. La porte de la salle était ouverte ; Mendoce et Trufaldin entrèrent sans être entendus. — Vous croyez donc, disait l'oncle, que vous le conduirez jusque-là ? — Si je le crois, seigneur ! Je suis sûre de lui maintenant, et je le conduirais au bout de l'univers. — Et avec vous, s'écrie Mendoce, je n'y voudrais trouver qu'un autel pour vous jurer un amour exclusif, et une cabane où vous seriez l'objet de mon culte, de mes soins, de mes complaisances ! L'étourdi ! s'il eût pu se taire, il en eût entendu davantage.

L'oncle et la nièce rirent beaucoup de son exaltation amphigourique. Mendoce, piqué, dit assez brusquement à l'oncle que l'hommage d'un cœur tel que le sien n'avait rien de ridicule et pouvait être même considéré comme honorable. L'oncle répondit avec aménité que sa nièce ne méritait pas cet honneur insigne, et qu'elle serait trop heureuse que le seigneur Mendoce persistât dans de semblables sentiments. La nièce ajouta modestement qu'elle ne prétendait qu'à fixer près de lui le repos et le bonheur, et Trufaldin finit par un *ainsi soit-il.*

On déjeuna, et on ne parla que des agréments du voyage. La chasse, la pêche, tout, excepté des habitations, se trouve sur les bords de la Sègre, disait l'oncle. Mendoce ne voulait ni chasse ni pêche, il pensait au moment promis, et cependant il observa pour la première fois que cet oncle jouait dans cette affaire le rôle de complaisant. — Il est bien sûr de sa nièce, se disait-il, ou il est bien commode. Dans le premier cas, j'ai tout à perdre ; dans le second, tout à gagner. Eh ! je gagnerai tout. Ces patriarches pêcheurs sont de bonnes gens qui ne savent qu'attraper du poisson, et qui ne se doutent pas que leurs parentes puissent se laisser prendre. Que je suis bon avec mon pêcheur ! je le crois tel maintenant, parce que la simplicité de ce métier s'accorde avec mes vues. Cet homme pêcheur ! j'en riais en entrant, et malgré moi j'en ris encore. Au surplus, quels que soient les parents de ma compagne, elle est jolie, aimable, aimante, voilà tout ce que j'ai besoin de savoir : que m'importe le reste !

On se rembarque en sortant de table ; on trouve le bateau arrangé avec un soin particulier ; on trouve des lignes, des hameçons, des amorces ; on trouve des arcs, des flèches et deux ou trois couples de chiens courants : on trouve deux rameurs de plus, et, ce qui ne flatta pas du tout le jeune homme, on trouva une femme assez laide destinée à servir la jolie brune. — Ah, diable! dit Mendoce, l'oncle a prévu les accidents. Trufaldin ? — Seigneur! — Tu feras ta cour à cette guenon. — Mais elle est affreuse! — Vous faites le difficile, je crois? Cette femme me gêne, il faut m'en débarrasser, ou je vous envoie l'un et l'autre au fond de la Sègre. — Seigneur, je lui ferai ma cour. — Mais d'une manière marquante. — Oh! très-marquante, seigneur. — A la bonne heure, faquin.

Vous vous doutez bien que depuis le confluent de la Sègre jusqu'à sa source, aux Pyrénées, on trouve des villes, Lérida, Agramas, Pobla, sans compter les bourgades, les villages, les hameaux; mais la jolie brune avait fixé le moment. Mendoce était retenu dans la chambre pendant qu'on voyait de dehors un endroit habité, et en vérité les fatigues et les soins de l'enchanteresse méritaient bien un dédommagement. Elle avait cherché à inspirer de l'amour, mais on ne joue pas avec son cœur. Le sien était pris; elle ne pensait plus à se défendre; elle ne prêchait plus; la volupté éteignait tout autre sentiment, et cette femme, qu'elle-même avait demandée sans doute pour ne pas se perdre dans l'esprit de son oncle ou de tel autre, cette femme la gênait autant qu'elle déplaisait à Mendoce.

Bien que vaincue dans tous ses sens, Rotrulde avait amené son amant au point de n'oser rien entreprendre. Elle sentait le besoin de céder; mais la dignité du rôle qu'elle avait pris ne lui permettait pas d'encourager l'amour qu'elle avait constamment arrêté. Elle voyait avec un plaisir indicible la grosse et laide Inès écouter les sornettes de Trufaldin, les premières très-probablement qu'on lui eût contées de sa vie. Elle laissait parler Mendoce, elle lui répondait avec l'accent de la volupté, elle l'attirait par mille riens séduisants, car enfin la plus belle défense a des bornes en amour comme en guerre, et après plusieurs combats glorieux il faut bien se résoudre à être vaincu. La jolie brune était d'autant plus à plaindre qu'elle savait que sa défaite ne lui laisserait que le regret d'avoir cédé; mais raisonne-t-on avec son cœur et avec le plaisir?

Les bois qui bordaient la rivière cachaient déjà les rayons mourants du soleil. Trufaldin, assis avec Inès à la proue du petit bâtiment, profitait de l'obscurité naissante, et voulait s'assurer au moins si quelques charmes cachés le dédommageraient des traits irréguliers et ignobles qui lui avaient blessé la vue. Inès, facile comme toutes les laides qui sentent qu'elles ont tout à gagner quand elles montrent autre chose que le visage, Inès ne s'opposait que faiblement aux entreprises de l'écuyer ; l'écuyer s'assurait que ce qu'il ne voyait pas valait bien la peine d'être vu, et il continuait par goût les marques de courtoisie qu'il n'avait accordées que par obéissance.

La jolie brune, de son côté, était réduite au point de ne pouvoir plus même se faire un mérite de sa condescendance. Cependant l'amour-propre ne perd jamais ses droits sur ce sexe charmant, et elle voulut au moins se rendre dans les formes. — Incapable, disait-elle, de céder uniquement à vos sens, j'ai prétendu vous étudier et vous connaître. Je vous ai déclaré que je n'étais pas faite pour être votre femme et que j'avais trop de fierté pour être votre maîtresse ; mais, je le sens, mon ami, on ne s'avilit point en partageant des transports qu'on a fait naître. J'aime à me flatter que les vôtres seront durables. Je vous ai promis de fixer le moment ; le voilà, cher Mendoce, soyez heureux.

Mendoce, au comble de ses vœux, justifia la faiblesse de sa belle par les hauts faits qui pouvaient seuls la forcer à s'applaudir du sacrifice que la pudeur faisait à l'amour. Toujours nouveau, le chevalier effaçait jusqu'à la trace des scrupules qu'on lui opposait quand on retrouvait la parole. — Ah ! malheur, disait la jolie brune, malheur à qui t'a connu pour te perdre ! — Nous sommes inséparables, répondait Mendoce. — Oui, en ce moment, mais... un désert et ton cœur. — Tu l'embellirais pour moi, ma vie s'écoulerait dans une ivresse continuelle. — Tu le crois ! — Je te le jure ; mais, de grâce, femme unique, femme vraiment enchanteresse, de grâce, apprends-moi au moins ton nom. — Hélas, mon ami, je ne suis que Rotrulde.

Mendoce n'était pas plus avancé pour savoir que sa maîtresse s'appelait Rotrulde, mais le lecteur y gagne au moins d'être au courant de l'action. Il ne peut avoir oublié cette Rotrulde qui eut des bontés pour Cerdagne au château d'Aran, qui fut chassée par la trop clairvoyante comtesse, et recueillie par le galant et sensible père de Séraphine.

CHAPITRE VI

Le voyage accidenté continue. — Des velléités de gaillardise valent à Trufaldin un bain forcé et prolongé en compagnie de la grosse Inès. Continuation de mal chance : une oie avide engloutit une partie très-intéressante de son individu ; à peine débarrassé de la gloutonne, il résout à quarante pieds du sol, le problème : plus lourd que l'air, ce qui lui vaut d'être accusé de sorcellerie avec Mendoce, l'inconnue et d'autres aussi ; le bûcher est allumé, mais ce n'est pas pour eux qu'il flambera.

Avant que Cerdagne partît avec ses hommes d'armes pour aller à la recherche de son gendre, il avait pensé qu'avec un homme de ce caractère, les moyens doux pouvaient être les plus sûrs. Il connaissait les agréments de Rotrulde ; elle était propre à jouer toute sorte de rôles, et il ne doutait pas qu'elle ne remplît très-bien celui qu'il lui destinait quand il lui aurait donné quelques instructions. La petite vérole, qu'elle venait d'avoir assez légèrement, avait changé ses traits sans les gâter, et devait la rendre méconnaissable à Trufaldin, avec qui elle avait vécu au château d'Aran. D'ailleurs, à la moindre marque d'étonnement de M. l'écuyer, elle devait le mettre dans la confidence, et la lettre qu'il avait écrite au père de Mendoce ne permettait pas de douter de sa fidélité. Guzman, le plus beau et le plus adroit des pages de Cerdagne, devait accompagner et seconder Rotrulde. Inès, grosse fille de basse-cour, devait lui rendre les petits services dont une femme a toujours besoin ; quelques domestiques intelligents, et sûrs avaient l'ordre de suivre aveuglément ses ordres ; de l'or fourni avec prodigalité devait aplanir les obstacles. Il était enjoint à la jolie brune de plaire à Mendoce, de le séduire par toutes sortes de moyens, de lui promettre tout pour se l'attacher et de s'en faire suivre, de le ramener chez Cerdagne, conduit par le désir et l'espérance ; mais il était expressément défendu à Rotrulde de lui rien accorder, de peur que l'inconstance, naturelle au jeune homme, ne lui fît tourner ses pas d'un autre côté : vous avez vu comment elle a suivi cette dernière partie de ses instructions.

L'expérience de Cerdagne ne lui permettait pas de rien oublier. Il avait donné à Rotrulde des lettres pour tous les seigneurs sur les terres desquels elle pourrait passer. Il leur dépeignait le jeune homme, l'intérêt qu'il avait à le rendre à sa famille; il leur demandait assistance et protection pour ses émissaires. Il ne restait qu'une difficulté : c'était de savoir de quel côté tournerait la petite caravane. Il fallait tout donner au hasard, et le hasard seconda toutes les tentatives.

D'abord Rotrulde, qui depuis longtemps s'ennuyait au château, se mit à courir les champs comme un oiseau qui s'échappe de sa cage. L'or de Cerdagne lui permettait de voyager avec agrément, et, après avoir parcouru différentes villes, elle s'écria, comme par inspiration, que Mendoce était sans doute à Saragosse, et qu'il fallait l'aller chercher là. La vérité, c'est qu'elle avait envie de voir la capitale de l'Aragon, et qu'elle ne voulait pas laisser échapper une occasion qui probablement ne se représenterait plus.

Le beau page Guzman, qui avait droit de conseil, représenta à Rotrulde que ce n'était pas à Saragosse qu'on trouverait l'aimable fuyard, puisque son père en arrivait, et savait, à n'en pas douter, que Mendoce en était parti. Rotrulde répliqua qu'il devait y être revenu, que certain pressentiment le lui disait, et que jamais ses pressentiments ne l'avaient trompée.

Guzman ne croyait point aux pressentiments, mais il savait ce qu'on doit d'égards à une jolie fille, et Rotrulde savait ce qu'une femme doit de complaisance à un joli garçon qui lui sacrifie son devoir, et puis elle était brune : les négligences très-marquées de Cerdagne lui rendaient certaines complaisances à peu près nécessaires. Le page reconnaissant la conduisit à Saragosse, et pendant les quinze premiers jours de cette intimité il l'aurait conduite au bout du monde connu.

Cependant, comme il faut que tout passe, et plus vite chez les jeunes gens que chez les autres, Guzman représenta, au bout de la quinzaine, que ce n'était pas en s'amusant à Saragosse qu'on retrouverait le jeune comte. Rotrulde n'avait pas de complaisances nouvelles à offrir; les premières s'effaçaient déjà de la mémoire du page : il fallut partir.

On ne prenait pas la peine de demander son chemin; ils sont tous également bons quand on ne sait où on va et qu'il est indifférent de marcher d'un côté ou d'un autre. Rotrulde et Guzman prirent le chemin de Longarès, couchèrent dans cette ville, et le lendemain matin ils suivirent la rivière qui passait devant le château de Gonzalve.

C'était le jour de cette fameuse fête dont je vous ai si longuement entretenu. La foule commençait à se rassembler, et des espions gagnent toujours à se glisser dans une cohue. Rotrulde détacha le chevalier au cheval pie, qui n'était qu'un domestique de Cerdagne assez richement vêtu pour jouer un rôle au besoin. Le drôle était insinuant, effronté et ne manquait pas d'un certain esprit. Il se mêla parmi les conviés, passa à l'instant pour l'un d'eux, se fourra partout, écouta tout, causa longtemps avec Mendoce lui-même, interrogea sans affectation Trufaldin, qui répondit, comme tous les sots, avec cet air énigmatique, mystérieux, qui décèle ce qu'ils croient cacher.

Il semble que le personnage que faisait là l'homme au cheval pie appartenait de préférence au beau page ; mais Rotrulde avait fait une réflexion fort sage ; la figure de Guzman l'aurait fait remarquer, les femmes auraient d'abord chuchoté entre elles ; quelque duègne officieuse serait venue ensuite interroger le beau garçon, puis une seconde, puis une troisième. Guzman serait devenu l'objet de l'attention générale, au lieu que l'homme au cheval pie, ni beau ni laid, ni bien ni mal fait, ni grand ni petit, ni gras ni maigre, était de ces gens qui passent et repassent partout sans qu'on prenne seulement garde à eux.

Pendant que celui-ci jouait l'homme d'importance chez Gonzalve, Rotrulde, Guzman et leurs gens s'étaient retirés dans l'intérieur du bois, avaient tendu leur tente. Inès faisait la cuisine, et on se divertissait en attendant le retour de l'émissaire. La longueur de son séjour au château ne leur permit pas de douter qu'il ne fût sur la voie de quelque découverte importante, et en effet il les rejoignit au milieu de la nuit, leur conta comment le père avait reconnu le fils, comment le fils s'était sauvé habillé en ange Gabriel et Trufaldin en diable, comment il avait essayé de courir après eux lorsque les autres coururent à la Vierge évanouie, et comment le hourvari général l'avait retenu quelque temps dans la foule. Il ajouta qu'il était cependant sûr que Mendoce avait suivi la lisière du bois, parce qu'il avait souvent entendu une voix assez douce se plaindre devant lui, à différentes reprises, des jambes et des bras, que Mendoce avait effectivement nus, et que les ronces piquaient sans doute.

A ce récit, on leva le camp ; on chargea la tente et les provisions sur un cheval, et on suivit la lisière du bois au petit pas, parce qu'on ne devait employer d'autre arme que la persuasion, et que plusieurs chevaux, galopant aux oreilles de Mendoce, le détermineraient à se jeter dans le bois, où l'obscurité le déroberait à toutes les recherches.

Ils arrivèrent à la vue de la maison de la petite veuve, peu de temps après que les hommes d'armes de Gonzalve et de Cerdagne y furent entrés. Guzman allait y entrer lui-même, parce qu'il était vraisemblable que Mendoce presque nu s'était réfugié dans ce manoir, le premier sur cette route depuis le château de Saint-Joseph. Le beau page approchait du fossé, et arrangeait sa fable d'introduction, lorsqu'un cliquetis d'armes, aussi subit que violent, lui fit juger que deux partis nombreux se battaient dans la cour avec fureur. Il était à craindre que Mendoce ne fût entre deux bandes de voleurs, et que pouvaient cinq à six domestiques de Cerdagne, que se faire tuer sans fruit et ajouter l'or de Rotrulde aux dépouilles qu'on se disputait là-bas?

Guzman, très-inquiet, était revenu conter à la jolie brune ce qu'il avait entendu, lui faire part de ses craintes et de ses réflexions. On tint conseil. On décida que Rotrulde s'enfoncerait dans le bois avec les domestiques et les effets les plus précieux; que l'homme au cheval pie changerait sa monture trop remarquable contre la meilleure de ses camarades; qu'il resterait avec Guzman, parfaitement monté, à la lisière du bois; qu'ils se replieraient au galop sur leur petite troupe, pour aider à la défense commune, dans les cas où les brigands tourneraient de leur côté; que, dans le cas contraire, ils se tiendraient cachés, et descendraient à la maison après le départ de ces gens, auxquels l'éclat qu'ils avaient fait ne permettait pas un long séjour dans ce canton.

Vous vous rappelez comment Trufaldin et la petite veuve se sauvèrent dans la litière. Le chevalier au palefroi pie reconnut aussitôt l'écuyer, et il ne fut plus douteux que Mendoce ne fût dans la maison; mais était-il mort ou vivant, c'est là ce qui tourmentait les deux observateurs, lorsqu'un jeune homme très-bien mis passa à quatre pas d'eux à grande course de cheval, et fut aussi, par la rapidité de sa marche, reconnu pour l'ange Gabriel.

Guzman s'attacha à ses pas, et le suivit à une certaine distance. Lorsque Mendoce s'arrêtait ou paraissait seulement en avoir l'intention, le beau page se jetait avec son cheval derrière quelques arbres. Son compagnon était allé rejoindre la troupe, et la faisait marcher par l'intérieur du bois et dans la direction que suivait Mendoce, aussi vite que le permettaient les difficultés d'une route qui n'était pas battue.

Vous n'avez pas oublié comment Guzman gagna sur le soir la confiance de Mendoce et connut ses projets de voyage, le quitta pour aller prendre la tente de son domestique et procurer un cheval à Trufaldin, qui en avait un besoin réel. Vous vous doutez bien que Rotrulde et sa suite partirent aussitôt pour prendre sur les bords de l'Ebre les arrangements nécessaires ; vous vous doutez bien que le cheval de Trufaldin l'avait jeté bas tout naturellement, parce qu'il était vif, et que le coup de houssine l'avait vigoureusement piqué, qu'il avait galopé dans le chemin qui s'était trouvé devant lui, et qu'enfin il était entré dans la première écurie qui s'était présentée ; mais voici ce que vous ne savez pas.

Rotrulde avait loué cette écurie et la maison d'un riche muletier qui en était à peu de distance pour deux jours seulement. Il fallait mettre Mendoce et son écuyer à pied pour les forcer l'entrer dans la maison, et vous concevez maintenant comment Trufaldin, qui ne pouvait marcher, avait trouvé un âne tout à propos ; comment cet âne et le cheval de Mendoce leur furent pris lorsqu'ils arrivèrent à l'endroit où le vieux Pédrillo, autre domestique de Cerdagne, faisait semblant de dormir sur le bord de la rivière, déguisé en pêcheur. Il me reste à vous dire que Rotrulde, en s'établissant chez le muletier, avait envoyé les domestiques qui ne devaient pas paraître chez le seigneur dont elle voulait faire son cousin ; que la lettre de Cerdagne, très-connu, très-considéré partout, l'avait fait consentir à ce badinage, dont il s'était amusé toute la nuit, caché tantôt dans un coin, tantôt dans un autre, mais à portée de tout voir ; que la réception favorable de l'oncle avait été arrangée une nuit d'avance et de la même manière ; que l'homme au cheval pie, à qui Mendoce devait en vouloir beaucoup, avait été renvoyé droit au château de Cerdagne ; que la jolie brune se promettait de faire prendre la même route à Guzman, quand il reparaîtrait aux environs de la barque, d'abord parce que Mendoce avait fait sur elle une forte impression, que le page ne pouvait être qu'un témoin incommode, et qu'ensuite le jeune chevalier ne manquerait pas d'entrer avec lui, sur les chevaux pris, les ânes volés, dans des explications qui ne laisseraient pas d'être embarrassantes, et qu'il était bon de prévenir.

Vous me demanderez maintenant pourquoi Rotrulde se donnait beaucoup de peine pour se procurer des gîtes isolés, au lieu de loger tout simplement dans les villes. Je vous ai prévenu, au commencement de ces mémoires, qu'on ne connaissait pas alors d'auberges en Espagne, et j'ajouterai qu'avant que Rotrulde fût sûre de Mendoce, elle cherchait à le fixer par une sorte de merveilleux qui flatte toujours les jeunes gens ; qu'il lui était expressément défendu de rien accorder, et que la première femme facile qu'aurait rencontrée Mendoce lui aurait fait perdre, en un instant, le fruit des peines qu'elle s'était données.

Vous allez actuellement me reprocher un développement des plus ordinaires à une aventure qui semblait promettre quelque chose de plus satisfaisant. N'avez-vous jamais vu de tours de cartes qui vous ont étonné, frappé? Vous avez voulu les savoir, et vous avez vu, à regret, que ce n'était rien du tout. Supposez que vous venez de prendre une leçon d'escamotage, et convenez que vous feriez bien un autre carillon si je ne vous avais donné aucune explication. Au reste, et pour en finir, si celle-ci vous déplaît, arrangez-vous.

Je reviens à Mendoce, que l'attrait du plaisir a fait venir jusqu'ici ; que la réalité gouverne encore, qui était joué d'abord, qui est adoré maintenant, qu'on continue de tromper sur l'issue du voyage ; qu'on trompe à regret, mais qu'on trompe par obéissance pour un maître exigeant et difficile ; qu'on trompe, parce que l'instant où il saura qu'on le conduit au château de Cerdagne sera celui où on le perdra ; que quelques jours heureux encore sont considérés comme précieux, et qu'enfin au château de Cerdagne même on le verra, du moins si le caprice ou l'inconstance lui donne de ces échappées de tendresse, dont une fille tendre profite toujours avec plaisir.

Rotrulde et Mendoce passaient leur temps fort agréablement dans la chambre ; Trufaldin s'occupait à la proue avec sa grosse Inès ; Pédrillo et les autres rameurs qu'avait donnés l'oncle, et qui étaient aussi des domestiques qui n'avaient pas encore paru devant Mendoce, manœuvraient à la poupe, et ne voyaient rien de ce qui se passait. La journée s'écoula, Trufaldin vit avec peine le moment de rentrer pour souper, et Rotrulde remarqua avec plaisir qu'il était parfaitement d'accord avec sa grosse. Cependant il n'y avait que deux cabinets et deux lits : l'arrangement était tout simple ; mais il n'était pas dans l'ordre que la jolie brune en fît l'observation. Inès n'était pas scrupuleuse ;

mais elle était bien aise de dérober ses plaisirs à Rotrulde, qui avait sur elle une sorte d'autorité, et dont elle ne soupçonnait pas encore la faiblesse. Trufaldin, trop timide pour proposer publiquement de certaines choses, regardait du coin de l'œil le cabinet le moins élégant, et pensait aux moyens de s'y introduire clandestinement. Mendoce, toujours persuadé qu'il avait affaire à une princesse, se gardait de dire un mot qui pût compromettre sa gloire. On mangeait, on buvait; mais toutes les cervelles travaillaient d'une étrange manière.

Rotrulde fit semblant de s'endormir : cet expédient a souvent été utile aux belles. Inès, de peur, disait-elle, de gêner madame, se retira dans son cabinet, et tira scrupuleusement la porte. Trufaldin sortit en disant qu'il passerait fort bien la nuit à la proue, enveloppé dans un manteau. Mendoce le suivit, en déclarant qu'il comptait la passer de la même manière. Les deux amants s'arrangèrent à une certaine distance, et commencèrent à ronfler tous les deux, sans dormir ni l'un ni l'autre.

Mendoce, persuadé que Trufaldin va faire sa nuit d'un seul somme, se lève en tapinois, rentre dans la chambre, trouve la jolie brune, qui n'avait pas perdu de temps, couchée, ronflant, et ne dormant pas plus que les autres. Il écoute à la porte d'Inès; elle ronflait aussi comme une contre-basse. Mendoce ferme soigneusement la porte du cabinet, plus soigneusement celle qui ouvrait sur la proue, non qu'il craignît Trufaldin, mais Pédrillo et ses camarades, qui pouvaient faire à l'oncle prétendu un rapport désavantageux sur sa nièce. En deux tours de mains le fripon est déshabillé; il partage le lit de Rotrulde, qu'il réveille du réveil le plus doux. Elle se plaint de l'imprudence de cette démarche, et il lui ôte l'usage de la voix; elle se récrie sur le tort que Mendoce peut faire à sa réputation, et les derniers mots viennent encore expirer sur ses lèvres. Elle se plaignit tant, et Mendoce lui coupa si souvent la parole, qu'ils s'endormirent dans les bras l'un de l'autre; mais d'un sommeil véritable et profond.

Trufaldin avait prévu, dès le premier jour, comment le dangereux Mendoce finirait avec la jolie brune. Il n'avait pas été surpris du tout de le voir sortir de son manteau, rentrer dans la chambre, et éteindre la lampe; mais ce qui ne l'arrangeait pas, c'était de passer à la proue une nuit qu'il se promettait d'employer agréablement. Cependant frapper à la porte était un moyen qui déplairait sûrement à son maître, assez brutal parfois. Il se repentit de ne pas lui avoir confié où il en était avec Inès, et de n'être pas tout uniment rentré avec lui; mais le jeune homme n'aurait pas manqué de rire de cette intrigue avec sa jolie brune, et la grosse fille lui avait recommandé une extrême circonspection : elle craignait Rotrulde, et surtout le comte de Cerdagne, au point d'avoir gardé à son cher amant le plus profond secret sur l'objet de ce voyage, secret, à la vérité, fort étranger à leurs plaisirs.

Trufaldin se désolait, assis sur son derrière, les coudes sur ses genoux et le menton dans ses deux mains. Cependant, comme l'amour donne de l'imagination aux plus sots, il pensa à la fin qu'il pourrait se glisser le long de la chambre, sur le plat-bord de la barque, frapper doucement à la petite fenêtre d'Inès, entrer par là, coucher avec elle, et ressortir avant le jour.

Ce superbe plan est à peine conçu, que Trufaldin commence à l'exécuter. Il avance, le dos courbé pour n'être pas vu par des rameurs, qui lui envoient d'abord une rosée, ensuite une vraie pluie qui le mouille jusqu'aux os à mesure qu'il avance, en retirant l'aviron à la fin de chaque coup. Trufaldin se console, parce qu'il va se déshabiller, et puis le petit homme était tenace comme un autre quand il voulait fortement quelque chose.

Il parvient à cette fenêtre qu'il croyait le terme de sa marche, il frappe; la prudente Inès, qui l'attendait, veut avant tout s'assurer que ce soit en effet son bien-aimé qui ait frappé. Elle entre-bâille son châssis, et, malgré les ténèbres, elle reconnaît Trufaldin ployé en deux, le dos tourné au rivage, et la tête disposée à allonger par la croisée. Dans le premier mouvement de sa joie, incapable de réfléchir que Trufaldin ne tenait à rien, elle pousse vivement sa fenêtre, et le jette à l'eau. Saisie d'effroi, elle passe le corps, allonge le bras; Trufaldin, qui ne sait pas nager, et que l'eau qui le suffoque empêche de crier, Trufaldin trouve ce bras. Selon l'usage des malheureux qui se noient, il le serre, il le tire avec force; Inès, qui se sent entraîner dans la rivière, jette des cris perçants et inutiles. La voilà dans la Sègre, se débattant avec Trufaldin.

A ces cris les rameurs quittent les avirons; ceux qui les avaient déjà quittés pour dormir se réveillent en sursaut, Rotrulde et Mendoce se réveillent de même; celui-ci fait un paquet de ses habits, les prend sous son bras et court à la proue.

On lui crie de la poupe qu'il y a des gens qui se noient, il répond avec présence d'esprit qu'il les a entendus tomber et qu'il se déshabille pour aller à leur secours. On lui réplique que cela n'est pas nécessaire ; que l'eau est froide et que d'excellents nageurs sont déjà dans la rivière. Mendoce se rhabille en se plaignant amèrement que d'autres l'eussent prévenu ; Rotrulde, qui a tout entendu et qui croit son intrigue à couvert, passe une robe, fait du feu, rallume la lampe, vient éclairer, et on reconnaît avec la plus grande surprise Trufaldin et Inès qu'on venait de repêcher ; mais dans quel état, grand Dieu !

Trufaldin est suspendu la tête en bas ; il rend l'eau par ses souliers, par son haut-de-chausses, par son pourpoint, par la bouche, par le nez, par les oreilles ; il est pâle, il est vert ; il est violet. Inès, qui s'était mise en état de le recevoir, était absolument nue ; ses gros appas eussent fixé l'attention sans un nez épaté que la pâleur faisait paraître plus gros encore ; sans des cheveux roux-foncé qu'elle cachait soigneusement sous son bonnet, et qui brillaient, collés par mèches sur ses épaules et sa poitrine, et enfin sans un cautère au bras gauche, qui sentait très-fort parce qu'elle n'avait pas voulu le panser dans la barque pendant le jour, et bien moins encore dans le cabinet, de peur d'être surprise par Trufaldin, à qui la chose pouvait inspirer du dégoût.

Au bout d'un quart d'heure cependant, on cessa de craindre pour la vie des amants infortunés, et les éclats de rire succédèrent aux alarmes. Trufaldin, qui avait repris tous ses sens, trouva très-mauvais qu'on insultât à sa disgrâce ; il rappela tous ses malheurs, dont aucun, disait-il, n'avait été mérité, et il ajouta en regardant Mendoce que ceux qui avaient passé la nuit dans les plaisirs les plus vifs devaient au moins compatir au sort de ceux qui avaient failli se noyer en cherchant à se procurer la même satisfaction. Mendoce, irrité de cette sortie indiscrète, prit son écuyer aux cheveux et allait le renvoyer dans la Sègre ; Rotrulde s'opposa à cet acte de violence et déclara avec beaucoup de dignité qu'elle ne s'offensait point d'une inculpation qui venait d'un cerveau affecté par le danger ou du désir méprisable de se venger des ris qu'avait provoqués un accident dont la cause était très-condamnable ; et sans donner le temps à personne de prendre la parole, elle chapitra Inès avec tant de vérité ; elle peignit les suites du vice sous des couleurs si vraies, que les domestiques de Cerdagne restèrent convaincus que Trufaldin avait extravagué. Voyant enfin la persuasion dans tous les yeux, Rotrulde ordonna à Inès et à son amant de descendre dans la chambre, et à l'une de s'habiller, et à l'autre de changer d'habit. Inès, qui ne savait rien de ce qu'avait vu son amant, prenait la mercuriale à la lettre et pleurait amèrement. Rotrulde sécha ses larmes en convenant tout simplement de ce qu'elle avait fait ; mais en observant que Trufaldin était un sot, qui devait sentir qu'un pareil secret ne se confie jamais qu'à ceux qu'on a intérêt de mettre dans sa confidence, et qui sont intéressés eux-mêmes à se taire, parce qu'ils partagent les mêmes torts ou les mêmes plaisirs. Le résumé de ce discours philosophique fut qu'à l'avenir on ne se gênerait plus ; que Rotrulde déclarerait que pour mettre un terme aux poursuites de l'écuyer, elle ferait coucher Inès avec elle, et que Mendoce prendrait le petit cabinet dans lequel on étendrait des manteaux pour Trufaldin, qui serait ainsi surveillé de son côté.

Cette déclaration répandue sans affectation parmi l'équipage, les deux ménages ne pensèrent plus qu'à vivre de bon accord et à tirer parti du temps. La plus parfaite égalité règne dans l'intérieur de la chambre, à la grande satisfaction d'Inès et de Trufaldin, qui sentirent que le besoin du plaisir rapproche les conditions, et qui se promettaient bien de se dédommager la nuit prochaine des désastres de la précédente.

Depuis que Mendoce était heureux, il avait moins d'empressement à connaître sa jolie brune ; il ne la questionnait guère que par pure curiosité et de loin en loin. On lui faisait des réponses évasives ; on l'assurait que dans trois ou quatre jours il n'y aurait plus de secret pour lui, et il se contentait de cela. Mais quand Rotrulde se trouvait seule avec Inès, elle lui recommandait une discrétion absolue, et lui montrait les inconvénients du moindre mot hasardé. Inès, à qui tout était indifférent, pourvu qu'elle couchât avec Trufaldin, promit de se taire et se tut en effet. La journée se passa ainsi, et Mendoce attendait très-patiemment cette nuit que les autres désiraient avec tant d'ardeur.

Il était à la poupe ; il causait avec les rameurs ; caressait les chiens courants, dont il déclara qu'il se servirait le lendemain pour procurer des vivres frais à madame, avec qui il sentait déjà qu'il ne pouvait toujours converser. Le jour tirait à sa fin et l'approche de l'hiver ramenait les oies sauvages. Il en aperçut une troupe qui nageait sur le bord de la rivière, assez escarpés en cet endroit. Il bande un arc, il ajuste une flèche; il tire, le coup porte juste; une seconde, une troisième flèche sifflent et frappent; trois oies se débattent dans l'eau; les autres prennent leur volée. Mendoce, enchanté de son coup d'essai, découple une paire de chiens, leur montre son gibier, les prend par le cou et les jette à l'eau. Les chiens courants ne sont pas nageurs par goût : ceux-ci ne faisaient d'efforts que pour regagner la barque. L'impatient Mendoce saisit le gouvernail et veut se diriger sur ses oies. Gare la pierre! lui crie Pédrillo. Mendoce aurait passé dans le feu, et ne regarde seulement pas où est cette pierre. Il met le bateau directement dessus, et une planche du fond s'entr'ouvre. Les rameurs redoublent d'activité pour gagner le bord; on dépasse la pierre, on arrive au rivage. Mendoce ne voit pas que l'eau couvre déjà le plancher de la chambre; que Rotrulde, Inès et Trufaldin en sont sortis effrayés : il n'est occupé qu'à virer et à revirer le bateau pour saisir ses oies; il les tient enfin, il est heureux, et il présente la main à Rotrulde qui s'aperçoit en soupirant qu'elle ne tient plus la première place dans les pensées de son amant.

L'accident arrivé à la barque, qui n'était rien en lui-même, l'alarmait pourtant singulièrement. On était encore à plusieurs journées du château de Cerdagne, et si elle ne fixait plus Mendoce qui ne voyait qu'elle, que serait-ce si on continuait le voyage par terre? Elle se repentait intérieurement d'avoir cédé; mais il n'y avait pas à revenir : il ne restait qu'à éviter les dangers qu'elle prévoyait.

Elle fit décharger le bateau pour l'alléger; ensuite elle ordonna qu'on le tirât à terre. On le mit sur le côté; on découvrit la voie d'eau : c'était peu de chose; mais il fallait du bois, du chanvre, du goudron, des outils, et on n'avait rien de tout cela.

On était entré le matin dans la Mogara, autre rivière qui se jette dans la Sègre, et qui prend sa source dans les terres mêmes du comté de Cerdagne. On avait passé la ville d'Ager et selon l'usage établi on avait retenu dans la chambre Mendoce et Trufaldin. On se trouvait à quelques lieues encore de Pobla, on n'apercevait que quelques pauvres villages. Rotrulde ne devait pas craindre d'y trouver de rivale : elle proposa en conséquence à Mendoce d'aller coucher au plus prochain de ces hameaux, pendant que les gens remettraient la barque en état.

La proposition acceptée sans difficulté, Rotrulde, Mendoce, Trufaldin et Inès se mirent en marche précédée par Pédrillo et deux de ses camarades qui portaient les matelas, les effets précieux, et qui devaient rapporter ce qu'il fallait pour réparer le frêle bâtiment. Rotrulde était appuyée sur le bras de Mendoce, et lui disait les choses les plus tendres. Inès tenait par la main son Trufaldin, qui ne perdait pas un mot de ce qu'elle lui disait, tandis que le beau chevalier marchait le nez au vent, le carquois sur l'épaule, l'arc à la main, et ne donnait qu'une attention assez légère à ce que lui adressait cette brune qui, deux jours auparavant, lui paraissait si jolie.

On approchait du village, lorsqu'on rencontra un pauvre homme qui se désespérait à côté d'une mule couchée à terre. Le premier mouvement de Mendoce fut de lui donner de l'or; le second, d'apprendre le sujet de cette douleur si vive. Le pauvre homme revenait de Pobla, où il avait chargé sa bête de quatre outres d'excellent vin qu'il allait vendre à Balaguer. La mule avait fait un faux pas, s'était abattue, et avait crevé deux outres dont le vin s'était répandu. Le maître en la relevant avec vivacité, n'avait pas réfléchi que les deux outres qui restaient n'avaient plus de contre-poids; leur pesanteur avait aussitôt entraîné de l'autre côté la mule, qui les avait encore écrasés, et le pauvre homme se désespérait en voyant son vin former une mare boueuse. Rendu à la gaieté par la munificence de Mendoce, qui lui avait payé deux fois sa charge, il se remit en route en comblant de bénédictions le jeune homme, qui ne s'occupa plus autrement d'un événement qui amena pourtant une aventure bien incroyable et bien vraie, puisque je vous en garantis l'authenticité. Nous y viendrons.

Nos voyageurs entrèrent dans la chaumière la plus apparente du hameau. Ils contèrent l'accident arrivé au bateau; ils demandèrent en échange de quelques doublons, un asile et les commodités qu'on pourrait leur procurer. Le maître et la maîtresse s'empressèrent de les servir; aidèrent Inès à plumer et à apprêter les oies de Mendoce: ils portèrent à souper à Pédrillo et aux deux autres, qui travaillaient sur le bord de la rivière; ils se retirèrent ensuite dans leur grange, se couchèrent sur la paille, et laissèrent Mendoce et Rotrulde, Inès et Trufaldin maîtres absolus de leur humble domicile.

Tout s'arrangeait au mieux. On avait fort bien soupé, on avait chanté la chansonnette; l'écuyer et la grosse servante touchaient au moment heureux; Rotrulde prenait à son tour, pour s'assurer une nuit agréable, les peines que Mendoce s'était données avec tant de vivacité lorsqu'il attendait le prix de son ardeur. S'il était moins empressé, il paraissait au moins très-sensible aux attentions de Rotrulde, et s'il n'avait plus d'amour, il avait sa jeunesse et ses désirs.

On était couché, et Mendoce débutait d'une manière assez brillante pour que Rotrulde espéra de le conduire jusqu'au château de Cerdagne, s'il ne se présentait pas quelque minois fripon qui traversât ses desseins, ce qu'elle se promettait bien d'empêcher par tous les moyens qui étaient en son pouvoir. Inès, après avoir tout rangé pour le départ, arrêté au point du jour, Inès, après avoir couvert le feu, éteint la lampe, était allée joindre, dans un réduit voisin, son écuyer, qui l'attendait dans l'état le plus respectable. Elle entre au lit, et Trufaldin, toujours malheureux, l'entend pousser tout à coup les cris les plus violents. Il l'interroge : c'était une colique affreuse, occasionnée probablement par le bain froid et forcé qu'elle avait pris la veille. Le pauvre Trufaldin s'épuisait en raisonnements pour lui prouver que ce n'était qu'une bagatelle à laquelle il ne fallait pas faire attention ; il cherchait à arriver à son but, et Inès, qui souffrait horriblement, le repoussait, l'égratignait, mordait son traversin, et continuait de crier à tue-tête.

Mendoce, qui entendait tout, à qui ce tapage infernal déplaisait beaucoup, et peut-être un peu moins qu'à Rotrulde, Mendoce crie à Trufaldin de rallumer la lampe, de faire chauffer du vin à sa belle, et de s'en aller avec elle dans la grange si le remède n'opérait pas. Trufaldin désespéré de tous ces contretemps, balançait entre la grosse Inès, dont les charmes le retenaient, et un maître qui aimait ses aises au delà de toute expression, lors toutefois qu'il pouvait se les procurer. Trufaldin ne bougeait pas, Inès criait toujours, et Mendoce jurait que si ce carillon ne finissait pas, il allait jeter l'amant et l'amante dans la mare où l'on abreuvait le bétail. Trufaldin, plus poltron encore qu'amoureux, se lève, cherche le foyer, prend une porte pour une autre, et, au lieu d'entrer dans la chambre, où étaient couchés Mendoce et Rotrulde, il va chercher dans le poulailler une cheminée qui n'y était pas.

Les poules dormaient, juchées sur leurs bâtons, et une oie, qui peut-être avait aussi la colique, barbotait dans la partie inférieure, et gobait ce qui se présentait. Trufaldin nu tâtonnait, cherchait les allumettes, et l'oie, attirée par l'odeur de certain bijou, que l'écuyer ne lavait pas tous les mois, l'oie s'approche en dandinant, allonge le cou, ouvre un grand bec, et croyant trouver un boyau de volaille, avale d'un trait ce que vous savez bien, capital et accessoires. L'infortuné Trufaldin, effrayé de ce genre d'attaque, couvre de ses hurlements les cris d'Inès. Il court çà et là, et ne conçoit rien au poids énorme qui lui pend entre les cuisses ; c'était l'oie qui était victime de sa gourmandise, et qui avait avalé un morceau assez fort pour qu'il ne pût pas ressortir aisément. Trufaldin se cognait la tête contre les perches qui servaient de lit aux poules, et les poules, effrayées comme lui, s'envolaient pour tomber à quatre pas contre un mur, contre une porte, contre Trufaldin, qu'elles écorchaient de la tête aux pieds avec leurs ailes, leurs becs et leurs ongles. L'écuyer ne savait plus où il en était ; il ignorait à quels ennemis il avait affaire, lorsque le chat de la maison, qui avait trouvé la porte du poulailler ouverte, et qui s'avançait en tapinois pour surprendre un poulet, lorsque ce malheureux chat, troublé, comme les autres animaux, de ce désordre aussi subit qu'inattendu, et cherchant à s'échapper, veut sauter à travers la porte, rencontre Trufaldin devant lui, et lui enfonce les quatre griffes dans le bas des reins et le gras de la fesse. Trufaldin, à qui les expressions manquent, et que ce dernier supplice pousse à bout, Trufaldin blasphème à faire abîmer la maison. Mendoce, qui ne sait rien de ce qui se passe dans les ténèbres, saute de son lit, prend un gourdin qui était dans la cheminée, et, en cherchant à assommer son écuyer, il renverse, il casse, il brise d'un seul coup toute la poterie du paysan ; il rompt une cuisse au gros chien, et le chien, le chat, les poules, Trufaldin, Inès, tout crie à la fois. Le paysan et sa femme se réveillent enfin ; ils s'imaginent qu'on met le feu à leur chaumière, ils entrent ; le gourdin de Mendoce leur meurtrit tout le corps, et la masse des cris augmente à un point que Rotrulde se lève et cherche à sortir de la malencontreuse cabane. Un grillon était descendu de la cheminée, et soupait à son tour des miettes qui étaient tombées sur le pavé. Les cris, le tumulte, le sifflement des ailes, le miaulement des chats, les aboiements du chien, tout concourait à faire enfuir dans son trou le timide et gourmand grillon.

Il trotte, il sautille aussi vite que peuvent le porter des pattes élastiques, mais courtes ; Rotrulde se rencontre entre le foyer et lui ; il se cramponne à sa jambe. Elle éprouve une sorte de démangeaison ; elle y porte la main, et le grillon saute à la cuisse, ferme, blanchette et dodue ; la main monte avec l'in-

secte, et l'insecte tout à fait éperdu se réfugie... il se réfugie...
et au désespoir de s'être enferré dans cette espèce de cul-de-
sac, il joue des pattes, et ces pattes inquiètent, tourmentent,
désespèrent Rotrulde, qui crie plus haut que tous les autres ensemble.

L'ordre ne pouvait se rétablir qu'autant que Mendoce, qui
seul avait toute sa tête, voudrait prendre la peine de débrouiller ce chaos. Il finit par où il aurait dû commencer. Il rallume
la lampe; il fait beaucoup, mais beaucoup de politesses aux
paysans qu'il a éreintés; il donne encore quelque argent, les
renvoie dans leur grange, et le gros chien, et les poules s'envo-
lent dans la cour. Rotrulde avait introduit un doigt avec dexté-
rité; elle était parvenue à écraser l'insecte contre une des pa-
rois du charmant réduit, et elle s'était recouchée. Enfin le calme
commençait à se rétablir : il n'y avait plus que Trufaldin et
Inès qui criassent.

Mendoce, dont la colère était dissipée, examine son écuyer
par tous les bouts, et rit pendant un quart d'heure en voyant
l'oie aussi gênée au moins que Trufaldin. Prenant enfin pitié
des tourments du pauvre diable, il tire la volaille par les pattes;
la volaille ne peut rien rendre, et Trufaldin suit tous les mouvements de Mendoce en criant qu'il va lui arracher... A ce cri
terrifiant pour une femme, Inès oublie ses douleurs, elle cherche son petit couteau et le jette à Trufaldin en lui disant : —
Surtout, mon ami, coupe-lui le coup bien long.

Il n'était pas nécessaire de faire cette recommandation à
Trufaldin, qui tremblait quand il courait risque de perdre seulement un cheveu. Il décapite l'oie contre les épaules, se dé-
barrasse du cou avec adresse, et essuie de la part de Mendoce,
sur les dangers de l'incontinence, un long discours imité de son
propre sermon. Trufaldin trouvait la morale déplacée; il observait en grondant et en repassant son haut-de-chausses, de
peur d'un nouvel accident, il observait que le très-incontinent
Mendoce n'avait jamais été jeté à l'eau, et n'avait pas trouvé
d'oies qui lui eussent gobé... Il ralluma le feu en jurant une
guerre à mort à toutes les oies qu'il rencontrerait. Le vin chaud
guérit radicalement la grosse Inès, et personne ne pensant plus
ni à dormir, ni à autre chose, on s'habilla, on déjeuna, et lorsque le jour commença à poindre, on se mit en marche pour regagner la barque, qui devait être en état de voguer.

On n'était plus qu'à quelques toises de l'endroit où on avait rencontré, la veille, le pauvre diable, qui avait vu la terre couverte de son vin. La petite mare qu'il avait formée paraissait tarie, et on apercevait autour une douzaine de grosses boules grises sur lesquelles on s'épuisait en raisonnements. On approche; on reconnaît des oies sauvages, tout à fait privées du mouvement. Trufaldin, qui ne peut se procurer le petit plaisir de les tuer, se promet au moins celui de régaler les rameurs. Il prend deux ou trois lanières, il attache les oies par les pattes, se fait du tout une superbe ceinture, qu'il lie fortement autour de ses reins, et, enchanté d'une victoire qui ne lui a coûté que la peine de se baisser et de prendre, il marche en avant, empressé de se montrer à Pédrillo et aux autres dans ce brillant équipage.

Il était à cent pas d'Inès, de Rotrulde, et de Mendoce, quand il crut s'apercevoir qu'une de ses oies avait fait quelques mouvements. Il tire de sa poche le petit couteau d'Inès, et se dispose à la décoller, lorsqu'une autre remue sensiblement. Il quitte la première pour s'attacher à celle-là; une seconde, une troisième battent des ailes; il se trouble, il ferme les yeux, que menacent les bouts des plumes, et il sent tout en mouvement autour de lui. Il appelle Mendoce à son secours; son cri effraie toutes les oies; il éprouve une secousse violente et se sent enlever de terre.

Il est porté à vingt, trente, quarante pieds de haut, avant que Mendoce soit arrivé au lieu où avait commencé l'ascension. Le jeune homme voit son écuyer partir pour la voûte azurée ou pour la mer Glaciale. Il ne doute pas que le bonhomme ne soit perdu sans ressource, et il veut lui donner une dernière preuve de son attachement en tuant au moins une de ses ennemies. Il ajuste la flèche; il tire, au hasard d'enfiler Trufaldin. Inès, à genoux, prie le ciel de conduire la flèche comme il dirigea jadis celle de Tell. Deux oies sont embrochées; elles cessent de voler, et ne font plus qu'un poids, qui embrrasse le vol des autres. Par un mouvement machinal le bonhomme en tenait une au cou de chaque main, les suffoquait sans s'en apercevoir, et, diminuant ainsi la masse des forces, il commença à descendre sans s'en douter, car il n'avait pas encore osé ouvrir les yeux. Mendoce, un peu rassuré apprêtait une seconde flèche; Inès lui arrêta le bras en observant qu'on pouvait employer un moyen moins dangereux. Trufaldin n'avait pas lâché le petit couteau; elle lui crie de couper le cou aux oies à quelque temps l'une de l'autre, et qu'ainsi il descendrait sûrement jusqu'à terre. Il était déjà considérablement descendu ; mais Inès, qui n'était pas plus géomètre que Mendoce, ne calculait point le poids de Trufaldin avec les forces de huit oies, qui faisaient de vains efforts pour remonter, et elle craignait toujours que ces malheureux oiseaux ne parvinssent à l'enlever de nouveau. Il n'était plus qu'à quinze pieds de terre lorsqu'il entendit le conseil, dix fois répété, de couper des cous. Incapable de rien juger, dans la frayeur qui le possède, il prend sa lanière pour une oie, il tranche, les oiseaux remontent à tire-d'aile, et il tombe lourdement le cul sur l'herbe, assez épaisse pour le garantir des suites de sa chute. Lorsqu'il fut rendu à ses amis, qu'ils eurent constaté qu'il n'avait éprouvé aucun accident, les ris et les plaisanteries recommencèrent, et, après qu'on eut bien ri, on chercha comment des oies sauvages avaient fait semblant de dormir pour attraper un pauvre écuyer, dont la figure avait jusqu'alors mis en fuite toutes les oies qu'il avait rencontrées. Trufaldin soutenait gravement qu'il y avait contre lui une conspiration générale de toutes les oies; Mendoce soutenait en riant que des animaux privés de la parole ne peuvent conspirer. — Eh! qui vous a dit qu'elles ne parlent pas? reprit aigrement Trufaldin. Les Germains et les Hibernois sont donc privés de la parole parce que nous n'entendons pas leur langage, qui ne vous paraît qu'un gloussement ? Ne distinguez-vous pas dans votre chien les sons généraux qui indiquent la douleur et le plaisir? Eh bien ! si vous étiez chien, vous entendriez le reste comme vous entendez l'espagnol. La sainte Bible ne vous apprend-elle pas que le serpent a parlé à Ève? et si le serpent parle, pourquoi les oies ne parleraient-elles pas aussi?

Tout cela ne paraissait pas suffisant à Mendoce pour établir que les oies eussent conspirer contre Trufaldin. Leur conduite extraordinaire avait pourtant une cause qui échappait à sa sagacité. Il se perdait en raisonnements qui ne concluaient rien. — Eh bien! m'y voilà, dit tout à coup Rotrulde, et rien n'est aussi simple. Les oies se sont posées cette nuit à l'endroit où le muletier a perdu son vin; elles en ont bu en mangeant les insectes, que ce vin obligeait à sortir de terre; elles se sont enivrées, elles se sont endormies, elles se sont réveillées ou par l'action que leur a communiquée la marche de Trufaldin, ou par la chaleur de son corps, ou parce que l'ivresse était dissipée; elles ont cherché à s'envoler, elles ont emporté le pauvre écuyer, et bien certainement elles n'ont pas conspiré contre lui.

Cette solution réunit tous les suffrages. Trufaldin, sans inquiétude des conspirations qu'il redoutait pour l'avenir, rit enfin avec les autres. Les oies furent l'objet de la conversation et des railleries du jour et du lendemain. Les nuits furent employées à dormir parce qu'on était fatigué, et l'écuyer, plus dégoûté que jamais de ses essais galants, se retirait à la poupe chaque soir, bien décidé à renoncer à sa grosse, dont l'approximation lui était constamment fatale. La grosse, loin de renoncer à rien, sentait son appétit piqué par les difficultés : elle obsédait pendant le jour Trufaldin, qui faisait la plus belle défense. Enfin elle le mit au pied du mur en lui confiant le secret du comte de Cerdagne, et en l'assurant qu'il ne trouverait au château ni rivière pour se noyer, ni oison pour avaler ce dont un homme fait autant de cas que de la vie.

Il y avait du danger sans doute à s'ouvrir ainsi à Trufaldin. S'il était indiscret, il la faisait chasser, elle et Rotrulde ; mais Inès n'avait trouvé dans sa vie qu'un seul homme qui lui fît la cour. Il lui avait donné des avant-goûts d'après lesquels elle jugeait de l'ensemble, et une femme, en ce cas, se résout plus aisément à être mise à la porte qu'à renoncer à l'objet de ses désirs. Cette confidence mit Trufaldin au comble de la joie ; il voyait le terme des sottises de son maître, celui de ses voyages et de ses aventures désastreuses. Il avait à se taire un intérêt égal à celui d'Inès et de Rotrulde ; il se tut en effet, et promit à sa grosse, en reconnaissance de la bonne nouvelle qu'elle lui apprenait, toutes les joies qu'il pourrait lui procurer.

On arriva à Pallarols, où la Noguera cesse d'être navigable. La jolie brune refusa obstinément d'entrer dans la ville, et le galant Mendoce fut obligé de lui tenir compagnie. Elle dépêcha Pédrillo pour avoir des nouvelles du père qu'elle s'était donné. Le rusé vieillard revint annoncer que le père était parti pour un château, situé à six lieues de là, et il avait dépêché un exprès à Cerdagne pour lui annoncer l'arrivée de son gendre pour le lendemain.

Rotrulde représente à Mendoce que, puisqu'il voulait se cacher dans la Catalogne même, il ne lui refuserait pas de l'accompagner à ce château, où il verrait la plus belle personne de l'Espagne. A ces derniers mots, Mendoce, déjà fatigué de sa jolie brune, prit feu selon sa coutume. D'ailleurs la proposition de Rotrulde entrait dans son premier plan, qui était d'éviter les villes où il pourrait être reconnu, et de chercher dans les campagnes des aventures agréables. Il était bien aise aussi de voir enfin tomber le voile dont Rotrulde s'était constamment enveloppée. Il avait jusqu'alors voyagé à ses frais, et, jaloux de lui marquer sa reconnaissance, il envoya Trufaldin arrêter à Pallarols les litières les plus commodes et les plus belles.

Trufaldin part, il entre à Pallarols; un nouvel accident l'attendait dans cette ville, où il n'avait jamais mis le pied. Le corrégidor de Pobla était parti pour Urgel. Il devait passer par Pallarols; il y était arrivé la veille, et il avait raconté à tous les oisifs de la ville qu'en remontant le cours de la rivière il avait vu, à deux cents pieds de haut pour le moins, un homme qui avait douze douzaines d'ailes tout autour du corps. On se moquait du corrégidor, qui donnait pour preuve les détails les plus minutieux. L'homme-volant avait une capeline verte surmontée d'une plume rouge; un pourpoint noir avec des crevasses jaunes; un haut-de-chausses cramoisi et des bottines souci. Bien sûrement un homme pouvait être ainsi vêtu; mais cela ne prouvait pas que cet homme se fût enlevé dans les airs. Le corrégidor soutenait non-seulement qu'il l'avait vu, mais que la chose n'était pas nouvelle, et par conséquent ne devait pas étonner. Il rappelait, car un corrégidor possède son Ecriture, il rappelait, qu'au bon vieux temps, où le Père Eternel se brouilla tout à fait avec son peuple chéri, peu avant la captivité de Babylone, on avait vu des armées combattre en l'air au-dessus de Jérusalem et du sang pleuvoir dans les rues. Il ajoutait qu'un charcutier de cette belle ville s'étant avisé de faire du boudin économique de ce sang-là, le roi de Judée l'avait fait crucifier, parce que ce sang ne pouvait être que le sang du diable, et qu'on ne doit pas faire manger le diable à ses frères : passe pour manger Dieu, c'est d'un bien meilleur ton. Aussi laisse-t-on tranquilles les cuisiniers qui veulent bien nous le servir.

Le corrégidor convenait cependant que l'histoire du citoyen charcutier de Jérusalem ne se trouvait pas dans l'historien Josèphe; mais, que cette particularité fût vraie ou fausse, il était incontestable que des armées avaient combattu en l'air; il était clair que c'étaient des légions de sorciers; il était donc positif que l'homme-volant était sorcier aussi et devait être traité comme tel, si on pouvait le joindre avant qu'il arrivât aux colonnes d'Hercule, où tout le monde sait que le demi-dieu, qui ne savait pas le latin, parce que le latin n'existait pas, a écrit :

« *Stetimus hic tandem nobis ubi defuit orbis.* »

Or, le demi-dieu qui a planté ces colonnes aux confins du midi de l'Espagne ne soupçonnait pas la Sibérie, la Laponie, le Kamtschatka, l'Amérique, et n'était pas plus sorcier que le corrégidor de Pobla, qui voulait que Trufaldin fût possédé du diable.

Voyez cependant combien une opinion hasardée peut exposer un galant homme. Galilée perdit sa liberté pour avoir soutenu que la terre tourne autour du soleil; Mercier a perdu sa réputation pour avoir soutenu que le soleil tourne autour de la terre, et Trufaldin va peut-être endosser la chemise de soufre parce qu'un corrégidor a lu la Bible et qu'il a affaire à des sots.

Le bon écuyer entrait d'un pas pesant dans la ville. Un apothicaire de soixante et dix ans, curieux, nouvelliste, bavard, diffus et voleur, comme j'en connais un, que je vous conseille d'éviter, cet apothicaire, dont la boutique était le rendez-vous des vieilles têtes éventées comme la sienne, avait entendu parler de l'homme-volant et savait tout jusqu'aux moindres circonstances. Il était sur sa porte, dans sa robe de chambre d'indienne fond brun, avec sa plume à l'oreille, sa vilaine lèvre pendante et filtrant sa salive épaisse, lorsque Trufaldin passa devant cette malheureuse boutique. Mon apothicaire voit une capeline verte, la plume rouge, et tous les vêtements indiqués par le corrégidor. Il s'approche de Trufaldin en riant, de ce rire niais, que ceux qui se chauffent à son poêle veulent bien prendre pour de la finesse, et lui demande, en lui crachant au visage, si ce n'est pas lui qui a volé dans les environs de Pobla.

Trufaldin, enchanté d'avoir ouvert, à ce qu'il croyait, une route nouvelle, comme l'ont cru depuis Mongolfier, Pilâtre des Rosiers, comme le croiront encore ceux qui s'élèveront en l'air, lorsque, dans quelque mille ans, une révolution physique du globe bien prononcée aura fait perdre aux pauvres humains qui survivront le souvenir de ce qu'avaient découvert leurs pères, et qui ne réfléchiront pas que l'entendement de l'homme est une cour entourée de murailles, autour desquelles tournent continuellement les génies actifs, qui se glorifient d'avoir trouvé ce que leurs prédécesseurs ont laissé ou vu tomber; Trufaldin, dis-je, très-étranger à tous ces gens-là, mais très-sensible aux jouissances de l'amour-propre, Trufaldin s'inclinait devant l'apothicaire, qui devait s'incliner devant tout ce qui ne porte pas le cachet du *coquinisme*, et lui disait avec un petit air de satisfaction qu'il s'était élevé à quinze cents toises, qu'il avait vu sous ses pieds la terre comme un atome, et qu'il s'était tellement approché du paradis qu'il avait entendu les anges péter : tout voyageur doit mentir.

L'apothicaire, aussi fourbe que fripon, comblait d'honnêtetés le voyageur aérien, qui ne s'apercevait pas que la canaille l'entourait, l'écoutait, et qui ne savait pas que l'apothicaire, qui se faisait des pratiques par toutes sortes de moyens, qui en volait à ses confrères, était bien aise de livrer un sorcier à la sainte inquisition, à qui il vendrait de l'opium brut pour des pilules de laudanum, calmant très-utile aux hommes qui par chasteté ont renoncé aux femmes.

Mais, comme un coquin domicilié et qui a usurpé une sorte de considération, ne la compromet jamais et ne dénonce pas ouvertement, l'apothicaire, en paraissant flatter Trufaldin, en lui souriant, en lui faisant des questions captieuses, prouvait à l'auditoire qu'il était sorcier, très-sorcier, infiniment sorcier, non pas l'apothicaire, il ne l'est pas du tout, mais bien notre pauvre Trufaldin. Or, la canaille, qui aimait infiniment alors à voir pendre, rompre, brûler, goût détestable, bien loin des mœurs du dix-huitième siècle, où on a toujours eu le sang en horreur, cette canaille s'empara de Trufaldin, le traîna malgré ses plaintes, malgré ses pleurs dans les prisons du saint-office, et l'apothicaire envoyait par les rues détournées un grand flandrin de garçon, au teint blême, aux joues caves, avertir le révérend père inquisiteur que le sorcier qu'on amenait était livré par lui, et qu'il comptait en récompense sur la pratique du révérend et de ses suppôts.

Le cher écuyer s'était laissé conduire sans résistance, parce qu'il n'était pas dans son caractère de résister et parce qu'il ne croyait pas courir de grands risques pour avoir été enlevé par des oies. Cependant, quand il fut sous les verrous; quand il vit les roues, les chevalets, les coins, avec lesquels les satellites du révérend père inquisiteur font avouer à leurs victimes ce qu'elles n'ont pas fait, ce qu'elles n'ont pas dit, deux ruisseaux de larmes s'ouvrirent, et le bonhomme tombant à genoux, les bras élevés vers le ciel, s'écria : « O Jésus-Christ ! ô mon maître !

loin de jamais persécuter, vous avez prié pour vos bourreaux ; loin de condamner personne, vous avez absous la femme adultère par ces mots : Que celui qui est sans reproche lui jette la première pierre. O mon divin Jésus! que vos successeurs, ou ceux qui se disent tels, sont loin de vous! ils me donneront la question jusqu'à ce que je leur répète ce que m'ont dit les oies dans les régions supérieures. »

Cependant l'aspect des instruments propres à la torture au lieu d'abattre tout à fait Trufaldin lui inspirait le courage de fuir, le seul que puisse jamais avoir un poltron. La vaste chambre où il était avait une croisée bien grillée, qui donnait sur une cour où se promenaient quatre ou cinq gueux en pourpoint noir, aux cheveux gras. Ils avaient l'air modeste et le chapelet à la main : c'étaient les gardes qui veillaient sur les prisonniers. Pas de moyens de s'échapper par là.

Il prend un coin de fer, qu'on enfonçait entre les deux genoux des patients, préalablement serrés avec des planches et des cordes ; il frappe contre plusieurs parties du mur, qui sont aussi épaisses que solides. Il réfléchit qu'on ne l'a logé que provisoirement dans cette chambre, et qu'il y aurait de la folie à tenter une entreprise qui demandait du temps. Cependant ses yeux se reportaient sur les terribles instruments ; il sentait plus que jamais la nécessité d'une prompte fuite. Il démonte une grande roue qui servait à tendre les cordes qui disloquaient les bras et les jambes des hérétiques et des sorciers ; il la porte dans la cheminée, il monte, il est arrêté par des barres de fer tellement serrées, que la fumée peut à peine s'échapper. Il tâte avec son coin le mur mitoyen, et il juge que ce n'est qu'une faible cloison en plâtre. Il frappe, il travaille, il s'évertue, il se démène, il sue, mais il perce. Il voit le jour de l'autre côté, il espère, il oublie la peine, il redouble d'efforts, il agrandit son trou. Il descend, il prend une longue corde, il remonte, il attache un bout de sa corde aux grilles qui barrent la cheminée, il passe l'autre bout par son trou, il y passe après sa corde, il descend, il se trouve dans une autre chambre, autour de laquelle sont plusieurs portes toutes exactement fermées. Il voit une grosse clef accrochée à un clou ; il ne doute pas qu'elle n'ouvre une de ces portes, il l'essaie à toutes ; l'une d'elles s'ouvre enfin : à quatre pas plus loin il en ouvre une autre, et il entre dans une troisième chambre où se promenaient cinq ou six malheureux. Il s'effraie d'abord, il se rassure bientôt en voyant que ce sont des prisonniers comme lui ; mais il sent qu'à force de travail il est tout simplement parvenu au logement qu'il aurait occupé deux ou trois heures plus tard sans se donner la moindre peine.

C'est surtout dans le malheur que la société est nécessaire. Trufaldin vit bientôt que la fuite était impossible ; mais il trouva de la consolation à se plaindre, à être plaint, et il s'applaudit d'être le moins sorcier de la troupe. En effet, c'était un président dont aucun plaideur ne s'était jamais plaint, *sorcier;* un avocat qui n'avait jamais perdu de cause, *sorcier;* un auteur qui n'était jamais tombé, *sorcier;* un comédien qui avait toujours été modeste, *sorcier;* un journaliste qui n'avait jamais menti, *sorcier;* une femme que son mari aimait après un an de mariage, *sorcière,* sorcière, plus que sorcière.

Tous ces sorciers-là jugèrent d'abord que le nouveau confrère ne méritait pas une grande attention de leur part ; mais lorsqu'on eut entendu par quels moyens il était parvenu à la chambre commune ; quand on sut qu'on pouvait arriver à celle de la question, où les instruments du supplice pouvaient devenir des armes meurtrières ; quand on eut calculé qu'il restait deux heures à peu près avant qu'on apportât le dîner, tous les sorciers fêlèrent Trufaldin, et commencèrent, à l'aide de la corde, à escalader la cheminée. Trufaldin leur criait qu'ils ne se sauveraient pas par là ; qu'il voulait bien s'enfuir, mais qu'il n'entendait pas se battre, on ne l'écoutait plus, on passait par le trou, on descendait dans la chambre, et on s'armait comme on pouvait. La sorcière même, dont la sorcellerie consistait dans une très-jolie figure, beaucoup de douceur et d'amabilité, la sorcière avait suivi les autres, et Trufaldin était resté dans la chambre, parce que sa docilité prouvait, pensait-il, sa soumission au saint-office, et ne manquerait pas de l'intéresser en sa faveur.

Cependant l'heure du dîner sonne. L'écuyer entend ouvrir. Le porte-clefs arrive avec sa gamelle, et il reste également étonné de voir là Trufaldin qui n'y devait pas être, et de n'y plus voir ceux qu'il devait y trouver. Impatient d'éclaircir un mystère qui intéressait la gloire du tribunal et sa sûreté personnelle, il prend l'homme-volant au collet, le traîne dans un cachot voisin, l'enferme soigneusement, va informer de ce qui se passe le révérend inquisiteur, et Trufaldin, en gémissant plus que jamais, ne se doutait pas qu'une bête ne pouvait rien faire qui ne tournât contre elle.

Cependant, l'inquisiteur, curieux de faire parler l'homme-volant, venait d'entrer dans la salle de la question avec deux drôles qui comptaient arranger, d'après les ordres du bon père, ce qui était nécessaire pour obtenir la vérité. Au premier bruit des clefs, les sorciers s'étaient cachés sous des bancs, derrière la porte, et l'inquisiteur n'a pas plutôt le pied dans la chambre, que les sacriléges portent sur lui des mains impies, se saisissent également des deux bourreaux, referment la porte, et on va aux opinions sur la conduite à tenir envers ces coupables, évidemment coupables, puisqu'en ce moment ils étaient les plus faibles.

Le président et l'avocat voulaient instruire leur procès sans désemparer, et, après l'exécution, se servir des clefs pour s'évader. L'auteur était assez de cet avis; mais il voulait que la procédure fût écrite en vers. Le président et l'avocat soutenaient que ce serait manquer à la forme, et que la forme était sacrée. Le journaliste dit qu'il fallait écrire très-vite et sans réflexions, et se proposait en qualité de greffier. Le comédien, grand tragique, ne connaissant de moyens que le poignard ou le poison, avait commencé à débiter une tirade qui devait se terminer par un coup de bûche qu'il tenait à deux mains. La sorcière donnait modestement à entendre qu'elle serait bien aise qu'on privât le révérend de ce dont il lui avait ôté l'usufruit. Le révérend et ses suppôts, à genoux, pâles, tremblants comme des coquins, imploraient l'indulgence de ceux qu'ils comptaient, un instant avant, torturer, tenailler, griller. Or, tout le monde parlant à la fois, il fallut que tout le monde criât pour se faire entendre ; or, sept à huit personnes qui crient dans une chambre s'entendent facilement dans la cour ; or, les gueux en chapelet devaient appeler main-forte, et ce fut ce qu'ils firent.

Ce sont de plats coquins que des inquisiteurs et leurs satellites ; mais quand ces drôles-là sont six contre un, ils attaquent bravement : aussi une trentaine de ces malheureux, rassemblés à la hâte, monta fièrement à la chambre de la question, enfonça la porte à coups de hache, et entra sans même avoir été entendue, parce que des mots les sorciers étaient passés aux injures, et des injures aux coups ; tant il est vrai que le bonheur de l'homme heureux ne consiste pas dans les circonstances favorables que la fortune lui présente, mais dans le talent avec lequel il les tourne à son avantage.

Les perruques des sorciers étaient en l'air, leurs vêtements en lambeaux, la calotte du révérend était foulée aux pieds, son scapulaire arraché, le juste de la jolie sorcière était déchiré, non qu'elle se fût battue, mais elle avait reçu quelques égratignures en voulant séparer les combattants.

Les preux de l'inquisition se saisirent des sorciers, bien plus coupables depuis qu'ils avaient attenté à l'oint du Seigneur. On les enferma dans des cachots séparés. Il fut décidé que les membres du tribunal s'assembleraient l'après-midi, et que les délinquants seraient brûlés le lendemain.

Cependant un inquisiteur aime trop le Créateur pour ne pas tenir un peu à la créature. Il n'avait pas vu la jolie sorcière, qu'avait interrogée, quelques jours avant, un de ses assesseurs, et il se promit bien de l'aller visiter dans son cachot, avant qu'elle parût devant le tribunal.

Ces préliminaires réglés, il ne s'agit plus que de savoir comment tous les sorciers sont parvenus à la chambre de la question. Le plus savant de la troupe assura qu'ils avaient passé par le trou des serrures; mais un imbécile observa que de serrure en serrure ils auraient gagné la rue. Cet imbécile regarda partout, même dans la cheminée; il vit le trou, la corde; on la reconnut pour tenir à une machine à question; on se rappela que Trufaldin avait été déposé dans cette chambre; on conclut avec sagacité qu'il était la cause première du tumulte et des injures et des taloches qu'avait reçues le révérend; qu'en conséquence son procès lui serait fait et parfait dans la journée.

Pendant que ces événements se passaient dans les prisons de l'inquisition, Mendoce, impatient de ne pas voir revenir son écuyer, avait envoyé Pédrillo après lui. Pédrillo, en entrant en ville, avait demandé à tout le monde des nouvelles de Trufaldin, et il l'avait si bien désigné, qu'on jugea qu'il le connaissait parfaitement; qu'il pouvait y avoir entre eux complicité de sorcellerie, et on avait fourré Pédrillo en prison. Mendoce, plus impatient que jamais, avait envoyé un rameur après Pédrillo, un second rameur après celui-ci, et ainsi jusqu'au dernier. Ils nommaient Trufaldin; on leur demandait s'ils ne parlaient pas de l'homme-volant, et, sur leur simple affirmative, on les mettait au cachot les uns après les autres. Mendoce, irrité de ces lenteurs, saute de la barque, marche fièrement vers Pallarois, et Rotrulde qui ne veut pas le perdre de vue, Rotrulde, après avoir en vain essayé de l'arrêter, finit par le suivre de fort mauvaise humeur, et Inès les suit de loin tous les deux.

Le jeune comte n'était pas homme à s'informer avec précaution, à garder des ménagements, à supporter l'oppression. I entra à Pallarols d'un air menaçant, se fit conduire chez le corrégidor, lui déclara que son écuyer et d'autres gens à lui avaient disparu; qu'il entendait qu'on les lui retrouvât à l'instant, et que lui, corrégidor, répondrait au roi d'Aragon de ce qui leur arriverait. Le corrégidor avait la morgue ordinaire aux petits hommes qui occupent de grandes places; il fut très-choqué de la manière dont un inconnu osait lui parler, et lui demanda son nom. — Je suis, lui dit Mendoce toujours très-franc quand il avait la tête montée, je suis le fils du comte d'Aran, assez puissant pour vous couper les oreilles, à vous et à tous les gens de la ville, si je n'obtiens justice à l'instant.

Au nom du comte d'Aran, le corrégidor s'était un peu déridé; mais la menace d'avoir les oreilles coupées, lui rappelant les égards dus à son rang ouvertement violés et devant témoins, il répliqua d'un air aigre-doux qu'il avait entendu parler, chez M. le comte de Cerdagne, de ce fils unique, assez mauvais sujet qu'on cherchait depuis longtemps, et qu'une preuve du respect que lui, corrégidor, portait au comte d'Aran, c'est qu'il allait faire arrêter le fils pour le rendre à son père.

A peine le mot *arrêter* est lâché que Mendoce applique un vigoureux soufflet au magistrat et qu'il tire l'épée; à peine le soufflet est-il reçu que le magistrat appelle main-forte; à peine le cri est-il poussé que trois ou quatre invalides entrent avec des hallebardes rouillées; à peine sont-ils entrés que Mendoce les juge indignes de son épée, saisit une des hallebardes par le bâton, l'arrache à celui qui la tenait, le bâtonne avec les autres, bâtonne le corrégidor, les renverse tous, saute par-dessus eux, et en cinq ou six élans arrive au milieu de la place publique, où il voit sur ses pas Rotrulde qui ne le quitte pas plus que son ombre, et le peuple qui commence à se rassembler comme à Paris quand un singe joue dans une gouttière, ou qu'un officier municipal sort précédé d'un tambour boiteux, ou qu'on porte un noyé à la *Morgue*.

Mendoce, l'épée à la main, régalait de la parade, sans s'en douter, les bons habitants de Pallarols. Il se débattait au milieu d'un cercle très-géométrique que formait autour de lui sa redoutable épée. Il appelait à grands cris son écuyer, qui, disait-il, n'était qu'un sot, mais qui lui était attaché, à qui il devait sa protection, et qu'il irait chercher même au fond des enfers. — Et plût à Dieu, ajouta-t-il, que lorsque, par hasard, il trouva, ainsi que tant d'autres inventeurs, le moyen de s'élever glorieusement dans les airs, plût à Dieu qu'il fût tombé dans la Sègre, et qu'il s'y fût noyé. Un monument modeste mais décent attesterait la reconnaissance que je voue à celui qui a élevé mon enfance, et qui n'a pas fait plus, parce qu'il ne pouvait pas davantage.

On conçoit à ce discours, que l'écuyer, que le beau et terrible chevalier regrette si amèrement, est l'homme-volant incarcéré en qualité de sorcier, et destiné à servir d'ornement à un superbe auto-da-fé, spectacle dont on n'a pas joui à Pallarols depuis au moins quinze ans. Un enthousiaste s'écrie que Trufaldin est sorcier ; qu'il est dans les prisons de l'inquisition, et qu'il n'en sortira que pour l'amusement des amis de la foi.

Mendoce, furieux, s'écrie que l'inquisiteur est un faquin, un polisson, un drôle, à qui il va apprendre à vivre ; qu'il n'est de sorciers que pour les charlatans ecclésiastiques qui se jouent et qui profitent de la crédulité des peuples, et il marche vers la prison. Un bedeau, un frère lai, un marguillier, que son exclamation avait mis en fureur, l'approchent de trop près, le marguillier et le bedeau, et le frère lai reçoivent des coups de plat d'épée sur le visage ou sur les épaules.

Jusqu'alors la canaille s'était intéressée au beau chevalier, car tout ce qui est au-dessus de nous a, comme le soleil, le privilège de nous éblouir, mais les paroissiens du marguillier, les compères du bedeau, les dévotes qui faisaient l'aumône au frère lai, crièrent à la fois que le maître était aussi sorcier que le valet, et qu'il fallait les brûler tous deux ensemble.

A ces mots, Rotrulde, qui vraiment aimait Mendoce, se jette au-devant des assaillants et de la redoutable épée qui n'était bonne qu'à faire croire davantage à la sorcellerie de celui qui s'en servait si bien, puisqu'elle contenait toute une ville où on se piquait d'être brave. Rotrulde couvre Mendoce de son corps, et l'embarrasse au point que tout autre eût choisi de la pourfendre ou de se laisser arrêter. Un homme sensible trouve toujours un parti moyen, et Mendoce, poussant Rotrulde devant lui, la jette à dix pas, et sabre tout ce qui l'approche. Le peuple, indigné, s'écrie qu'une femme qui s'intéresse à un sorcier ne peut qu'être une sorcière, et on arrête la trop faible et trop malheureuse Rotrulde. Mendoce, qui allait droit à l'inquisition, décidé à en échiner tous les membres, Mendoce court à Rotrulde, pour qui il conservait peu d'amour, mais qu'il était incapable d'abandonner à la fureur populaire. Il écarte ceux qui déjà la chargeaient de liens, et la prend sous un bras, l'enlève, la charge sur son épaule gauche, et, frappant partout de son bras droit, il approchait du lieu redoutable où Trufaldin était renfermé.

On peut dire à un homme du peuple qu'il n'est qu'un polisson; il vous fait la révérence lorsqu'à la suite des injures on lui solde son mémoire et sans marchander; mais battre un marguillier de paroisse, dire pis que pendre du père inquisiteur, ou soutenir qu'avec trois mots on ne fait pas descendre Jésus-Christ dans un petit pain à cacheter, c'est absolument la même chose : il y a de quoi exciter une révolution. Aussi le bon peuple de Pallarols entra dans la plus sainte fureur, et n'osant pas attaquer Mendoce en face, on fut chercher les chaînes de tournebroches, les cordes à puits; on les tendit sous ses pas, et pendant qu'il regardait à ses pieds, on lui passait des nœuds coulants aux bras, au cou. On le renverse, lui et sa Rotrulde, qui montra dans sa chute... mais on ne prit pas garde à cela, parce que toutes les affections terrestres se taisent devant l'amour divin.

Mendoce, renversé, écumait de fureur, et plus il enrageait, et plus on serrait les nœuds. On le porta, avec sa jolie brune, dans les prisons du redoutable tribunal. Chacun de ceux qui avaient seulement touché son habit, prétendait à des indulgences que le ciel accorde sans doute aux êtres féroces qu'il a en horreur.

Voilà donc notre malheureux jeune homme et sa tendre compagne encaissés avec les autres; voilà le révérend père inquisiteur, aussi bête que la populace, lui promettant pour le lendemain treize ou quatorze chrétiens rôtis; voilà le corrégidor, enchanté de se venger de l'étourdi, parlant à l'oreille de l'inquisiteur, et le pressant de faire pour l'amour de Dieu ce qu'il se garderait bien, lui, de se permettre, de peur de se brouiller avec le comte d'Aran ou avec son ami Cerdagne, seigneur de la petite ville de Pallarols. Les hommes sont faits ainsi. Ils sont heureux quand ils peuvent, sans inconvénient, satisfaire leurs passions, arriver à leur but en se tenant derrière le rideau, et, dans les circonstances épineuses, trouver un chat qui veuille bien tirer les marrons du feu.

Pendant que toute la ville était en rumeur, la grosse Inès, qui avait une tête froide, bien que le reste fût très-vif, la grosse Inès avait senti que ce n'est pas avec des injures et des coups qu'on persuade son innocence; elle savait qu'on ne se tire pas aisément des griffes de l'inquisition, et que les vérités articulées contre le père inquisiteur s'expieraient infailliblement par le feu si une protection majeure n'arrêtait tout. En conséquence, elle avait été, avec un petit air indifférent, louer un bon cheval dont elle avait consigné le prix; et elle était arrivée d'un temps de galop chez le comte de Cerdagne, auquel elle raconta du voyage commun seulement ce qu'il avait intérêt d'en savoir, et elle termina son récit en lui apprenant que son gendre, Trufaldin, Rotrulde et tous ses gens étaient dans les prisons de l'inquisition de Pallarols, parce que des oies sauvages avaient bu du vin de Pobla.

Au nom de l'inquisition, Cerdagne trembla. Il connaissait l'empire que ce tribunal exerce sur le vulgaire, et employer la force pour délivrer Mendoce, c'était se perdre dans l'esprit de ses vassaux, les pousser à la révolte et exposer sa vie et sa fortune. Prétendre aussi sauver Mendoce par la voie de la conciliation, c'eût été se livrer à un espoir chimérique : les moines ne pardonnent jamais. Cependant le danger était pressant; il n'y avait pas un moment à perdre, et Cerdagne jugea convenable de se faire accompagner d'une manière imposante. Ce moyen, en effet, ne peut nuire en aucun cas.

Il fit courir ses pages de tous les côtés; il leur ordonna de amener à l'instant ce qu'il y avait de plus brave et de plus considéré parmi ses hommes d'armes. La nuit entière fut employée à ces allées et venues, et au point du jour Cerdagne partit pour Pallarols à la tête de deux cents hommes disposés à se faire tuer au premier mot de leur chef sans qu'il sût lui-même à quoi ils lui serviraient.

Cependant le révérend inquisiteur avait bien employé l'après-dîner de la veille. Il avait interrogé tous ses sorciers, à l'exception de la jeune femme, qu'il se proposait, disait-il, de voir en particulier, parce qu'elle avait déjà fait quelques aveux dont la suite exigeait du secret. Le président et les autres avaient prouvé que leur prétendue sorcellerie n'était que l'effet de quelques qualités estimables, et le révérend n'avait pas extrêmement appuyé sur le premier chef d'accusation, parce qu'on lui en avait fourni d'autres qui ne permettaient pas à sa charité chrétienne de faire grâce. Il demanda, d'une voix terrible, pourquoi de prétendus innocents cherchent à s'évader d'une sainte maison où on les retient pour le bien de leur âme; pourquoi ils se mettent en révolte ouverte contre le chef d'un tribunal érigé par Dieu même; pourquoi ils osent porter des mains impies sur sa personne sacrée, et pousser le blasphème jusqu'à dire qu'ils vont lui faire son procès. A ces inculpations terribles, les assesseurs lèvent les mains et les yeux au ciel, et déclarent, d'un ton mielleux et bénin, que ces attentats méritent le feu. L'arrêt est prononcé, et les parents, les amis de ces malheureux s'enfuient sans oser dire un mot en leur faveur.

L'inquisiteur ordonne qu'on amène Trufaldin, Mendoce, Rotrulde et les autres. Si les premiers s'étaient purgés de l'accusation de sorcellerie, Trufaldin, au moins, ne s'en laverait pas, et il est bon que dans un auto-da-fé on brûle au moins un sorcier.

Mendoce se présenta, le front serein, chantonnant un petit air, et saluant le tribunal de deux ou trois pirouettes. Cette manière leste frappa l'inquisiteur, qui l'interrogea le premier, et, au seul mot de sorcellerie, Mendoce lui rit au nez. Pressé de parler, il dit qu'il n'avait pas coutume de répondre à des niaiseries de cette espèce, et que le révérend et ses assesseurs lui paraissaient plutôt dignes des Petites-Maisons que de l'office de juges. La mine refrognée des bons pères annonça à l'auditoire la condamnation très-prochaine du beau jeune homme. Les uns le plaignaient tout bas, et d'autres observaient qu'il méritait son sort, parce que jamais on n'avait répondu ainsi à un saint inquisiteur.

On en voulait singulièrement à Trufaldin, parce qu'il avait fait le trou par lequel étaient passés les sorciers qui avaient fait tant de peur à sa révérence, et on le pressa de convenir de son commerce avec le diable. Trufaldin répondit à genoux et les mains jointes, qu'il n'avait jamais eu rien de commun avec l'esprit immonde. — Et qui t'a donc enlevé dans les airs? — C'étaient des oies. — C'était le diable! — C'étaient des oies, révérend père. — Ah! le malheureux nie, qu'on l'applique à la question.

Quatre estafiers saisissent Trufaldin, qui se débat des bras et des jambes, qui grince des dents, et que, malgré ses efforts, on porte vers la fatale machine. Mendoce, placé entre deux hommes qui veillent sur lui la hallebarde au bras, Mendoce ne se possède plus. Il saisit les deux coquins par le chignon et les renverse la face contre terre ; il renverse le tribunal avec ses stalles, il renverse les inquisiteurs ; il enfonce, avec un grand crucifix de bois, les côtes de ceux qui portaient Trufaldin. Les suppôts de l'inquisition se précipitent sur l'auditoire ; l'auditoire se sauve dans les corridors, et Mendoce, moins humain, se sauvait avec tout le monde, et serait peut-être parvenu à sortir de la ville ; mais abandonner son pauvre Trufaldin, sa jolie brune, ses bons rameurs, c'était ce qui ne pouvait entrer dans sa pensée. Il retourne sur ses pas, relève Trufaldin immobile sur le carreau ; il délace Rotrulde évanouie ; il les presse de le suivre, et de doubles, de triples portes étaient déjà refermées sur lui.

Les inquisiteurs indignés, battus, meurtris, se rassemblent dans une autre salle. En deux minutes, Mendoce et les siens sont condamnés aux flammes, et, pour colorer une sentence dictée par l'animosité, les révérends pères dominicains passent le reste de la soirée en procession, les pieds nus, la corde au cou, de la cendre sur la tête. Ils chantaient par les rues des *Miserere* en expiation des sacriléges commis par les hérétiques, et le peuple suivait en chantant et en plaignant les bons pères que leur zèle pour la religion exposait aussi cruellement, et les femmes et les petits enfants portaient des fagots sur la grande place, et le marchand d'allumettes du couvent offrait *gratis* au frère portier le soufre nécessaire à la préparation des chemises, et toutes les cloches de la ville sonnaient, et cinq à six êtres raisonnables qui l'habitaient se renfermaient chez eux pour ne rien voir, et se bouchaient les oreilles pour ne rien entendre.

Il n'y avait plus que deux choses qui embarrassaient le père inquisiteur. La première, c'était de savoir si la jolie petite sorcière voudrait racheter sa vie à la condition qu'il lui proposerait. Les embarras de la journée le déterminèrent à remettre cette affaire au lendemain matin. La seconde, c'était de savoir comment on prendrait Mendoce, qui était bien sous les verrous, mais qui se faisait des armes de tout, et devant qui les plus braves de ses goujats tremblaient. Cette affaire était la plus pressante, et le révérend engagea le corrégidor à demander à son confrère d'Urgel une compagnie d'archers qui marcherait une partie de la nuit, et qui arriverait aisément à Pallarols pour l'heure de l'exécution.

— Eh bien ! disait Trufaldin, êtes-vous revenu de la manie des voyages ? il est joli celui qui nous reste à faire. — Allons, tais-toi, tu fais l'enfant. — On le ferait à moins. Et moi, qui ai fait ce que j'ai pu pour vous remettre dans le bon chemin ; moi, qui n'éprouve que des malheurs, qui suis innocent comme l'enfant qui est à naître, je vais finir par être brûlé : c'est bien malheureux, et je peux me plaindre sans faire l'enfant. — Je te pardonnerais de te plaindre si cela servait à quelque chose. D'ailleurs, n'es-tu pas né pour finir? qu'importe que ce soit de la fièvre ou d'une brûlure? Le pauvre Trufaldin pleurait; Rotrulde, Pédrillo et les autres étaient dans un accablement profond. On ne pensait ni au comte d'Aran ni au comte de Cerdagne; chacun s'occupait de soi. Le bûcher fatal était présent à toutes les imaginations, et les remplissait en entier. Mendoce seul conservait sa liberté d'esprit, et cherchait à consoler des gens inconsolables.

Dès le matin, les cloches avertirent les fidèles et les patients que l'auguste cérémonie ne tarderait pas à commencer. Le bûcher, le plus haut, le plus large qu'on eût jamais vu, était parfaitement arrangé; il était décoré de fleurs; de magnifiques torches étaient fichées en terre; les pénitents noirs, les pénitents gris, les pénitents jaunes, les pénitents verts, se rassemblaient sous leurs bannières de tous les quartiers de la ville, et se disposaient à se rendre au couvent des Dominicains; une vedette, placée dans un clocher, regardait attentivement sur la route d'Urgel pour avertir de l'arrivée de la compagnie des archers. Cette vedette voit un corps de cavalerie, s'imagine que, pour plus de célérité, on a mis l'infanterie à cheval, donne le signal convenu, la poterne s'ouvre, et Cerdagne entre avec tout son monde.

Les habitants reconnaissent leur seigneur; le corrégidor vient le complimenter, et Cerdagne, persuadé qu'il est des préjugés que la jeunesse se glorifie de braver, et devant lesquels l'homme raisonnable s'incline en les méprisant, Cerdagne n'écouta personne, poursuivit sa marche d'un pas grave, mit pied à terre à la porte de l'église des Dominicains, et remercia Dieu à genoux de ce qu'il avait permis que ses ennemis fussent reconnus et prêts à être immolés à sa gloire.

Le peuple, ravi de la piété de son seigneur, se pressait autour de lui, s'agenouillait à ses côtés, joignait ses prières aux siennes, et le corrégidor, son premier officier de justice, était tombé à genoux avec lui, faisait avec lui des signes de croix, répondait à ses antiennes et à ses oremus, trop heureux d'en être remarqué.

C'est ainsi que, dans tous les temps, les gens en dignité ont eu des singes, qu'ils ont cru leurs amis, et que l'amour-propre les a empêchés de distinguer l'encens donné à la place des marques d'affection accordées à l'amitié.

Ses devoirs de chrétien remplis à la grande satisfaction du public, Cerdagne se plaignit, du ton de la bonhomie, que ses fidèles vassaux ne l'eussent pas fait instruire du sacrifice qui allait se consommer; il observa que le bien qu'il leur avait fait dans tous les temps lui donnait au moins des droits à leur confiance; il en démêla plusieurs dans la foule qui depuis longtemps ne payaient pas leurs redevances; il leur parla, et attribua leurs délais à leurs défauts de moyens; il leur déclara que jamais il n'exigerait rien d'un débiteur mal à son aise, et qu'il leur faisait authentiquement la remise de ce qui lui était dû. Il chercha des yeux les jeunes filles que leurs amants accompagnent partout, même aux auto-da-fé; il leur dit qu'il était du devoir d'un seigneur de favoriser les mariages; il s'informa de leurs moyens, il donna de l'or à poignée aux pauvres, il promit des places aux jeunes gens aisés, il obtint des révérences des mères, des marques de respect et d'affection des papas; il recueillit les bénédictions des amants, et le maître de la confrérie des pénitents noirs vint, d'un air tout à fait gracieux, lui présenter de l'eau bénite. Pendant que ces petits incidents se passaient, les hommes d'armes entouraient le bûcher en chantant les litanies de la Vierge, et décidés intérieurement à sauver tous les sorciers de la grillade.

Après avoir fait toutes les momeries usitées alors, après avoir dépensé en bienfaits un an de son revenu, avoir fixé l'attention générale, s'être concilié les suffrages et les esprits, Cerdagne observa qu'il est incontestablement des sorciers qui méritent le dernier supplice, mais que le fils du comte d'Aran ressemble plutôt à un ange qu'à un diable. Qu'à la vérité, il a grièvement offensé le très-saint père inquisiteur, qu'il lui doit une réparation authentique; mais que faire périr par le feu un jeune homme, ardent catholique, c'est exposer le salut de son âme, tandis qu'en lui faisant grâce au nom du Dieu de paix, on lui laissera le temps de se sanctifier par la pénitence. — Mes chers amis, ajouta Cerdagne, je serais au désespoir de manquer au respect que je dois à l'inquisition. Le père inquisiteur est maître sans doute de la vie du fils du meilleur de mes amis et de celle de mes domestiques, qui ne sont pas plus sorciers que lui. Que ce cher inquisiteur dise un mot, et soumis, docile, je mets moi-même le feu au bûcher. Mais si vous vous mettez un moment à la place d'un père infortuné dont on veut brûler le fils, qui n'est ni juif, ni maure, ni schismatique ; si vous vous représentez vos enfants exposés à un pareil sort, vos entrailles seront émues, vous irez représenter respectueusement au père inquisiteur que ce sont des chrétiens qu'il va brûler, que ces chrétiens lui ont dit des injures, l'ont frappé même, mais que notre divin maître présenta l'autre joue à celui qui lui avait donné un soufflet. Le père inquisiteur, qui possède à un point éminent toutes les vertus chrétiennes, pourra-t-il se dispenser de pardonner quand vous l'aurez saintement fait rougir du mouvement de colère auquel il s'est abandonné, et serait-il digne de vos hommages, s'il ne pardonnait pas?

Pendant cette harangue, l'intendant de Cerdagne répandait l'argent à pleines mains ; celui qui faisait la grimace avait à l'instant même ses poches garnies, et qui diable résisterait au langage de la raison soutenu par la générosité ? Les parents, les amis du président, de l'avocat, des autres détenus, faisaient aussi leurs petites largesses, et le fanatisme religieux céda enfin à celui des richesses. On s'écria que le père inquisiteur s'était trompé, qu'il n'y avait pas de sorciers parmi ses détenus, et qu'il fallait l'aller supplier de faire grâce. Cerdagne se remit à genoux, et pria pour le succès de la médiation, déclarant à haute voix qu'il serait désespéré que sa présence influât sur la décision du révérend père, et qu'il s'en rapportait uniquement au zèle de ses bons amis.

Aussitôt quatre à cinq cents personnes se précipitent dans le couvent, et cherchent le père inquisiteur pour lui faire des représentations qu'il lui eût été impossible d'entendre. Les sbires de l'inquisition sont stupéfaits en voyant la chaleur de la multitude, et ne savent que lui opposer. Bourreaux audacieux et méprisables soldats, ils s'ouvrent, ils laissent passer le torrent ; les porte-clefs ouvrent de toutes parts en disant leur *Ave Maria;* le peuple se répand dans la maison, il cherche l'inquisiteur ; il entend des cris sortir d'un cachot souterrain, il s'y porte et y trouve le saint père, la jaquette levée, essayant de violer la jolie sorcière qui ne s'était pas rendue à ses arguments.

Le peuple a une foi robuste, aveugle, stupide ; mais quand il est convaincu qu'on se joue de sa simplicité, il devient implacable, féroce, terrible. Un portefaix saisit le révérend par la partie coupable, le traîna au milieu de la rue, criant qu'il fallait le brûler sur le bûcher même où il voulait immoler tant d'innocentes victimes. Ce cri se répète, les torches s'allument. Cerdagne, toujours à genoux, disait du ton de la simplicité que la voix du peuple est la voix de Dieu, et qu'il désirait que la flamme du bûcher, en lavant le bon père du péché mortel qu'il avait voulu commettre, lui épargnât mille ou quinze cents ans de purgatoire. Les fagots s'allument, le révérend est jeté au milieu du bûcher ; ses assesseurs se taisent de peur d'être grillés avec lui. Les prisons sont enfoncées, les captifs s'échappent ; le majordome de Cerdagne amène deux ou trois litières, on y entasse Mendoce, Rotrulde, Trufaldin, Inès, Pédrillo et les autres avant qu'ils aient le temps de se reconnaître. Les hommes d'armes de Cerdagne entourent les litières, on sort de la ville ; et lorsqu'on a gagné la campagne, les hommes d'armes, Cerdagne, Rotrulde, Inès, Pédrillo et les autres disparaissent à grande course de cheval. Mendoce reste seul avec Trufaldin, qui est hors d'état de lui parler. Mendoce lui-même est étourdi de sa délivrance, il ne pense pas à demander où on le conduit, et il arrive dans le parc de Cerdagne sans s'en douter, et avant que sa tête soit remise.

CHAPITRE VII

Intrigues des plus compliquées prouvant que les ruses d'amour ne sont pas imaginées d'hier et que de même que Guzman, Mendoce ne connaît pas d'obstacles.....

Le conducteur de la litière s'arrête devant une maisonnette fort jolie, bâtie au milieu du parc, et entourée de jardins riants. Elle était habitée par une espèce de concierge, bon homme, obligeant comme tous les domestiques de Cerdagne, chargé comme eux de faire tout ce qui plairait au beau chevalier, avec l'injonction commune à tous les autres d'observer une discrétion absolue.

A peine Mendoce eut-il mis pied à terre que le concierge lui servit un repas dont il avait le plus grand besoin, et auquel Trufaldin fit honneur. Il trouvait étrange que Rotrulde, Inès et les autres eussent aussi brusquement disparu. Cet article lui était à peu près indifférent : il n'avait plus d'amour pour la jolie brune. Ce qui l'affligeait sensiblement, c'est que le seigneur qui l'avait tiré de la ville, qui l'avait escorté en route avec ses hommes d'armes, se fût dérobé à sa reconnaissance. Au reste, comme il n'était pas homme à éprouver de sensations bien durables, il sortit après son repas, laissa son écuyer aux soins du concierge, et se promena dans le parc, chantant la petite chanson, et s'applaudissant de retrouver son or dans ses poches.

Une grande allée, qu'il suivit jusqu'au bout, le conduisit en face d'un très-grand, très-gothique et très-respectable château. Le pont était levé, les fossés pleins d'eau ; il regardait, il examinait tout. Un nain, qui était sur une tourelle, lui cria qu'on ne s'arrêtait pas là. A ce mot, Mendoce s'assit sur l'herbe. Le nain renouvela l'ordre de passer. Mendoce lui rit au nez. Le nain furieux disparut, et revint avec quelques archers qui ajustèrent la flèche à l'arc. Mendoce était brave, mais il était sans défense, et, dans tous les cas, la partie n'eût pas été égale. Il se repentit de s'être engagé si avant, et il jugeait qu'il ne lui était cependant pas permis de céder à la menace. Incertain, irrésolu, il ne savait quel parti prendre. Les archers l'ajustaient d'un air très-déterminé, lorsqu'une jeune dame parut, et ordonna, de la part de son père, aux hommes d'armes de se retirer. Ils obéirent, et la jeune dame, adressant la parole à Mendoce le pria de passer, d'un ton, d'un air qui lui allèrent à l'âme.

La beauté de la jeune personne l'avait vivement frappé, sa voix acheva l'enchantement. Il se leva, lui fit une profonde révérence, et s'éloigna plein de l'objet qu'il venait de voir, et que, selon les apparences, il ne reverrait plus.

Cerdagne était rentré chez lui plein de joie d'avoir conduit le fugitif jusque dans ses terres. Il ne fallait, pour l'y fixer, que lui faire voir Séraphine ; mais Cerdagne voulait qu'elle le secondât sans pénétrer ses projets. Il savait que les cœurs ne se donnent point par avis de parents, que les obstacles au contraire font naître l'amour, même chez les gens indifférents, et que la constance de Mendoce dépendrait uniquement des difficultés qu'il croirait avoir surmontées.

En conséquence, il ordonna en rentrant chez lui que son

château, toujours ouvert, fût fermé à tout le monde. Sa fille n'avait jamais usé de la liberté décente qu'on lui accordait, et cette espèce de contrainte lui déplut. Cependant, respectueuse et docile, elle ne se permit aucune réflexion. Sa charmante figure se couvrit d'un léger nuage, son père s'en aperçut, et s'en applaudit en secret.

Il sourit quand le nain vint lui dire qu'un jeune seigneur, fort bien mis, refusait de s'éloigner des environs du château. Il fit des questions sur ce jeune audacieux. Il était beau comme un ange, d'une taille, d'une tournure parfaite, et sa voix était pleine d'expression, quoiqu'il fût opiniâtre, et même impertinent. Séraphine écoutait en paraissant s'occuper d'autre chose ; elle souriait aussi au tableau que le nain faisait de Mendoce, tableau d'autant plus vrai qu'il n'était pas étudié, car Cerdagne n'avait pas mis le petit homme dans sa confidence. Elle jeta à la dérobée un coup d'œil sur son père : il l'observait d'un air riant. Tout à coup sa figure se rembrunit, son sourcil se fronça, ses yeux s'allumèrent, et il ordonna d'un ton terrible à ses archers de monter sur la tourellle, et de percer de leurs flèches le téméraire qui oserait lui désobéir. A cet ordre Séraphine pâlit, et représenta avec douceur à son père qu'il est cruel de tuer un beau jeune homme parce qu'il regarde un château. Cerdagne répéta l'ordre, les archers partirent, mais leur chef avait le mot.

Séraphine, seule avec son père, continua d'un ton timide ses premières observations. Elle ajouta que probablement le jeune seigneur était galant, et que sans doute il accorderait à la première demande d'une femme ce qu'il refusait à la force, et que ce moyen était bien plus dans le caractère de son père que celui qu'il se proposait d'employer. Cerdagne ne répondit rien ; sa fille le regarda tendrement, lui baisa la main, et jugeant par son silence de son acquiescement à ce qu'elle proposait, elle courut sauver la vie d'un homme pour qui Cerdagne eût volontiers exposé la sienne.

Dès que ce père aussi prudent qu'adroit eut perdu sa fille de vue, il se laissa aller à la joie que lui causaient des commencements aussi heureux. — Ils se verront, dit-il ; charmants tous deux, ils se plairont : le temps et l'étourderie de Mendoce feront le reste.

Il fit partir secrètement Pédrillo pour le château d'Aran. Il était bien naturel de rassurer un père et une mère désolés, et de les faire renaître à l'espoir de l'avenir le plus heureux.

Mendoce se promenait dans le parc, uniquement occupé de la jeune dame qu'il venait de voir. L'aimerai-je, se disait-il? Non, je ne l'aimerai pas ; elle est trop intéressante pour la rendre malheureuse, et ma funeste inconstance produirait en effet.... Mais je parle en vérité comme si j'étais sûr de plaire, comme si cet objet enchanteur avait vécu caché à tous les yeux, et qu'il m'eût attendu pour aimer. Et puis le seigneur de ce château est sans doute un homme puissant, il doit avoir des vues pour sa fille... Oh! on a rompu plus d'un mariage arrêté... Oui, mais mes étourderies... Je dois avoir dans le pays une réputation détestable... Allons, allons, ne pensons plus à tout cela, et chantons.

Trufaldin, lui, se remettait insensiblement chez le concierge. Ses fatigues l'avaient épuisé, et son estomac parla d'une manière énergique. Il se restaura, il jasa ensuite, et le concierge ne répondait que par oui et par non. Cependant quand il vit Trufaldin s'affliger sérieusement de ce que des oies avaient empêché l'enfant prodigue d'être rendu à ses parents ; quand il l'entendit regretter sa grosse Inès, il jugea qu'il savait le secret du voyage de Rotrulde, et il pensa qu'il est plus dangereux de jouer au fin avec des gens instruits, que de chercher à les gagner tout à fait par la franchise. Il instruisit donc Trufaldin qu'il était chez le comte de Cerdagne. A cette nouvelle, Trufaldin, dégoûté plus que jamais des aventures, but six coups de plus, et dévora un faisan en quatre bouchées. Dans les intervalles, il interrogea le concierge sur les desseins ultérieurs du comte de Cerdagne, et le concierge, qui ne savait que ce qu'il fallait pour remplir ses ordres, ne put satisfaire le curieux écuyer. — Mais, disait Trufaldin, pourquoi fermer son château? — Je n'en sais rien. — Il veut donc que le jeune homme lui échappe encore? — Je ne le crois pas. — Il était plus simple de le recevoir, de l'accueillir, de l'amuser et de faire arriver le papa. — Sans doute. — Et puis, s'il y a encore au château quelque beauté qui puisse remplacer Rotrulde... — Comment, s'il y en a? mademoiselle de Cerdagne est la plus belle personne de toute l'Espagne. — Eh! que diable, à quoi pense donc ce père? Il fallait la faire voir à Mendoce, il en serait devenu passionnément amoureux, et le reste allait de suite, au lieu qu'il partira d'ici au premier moment ; il faudra que je le suive, et comme le mal va toujours en croissant, je perdrai la vie à la première catastrophe qui ne manquera pas de m'arriver. En vérité, c'est fort désagréable. — J'en conviens, mais j'approuve la conduite de mon maître. Sans doute Mendoce aimerait Séraphine, tout le monde l'aime; mais elle pourrait l'aimer aussi, et on ne peut penser à la marier à un fou de cette espèce-là. — Bah! il ne serait pas le premier étourdi que le mariage aurait corrigé. — Il ne serait pas prudent d'en courir les risques.

Pendant que ces deux bonnes têtes se perdaient en raisonnements, Mendoce, riant, chantant, rêvant, rentrait à la maisonnette. Son premier soin, comme vous le pensez bien, fut de demander le nom du seigneur qui avait une fille si accomplie, et qui ne voulait pas qu'on regardât seulement le haut de ses tourelles. Le concierge répondit qu'il se nommait Ripal; c'était en effet le nom de famille de Cerdagne, et personne ne pouvait être accusé d'avoir usé de finesse quand tout se découvrirait.

Mendoce savait que Cerdagne était l'ami le plus intime de sa famille, et jamais il ne l'avait entendu désigner que sous ce nom. Il fut un peu étonné d'en entendre un qui lui était inconnu, à aussi peu de distance des domaines de son père. Trufaldin lui rappela qu'il avait quitté très-jeune les foyers paternels, qu'il ne se souvenait pas des noms de tous ses voisins, et que le seigneur de Ripal n'étant peut-être pas lié avec le comte d'Aran, il n'était pas extraordinaire que ce nom ne l'eût jamais frappé. Ce qui véritablement l'intéressait plus que tout le reste, c'était la beauté de Séraphine. S'il n'était pas absolument décidé à lui faire sa cour, il n'avait pas de raison de l'éviter. Il voulait vivre à une telle proximité du château d'Aran, qu'on ne pensât point à le chercher là, et c'était peut-être le moyen le plus sûr d'échapper à toutes les perquisitions. Le seigneur de Ripal paraissait être une espèce d'ours qui ne sortait pas, qui ne recevait personne, et qui ne l'exposerait à aucun inconvénient, et puis, à avantage égal, le voisinage d'une demoiselle charmante a toujours quelque chose d'engageant.

En chantant, en dansant, en riant, Mendoce déclara au concierge qu'il était tout à fait livré à la philosophie, qu'il fuyait le commerce des hommes, qu'il cherchait une retraite isolée où il pût librement méditer, et il lui proposa, en faisant une pirouette, de le prendre en prison chez lui.

Le concierge fit des difficultés. Il était logé petitement, sa table était frugale; Mendoce manquerait des soins auxquels il était sans doute accoutumé, et le philosophe répondait à cela qu'un homme raisonnable devait se contenter d'une chambre et d'un lit, que la sobriété entretient la santé du corps et la clarté des idées, et que le sage n'a besoin des soins de personne. Le concierge se défendit, Mendoce insista, il donna de l'or ; il crut avoir remporté une grande victoire quand le bonhomme lui eût accordé une chose à laquelle il avait ordre de l'amener, si elle ne venait pas naturellement de lui. S'il s'y refusait, le concierge devait donner un signal d'après lequel Cerdagne se déterminerait.

Trufaldin était enchanté de ces arrangements. Boire, manger, dormir ! ne voir que le concierge, trop vieux pour être dangereux ! n'avoir à craindre que le feu du ciel ! espérer de retrouver Inès dans quelque coin du parc ! Quelle vie ! Il n'était pas même à présumer que ce bonheur ne serait que passager. Monsieur l'écuyer prévoyait, ainsi que le lecteur, que tout cela finirait par une réconciliation générale. Il n'avait qu'un désagrément : c'était d'être obligé de garder le secret. Oh ! c'était dur... dur ! Mais un mot éclairait Mendoce, lui faisait prendre la fuite ; Trufaldin perdait Inès, le repos, une bonne table, et il pouvait rencontrer des oies, des inquisiteurs, et peut-être pis encore.

Le lendemain, Mendoce se leva de bonne heure, et sortit pour aller méditer. La méditation le conduisit vers le château, non pas du côté du pont-levis : le nain l'aurait distrait des grands objets qui l'occupaient, et les tourelles voisines du pont servaient sans doute de casernes aux soldats que le seigneur de Ripal entretenait pour sa garde. Le philosophe tourna les derrières du château, et tout en regardant le ciel, source de toutes vérités, ses yeux se rabattaient de temps en temps sur le haut des tours, sur les créneaux, sur les croisées des bâtiments renfermés dans cette enceinte. Une jalousie s'ouvrit !...

A dix pas derrière Mendoce, était un tertre assez élevé. Il y court, il se lève sur la pointe des pieds, son œil pénètre dans l'appartement ; il reconnaît la fille du redoutable châtelain. Elle est assise. D'une main elle caresse son épagneul, de l'autre elle tient un livre qui paraît l'occuper sérieusement. Hélas ! la pauvre enfant ne lisait pas, ses regards étaient fixés sur le chevalier, sans doute par pure curiosité.

Son amour propre fut flatté de la manière décente, et pourtant pleine d'intérêt avec laquelle Mendoce la regardait. Elle le trouvait au-dessus de ce que le nain avait dit ; elle l'examinait dans le plus grand détail, parce qu'elle avait à peine eu le temps de le voir, lorsqu'elle lui avait sauvé la vie, à ce qu'elle croyait au moins. Elle disait : Quel dommage de tuer un homme comme cela ! et elle faisait des caresses de plus à son épagneul. Etait-ce bien lui qu'elle caressait ?

Cerdagne était averti que Mendoce restait immobile comme un terme devant les croisées de sa fille. Le jeune homme ne l'avait jamais vu, il n'était donc pas possible qu'il le reconnût. Cerdagne était bien aise de le voir aussi, et c'est tout simple ; il voulait connaître quelle impression le jeune homme faisait sur Séraphine, et il entra chez elle sans s'être fait annoncer. Elle se leva précipitamment, courut fermer sa jalousie parce que le soleil commençait, disait-elle, à être chaud. — Mais non, dit le comte, il est encore bien matin, et je comptais te lire près de ton lit... En disant cela, il ouvrit brusquement la jalousie ; Mendoce, qui rêvait sérieusement, n'avait pas pensé à changer de position. L'aspect de Cerdagne l'effraya : ce n'était pas lui qu'il attendait. Il se retourna vivement, s'enfonça dans le parc ; mais la tendre curiosité de Cerdagne était satisfaite. Il avait entrevu un chevalier accompli, et sans en rien dire à sa fille, sans lui laisser soupçonner qu'il eût remarqué le jeune homme, il fut plus caressant, plus aimable que jamais.

L'après-dîner, Mendoce revint méditer au même endroit. Séraphine, qui trouvait beaucoup de charmes à la lecture du livre que son père lui avait donné, demanda la permission de se retirer chez elle. Son père l'accorda en l'embrassant de tout son cœur, et en se félicitant intérieurement : ce livre était le plus ennuyeux de sa bibliothèque, et il l'avait choisi à dessein.

Ce manége durait depuis quelques jours. Mendoce ne se contenait plus qu'à peine. Séraphine commençait à s'interroger sur la situation de son petit cœur, et fille qui s'interroge sur ce sujet aime déjà beaucoup, ou je me trompe fort. Pédrillo ne revenait pas ; Cerdagne s'impatientait, et ne concevait pas davantage que Guzman, le beau page qui accompagnait Rotrulde, ne fût pas rentré au château avec ses gens. Il ne paraissait plus douteux qu'il ne fût arrivé à ce jeune homme, qu'il affectionnait, quelque chose de funeste. Il y rêvait un soir, quand on lui dit qu'une petite femme fort jolie demandait à être introduite dans le château. Ce mot : une jolie femme, faisait encore une sorte d'impression sur Cerdagne. Il ordonna qu'on la fît entrer, et fut assez étonné de la voir tomber à ses pieds. C'était la petite veuve que le seigneur Guzman s'était si obligeamment chargé de reconduire chez elle.

— Seigneur, j'ai fait de grandes fautes. — Vous n'en pouvez faire que de très-agréables. — Je me suis mariée sans votre consentement. — Vous n'êtes pas ma vassale ; je vous connaîtrais. — Non, Seigneur, mais... — Mais, ma petite, vous n'aviez pas besoin de mon consentement. — Non pas moi, Seigneur, mais votre page Guzman... — C'est lui que vous avez épousé ? — Que voulez-vous, seigneur, il est si beau, si aimable !... — Et vous si tendre... — Que je me suis laissée persuader. — Parbleu ! le fripon n'est pas maladroit : il me renvoie notre déserteur, et il me ramène une jolie femme. — Monseigneur ne m'en veut pas ? — Non, sans doute. — Ni à mon petit mari ? — Pas davantage. Je voudrais, ma petite, que mes domaines fussent peuplés de femmes comme vous. — Qu'y gagneriez-vous, monseigneur ? — Au moins je n'y perdrais rien, et il n'est pas sûr qu'aussi bien que mon page...

Je n'ai jamais su la suite de la conversation. Ce qu'il y a de certain, c'est que la petite en quittant Cerdagne parut extrêmement contente de lui ; que le suzerain érigea, en sa faveur, une nouvelle charge dans sa maison, celle de coadjutrice à madame Théodora, qui vieillissait, et n'était plus que méchante, mais que l'on considérait en faveur de ses services passés et de ceux qu'elle pouvait rendre encore. Au reste, l'emploi de femme de charge d'un grand seigneur était tout ce que pouvait prétendre l'épouse d'un de ces pages, qui n'étaient, et ne sont encore en Espagne, la cour exceptée, que d'honnêtes valets.

Rotrulde avait incontestablement des droits à la survivance ; mais Cerdagne tenait essentiellement aux obligations du moment, et Rotrulde, en félicitant la nouvelle arrivée, lui fit observer avec dépit, que sa rougeur attestait des soins rendus qui commandent la reconnaissance. — Il paraît, madame, lui dit la petite, que les vôtres ont été oubliés. — Moi, madame ! cela vous plaît à dire. — Ah ! madame est si jolie... — Mais, madame, autant qu'une autre. — Oh ! bien plus, madame, et voilà pourquoi monseigneur n'a pu négliger des attraits... — Il a pu leur rendre hommage, madame : mais la sagesse... — La sagesse... — Ah ! madame, toutes les femmes en parlent, surtout à un certain âge. — L'impertinente ! — Ce mot, dans votre bouche, madame, équivaut à véridique.

Cerdagne s'amusait de tout. Il écoutait derrière une portière, et la scène venait de prendre une tournure qui devait assembler les gens de la maison et leur donner à rire aux dépens de leur maître. Le comte aimait beaucoup les peccadilles, il détestait l'éclat. Il parut, emmena Rotrulde, la consola probablement, puisqu'elle ne se plaignit plus, et manda son page.

Un grand seigneur se familiarise volontiers avec les femmes de tous les états qui ont ce je ne sais quoi qui fait taire la fierté ; mais devant les hommes l'orgueil reprend ses droits, et le pauvre Guzman, qui avait vivement à se plaindre de son maître, sans s'en douter pourtant, le pauvre Guzman essuya la plus verte des mercuriales. Son maître lui fit sur l'état, la moralité, les facultés de sa femme, des questions de forme, mais prononcées d'un ton à intimider. Quant à la moralité, monseigneur savait à quoi s'en tenir, et son page l'assura que sa femme était la vertu même ; pour l'état, ils n'avaient rien à se reprocher : la petite était fille d'un paysan, et Guzman avait eu pour père un piqueur du château. Du côté des facultés, il avait tout à gagner, puisqu'il n'avait rien, et que sa petite femme lui apportait en dot un joli domaine. L'enfant de Pacôme, de Mendoce ou des autres était en nourrice, et devait un jour passer pour un neveu : il n'en fut fait aucune mention à monseigneur. Le domaine était loué très-avantageusement. Au total, Guzman avait fait une très-bonne affaire en spéculation, et même en affection, car la petite lui avait plu au premier coup d'œil. Aussi Cerdagne, bien aise de les garder tous deux, termina-t-il la séance, ainsi qu'il l'avait projeté, par des recommandations générales. Il éleva Guzman au grade d'écuyer, en faveur, dit-il, des soins qu'il s'était donnés pour ramener Mendoce, et il se proposa bien de l'occuper au dehors d'une manière si suivie que sa femme manquât tout à fait d'occupation, ce qui pourrait le faire passer, lui, pour un passable pis-aller. Indépendamment de cela, l'intérêt ne perd jamais ses droits sur les femmes, et puis elles trouvent toujours, je ne sais pourquoi, quelque gloire à fixer un grand seigneur dont souvent elles ne se soucient guère.

Guzman venait de sortir pour aller se féliciter avec sa femme des bontés de monseigneur, lorsque le vieux Pédrillo entra, la figure rayonnante, le rire sur les lèvres, un bras et une jambe en l'air, annonçant l'arrivée du comte d'Aran et de son épouse. Ils n'avaient pu résister à l'envie de revoir plus tôt un méchant, un libertin, un ingrat, mais un enfant toujours adoré. Infirmes avant l'âge de la caducité, ils étaient montés en litière ; Pédrillo les avait conduits, les avait introduits au château au déclin du jour, et les avait cachés dans sa chambre.

Cerdagne courut les y trouver. Epanchement de sa part; remerciments, marques de reconnaissance de la leur; impatience d'embrasser le cher enfant, de lui pardonner, de le marier, de le ramener. Objections de Cerdagne, représentations, sollicitations, supplications. On pouvait tout perdre en précipitant quelque chose, et en laissant faire l'amour, on arrivait sûrement au but si longtemps désiré. — Ah! du moins, si nous pouvions le voir! — Vous le verrez demain. Je vais vous cacher dans une chambre au-dessus de celle de ma fille, où le père Pédrillo, homme sûr et discret, vous servira. Vous serez un peu resserrés... — Eh! qu'importe? — Mais vous aurez toutes les commodités de la vie. Demain, au point du jour, il viendra du fond du parc faire l'amour à Séraphine; Séraphine lui rendra ses révérences, répondra à ses signes; leurs soupirs communs se perdront dans les airs. La scène sera longue, elle se renouvellera le soir; vous verrez tout à votre aise le plus joli homme d'Espagne; mais, encore une fois, pas d'indiscrétion; s'il vous aperçoit, il s'échappe, et ce sera à recommencer.

Le comte et la comtesse se laissent conduire. Qu'on est faible quand on est père! dira le lecteur célibataire. Que cette scène est vraie! dira le lecteur, père sensible d'un fils dérangé. On les enferme dans une petite chambre incommode, sans jour que celui d'une lucarne qui donne sur le parc. Un excellent lit composé à la dérobée est ce qu'on leur offre de mieux. Pédrillo leur porte des viandes froides dans ses poches, du vin tel qu'il a pu le voler au sommelier; il remporte sa lampe, de peur qu'une clarté extraordinaire ne donne des idées aux gens de la maison qui habitent les chambres voisines; d'Aran et sa femme soupent à tâtons, se couchent comme ils peuvent, ne dorment pas, et pourtant sont heureux: le lendemain ils verront leur fils, ils ne seront pas obligés de lui marquer une sévérité que leur cœur démentirait, puisqu'ils n'en seront pas vus; leurs larmes paternelles couleront en silence, et ils auront le plaisir de les confondre.

Pourquoi la femme la plus sage trouve-t-elle toujours, sans le chercher, sans même y penser, des expédients qui l'approchent du but? C'est que la sagesse se tait à mesure que l'amour se fait entendre, que l'austère vertu finit par devenir attentive au langage séducteur, et que souvent elle trouve l'art de justifier les démarches les plus inconsidérées. Vous allez conclure de ceci que Séraphine se permettra des choses hasardées. Non, elle ne va rien faire que d'innocent : mais l'innocence a un bandeau sur les yeux, et elle ne fait point un pas qui ne soit dangereux.

Séraphine, dès le point du jour, lisait à sa croisée. Mendoce avait devancé le soleil. Il attendait un regard pour exprimer son amour, son impatience, son chagrin. Cerdagne, enfermé avec le comte et la comtesse d'Aran, partageait leur joie comme il avait partagé leur douleur. Le consentement était tel, que si Mendoce eût paru devant eux ils n'auraient eu que la force de l'embrasser ; la morale ne fût venue qu'ensuite, et elle n'eût pas été rigoureuse.

Mendoce avait fait des efforts incroyables pour contenir jusqu'alors la fougue de son caractère. Il sentait bien que la fille du seigneur de Ripal ne pouvait être menée comme une grisette ; mais aussi il n'entendait pas faire éternellement l'amour avec ses yeux. Cependant quel parti prendre ? La belle demoiselle lit ; on peut lui écrire. Il n'y a que ce moyen ; mais comment faire parvenir un billet dans un château toujours fermé et dont les gens sont invisibles ? La chose paraît impossible. N'importe, il faut écrire, et si les assiduités ne déplaisent pas à la belle Séraphine, elle trouvera peut-être..... Il tire son crayon, un beau petit morceau de vélin ; il s'assied et écrit sur son genou.

Séraphine avait tout vu. Elle devinait à qui s'adressait le billet, elle brûlait de le lire ; mais il fallait qu'il lui parvînt comme par hasard, sans qu'elle eût l'air de s'y prêter, et que sa fierté ne fût pas compromise. Elle avait une tourterelle très-apprivoisée et qu'elle aimait beaucoup. A l'instant où Mendoce n'avait encore tiré que son crayon, elle avait pénétré son dessein ; elle avait pris l'oiseau, elle le caressait sur le bord de la croisée, et sans doute le beau jeune homme ne pouvait pas soupçonner qu'on pensât à envoyer un courrier recevoir une lettre qui n'était pas écrite. L'ingénue et adroite demoiselle tire une plume à l'oiseau ; la douleur agit sur la tourterelle, elle s'envole dans le parc ; Séraphine pousse un cri de désespoir qui n'avait aucune vérité ; Mendoce lève la tête, voit l'oiseau chéri ; et la demoiselle, les bras tendus, semblait dire de l'air le plus suppliant : Ah ! par grâce, daignez me le rendre.

Mendoce se lève, il appelle l'oiseau, il lui présente le doigt, le petit animal vient s'y percher. Mendoce le prend, le couvre de baisers, l'enferme dans son sein, achève son billet, l'attache sous une aile de la tourterelle, la baise, la rebaise, et lui rend la liberté. La tourterelle, déjà fatiguée de l'espèce d'esclavage qu'elle vient de subir, reprend sa volée, et va se percher sur l'épaule de sa maîtresse. Séraphine la prend, la baise à son tour, et Mendoce croit distinguer que ces baisers couvrent les ailes et le bec, qu'il vient de caresser si tendrement. Une seule chose l'afflige, c'est que mademoiselle de Ripal fait rentrer l'oiseau dans sa cage sans avoir pris le billet. Sans doute, se dit-il, le trouble où elle était ne lui a pas permis de s'apercevoir que j'écrivais, et si quelqu'une de ses femmes, si son père impitoyable joue avec l'oiseau et trouve une lettre, Séraphine sera compromise, grondée, maltraitée peut-être... Etourdi que je suis !

Séraphine voulait qu'il pensât tout cela, et elle s'était remise à lire en affectant beaucoup d'attention et ayant constamment un œil sur Mendoce. Elle réfléchissait aux suites d'une indiscrétion qu'elle commençait à se reprocher. Ce billet tant désiré était en sa possession, elle pouvait le lire : elle n'osait, elle ne voulait même pas y toucher en ce moment. Elle se proposait de le remettre à son père et de le déchirer sans le lire, de le détacher en présence du beau jeune homme et de le jeter tout ployé dans le fossé. Le premier moyen exposait le jeune chevalier au ressentiment de son père : il fut donc rejeté. Le second ne sauvait pas sa gloire : le jeune homme ne doutait pas qu'elle n'eût lu sa lettre, et peut-être avec plaisir. Le troisième le désespérait ; et comment réduire au désespoir un beau garçon qui passe les jours entiers devant sa croisée pour le seul plaisir de la voir ? Chacun de ces partis présentait des inconvénients graves, affligeants, terribles ; il ne s'en offrait pas d'autre à son imagination, et en effet il fallait opter de lire la lettre ou de ne pas la lire.

Elle fit ce que toute autre aurait fait comme elle ; seulement elle usa d'une petite ruse qu'elle croyait insignifiante et qui pourtant signifiait tout. Elle tourna précipitamment la tête vers la porte, comme si quelqu'un entrait chez elle ; elle ferma vivement sa jalousie, et Mendoce jugea que son père venait la visiter, et qu'elle craignait qu'il ne l'aperçût dans son parc. Il en conclut qu'il inspirait une sorte d'intérêt ; mais en même temps il trembla pour le malheureux billet. Il se retira derrière des arbres touffus, et attendit que la jalousie se rouvrît : elle ne devait plus se rouvrir.

Les grands parents, témoins de tout ce manège, riaient, applaudissaient, s'attendrissaient, pleuraient, s'embrassaient : c'était à n'en pas finir. Ils ne voyaient pas Séraphine ; mais l'expérimenté Cerdagne tirait des conjectures certaines de l'excursion de la tourterelle, il expliquait tout, ne se trompait que sur les circonstances assez indifférentes, et il n'avait qu'une inquiétude, c'était de savoir si sa fille répondrait. Il désirait, il se flattait que non, et en effet elle en était incapable.

Cerdagne se défiait beaucoup de l'indiscrétion de Trufaldin ; ils s'étaient vus chez d'Aran ; ils se trouveraient probablement ensemble, et l'écuyer pouvait d'un mot prouver au jeune homme que les pères sont trop heureux de pardonner. Pédrillo, Inès, Rotrulde, interrogés sur ce qu'il savait et sur ses dispositions, répondirent qu'il s'était engagé au secret par serment, et qu'il était trop dégoûté des voyages pour être tenté de faire de nouvelles caravanes. Revenons.

La pauvre petite tenait le délicieux billet ; elle le trouvait plein d'expression, d'âme et surtout de respect ; il annonçait les vues les plus droites, et Mendoce n'attendait qu'une réponse favorable pour faire connaître au seigneur de Ripal sa famille, assez respectable et assez opulente pour ne pas craindre un refus. Elle soupira en se rappelant que son père lui avait quelquefois donné à entendre qu'il avait des vues sur elle dont il s'expliquerait quand il en serait temps. Comme on croit tout ce qu'on redoute, elle ne douta point qu'il n'eût conclu quelque mariage de convenance, et que sa réserve ne vînt de l'âge, de la laideur ou de quelque difformité du cavalier, dont le nom ne pourrait la surprendre que désagréablement. Son imagination lui créa alors le futur le plus rebutant sous tous les rapports que la nature injuste quelquefois, ait jamais pu produire. Elle se retraçait ensuite les agréments enchanteurs de Mendoce, et des pleurs étaient le résultat de la comparaison. Ah ! si elle avait su ce qu'on projetait pour elle ! mais son père savait que le bonheur durable est celui qu'on achète par des peines, des privations, de la persévérance, et il avait raison, surtout à l'égard de Mendoce.

Cependant, quelque sensible que fût Séraphine, elle sentit que répondre à un inconnu c'était outrager son père, blesser la bienséance, et elle aima mieux que le beau jeune homme l'accusât d'indifférence, d'ingratitude, que lui donner lieu de juger défavorablement de sa sagesse. Elle tint sa jalousie constamment fermée, et, à un moment où elle sentit faiblir sa résolution, elle sortit brusquement de sa chambre, et courut près de son père rendre de nouvelles forces à sa vertu. Ah! si toutes les filles se conduisaient ainsi !

Mendoce était revenu dix fois dans la journée, dix fois il avait trouvé la cruelle jalousie fermée. Tantôt il craignait que le seigneur de Ripal n'eût vu son billet et n'eût renfermé sa fille ; tantôt il craignait que sa fille elle-même ne l'eût lu enfin, et ne le punît d'avoir eu la témérité de lui écrire. Son imagination se monte, se volcanise. J'étais heureux, se dit-il ; je la voyais ; cette jouissance me suffisait, et je sens que je ne peux m'en passer. Allons, il faut faire un coup de tête ; et il va trouver Trufaldin.

— Mon ami, disait Cerdagne au comte d'Aran, nos affaires vont à merveille, et la réserve de ma fille, sa défiance d'elle-même qu'annonce son assiduité près de moi, tout cela me comble de joie. Mais il faut prendre garde que des obstacles insurmontables ne rebutent enfin notre cher Mendoce. Je ne veux pas qu'il aille trop vite ; mais il ne faut pas le désespérer. Donnons-lui quelque facilité : il a écrit un billet, et il ne s'en tiendra pas là. Cerdagne ordonna qu'on baissât le pont-levis ; que les gens de la maison allassent et vinssent comme de coutume. Il recommanda seulement à ceux et à celles que Mendoce avait vus de garder exactement leurs chambres. Il déclara devant l'acariâtre Théodora contre les jeunes gens qui cherchaient à plaire aux demoiselles contre le gré de leurs parents. Théodora prit feu, et apprit à Cerdagne que le jeune téméraire que ses archers avaient été sur le point de percer de leurs flèches ne cessait depuis quelques jours de rôder dans le parc. Cerdagne fut très-surpris d'apprendre une semblable nouvelle ; il protesta qu'il veillerait sur les démarches du jeune audacieux ; Théodora répliqua qu'elle veillerait mieux que personne : c'était ce que demandait Cerdagne. Il voulait laisser les portes ouvertes ; mais il fallait un cerbère qui, sans rendre nulles les petites ruses de l'amour, le tînt en haleine quelque temps encore, et personne n'était plus propre à remplir ce rôle avec vérité et exactitude que Théodora, qui était méchante, et qui ne se doutait pas des arrangements des deux familles.

Mendoce avait abordé Trufaldin avec sa vivacité ordinaire, qu'augmentaient, qu'irritaient encore les obstacles imaginaires qu'on lui présentait à chaque pas. Trufaldin, heureux et tranquille, sans inquiétudes sur les suites de ce qu'entreprendrait son maître, était disposé à le seconder de tout son pouvoir. Le moment où Mendoce entrerait chez Cerdagne par la porte ou par la fenêtre était celui qui le rapprocherait de sa grosse Inès. Il ne pouvait rien proposer à cet égard ; son maître, qui connaissait sa poltronnerie accoutumée, n'eût pas manqué de concevoir des soupçons ; mais il pouvait se rendre aux ordres répétés du jeune amoureux en affectant, pour la forme, la résistance qu'il avait toujours opposée à ses entreprises. — Mon cher ami, lui dit Mendoce, je suis amoureux, très-amoureux, la tête m'en tourne. — Amoureux, comme vous l'avez toujours été. — Comme il est impossible de l'être. — En vérité ! — Et d'une personne accomplie. — Cela va sans dire. — Je n'ai pu encore juger de son caractère ni de son esprit. — Ah ! jusqu'à présent vous ne lui avez parlé que des yeux ? — Mais elle entend parfaitement ce langage. — Et elle y répond d'une manière positive ? — Elle y répondait d'abord ; mais je crois que je suis un peu brouillé avec elle. — C'est de bonne heure ; et cette beauté se nomme ? — Tout ce que je peux t'en dire, c'est qu'elle est probablement la fille du seigneur de ce château. — Du seigneur de Ripal ? Prenez garde, monsieur, prenez garde à ce que vous allez faire. Le seigneur Ripal a fait du bruit dans le monde, et je doute qu'il entende raillerie sur le chapitre de l'honneur. — Ce n'est pas cela qui m'embarrasse. — En effet, du caractère dont vous êtes, je ne vois pas ce qui pourrait vous embarrasser. — Je ne le suis que sur les moyens d'avoir accès auprès de la demoiselle. — Demandez à voir le papa, donnez-vous pour ce que vous êtes ; il serait bien difficile s'il vous refusait. — Imbécile, est-ce au père que je veux faire la cour ? Et puis ces pères sont quelquefois si bizarres ! Si je ne convenais pas à celui-ci... — Ce qui, au fait, n'est pas impossible. — Il m'amadouerait, il m'amuserait, il écrirait au comte d'Aran, et une belle nuit... la tour du Nord, tu sais bien. — Oui, cela est embarrassant. — Très-embarrassant. D'abord je reprendrai le nom d'Almanzor ; je répéterai à l'aimable objet l'histoire que tu as débitée au seigneur Gonzalve, avec quelques changements cependant, car elle n'était pas trop vraisemblable. — Dame, monsieur, quand on improvise..... — Voyons d'abord à nous introduire. — Par où ? — Je n'en sais rien ; mais il faut entrer voir mademoiselle de Ripal, étudier ses inclinations, ses qualités. — Comment diable ! de la prudence ! — Oh ! je ne veux plus faire de sottises. — Ah ! à la bonne heure. — Et si elle est digne du sacrifice de ma jeunesse...... — Vous l'épouserez ? — Avec un plaisir inexprimable. Allons, marchons vers le château. J'imagine qu'il nous y arrivera des choses extraordinaires. — Cela n'est pas de première nécessité. — C'est un privilége attaché aux monuments gothiques. Vois-tu ces donjons qui défient les siècles, ces créneaux couverts de mousse, ce pont-levis... Ah! il est baissé, le pont-levis! Nous entrons d'autorité, nous cherchons la chambre de mademoiselle de Ripal; nous assommons ceux qui veulent nous barrer le chemin... — Eh! par grâce, n'assommons personne. — Nous parcourons de longs corridors abandonnés aux vents; nous passons devant des salles délabrées que ferment des portes de six pouces d'épaisseur criant avec effort sur d'énormes gonds que dévore la rouille; nous nous égarons, nous trouvons des souterrains humides et infects, des lampes sépulcrales, des urnes funéraires, des sortiléges, des prodiges, du poison, des poignards... — Ah! mon Dieu, mon Dieu! quel plaisir trouvez-vous à vous tourmenter ainsi, vous et les autres? — J'aime les grands effets. — Et non le naturel. Cherchons, monseigneur, cherchons le chemin de la chapelle, et engagez votre belle à vous y suivre.

En causant, ils arrivèrent sur le revers du fossé. Plus de nain, d'archers; tout est calme; on paraît sans défiance, et Mendoce s'avance le jarret tendu, le nez au vent et la main sur la garde de son épée. Une femme assez laide passe le pont; elle voit nos chevaliers errants, et elle fait une mine qui ajoute à sa laideur. — Quelle est cette guenon? dit Mendoce. — C'est probablement une fille suivante. — On l'a donc prise pour relever les appas de sa maîtresse? — Il est certain qu'elle n'a pas l'air affectueux. — Tu l'apprivoiseras. — Ma foi, j'en doute. — Aborde-la, fais-lui des contes. — Eh! mon Dieu! que lui dirais-je? — Ce que tu as dit à ta grosse Inès. — Quelle différence! Inès a quinze ans de moins. — Faites votre cour, monsieur, endormez cet argus, noyez-le s'il le faut, et moi je me glisse partout où je pourrai passer.

A peine a-t-il fini de parler qu'il a traversé le pont-levis, la première cour, la salle des gardes. On court après lui; il va comme le vent, il tourne, il revient, il ouvre dix portes, il entre dans une salle basse où il trouve Cerdagne entouré des premiers de ses vassaux. La figure noble du comte, ses manières grandes et aisées, le luxe qui brille partout, en imposent un moment au jeune homme; il se remet à la minute. — Je vous avoue, seigneur châtelain, que ce n'est pas vous que je cherchais, mais je suis enchanté que le hasard m'ait procuré l'honneur de vous voir, et je me ferai un plaisir de dissiper les impressions défavorables que vous avez pu concevoir de moi.

Pendant qu'il s'explique avec autant de facilité que s'il eût pu compter sur un favorable accueil, Trufaldin était fort embarrassé de sa personne auprès de Théodora, qui était restée immobile près de lui les poings sur les hanches, et qui le regardait d'un air à le faire trembler. Trufaldin ne doutait pas que celle qui paraissait avoir quelque importance ne fût dans la confidence de Cerdagne, et, persuadé qu'il l'adoucirait en lui prouvant qu'il était aussi dans le secret, il l'aborda avec des révérences aussi gracieuses qu'on en peut faire quand on n'a pas eu de maître à danser, le maître le plus utile sans doute qu'on puisse donner aux jeunes gens. — Permettez-vous, madame.... — Je suis fille. — Souffrez donc, mademoiselle... — Je m'appelle Théodora. — Vous n'aimez pas les politesses ! — Ni les longues conversations. — Il y a de la sympathie entre nous. — Qu'appelez-vous de la sympathie ? — Je parle peu et je déteste les compliments. — Finissez donc, que voulez-vous ? — Quel diable de caractère! Je voudrais... — Vous voudriez... Vous vous taisez ? Vous êtes embarrassé ? — C'est que... — C'est que ? — Je cherche le commencement de mon histoire. — Je vais vous la raconter. Il y a dans ce château une très-jolie personne que je suis chargée de surveiller; votre maître l'a vue par hasard; il en est amoureux, il veut l'obtenir; il ne l'aura pas, voilà ma conclusion. — Elle ne sait rien : quelle école j'allais faire ! — Que dites-vous en vous tournant de l'autre côté ? — Qu'il est inutile que j'aie l'honneur de vous entretenir davantage. Et Trufaldin fait un demi-tour à droite, comptant gagner paisiblement la maisonnette et laisser son maître se débrouiller comme bon lui semblerait. Théodora court après lui, le prend par une oreille d'une main, lui applique de l'autre un soufflet, lui ordonne d'expliquer dans le plus grand détail les vues de son maître; elle lui demande qui il est, ce qu'il fait, d'où il vient, où il va. Trufaldin, étourdi de tant de questions, ne répond pas, et cherche à débarrasser la seule oreille qui lui reste. Théodora trépigne, tempête, tire plus fort, et Trufaldin éperdu commence l'histoire du siége d'Antioche, d'Argant, d'Abaquaba et d'Ibiquibi, des requins, du corsaire de Tripoli, et il répète toutes les niaiseries qui avaient délicieusement occupé une soirée du seigneur Gonzalve. Mais Théodora n'était pas simple comme saint Joseph. Plus Trufaldin extravaguait, plus elle allongeait sa pauvre et innocente oreille. En se démenant, Trufaldin rencontra aussi celle de la dame, et ne lâcha plus. Elle tirait de son côté; il tirait du sien; tous deux criaient, juraient, faisaient des grimaces à disperser une procession de possédés.

Cerdagne avait écouté d'un air plein d'aménité ce qu'il avait plu à Mendoce de lui débiter. Le petit fripon mentait avec grâce; il parlait avec une chaleur, une pureté qui enchantaient le beau-père. Il se reconnaissait, c'était lui qu'on représentait à vingt ans, et vingt fois il fut tenté de jeter ses bras au cou de Mendoce et de terminer ce badinage. Un chevalier, armé de pied en cap, la visière baissée, était derrière le fauteuil de Cerdagne.

— Rappelez-vous vos résolutions, seigneur, lui dit-il : il est essentiel d'y tenir. Ce chevalier était le comte d'Aran. Il avait vu son fils approcher du pont-levis; il s'était masqué à la hâte, et il était venu très-vite pour un goutteux rassasier ses yeux et son cœur.

Mendoce trouva très-mauvais qu'un tiers s'ingérât de donner des conseils contre lui. — Eh, de quoi diable vous mêlez-vous? dit-il au chevalier ; êtes-vous l'émissaire de quelque rival favorisé? êtes-vous ce rival lui-même? Dans l'un ou l'autre cas, nous romprons une lance ensemble, et je demande le champ clos au seigneur de Ripal.

A ces mots, le seigneur de Ripal et le chevalier éclatèrent de rire. Mendoce, outré qu'on osât l'insulter, tira l'épée, sans s'embarrasser du nombre des vassaux qui entouraient le châtelain. Cerdagne, plus enchanté de lui que jamais, sentit cependant la nécessité de mûrir une pareille tête par des épreuves. Il reprit cet air de dignité qui lui était familier et qui en imposait à tout le monde, il s'avança vers son gendre futur, prit son épée, la remit dans le fourreau, lui présenta la main, et, en lui disant de ces choses vaguement flatteuses que les grands ont toujours à leur disposition, il se faisait suivre par Mendoce, étonné de l'ascendant auquel il cédait.

Il avait cru tout gagner en s'introduisant dans le château, et il en sortait sans résistance. Si le seigneur de Ripal prenait de nouvelles précautions, il était probable qu'il n'approcherait jamais celle qu'il aimait au-delà de toute expression, et cependant il se laissait conduire par un père qu'il croyait contraire à ses projets, et ce père augurait bien de sa docilité. Quand il sera mon gendre, disait en lui-même Cerdagne, je ne veux être que son ami. Jamais de morgue, de déclamation ; la jeunesse hait avec raison tout ce qui ressemble au pédantisme. J'extravaguerai, je rirai, je jouerai avec lui, et jamais je ne lui présenterai la morale que sous l'enveloppe du plaisir.

En repassant le pont-levis cependant, le petit comte d'Aran opposa quelque résistance. Il faisait la mine, il avançait de mauvaise grâce. — Venez, venez donc, seigneur Almanzor, lui disait Cerdagne. Votre histoire est tout à fait intéressante ; mais chacun a ses habitudes. La vôtre est de faire l'amour, la mienne est de respirer le grand air après dîner. Je vous entendrai dans mon parc, si vous le trouvez bon. Il eut peur en voyant Théodora ; elle pouvait le nommer de son nom ordinaire, elle pouvait parler du comte d'Aran ; mais Cerdagne était trop avancé pour reculer, et la civilité *puérile* le servit bien. La vieille fille avait appris dans son enfance qu'il est messéant d'appeler les gens par leur nom, et elle s'en était souvenue.

Il était temps que Cerdagne parût : Théodora et Trufaldin allaient finir par s'arracher chacun une oreille, sans compter les gourmades, qui commençaient à aller. A l'aspect du maître, Trufaldin lâcha prise, Théodora aussi, et ils furent tous deux se ranger près de leur patron respectif.

— Mais, seigneur, reprit Mendoce, il y a de la cruauté à entraîner hors de chez soi un hôte de cinq minutes, faire courir un guerrier fatigué, sous prétexte de l'entendre plus commodément ! — Vous trouveriez beaucoup plus poli que je fusse resté chez moi, que j'eusse fait appeler ma fille ? — Oui ; j'aime beaucoup la société. — Je le crois. — Et nous avons autant de loyauté que de courtoisie, dit Trufaldin avec une profonde salutation.

Ici la conversation s'engagea assez généralement, et Théodora, qui se frottait l'oreille, qui se faisait une fête de se venger et de nuire, Théodora ne laissait pas échapper l'occasion de glisser son mot.

— Quoi ! dit-elle, vous croyez ce que vous dit ce petit scélérat ! — Oui, ma bonne, je le crois. Le seigneur Almanzor n'a pas d'intérêt à me tromper. Passionnément amoureux de la fille de don Fadrique..... — Allons, dit à part Trufaldin, il a fait aussi une histoire. — Quoi ! reprit Théodora, le père de la belle Abaquaba s'appelle don Fadrique ! — Abaquaba ! répète Mendoce étonné. — Eh! non, dit Cerdagne d'un air de bonhomie, elle se nomme Lusiana. — Lusiana, Abaquaba, poursuit Trufaldin, ce sont toujours des *a*.

Le pacifique Trufaldin entrait dans les vues de Cerdagne, qui lui marqua sa satisfaction d'un coup d'œil que personne n'intercepta, et l'acrimonieuse Théodore reprit du ton le plus humoriste : — Vous ne voyez pas, seigneur, que cet écuyer est un fripon qui se moque de vous avec ses *a*, et je vous réponds que son maître ne vaut pas mieux. — Oh! que non! oh! que non, répondit Cerdagne ; demandez plutôt à ce preux chevalier. Un descendant des Almanzor s'exposerait-il à perdre l'estime d'un brave Catalan! couvrirait-il des projets coupables du voile de l'hospitalité ? Me payerait-il d'ingratitude, moi qui brûle de payer ma part de la dette qu'a contractée l'Espagne envers les rejetons d'un héros si fameux? Allons donc, quelle idée! Vous êtes toujours défiante, la bonne. — Ah! ah! reprit Mendoce, je vous soupçonne, seigneur, de ne l'être pas moins. — Quelle injure vous me faites, mon cher chevalier! — Non, il n'y a vraiment de différence que dans l'amabilité de vos manières, et cela n'est point étonnant : un seigneur qui a brillé à la cour, qui s'est distingué dans les tournois, et dont mille belles ont brigué la conquête. — Hé! hé! ce temps-là est un peu passé; mais je me le rappelle ; je lui dois quelque expérience, et je m'en sers. Seigneur Almanzor, vous êtes un très-joli cavalier. — Oh ! point de compliments, s'il vous plaît; rentrons. — Vous avez de la finesse, des grâces, de la gaieté, tout ce qui séduit les belles. — Trop poli, beaucoup trop, en vérité. — Mais si ma fille, très-jeune, très-ingénue, vous voyait une fois, et qu'elle se rendît à votre mérite éminent, jugez donc combien je me reprocherais d'avoir ruiné le repos de sa vie, car enfin rien ne vous ferait renoncer à la dame de vos pensées.... — Mais écoutez donc, seigneur, je ne sais.... — Non, vous êtes incapable de la trahir, et l'inclination que vous pourriez inspirer à ma fille nuirait singulièrement à mes projets. — Ah! vous avez des projets! — Je l'ai promise à un jeune homme charmant, à ce qu'on dit. — L'avez-vous vu? — Non. — C'est quelque magot, je vous en réponds. — C'est le fils d'un de mes frères d'armes qui s'est couvert de gloire dans nos guerres contre les Maures. — Ce n'est point à votre fille à payer les dettes de l'Etat. — Mais je veux payer celles de l'amitié. — Et vous auriez la dureté de me renvoyer ainsi! — Ah! vous me rendez bien peu de justice. Je vous donnerai de l'argent, des domestiques, des chevaux, les lettres les plus pressantes pour le père de Lusiana, que je connais beaucoup.... — C'est trop généreux, en vérité. Je ne souffrirai pas que vous vous mettiez en frais. Je resterai ici, et.... — Vous partirez, s'il vous plaît. Telle est mon intention, seigneur Almanzor, et vous voudrez bien vous y conformer. — Quoi ! sérieusement ? — Oh ! très-sérieusement. Faut-il, pour vous déterminer, m'expliquer sans détour, et mettre fin à ces plaisanteries ? Don Fadrique, que peut-être vous ne connaissez pas, n'a point d'enfant. — Ah ! diable ! — Et la maison d'Almanzor, dont vous vous dites issu, n'existe point en Espagne. Ce nom n'est pas même espagnol. — Me voilà pris. — Cela vous déconcerte un peu. Remettez-vous ; je ne vous ferai pas de reproches. J'ai moi-même été trop jeune pour n'être pas indulgent ; mais l'indulgence a ses bornes, et si quelqu'un, qui me paraît d'un état distingué, s'oubliait jusqu'à méconnaître ce qu'il doit à mes procédés, j'ai des moyens sûrs de le ramener, sinon à la raison, du moins au repentir. — Seigneur, je ne souffre pas la menace. — Ni moi une offense, faite avec réflexion. — Tout autre que le père de Séraphine ne me tiendrait pas impunément ce langage. — Et tout autre que ce père prudent vous eût déjà réduit au silence.

Ici Cerdagne se retourne pour ne pas éclater ; ici Théodora le pousse avec le coude, d'un air qui voulait dire : — Hé ! allez donc. Ici Trufaldin, prompt à s'effrayer, ne sait ce qu'il doit penser de la feinte colère du comte. Il prend Mendoce dans ses bras, il l'entraîne ; il s'écrie : — Hé ! venez donc, étourdi que vous êtes ; vous ne resterez pas ici malgré le seigneur châtelain, peut-être ? — Quoi ! tu prétends.... — Empêcher quelque nouvelle sottise. — Mais tu prends un ton.... — Qui n'est pas plus déplacé que les vôtres. Et il emmène Mendoce, qui se débat, qui s'échappe, et qui revient crier aux oreilles de Cerdagne : — Non, je ne connais ni don Fadrique, ni Lusiana, ni Almanzor. J'aime passionnément votre fille ; je lui plairai, je l'espère. Vous me pardonnerez un mouvement de vivacité ; vous vous rendrez à mes vœux ; nous enverrons promener le fils du frère d'armes, et s'il s'avise de prendre de l'humeur, je lui prouverai que je sais me battre, comme je sais aimer. — Et il rejoint Trufaldin en deux sauts, enchanté d'avoir fait une espèce de réparation au seigneur de Ripal, et de lui avoir déclaré ses sentiments.

Théodora n'avait jamais imaginé qu'on pût mener l'amour ainsi en Espagne. Elle restait étonnée, stupéfaite ; elle regardait

Cerdagne, qui riait, qui riait, et qu'elle ne concevait pas plus que l'étourdi qui l'avait mené si lestement. Enfin elle retrouva la parole et s'écria : — Voilà un arrogant petit fripon ! — Il est jeune, il est amoureux, voilà tout. — Un insolent qui ose vous faire un défi. — Il m'a répondu en brave homme. — Et qui, malgré vous, prétend à votre fille. — Je ne peux guère le blâmer : Séraphine est charmante. — Et vous voyez cela de sang-froid ! — Et pourquoi m'emporterais-je ? A son âge j'en aurais fait tout autant. — Fort bien. Il ne vous reste plus qu'à rompre avec votre ami ; qu'à vous allier avec un inconnu. — Ah ! madame veut me donner des conseils ? — Et vous ne feriez pas mal de les suivre. — Bornez-vous à observer ce jeune homme et ma fille, et ne vous inquiétez pas d'autre chose. — Observer, observer ! c'est bien de cela qu'il s'agit. Doublez-moi la garde, et si notre amoureux approche, qu'on l'enlève, qu'on le mette sous les verrous, et que provisoirement le pont soit levé, les fenêtres grillées, et Séraphine consignée chez elle jusqu'à ce que le mariage projeté soit fait ; voilà, seigneur, voilà comme on mène les affaires...... Eh bien ! qu'est-ce ? Vous riez encore, vous levez les épaules, vous me tournez les talons ! Et vous êtes Espagnol ? et vous êtes père ?

Cerdagne rentra et ordonna à ses gens, aussi surpris que Théodora, de laisser toutes les portes ouvertes. Il monta chez monsieur et madame d'Aran, s'amusa avec eux de ce qui venait de se passer, imagina de nouveaux obstacles à opposer à la vivacité du jeune homme ; il trouva même un incident de nature à le rendre sage pour le reste de sa vie, si la beauté, la candeur, l'amabilité de Séraphine, ses soins, à lui, et l'honneur bien connu de Mendoce ne suffisaient pas pour le rendre à la raison. Cet incident viendra en son temps.

Cerdagne voulait éclaircir encore un doute qui suspendait la félicité des deux familles. Il n'était pas impossible que la tourterelle se fût envolée par hasard ; il se pouvait aussi que la jalousie restât fermée autant par indifférence que par fierté. Il était difficile de penser qu'un homme comme Mendoce ne plût pas à une jeune personne qui avait le cœur libre ; mais le cœur d'une femme est sujet à tant de bizarreries ! et puis il est si agréable de s'assurer de ce qu'on désire !... Cerdagne passa chez sa fille. — Ah ! voilà mon papa. — Oui, j'ai beaucoup de choses à te dire. — Et j'ai tant de plaisir à vous entendre. — Parce que tu sais combien je t'aime. — Oh ! vous ne seriez pas aimable sans cela. Cerdagne l'embrasse, s'assied auprès d'elle, et lui prend la main. — Je ne te rappellerai pas ce que j'ai fait pour toi. — Vous ne craignez pas que je l'oublie? — Ce n'est pas là ce que je veux dire. En formant ta raison, en cultivant ton esprit, je me suis ménagé quelques fleurs pour les dernières années de ma vie. Je jouis du prix de mes soins, et si je t'en parlais jamais, ce serait pour t'assurer de toute ma reconnaissance. — Ah! mon papa se moque de moi. — Tu ne le crois pas, Séraphine? — Je n'en ai pas l'habitude, et je m'en étonnerais un peu; mais laissons cela. Jouissez de vos bienfaits, mon digne père; mais laissez-moi le faible mérite d'y être sensible et de les reconnaître. — Si en effet tu penses me devoir quelque chose, tu peux t'acquitter en ce moment. — Ah! parlez. J'aurais tant de plaisir à faire aussi quelque chose pour vous! — Je vais m'expliquer. Je t'ai laissé pressentir, assez légèrement, à la vérité.... — Quoi! mon père? — Certain projet de mariage.... — Oh! oui, bien légèrement. Vous ne m'avez pas même nommé le prétendu..... — Quoique je fusse cependant à peu près décidé. — Décidé, dites-vous? — Tu soupires, tu es impatiente peut-être de voir ton prétendu? il ne saurait tarder, et tout ce que j'attends de cette reconnaissance dont tu parlais à l'instant, c'est que tu doubles mon bonheur en consentant à assurer le tien. — Si, en effet, ce mariage est décidé.... — Poursuis, mon enfant. — Je connais mon devoir, et je le remplirai. — Des devoirs! Tu ne dois connaître de chaînes que celles du plaisir, et je me garderai bien de t'en faire porter d'autres. — Il m'est donc permis de répondre avec franchise? — Permis, ma Séraphine! Eh! n'est-ce pas à ton meilleur ami que tu parles? — Qu'est-ce que le bonheur, que l'idée qu'on s'en fait? Pourquoi, lorsqu'on est bien, se laisser aller à l'espoir du mieux, et courir après une ombre fugitive, qui échappe presque toujours? Ma tendresse paraît vous suffire; je suis heureuse, complétement heureuse de votre affection, et vous pensez à m'éloigner de vous, et vous croyez que je puisse vous quitter? — Il résulte de ton petit discours métaphysique, que tu n'as pas de goût pour le mariage. — Pas le moindre, mon père. — Tu es bien sûre de cela? — Oh! je vous le proteste. — J'ai besoin de tes protestations pour le croire. En effet, comment accorder l'indifférence dont tu te flattes avec tes seize ans, avec des yeux.... Oui, ma foi, sans ces protestations, je pourrais penser que ce lien, qui ne te promet rien de flatteur avec celui que je te propose, pourrait être aussi bien séduisant avec quelqu'un.... — Avec quelqu'un.... — Avec quelqu'un que la demoiselle la plus franche ne nomme pas toujours; mais qu'un père devine aisément. — Je ne vous entends pas, seigneur. — Oh! que si, oh! que si, tu m'entends à merveille. Tu sais bien que je parle d'un étourdi qui cherche à s'introduire dans le château. — Ah! je crois l'avoir entrevu. — Oui, l'as-tu entrevu? — Et vous avez pu craindre que je m'attachasse à un inconnu? — Hé! hé! un cœur de seize ans ne calcule pas toujours. Il est fort bien cet inconnu-là. — C'est ce que je n'ai pas remarqué. — Figure heureuse. — Oui? — Taille bien prise, de l'esprit. — Vous lui avez parlé? — Mais ce n'est sans doute qu'un aventurier. — Il a pourtant l'air bien distingué. — Ah! tu as remarqué cela? Il est assez difficile alors de n'avoir pas vu le reste. — Ah! mon père! vous m'embarrassez à un point!... — Et je n'en vois pas la raison. Ce jeune homme t'est indifférent; je dois être tranquille. C'est une affaire terminée. — Et vous me dites cela d'un ton d'ironie qui me pique..... qui me désole. — Des larmes, mon enfant! — Donnez, seigneur, un libre cours à vos soupçons; prenez les mesures.... — Voilà celles que je veux prendre : les portes resteront ouvertes; ma fille ira partout, sans être suivie, sans être observée. C'est à elle seule que je confie le soin de son bonheur, et le repos du reste de ma vie.

Ce ton de loyauté et de franchise émut vivement Séraphine. Elle se reprocha d'avoir eu un secret pour son père. Elle lui prit les mains; les serra dans les siennes, fixa ses yeux sur les siens. Elle voulait parler. Une fausse timidité glaçait sa langue, et peut-être l'amour combattait-il encore le devoir..... Tout à coup elle se lève, et cachant son charmant visage dans le sein de Cerdagne : — Je la reconnaîtrai cette noble confiance, et je vais m'en montrer digne. L'aveu est pénible sans doute; mais le moyen de rien cacher à un père tel que vous! Oui, seigneur, ce jeune homme m'a touchée; j'ai désiré en secret qu'il pût me convenir. Vous désapprouvez cette inclination naissante.... Eh bien, pour vous prouver combien je suis sincère en ce moment, j'éviterai les occasions de voir ce dangereux mortel : je ne passerai plus les ponts; je m'interdirai la partie du château qui donne sur le parc; je vous dévoilerai mes plus secrètes pensées, mes combats et mes peines; votre tendresse me consolera, et votre sagesse m'aidera à me vaincre.

On se figure aisément l'effet qu'un tel aveu devait produire sur un père. Cerdagne, plus heureux à chaque moment, mêlait des larmes de joie aux pleurs de sa fille, et, se laissant aller à la bonté de son cœur : — Rassure-toi, ma chère enfant, c'est assez t'éprouver. Ce jeune homme.... ce jeune homme.... — Par grâce, achevez, mon père — Ce jeune homme..... — Eh bien! — Il ne te convient pas peut-être; mais du moins je ne te donnerai pas à un autre sans ton consentement. Et il s'enfuit : il était temps. — Diable ! disait-il en lui-même en traversant ses appartements, j'allais tout dévoiler, et Séraphine, forte de mon aveu, n'eût pas manqué d'instruire mon espiègle de tout. Non, seigneur Mendoce, vous n'aurez pas un bonheur facile : je veux que vous aimiez longtemps.

Il court chez le comte et la comtesse. — Bonheur partout, leur cria-t-il; bonheur particulier; bonheur général! Et il leur raconte l'entretien qu'il vient d'avoir avec sa fille, et on s'applaudit, on se caresse, on se félicite mutuellement.

Séraphine, restée seule, rappelait les dernières paroles de son père; elle les pesait, les expliquait; la dernière phrase la frappait surtout : *Je ne te donnerai pas à un autre sans ton consentement.* Elle sentait que tant qu'elle serait libre elle pourrait espérer, et c'était assez pour sa consolation.

Le bouillant Mendoce était auprès de Trufaldin, persistant à rentrer dans le château, imaginant cent projets, plus absurdes ou plus dangereux les uns que les autres. Son amour allait jusqu'à la frénésie, ou plutôt il aimait véritablement, il aimait pour la première fois, et sa vivacité ne lui permettait pas de se modérer.

Trufaldin, bien sûr qu'il n'avait rien à craindre chez le comte de Cerdagne, rassuré d'ailleurs par la conversation que ce seigneur venait d'avoir avec son maître, Trufaldin s'applaudissant de la dissimulation et de l'adresse qu'il avait mises dans cette scène, Trufaldin comptant sur des récompenses, et disposé à seconder les vues de notre amoureux, qui s'accordaient avec celles du père, Trufaldin trembla à quelques propositions de Mendoce. Ses desseins étaient tellement exagérés, tellement violents, que l'amitié d'aucun beau-père ne devait survivre à leur exécution; et le bonhomme, pour ramener son maître à des sentiments modérés, fut obligé de chercher lui-même quelque expédient à la faveur duquel on pourrait entrer au château sans passer pour avoir le diable au corps. Il ruminait à cela, lorsque Mendoce lui demanda à quoi il pensait, lui ordonna de le suivre, et se remit en marche. — Où allez-vous? lui dit Trufaldin. — Je suis piqué au jeu. — Mais c'est le chemin du château que vous prenez là. — Je le sais bien. — Et le danger? — Je le brave. — Et cet honnête homme de père? — Je l'honore. — Ah! vous ne voulez pas le tuer? — Fi donc! l'horreur! — Et s'il vous tue, vous? — C'est le pis aller. On a laissé les portes ouvertes; c'est fort bien….. et j'en profite. — Et si cela couvrait quelque piége? — C'est le pis aller. — Enfin vous voulez rentrer là-dedans? Certainement, je le veux. — Et que ferez-vous, quand vous y serez? Je marcherai droit à l'appartement de Séraphine. — Et vous arriverez comme la première fois, n'est-ce pas? Le seigneur de Ripal, outré de votre opiniâtreté, vous fera arrêter, vous emprisonnera; vous serez obligé de lui décliner votre nom, et, comme vous le disiez tantôt, il écrira au comte d'Aran, qui vous enverra prendre…. — C'est le pis aller. Je veux approcher Séraphine, lui parler, la juger, et, si elle a le mérite que je lui suppose, je l'épouse, malgré son père, malgré le mien, malgré elle, s'il le faut. — C'est un peu fort. — J'aime l'extraordinaire. — Raisonnons un moment, car jamais on n'a vu conduire une affaire sérieuse avec autant d'extravagance. — Raisonne, puisque tu as la manie du raisonnement; mais sois bref, je n'ai pas de temps à perdre. — Vous sentez bien vous-même qu'il est insensé de rentrer là en plein jour. N'est-il pas plus sûr et plus commode puisque décidément vous voulez parler à Séraphine, de vous introduire la nuit, et…. — Et par où, balourd? — Comment par où? Avec une imagination comme la vôtre, vous ne trouvez aucun moyen? — Mais ces ponts seront levés, les fenêtres sont à vingt pieds. — Eh! qu'importe Cherchez, seigneur, cherchez et vous trouverez.

Trufaldin avait ses petites raisons particulières, qui lui faisaient préférer la nuit au jour. Il comptait retrouver sa grosse fille, à la faveur des ténèbres, de la solitude qui l'accompagne; il comptait sur l'amour inquiet d'Inès qui sans doute ne lui permettait pas de dormir, et lui faisait tenir l'oreille au guet; il comptait sur les hasards; sur quoi ne comptait-il pas? Mendoce rêvait, se frottait le front, l'œil tantôt fixé sur la terre, tantôt sur la place qu'il voulait forcer. — J'y suis, j'y suis! s'écria-t-il tout à coup. — Ah! contes-moi cela. — Nous emploierons le reste de la journée à couper des fascines dans le bois. — Après? — Vers minuit, nous les chargeons sur le mulet de notre hôte. — Bon. — Nous les jetons dans le fossé. — Bien.

— Nous les couvrons de pierres, que nous arrachons du parapet. — A merveille. — Nous passons à pied sec; nous faisons sauter la grille d'un soupirail de cave; nous descendons comme nous pouvons.... — Non, non pas, s'il vous plaît; nous descendons avec une corde, une lanterne sourde d'une main..... — Une pince de fer de l'autre. — J'y suis à mon tour. Nous soulevons les portes. — Nous montons dans les cours. — Nous cherchons.... — Nous trouvons. — Nous parlons.... — Nous persuadons, nous enlevons, nous épousons.... — Ta, ta, ta, ta! Nous retournons au château d'Aran : le comte sera trop heureux de nous recevoir; il fera la demande dans les règles, elle sera accueillie.... — Ta, ta, ta, ta! j'ai le temps d'attendre, n'est-ce pas ? — Mais, seigneur.... — Paix ! — Permettez.... — Paix! faquin, paix! et à l'exécution. Le mulet, les bourrées, la lanterne, la pince, et vivent l'amour et les amants déterminés!

Mendoce court vers la maison du concierge, et Trufaldin le suit d'aussi près que le permettent son gros ventre et ses jambes courtes. Mendoce retourne tout dans cette maison. Haches, couperets, cordes, ferrements sont trouvés au grenier, à la cave, et sont rassemblés en un tour de main. — Je ne croyais pas, dit le concierge, qu'un philosophe fût si expéditif; ni que ces instruments pussent servir à l'étude des sciences, ou aider à la méditation. — Bah, bah, bah! J'ai renoncé à la philosophie. Allons, Trufaldin, suis-moi. Et il court à l'écurie; il bâte la mule lui-même, et Trufaldin conte en quatre mots au concierge, la grande entreprise qui se prépare, et il rejoint son maître ; et le concierge, aussitôt qu'ils sont partis, va tout redire au sien, et Cerdagne va faire une longue histoire du tout au comte et à la comtesse d'Aran et la comtesse tremble que son fils ne se casse le cou, et Cerdagne l'assure qu'il est un dieu pour les amants.

La comtesse voulait absolument qu'on mandât son cher fils; qu'on lui déclarât que celle pour qui il voulait faire ces extravagances était l'épouse qu'on lui destinait; elle voulait qu'on les mariât pour en finir, et qu'on s'en rapportât de la conduite future de l'époux à sa raison qui mûrirait, et aux grâces de Séraphine. C'était le parti le plus court; mais Cerdagne soutenait que ce n'était pas le plus sage. Il prouva, avec tant d'éloquence et par tant de raisons, que l'inconstance marche avec la facilité; il se prononça si nettement sur la résolution bien prise de ne pas compromettre le bonheur de sa fille, que la comtesse se rendit en soupirant.

Mendoce est entré dans le bois avec son écuyer. Il tombe à grands coups de hache sur un jeune taillis du beau-père; Trufaldin le seconde; ils font un abatis épouvantable. Le jeune homme sue sang et eau pour entrer dans un château où on brûle de le recevoir; il lie ses bourrées, il en fait de quoi combler un bras de Danube ou un fossé de Vienne; il charge le mulet, il le charge à le faire tomber sur la place. Il arrive à la lisière du parc en soutenant le pauvre animal d'un côté, pendant que Trufaldin le tenait en équilibre de l'autre. Il était nuit close. Ils tirent, ils poussent le mulet jusqu'au revers du fossé, en face de l'appartement de Séraphine. Mendoce s'arrête; il écoute, il regarde si la lune commence à paraître, ne les trahit pas. Il n'entend rien, il ne voit personne. Trufaldin l'aide bravement à décharger les fascines. Mendoce le félicite de sa résolution, et ne se doute pas des raisons qui lui donnent du courage.

Cerdagne averti faisait beau jeu à notre amant. Sous divers prétextes, il avait retiré tout son monde de cette partie du château où était l'appartement de Séraphine, et où devait se diriger l'attaque. Il voyait tout avec le comte et la comtesse, et les rassurait par sa gaieté et ses saillies.

Séraphine ne se tenait plus chez elle pendant le jour; elle y rentrait le soir, et s'occupait à ces petits ouvrages qui remplissent les loisirs des femmes. Une de ses suivantes travaillait avec elle, lorsqu'un certain bruit se fit entendre sur le bord du fossé. Séraphine ne pensait qu'à Mendoce; elle ne douta point qu'il ne tentât quelque moyen nouveau de l'approcher; elle frémit des suites de cette imprudence, s'il se rencontrait avec son père; et en effet, dans toute autre circonstance, le fier et délicat Cerdagne eût châtié l'insolent qui violait son domicile. La pauvre enfant, qui était bien loin de voir dans Mendoce le fils du frère d'armes, était dans une inquiétude mortelle. Elle éloigna la femme qui brodait avec elle, elle entr'ouvrit sa jalousie doucement, si doucement que Mendoce ne put l'entendre; mais les grands-parents, qui étaient directement au-dessus, ne perdaient rien de ce qui se passait au dehors ni chez elle : Cerdagne avait percé un trou au plancher, et lorsqu'on savait Séraphine dans sa chambre, on se hâtait en riant de quitter ses brodequins.

L'intéressante demoiselle reconnut d'abord son amant, et pénétra son dessein. La première idée qui lui vint fut de lui ordonner de se retirer; mais s'il n'obéissait pas, si elle était entendue..... Elle avait d'ailleurs solennellement promis à son père non-seulement de ne jamais parler à ce jeune homme, mais d'éviter même les occasions de le voir. Cependant, si elle se taisait, Mendoce poursuivrait son entreprise; il se perdrait, ou son père serait victime du plus juste ressentiment. Il n'y avait qu'un parti à prendre; il était cruel, il lui coûta des larmes; mais elle ne pouvait balancer entre son amant et son père. — Oui, s'écria-t-elle en sortant, je vais tout dire au comte, je le dois, je le veux, et je recommanderai cet insensé à sa clémence.

Ce père fortuné a entendu ces derniers mots. Plein de son bonheur, il descend, il se trouve au passage de sa fille; elle l'aborde, incertaine, tremblante; elle essaie de parler.... Sa langue lui refuse un mot qui peut être l'arrêt de mort de son amant. Quel état! Cerdagne en a pitié; mais il faut une forte leçon à son gendre, il le sent; il se possède, il presse sa Séraphine contre son sein; cette nouvelle marque de tendresse lui arrache le pénible aveu. Cerdagne l'embrasse avec une joie indicible, remonte avec elle, et regarde à sa croisée. Mendoce et Trufaldin sont disparus. Il était sage de bien souper avant de commencer un siége qui pouvait tourner en longueur et ils étaient allés prendre des forces. Les bourrées étaient sur le bord du fossé, et déposaient évidemment contre le téméraire. Cerdagne entra dans une colère, mais dans une colère.... qui céda cependant aux prières douces et insinuantes de Séraphine. — Puisque tu le veux, mon enfant, il ne lui arrivera aucun mal. Tu prendras pour cette nuit un autre appartement, et nous laisserons faire cet audacieux. Il entrera, je le ferai saisir, et on le reconduira à ses parents, qu'il faudra bien qu'il me nomme : voilà, je crois, l'unique moyen de nous en débarrasser. — Mais, mon père, si ses parents étaient dignes de vous ? — Il n'aurait pas pris un nom supposé. — Peut-être des raisons particulières, légitimes même.... — Chimères que tout cela.

Cerdagne conduit sa fille dans la salle à manger, et ordonne de servir. Sa fille, triste et pensive, ne mange pas, n'entend rien des choses obligeantes qu'il lui adresse. Elle se retire de très-bonne heure; Théodora la conduit à la chambre que son père lui a fait préparer; elle se jette habillée sur un lit d'où l'inquiétude écarte le sommeil.

Cerdagne doit être prêt à tout. Il reste à table, il boit, ou en fait semblant; il répète toutes ses vieilles romances, et il en sait assez pour chanter jusqu'au jour. Ses domestiques étonnés n'entendent rien à une fantaisie si éloignée de ses habitudes; mais il faut qu'ils restent, qu'ils servent, qu'ils écoutent.

Pédrillo a le double emploi de fournir aux besoins du seigneur d'Aran et de son épouse, et de venir rendre compte des moindres démarches de Mendocé : confidents et autres, tout le monde est occupé.

CHAPITRE VIII

Effraction, escalade, assaut et envahissement de la place forte. — Patatras ! Voilà Mendoce bel et bien prisonnier. Trufaldin cherche partout Inès et finit par trouver ce qu'il ne cherchait pas... Une cour de justice et d'amour. Serment solennel de ne plus faire de folies en Espagne ni ailleurs..... Sera-t-il tenu ! L'aiguillette de Trufaldin nouée et dénouée. — Morale de la chose.

Mendoce et Trufaldin reviennent bientôt avec une nouvelle ardeur. Ils regardent fièrement un fossé de vingt pieds de largeur, dans lequel trois pieds d'eau fangeuse reposent sur une toise de boue. Les fascines sont saisies, lancées; elles surnagent; mais on attaque le mur extérieur du fossé. La pince de fer fait sauter la première pierre ; les autres cèdent au moindre effort; en peu de temps on fait brèche aux retranchements du beau-père. Il n'est pas une heure du matin, et un pont étroit, mais solide, est établi sur ce fameux fossé. Mendoce s'avance le premier, l'épée au côté, la hache à la ceinture ; Trufaldin le suit, la pince sur l'épaule, et la lanterne sourde accrochée à une boutonnière de son pourpoint.

Nos héros passent le fossé; ils suivent les tours, les murs à créneaux. Trufaldin baissé présente sa lanterne; on arrive à un soupirail ; il y en a d'autres sans doute ; mais pourvu qu'on entre, il n'importe par où, quand on ne connaît pas l'intérieur de la place. Ce soupirail est fermé par deux barres de fer. Il est aussitôt décidé qu'on en fera sauter une, et qu'on attachera la corde à l'autre. La pince joue; la barre à demi rongée par la rouille résiste peu; on examine l'ouverture, elle est plus que suffisante; la corde est fixée comme on fait quand on ne prend le temps de rien. Le fougueux Mendoce s'accroche et se laisse couler dans la cave; Trufaldin, que l'âge a rendu pesant, descend avec précaution, et il est encore à vingt pieds de terre que son maître a reconnu les lieux en partie, et se récrie sur les charmes de son expédition. — Les belles voûtes! comme elles sont humides! comme elles sont noires! comme ces conduits paraissent prolongés! Allons donc, un peu de légèreté. Tu es aussi lent à agir qu'à te déterminer. — C'est que cette manière de voyager est un peu nouvelle pour moi; je préfère la terre ferme. N'importe, m'y voilà, et sans la moindre contusion... Ah! mon Dieu! il était temps; le nœud a coulé, la corde se détache, elle vient après moi, la voilà tombée. — Tant mieux, morbleu! me voilà précisément dans la position de ce général d'armée qui, en abordant la côte ennemie, brûla ses vaisseaux et se mit dans la nécessité de vaincre ou de mourir. — C'était un malavisé que ce général-là; il faut toujours se ménager une porte de derrière. — Tu discourras une autre fois. Faisons une reconnaissance exacte des lieux. Ah! ah! un grand escalier! — Ce n'est pas celui-là qu'il faut prendre. Il mène peut-être à la salle à manger; voilà l'heure du souper, on ne compte pas sur nous. Voyons par ici, s'il vous plaît. Tenez, voilà une porte grillée qui ouvre peut-être sur quelque escalier dérobé. — Donne-moi ta lanterne.

Mendoce passa sa lanterne à travers les barreaux de la porte, et il trouve un caveau au vin. Il tourne d'un autre côté et, vis-à-vis de la grille, il voit une seconde porte, il en voit une troisième, une quatrième, une cinquième... — Que de portes! s'écrie Trufaldin, et laquelle attaquer, bon Dieu! — Il n'importe pas. La pince! la pince! Des bras, de l'opiniâtreté, et la fortune fera le reste.

Il s'attache à une porte qui lui paraît moins solide que les autres; il insinue sa pince en bas, en haut; il la glisse dans la serrure, sous les gonds; il pousse, il tire, il travaille, il se fatigue. Il déchire ses gants, il s'écorche les mains; mais la porte s'ébranle, et il est insensible à la douleur. Trufaldin croit toucher au moment de revoir son Inès, il jouit par anticipation;

mais un certain bruit calme tout à coup sa joie et ses transports. Il ne craint rien du comte de Cerdagne ; mais ses gens peuvent l'assommer sans l'entendre ; et puis il est minuit, c'est l'heure des revenants, et Trufaldin y croit : c'est tout simple. Il se colle à Mendoce ; il le tire par son pourpoint. — Vous n'entendez pas, seigneur ! on marche. — Tu rêves. — On parle. — Chansons ! — On met une clef dans une serrure. — C'est vrai.

Mendoce tourne sa lanterne, il se retire avec Trufaldin du côté opposé à celui d'où vient le bruit ; ils se tapissent tous deux derrière un gros pilier en pierre, et ils attendent sans souffler que l'ennemi paraisse.

Pédrillo était entré plusieurs fois dans la salle à manger. Il avait dit quelques mots à l'oreille de Cerdagne ; Cerdagne lui avait répondu de la même manière, et ses domestiques, qui ne l'avaient jamais vu aussi intime avec ses gens, étaient toujours plus étonnés. — Il a passé le fossé du sud, avait dit la première fois Pédrillo. — Retourne, et ne le perds pas de vue, avait répondu Cerdagne. — Il est descendu dans la cave, était revenu dire Pédrillo. — Laisse-moi faire maintenant, avait répondu le comte. Qu'on appelle Théodora, dit-il tout haut à ses gens.

Théodora, prête à se mettre au lit, descendit avec une dose d'humeur de plus que de coutume. Elle se sentit près d'éclater quand Cerdagne lui dit qu'il voulait boire et lui ordonna d'aller chercher du vin au petit caveau. Elle se contint cependant, et se contenta d'observer, d'un ton très-sec, que sa coadjutrice Rotrulde était la plus jeune et aurait pu de préférence descendre à la cave à cette heure indue. Cerdagne voulait que Mendoce marchât de difficultés en difficultés ; il ne voulait pas employer des hommes, parce qu'il savait que Mendoce n'entendait pas raillerie, et qu'il ne voulait pas ensanglanter la scène ; il ne voulait pas non plus employer Rotrulde, que le jeune homme eût reconnue. Il répliqua plus sèchement encore à Théodora : — Allez où je vous envoie, et pas de réflexions.

Il fallait que la duègne obéît. Mais en allumant un flambeau, en cherchant le trousseau de clefs, elle grondait ; elle grondait en descendant l'escalier, en ouvrant la porte ; elle était au milieu de la cave, et elle grondait encore.

Trufaldin se rassura en voyant une femme qui ne ressemblait pas du tout à un esprit ; Mendoce sourit en voyant entre ses mains les clefs qui, sans doute, ouvraient toutes les portes ; il ut enchanté, quand il la vit entrer dans le caveau grillé, et laisser le trousseau à la serrure. Il se lève doucement ; il se glisse le long du mur ; il arrive au bienheureux caveau, il pousse la porte, tourne la clef, et enlève le trousseau.

Théodora cherchait dans le vin de Chypre, d'Alicante et autres celui qui assoupirait plus promptement le patron. Le bruit de la serrure et les éclats de rire de Mendoce lui persuadent que quelqu'un des gens de la maison a l'insolence de se permettre une mauvaise plaisanterie. Elle vient à la grille en trottinant, et les poings sur les hanches : — Quel est le malavisé de là-haut qui se joue à une femme comme moi ? Par saint Dominique ! je crois que c'est notre étourdi de tantôt. — Pour qui vous n'êtes plus à craindre, très-acariâtre dame. — Et par où a-t-il pénétré jusqu'ici ? — Par le soupirail. — Et qu'espérez-vous y faire ? — Ma paix avec vous, et le bonheur de ma vie. Voulez-vous bien m'indiquer avec vos grâces ordinaires le chemin qui conduit chez votre adorable maîtresse ! — Oh ! le petit scélérat ! — Je suis le plus fort, et des injures ne vous tireront pas de là. — Et il a les clefs ! — Oui, j'ai les clefs. Quelles sont celles qu'il faut prendre ? Capitulez, je vous le conseille ; faites-vous un mérite de la nécessité. — Et que lui voulez-vous à cette chère enfant ? — Lui jurer un amour, un respect, une constance à toute épreuve. — Je ne vous aurais pas cru capable de tout cela. — C'est que je ne me suis pas encore montré de mon beau côté. — A la vérité, elle est si jolie, qu'on ne peut vous faire un crime d'en être amoureux. — Prenez donc garde, ce ton doucereux ne vous est pas naturel. — Ouvrez-moi, et j'irai jurer à Séraphine tout ce qu'il vous plaira. — Pas si dupe : je vous soupçonne des intentions hostiles, et je vous garde en otage. — Votre insolence vous coûtera cher. Les écuyers, les pages, les valets sont encore sur pied : je serai vengée, n'en doutez pas. Ici Trufaldin s'effraie, et sérieusement ; il croit avoir une armée à ses trousses. Il tire Mendoce par l'habit, et Mendoce, qui se moque de tout, tourne les talons à la duègne, et essaie ses clefs à toutes les serrures.

— Au secours ! à moi, à moi donc ! criait Théodora... Ah ! mon Dieu ! ils ne m'entendront pas. Soixante marches, et deux portes là-haut que j'ai tirées sur moi. — Ah ! reprit Mendoce, c'est indiscret ce que vous dites là. M'avertir que je n'ai rien à craindre, vous si fine et si prévoyante ! J'ai donc le temps de combiner mes démarches, et de terminer avec réflexion ce que j'ai commencé assez étourdiment, je l'avoue.

Il pense, il combine, il compare. Il était clair que l'escalier par où Théodora était descendue conduisait à la salle où le seigneur de Ripal attendait son vin de dessert, et il n'était pas prudent de l'approcher de trop près. Or, comme ledit seigneur ne pouvait pas être en deux endroits à la fois, toute autre porte qui ouvrirait était celle qu'il fallait prendre, et Mendoce recommence à essayer toutes les clefs. L'une était trop grande, l'autre trop petite ; il était d'une impatience !... et plus il se hâtait, et moins il trouvait la vraie clef.

Cerdagne jugeait, au retard de Théodora, qu'elle avait trouvé l'ennemi, et qu'ils étaient en présence. Mendoce ne courait aucun risque ; Théodora était exposée au plus à quelques taloches, si elle s'avisait de se servir de ses ongles. Le comte pensait que Mendoce, déjoué par la présence de la duègne, remonterait au soupirail, sortirait comme il était entré, et tenterait le lendemain quelque autre entreprise, dont on serait averti, et qui ne réussirait pas mieux.

Un grand flandrin de valet, de ces valets qui font les entendus, qui croient prévenir les désirs de leurs maîtres, et qui les servent fort mal, parce qu'ils devinent de travers, un de ces valets crut voir de l'impatience dans les yeux du comte. Il ne doute pas qu'elle ne soit occasionnée par la lenteur de Théodora. Il sort, sans consulter personne ; il descend à la cave, et il marche droit au caveau en grondant à son tour : — Un grand quart d'heure pour une maudite bouteille de vin ! Le seigneur maître va s'endormir sur le dernier couplet du combat de Tancrède et de Clorinde. — Quand on dort, reprend Mendoce, on n'a besoin ni de vin ni de domestique. Le valet jette un cri en entendant une voix étrangère ; il veut s'échapper ; l'expéditif Mendoce le tient par une oreille ; Trufaldin aguerri le tire par l'autre ; on le pousse, on le conduit vers le caveau ; Mendoce en ouvre la porte, jette le valet à côté de Théodora, et les enferme ensemble. Reconnaissance, plaintes, gémissements, cris des deux prisonniers.

— A l'assassin, au feu ! au feu, à l'assassin ! — Vous oubliez, leur dit Mendoce, qu'on ne peut vous entendre de là-haut. Possède-toi, mon garçon, et sois plus raisonnable que madame. — Nous ne sommes ni des voleurs, ni des incendiaires. Je suis amoureux, voilà tout. Prends cette bourse, et dis-moi par où on arrive chez ta jeune maîtresse.

Le valet se croyait madré. Il lui paraissait clair qu'un amoureux qui aurait l'assentiment du père n'entrerait pas au château par la cave. Il juges qu'il fallait jouer de finesse. — Eh ! que ne vous expliquiez-vous plus tôt ? Vous êtes amoureux : il n'y a pas de mal à cela. Vous êtes généreux, c'est très-louable et certainement je vous aiderai. Prenez la porte... Théodora croit qu'en effet le fripon se laisse séduire, et qu'il va mettre le méchant petit homme dans le droit chemin. Elle lui ferme la bouche avec la main ; le valet fait un saut de côté, et crie : — Prenez la porte en face, le corridor à gauche, l'escalier vis-à-vis, et le pavillon au nord.

Si Mendoce avait raisonné, il se serait souvenu que l'appartement de Séraphine était au sud, et il se serait défié de ce que lui disait le grand coquin. Il court à cette porte ; par un hasard qui ferait croire à la fatalité, la première clef l'ouvre. Mendoce se précipite et laisse le trousseau à la serrure ; Trufaldin le suit. La porte était battante, elle retombe sur eux ; la serrure était saillante, elle se ferme. Mendoce retourne la lanterne, et cherche le corridor à gauche. Il arrive au fond du caveau, et s'aperçoit en jurant qu'il est pris comme ceux qu'il a enfermés vis-à-vis.

Pour achever de le désoler, Théodora et son compagnon se moquaient de lui. — Il est pris ! il est pris ! Ah ! ah ! ah ! Tirez-vous de là, monsieur l'amoureux, tirez-vous de là ! Mendoce était comme un lion ; Trufaldin riait de sa colère dans sa barbe ; il ne regrettait que l'absence d'Inès, et se consolait en pensant qu'il la retrouverait le lendemain. — Si du moins, s'écriait Mendoce, si du moins j'avais ma pince ! Mais je l'ai laissée derrière ce malheureux pilier où nous nous sommes cachés quand la vieille est descendue.

Cerdagne ne se doutait pas qu'elle fût prisonnière, il ne soupçonnait pas davantage que le valet qui était descendu sans son ordre partageât sa captivité. Que diable ! disait-il en lui-même, il n'est pas possible que mon jeune homme fasse l'amour à Théodora ; il n'est pas croyable, si elle l'a rencontré, qu'elle ne vienne pas crier ici de manière à m'assourdir. Il y a du plus ou moins dans cette affaire. Il faut voir cela par mes yeux.

Il ordonne à ses valets de souper dans la salle même, et de se retirer dans leurs chambres ; il leur défend d'en sortir de la nuit, quelque chose qu'ils entendent, à peine d'être chassés, il leur défend surtout de le suivre, et il sort un flambeau à la main.

Les valets se jettent sur les restes du souper, discourent sur l'absence de Théodora et de leur camarade, sur la conduite extraordinaire du patron, concluent de ce qu'ils ont vu et entendu, qu'il y a dérangement au cerveau ; mais comme un maître extravagant peut chasser ses gens et même les battre avant de les mettre à la porte, ils exécutent de point en point ce qui leur était prescrit.

Cerdagne se fait accompagner par Pédrillo. Ils descendent ensemble, ils entendent les cris de Théodora et du valet, les juremens de Mendoce ; la scène était comique, et le comte s'en amusa d'abord. Il réfléchit cependant que tout cela ne menait à rien ; que Mendoce ne pouvait s'échapper ; qu'il faudrait donc lui rendre la liberté, et cette condescendance, qui le laissait maître des opérations qu'il voulait tenter, devait lui paraître suspecte. Trufaldin, d'ailleurs, qui se fourrait partout, se trouvait pris avec son maître, et la crainte ou la complaisance pouvait le porter à déclarer à Mendoce que tout cela n'était qu'un jeu. Comment faire ?

Cerdagne ordonne à Pédrillo de prendre les clefs, d'en détacher adroitement celle qui ouvrait le caveau de Mendoce, de rendre la liberté à Théodora et à son compagnon, et de venir le retrouver chez monsieur et madame d'Aran.

Pédrillo joua assez bien la comédie. Il feignit d'avoir entendu les ris et les cris de Théodora en faisant sa ronde de nuit ; il les tira du milieu des vins de liqueur, et Théodora, avant de remonter, ne put se refuser le petit plaisir d'insulter au malheur du chevalier. Elle lui lâcha une bordée de railleries amères, et courut chercher Cerdagne pour lui apprendre qu'on tenait le petit scélérat sous la clef.

Pédrillo voulu enfin l'arrêter en lui représentant que c'était à lui à rendre compte des événements de la nuit, puisque c'était lui que le maître avait chargé de la surveillance générale. Théodora trottait toujours, n'écoutait rien, et le vieux Pédrillo ne la suivait que de loin. Elle trotta si bien, elle ouvrit tant de portes, qu'elle entra sans savoir où elle était dans la chambre où les grands-parents tenaient conseil.

Elle fut frappée de la vue du comte et de la comtesse d'Aran qu'elle croyait bien tranquilles dans leurs terres ; elle resta stupéfaite en les voyant retirés dans une espèce de galétas, eux, pour qui tout le château était en l'air lorsqu'ils faisaient au patron le plaisir de le visiter ; elle entra en fureur, quand Cerdagne lui prit la main et lui dit en la serrant avec force : — Vous n'aviez pas besoin ici ; vous y êtes venue, j'en suis fâchée pour vous ;

mais vous n'en sortirez plus. Bavarde et méchante, vous publieriez ce que vous savez, et même ce que vous ne savez pas. Restez là jusqu'à nouvel ordre. Brodez ou dormez. Demain, Pédrillo vous apportera à déjeuner. Mais pas de bruit, ou je vous fais descendre dans le plus profond des souterrains.

Théodora voulait répliquer ; la colère la suffoquait ; elle ne put articuler un mot. Cerdagne sortit avec ses amis, ferma très-exactement la porte, et conduisit d'Aran et son épouse dans la chambre que Séraphine avait quittée l'après-dîner, et où ils étaient au moins logés convenablement.

C'est là que Pédrillo les joignit, fatigué d'avoir couru, monté, descendu après Théodora. On s'arrêta sur le danger de laisser plus longtemps Mendoce avec Trufaldin, qui pourrait oublier le serment de discrétion si solennellement prononcé. On proposa d'abord d'envoyer tout simplement Pédrillo leur ouvrir la porte, en affectant pour eux un intérêt tel qu'il ne balançait pas à trahir son maître. Pédrillo, plus calme, observa que le jeune homme avec qui il avait voyagé le reconnaîtrait infailliblement, et que cette reconnaissance lui donnerait les soupçons les mieux fondés. On arrêta alors que Cerdagne mettrait dans sa confidence un autre domestique, et le bon Pédrillo observa que Mendoce avait ses poches pleines d'or ; que celui qu'on enverrait ne serait peut-être pas à l'abri de la séduction ; que d'ailleurs Mendoce, piqué d'avoir été la dupe de son propre stratagème, pourrait, avant d'entendre aucune explication, faire un mauvais parti à l'homme quelconque qui se présenterait.

Le conseil trouva cette observation judicieuse, et prononça qu'on chargerait une femme de tirer le beau chevalier de la prison. Mais à laquelle confier cette mission délicate? Mendoce reconnaîtrait Rotrulde ; les autres étaient tellement en sous-ordre qu'elles pourraient aussi se laisser gagner. — Parbleu! j'ai précisément ce qu'il faut, s'écria tout à coup Cerdagne. Mon page Guzman m'a amené une très-jolie femme ; sa vue n'inspirera à Mendoce ni colère, ni défiance. Elle a déjà de la fortune, et je lui ai donné un emploi assez avantageux pour qu'elle soit incorruptible. Je ne crois pas non plus qu'elle manque d'adresse, j'ai quelque raison de lui en croire beaucoup. Va la chercher, Pédrillo.

Pédrillo part, et revient un instant après. — Je n'ai pas trouvé la petite femme. Son mari est couché ; il l'attend et ne sait à quoi elle est occupée. Je l'ai cherchée à l'office, aux différents magasins, et je ne sais où l'aller prendre. Cerdagne sourit, et prévit quelque nouvelle escapade ; il ne se trompait que sur le genre. — Allons, Pédrillo, il faut absolument rassurer Trufaldin, si on ne peut le séparer de Mendoce, et il n'y a qu'un moyen, c'est de les tirer de ce caveau. Descends doucement ; ouvre brusquement leur porte, et sauve-toi derrière les piliers ou gagne le boyau qui conduit au grand souterrain. Fais pour le mieux, mais va leur ouvrir.

Le bon Pédrillo descend, sans flambeau. Il tâtonne, il retient son haleine, il ne pose le pied qu'avec une extrême précaution ; il arrive près de la porte, il s'arrête, il écoute, il n'entend pas le moindre bruit. Ah ! dit-il en lui-même, nos prisonniers sont endormis. Tant mieux : j'opérerai plus sûrement. Il prend sa clef, il cherche l'entrée de la serrure, il ouvre ; pousse la porte aussi loin qu'elle peut aller, et se sauve aussi promptement qu'on peut le faire quand on n'y voit pas. Quelques secondes après, cette porte retombe avec un bruit qui fait résonner les voûtes souterraines : Pédrillo s'arrête, il écoute encore : le plus profond silence règne autour de lui. — Parbleu, dit-il, ces gens-là dorment d'un profond sommeil. — Il revient à la porte ; l'ouvre de nouveau ; l'arrête avec une tuile qui se trouve sous ses pieds ; il s'éloigne. Il écoute : personne ne parle, personne ne remue. Il ramasse quelques petits cailloux ; il revient pour la troisième fois ; il jette ses cailloux l'un après l'autre. Bien certainement ils attraperont le bras, la jambe, ou même le nez des dormeurs ; il les entend distinctement tomber sur la terre. Il se décide, il entre dans le caveau. Quelque chose de chaud s'embarrasse dans ses jambes ; il y porte la main, c'est une lanterne sourde ; il la tourne, le caveau est éclairé, et Pédrillo voit très-distinctement que les prisonniers sont partis. Mais par où ? les murs sont intacts, la porte entière, elle était bien fermée, et lui seul en avait la clef. Il y a de quoi se donner au diable. Le bonhomme trouva plus simple d'aller raconter les détails de ce nouvel incident.

Si Cerdagne avait moins connu Pédrillo, il aurait soupçonné sa bonne foi ; mais trente ans de fidélité, un service doux, et de fréquents bienfaits l'assuraient du vieillard. Le tour lui parut très-bien joué ; mais quand il fallut l'expliquer, Cerdagne, d'Aran et sa femme restèrent muets comme Pédrillo. On se contenta de s'amuser de cette évasion, comme on s'était amusé de tout jusqu'alors, et, certains de quelque événement nouveau et prochain, les papas résolurent de ne pas se coucher, envoyèrent Pedrillo avec sa lanterne examiner les dedans et les dehors du château, et madame d'Aran se laissa déshabiller par son mari, en observant qu'on avait assez tourmenté son cher fils. — Oh! que non, oh! que non, dit Cerdagne, il faut le guérir radicalement de la manie des aventures. Si, après le mariage, il est tenté de faire... ce que font beaucoup de maris, cette leçon l'engagera à mettre de la circonspection dans sa conduite. Il apprendra qu'on ne trouble pas impunément la paix des familles, et que ce n'est point par la cave qu'on arrive chez une femme respectable. — Eh! monsieur le comte, comment pousserez-vous les choses plus loin? — C'est mon secret, madame.

Revenons à ce cher enfant pour qui rien ne paraît impossible, et prouvons qu'il n'était rien moins que sorcier.

Séraphine avait promis à son père de ne pas chercher à le voir; mais elle ne s'était pas interdit les moyens détournés, innocents, d'engager cet intéressant jeune homme à renoncer à une entreprise qui alarmait sa timidité, et qui lui semblait devoir être funeste à quelqu'un.

Elle ne pouvait douter qu'il fût entré dans le château. Elle comptait assez sur ses charmes et sur le cœur du jeune homme pour l'engager à se retirer sans crainte d'essuyer un refus; mais la bienséance et ce qu'elle avait promis à son père ne lui permettaient pas de chercher Mendoce elle-même; et à qui se confier? Théodora l'aborderait avec des reproches qui l'aigriraient au lieu de le ramener à des sentiments plus modérés; Rotrulde n'avait nulle relation avec elle: Cerdagne aimait le plaisir, et respectait l'innocence de sa fille. Il ne permettait de l'approcher qu'à des femmes qu'il croyait pures comme elle, et parmi ces femmes elle n'en voyait point qui eussent cet esprit liant qui sait tout concilier; cette sensibilité qui seule sait bien rendre les sensations qu'on lui confie. Elle avait entendu parler dans la journée d'une petite femme fort jolie qui avait épousé Guzman, et à qui son père avait donné une place distinguée. Il lui semblait qu'une jeune et jolie femme qui épouse un beau garçon doit avoir le cœur tendre, et femme qui aime compatit toujours aux peines d'un amour malheureux.

Séraphine marqua aux filles qui étaient près d'elle le désir de voir cette petite femme qui causait tant de jalousie. On s'empresse d'obéir; on cherche, on trouve, on amène la petite, dont la figure inspira d'abord la confiance. On commença selon l'usage à parler de choses indifférentes ; insensiblement on éloigna des témoins importuns ; on la conduisit dans un cabinet où on avait enfermé la plus jolie tourterelle ; on la fit passer de là dans un arrière-cabinet où on voulait lui faire admirer une tapisserie qui représentait Godefroi de Bouillon avec une vérité frappante. En marchant, on disait à la petite de ces choses flatteuses qui coûtent si peu, qui plaisent tant aux inférieurs, et qui les disposent si favorablement. Ce fut dans cet arrière-cabinet que Séraphine fit à la petite à voix basse et en rougissant l'aveu de sa tendresse et de ses craintes. — Vous sentez bien, ma chère, que si cet étranger que rien n'intimide, que rien n'arrête, est dans ce château comme j'ai lieu de le croire, mon père et lui se rencontreront infailliblement. Tous deux fiers, courageux, violents, à quelles extrémités ne se porteront-ils pas ? l'éclat serait affreux, et je veux le prévenir. Allez, ma chère, faites tout pour approcher cet insensé, pour lui parler ; dites-lui bien que, s'il m'aime, il ne peut me le prouver qu'en mettant un terme à mes larmes, et en se retirant aussitôt. Dites-lui que je lui tiendrai compte de sa docilité ; dites-lui... dites-lui ce que votre cœur vous inspirera de touchant, tout, tout, excepté l'impression qu'il a faite sur moi.

La petite, accoutumée à l'intrigue, aimait passionnément tout ce qui en avait l'apparence. Fière de la confiance de la jeune dame, flattée de lui être utile, curieuse sans doute de voir le petit être charmant qui tournait une si jolie tête, elle promit tout, et se disposa à faire plus qu'elle n'avait promis.

Elle sortait de la chambre de Séraphine au moment où Cerdagne sortait de la cave, et allait se concerter avec d'Aran et sa femme. La petite le rencontra ; il lui fit une légère inclination et passa : il était préoccupé. La petite ne connaissait guère que les usages de la campagne : mais il lui parut extraordinaire qu'un grand seigneur, qui a trente domestiques, descendît à la cave, sans quelque motif particulier. L'air à la fois plaisant et pensif de Cerdagne lui donna à réfléchir, et Théodora qui passa devant elle en courant, et Pédrillo qui courait après Théodora, tout lui persuada que la cave était le lieu de la scène.

Elle passe à la cuisine, personne ; à l'office, personne encore. Elle prend un flambeau, l'allume, cherche l'escalier des souterrains, et descend avec l'intrépidité d'une femme qui est jolie, qui le sait, et qui croit que la rencontre d'un joli homme ne peut avoir rien de désagréable.

L'obscurité, la solitude du lieu, lui firent cependant éprouver un léger frémissement. La voix de Mendoce, qui continuait de tempêter, la remit à l'instant. Il lui sembla que cette voix ne lui était point inconnue ; les jurons ne lui ôtaient point d'ailleurs ce velouté, cette douceur, qui font toujours supposer une très-jolie figure. Elle marche droit à la porte du caveau où étaient renfermés Mendoce et Trufaldin ; elle frappe, elle annonce qu'elle vient au nom de Séraphine. A ce mot Mendoce se calme, et la supplie de lui ouvrir. Comment y parvenir? elle n'a pas la clef. Mendoce, qui ne perd jamais la tête, lui dit que derrière un pilier qui n'est pas éloigné elle trouvera sa pince de fer. La petite y va, la trouve en effet ; mais ses mains sont aussi faibles que blanches et potelées ; elle fait quelques efforts qui n'aboutissent à rien ; elle se décourage, elle se désole. Mendoce lui conseille d'introduire la pince dans la gâche et de faire rentrer le pêne dans la serrure. Elle essaie ce nouveau moyen, il réussit parfaitement ; la porte s'ouvre, les prisonniers sortent, et cette porte retombe.

Mendoce va à la petite pour lui arracher son flambeau et courir par le château au hasard de ce qui pourrait en arriver. Ils se regardent, ils se reconnaissent. — Hé ! c'est ma petite veuve. — Hé ! c'est mon cher Mendoce. — Comment donc, ma petite ?... Par quel miracle ?... Pourquoi ?... Que signifie ?... — Pas de temps à perdre, et rien à vous cacher. Séraphine vous adore ; elle ne craint que vous ne soyez d'un rang indigne d'elle, et avec quelle ivresse elle apprendra que vous êtes le fils du meilleur ami de son père ! — Mais mon père à moi ne m'a jamais parlé de ce comte de Ripal... — Hé! vous êtes chez Cerdagne. — Chez Cerdagne! chez Cerdagne! Ah! tout est éclairci, et je suis l'homme du monde le plus heureux. Vite, vite, ma petite, conduis moi aux pieds de Séraphine ; que j'y tombe, et que je me rende digne à force de respect de l'amour que tu dis qu'elle a pour moi. Elle ne sait donc pas qui je suis ? — Hé ! non, vous dis-je. — Ah ! laisse-moi le plaisir de le lui apprendre. Marche, marche donc... Je meurs d'impatience et de plaisir.

Ils remontent et avancent rapidement sans penser qu'ils peuvent être rencontrés à chaque pas, ce qui serait arrivé sans doute, si le trop prévoyant seigneur n'avait consigné ses gens dans leurs chambres. Le beau page Guzman avait aussi reçu l'ordre de garder la sienne. Arrivé de la veille, il n'en soupçonnait pas la raison et ne s'en inquiétait guère. Il mangeait en paix les bons morceaux que Pedrillo lui apportait, et s'amusait avec sa femme quand elle voulait bien venir passer une heure avec lui. Pour la petite, elle n'avait reçu aucune injonction du patron qui fût relative à Mendoce, et la raison en est simple. Cerdague ne savait rien des aventures du jeune homme ; il ignorait donc certaines particularités très-piquantes, et il s'était contenté d'éloigner de son chemin Rotrulde et ceux qui l'avaient accompagnée.

Trufaldin n'oubliait pas ses amours clandestins ; en marchant, il demandait à la petite où étaient les basses-cours. La petite, qui connaissait à peine les êtres, les lui indiqua à peu près. Trufaldin enfila le corridor qu'on lui montra en sortant de la cave ; il laissa son maître suivre ses brillantes destinées, et, fort de la solitude qui régnait partout, il jura assez fort même de trouver son Inés, dût-il payer une nuit heureuse de l'ennui d'un engagement éternel. — Il faut faire une fin, disait-il en trottant. Inés n'est pas belle de visage et ne tentera personne. Je lui connais des beautés, moi, et cela me suffit.

La petite et Mendoce avaient parcouru une partie du château sans rencontrer personne. Ils avançaient dans une parfaite sécurité, et ils ignoraient que le vieux Pedrillo, persuadé que la chambre de Séraphine était le but où tendaient les désirs de l'amoureux, s'était caché dans l'embrasure d'une porte voisine.

Le bonhomme, qui avait suffi à tout, qui était sur les dents, mais qui s'amusait autant que son maître de cette petite guerre, le bonhomme dit que Mendoce était entré chez Séraphine ; que la conversation était engagée, et il fut avertir le patron de ce qu'il avait vu. Il avait à traverser toute une aile de soixante à quatre-vingts toises de longueur, un étage à monter ; il fallait qu'il s'expliquât, que Cerdague prît un parti. Tout cela ne demandait pas beaucoup de temps ; mais il en faut bien peu aux amants pour s'entendre.

Il est impossible de peindre le trouble, l'embarras qu'éprouva Séraphine à la vue inattendue de son amant. Mendoce était à ses pieds, il parlait, il était en délire, il mouillait ses mains de larmes brûlantes et tout cela n'aidait pas l'aimable jouvencelle à se remettre. Elle répondait à ce qu'on ne lui disait pas ; elle interrogeait et n'attendait pas la réponse ; elle jurait amour éternel et ne voyait plus Mendoce : comment aurait-elle pensé à le revoir ?

Mendoce se possédait jusqu'à un certain point. Il entendait, [il] appréciait tout, son amour était au comble. — C'en est trop, c'en est trop, adorable Séraphine ; c'est à moi à vous jurer, à vous tenir les promesses que m'adresse votre bouche charmante. — Qu'ai-je donc dit, grand Dieu ! — Ce qui comble mes vœux les plus doux. — Ciel ! je me suis trahie. — Ne vous en repentez point, confirmez cet aveu si doux ; permettez que je tombe aux pieds de votre père, que je me nomme, que je vous obtienne : daignez autoriser cette démarche. — Vous m'avez entendue : j'ai perdu le droit de vous la défendre. — Eh bien ! je ne vous quitterai pas sans avoir justifié la prévention qui vous parlait secrètement pour moi. Apprenez, madame, que mon rang, ma fortune me rendent votre égal. — De quel poids je suis soulagée ! — Mon père... — Eh bien !... votre père... son nom ?...

Ici un carillon infernal se fait entendre à la porte. Mendoce se relève et met la main sur la garde de son épée. Séraphine s'évanouit ; la petite se sauve dans un cabinet voisin et se cache dans une armoire. Cerdagne paraît, suivi d'une douzaine d'archers, qu'il a été prendre au corps-de-garde du pont-levis. Mendoce rit en le voyant, et croit qu'il n'a qu'à se nommer pour arranger l'affaire. Cerdagne lui réplique que le fils de son meilleur ami, qui force son château et qui veut séduire sa fille, est plus coupable qu'un autre et ne doit pas compter sur sa clémence. A ces mots, Mendoce, rendu à sa vivacité, tire l'épée, et se rappelant aussitôt ce qu'il doit au père de Séraphine, il la dépose à ses pieds. Les archers entourent, pressent, saisissent, enlèvent le jeune homme. Un d'eux, qui lui soutenait la tête, approchait fréquemment son visage du sien et le mouillait de larmes. — Porte ailleurs ta pituite, lui disait Mendoce. Il ne savait pas qu'il parlait à son père, qui s'était mêlé à la foule pour embrasser un fils ingrat qui ne le reconnaîtrait point.

On porte monsieur l'amoureux dans une tour à triple porte, à fenêtres si bien grillées, qu'un enfant n'y passerait pas la main. Du reste, un bon lit, des aliments sains et grand feu à la cheminée gothique. — Au moins, dit Mendoce aux archers qui se retiraient, vous avez pensé à tout, et je vous en remercie. Je vais me coucher, puisque je n'ai rien de mieux à faire.

Cerdagne était resté près de sa fille, qui n'avait rien vu, rien entendu, et dont l'état était alarmant. — Allons, dit-il à Pa[s]quille, je vois qu'il est temps que tout ceci finisse. Ma fille souffrirait moins des infidélités de son mari que de la crainte de ne pas l'obtenir. Je les marie après demain; mais demain encore... Ah! va me chercher Théodora; qu'elle délace, qu'elle soigne cette enfant, et compte, toi qui m'as si bien servi, sur un joli présent de noce.

Pendant que Pédrillo allait tirer Théodora de sa prison, Séraphine ouvrit ses grands yeux, et les referma en sentant sa main couverte des baisers de son père. — Ah! seigneur, quelle indulgence? — Puis-je cesser de t'aimer? Mais si je cède aux sentiments que tu m'inspires, je n'en suis pas moins sensible à l'outrage que tu viens de recevoir. — Personne ne m'a outragée, mon père. — Quoi! cet insolent qu'on a surpris à tes pieds..... — Vous m'avez promis de le ménager et de le renvoyer à ses parents. — Oui, mais dans la supposition qu'il se bornerait à te regarder de loin, à t'écrire, à s'introduire en plein jour, et par la porte, et que je n'aurais à me défaire que de ses importunités. Mais combler le fossé de mon château; forcer le soupirail de ma cave; mettre tout en combustion chez moi; entrer à minuit dans ton appartement contre ton gré, c'est plus qu'aucun mortel n'eût osé, et ce que je dois sévèrement punir... Oh! j'oubliais!... Ce qui caractérise des intentions criminelles, c'est le nom supposé sous lequel il s'est présenté. Ici Cerdagne s'arrête et fixe sa fille. Il ignore si Mendoce lui a déclaré qu'il est le fils du comte d'Aran, et le silence de Séraphine lui persuade que son espiègle n'a pas eu le temps de se faire connaître.

— Enfin, mon père, quel parti prendrez-vous? — Je veux faire revivre un usage antique et révéré, toujours cher aux chevaliers espagnols. J'invoquerai des statuts, qui ont toujours été la sauvegarde des dames. — Ciel! vous allez convoquer une cour d'amour?... — Que tu présideras. — Moi, mon père? — C'est le droit de la beauté plaignante. — Mais je ne me plains pas, mon père. — Finissons, ma fille, il est des lois... — Bien absurdes. — Dites bien respectables. — Parce qu'elles sont consacrées par le temps? — Il est le père de l'opinion. — Et l'opinion... — Est la reine du monde. — Et c'est à cette chimère que vous allez sacrifier l'honneur d'un damoisel qui n'est coupable..... — Que de t'aimer, n'est-ce pas? — Et cela est bien pardonnable, mon père. — Sans doute, tu es si aimable! — Ce n'est pas ce que je veux dire. — C'est ce que tu penses, et tu as raison. — De l'ironie à la place du sentiment! — Ah! tu veux du raisonnement? Le mien sera court. Devais-je lui laisser passer le reste de la nuit à tes pieds, et puis-je revenir sur l'éclat que j'ai été forcé de faire? Mes archers... — On peut leur imposer silence. — Faire taire douze ou quinze soldats, toujours enclins à médire de leur chef! impossible, mon enfant. — Ainsi ce malheureux va paraître devant un tribunal qui ne pardonne pas un outrage fait aux dames? — Ah! tu conviens qu'il t'a offensée. — Et il faut que je préside, moi... — Refuser serait convenir que tu es d'intelligence avec lui. — J'en suis bien éloignée; mais comment ne pas défendre un jeune homme intéressant?... — Oh! bien intéressant, je l'avoue. — Qui paraît être de la première distinction. — Je commence à le penser comme toi. — Ah! mon père, si la pitié ne vous parle pas en faveur de cet infortuné, mettez-vous un moment à la place d'une tendre mère, dont il est l'amour et l'espoir. Faut-il, pour satisfaire à un vain point d'honneur, la condamner à des larmes éternelles? — Comment diable, tu parles comme un ange! Jamais cour d'amour n'aura eu un semblable président. — Vous insultez à ma douleur. Vous serez vengé, puisque absolument vous le voulez; mais je le sens, j'en mourrai de chagrin. — Ce serait un peu fort. D'ailleurs, il n'est pas condamné encore. Il lui sera loisible de se défendre, et comme il a de l'esprit... — Ah! je vous entends, mon père. Vous satisferez à l'usage, et vous lui donnerez les moyens de se sauver en lui faisant de ces questions simples... Mais, mon tendre, mon digne père, s'il répond juste? — S'il répond juste... s'il répond juste... — Songez que c'est l'infamie, s'il se trompe. — Et qu'il a droit à une indemnité s'il satisfait le tribunal. — Mon père... — Ta main, par exemple. — C'est encore un usage consacré par le temps. — Il est le père de l'opinion, n'est-ce pas? — Et l'opinion est la reine du monde. Je crois que je raisonne aussi. — Je le vois bien. — Ecoute : je n'ai pas le talent de prévoir l'avenir; mais je t'engage à ne pas mourir avant l'événement. Moi, je vais commander mes hommes d'armes et tout disposer pour déployer, dans cette circonstance, la pompe des premiers siècles catalans.

Il sortit, et laissa sa fille flottant entre la crainte que Mendoce n'encourût la dégradation, et l'espoir de devoir son bonheur à sa pénétration et à son esprit. La petite sortit aussitôt de son armoire, courut à Séraphine, essuya ses larmes. — Calmez-vous, madame, calmez-vous. Je vais achever ce que votre amant n'a pas eu le temps de vous dire, et ce que la malice un peu cruelle de votre père vous a laissé ignorer. Ce beau jeune homme, qui vous intéresse tant et qui vous inspire de si vives alarmes, est le fils du comte d'Aran. — Du comte d'Aran! du comte d'Aran! dites-vous? Ah! mon cœur, me voilà en paix avec toi. Mais, ma chère, d'où savez-vous... — Je le tiens de votre amant lui-même, que j'ai rencontré dans ses voyages... — Ah! que je suis heureuse! Voilà sans doute le fils de ce frère d'armes..... C'est lui, c'est lui. La colère de mon père, à travers laquelle perçait toujours la gaieté, la plaisanterie, la finesse..... Oh! oui, je présiderai. Je vous rendrai, seigneur Cerdagne, toutes les malices que vous m'avez voulu faire. Et mon jeune ami est-il rassuré, sait-il de qui il est le prisonnier? — Eh! madame, je lui ai tout dit en le tirant de son caveau. — Ah! ma petite, ma chère petite, je n'oublierai jamais les services que tu viens de me rendre.

Dans la situation où était Séraphine, on ne pensa pas au sommeil. Il fallut cependant qu'elle se laissât mettre au lit par Théodora, qui arriva en grondant, et qui donna ainsi le temps à la petite de regagner son armoire. Mais dès que la vieille fut sortie, la petite vint s'asseoir auprès de la tendre amante; on passa le reste de la nuit à causer, et vous devinez aisément de quoi on parla. De ce moment, il y eut dans le château deux partis bien prononcés, bien opposés, et également disposés à s'amuser l'un de l'autre.

Cerdagne, en quittant sa fille, était allé rejoindre le comte et la comtesse d'Aran à l'extrémité de sa maison. Il fut frappé, en approchant de leur chambre, d'entendre des coups très-forts, des sanglots, des cris étouffés, tout ce qui caractérise un acte de la dernière violence. Etonné, mais toujours prompt à servir ses amis, il tire l'épée, il se hâte, il entre, on s'explique, et il rit.

Nous avons laissé Trufaldin errant sans lumière dans le corridor que la petite lui avait indiqué et cherchant sa grosse Inès. Après avoir tâtonné bien des portes, qui toutes se trouvèrent fermées, il parvint à en ouvrir une. Il descend dans une cour; il tourne autour des bâtiments, et ne trouve rien qui annonce que sa belle ait ses occupations et son domicile dans cette partie du château. Il traverse la cour, ouvre une autre porte, se trouve dans un second corridor, entre dans une chambre ouverte, entend ronfler, s'approche d'un lit, il le croit du moins; il avance une main et recule de quatre pas en sentant un corps velu comme celui d'un ours. Avec quelque légèreté qu'il ait touché ce je ne sais quoi, le dormeur se réveille, pousse un long soupir, et saute par terre. Trufaldin veut fuir; le je ne sais quoi vient s'embarrasser dans ses jambes, le renverse, et Trufaldin, en voulant se retirer, accroche une paire de cornes qui ajoute à son effroi. Comme il ne dépendait pas de lui de se relever aussi promptement que l'ordonnait sa terreur, et qu'il fallait qu'il se débarrassât provisoirement de ce je ne sais quoi qu'il avait entraîné dans sa chute, il tâtonna, chercha et reconnut, à sa grande satisfaction, que ce qui lui avait fait tant de peur, n'était qu'une chèvre, et le lit, d'où elle était sautée, un tas de paille.

Il tourna par la chambre, et trouva quelques animaux de la même espèce qui dormaient d'un plus profond sommeil et qui ne firent pas le moindre mouvement. Trufaldin conclut, avec beaucoup de sagacité, que cette chambre devait être dépendante des basses-cours, et que les appas de la grosse Inès devaient reposer à quelques pas de là. Il était possible d'entrer chez quelque valet grossier et brutal; mais Trufaldin se promettait bien, en cas d'un quiproquo, de prévenir toutes voies de fait en criant qu'il avait l'honneur d'appartenir au comte d'Aran. D'ailleurs, il aimait sa grosse; il était sûr d'en être bien reçu, et cela valait bien la peine qu'il hasardât quelque chose.

Il ouvre une chambre voisine, et vingt ou trente agneaux viennent bêler autour de lui, et le confirment dans la persuasion qu'il ne peut être loin d'Inès. D'une troisième, d'une quatrième, d'une cinquième chambre s'échappent des poulets, des pigeons, des lapins, des chiens courants. Les chiens courent après les lapins; les lapins effraient les poules; les poules volent, les pigeons les suivent; le corridor offre, en petit, le tableau de l'arche en désordre. Trufaldin écoute, aucune porte ne s'ouvre. L'écuyer, prompt à tirer des conclusions, pense qu'Inès ni personne ne couche en bas, parce que quelqu'un serait infailliblement sorti au bruit de la chasse générale que faisait la meute de monseigneur.

Il suit ce corridor pour trouver un escalier qui le conduise au but chéri de ses désirs; il est renversé cinq à six fois par les chiens; il écrase deux ou trois agneaux; les poules, qui ont des petits, le relèvent à grands coups de bec; il va toujours, il brave tout; il est amoureux, et il est chez le comte de Cerdagne.

Il arrive enfin à un petit escalier en forme d'échelle. Il monte, un autre descend. C'est sans doute quelque valet que le bruit a tiré de sa couchette. Il importe à Trufaldin de passer sans explication; il se cramponne d'une main, il allonge l'autre; il saisit le bas d'une jambe qui lui paraît tout à fait masculine; il tire de toute sa force ; il envoie par-dessus sa tête le valet tomber au pied de l'échelle. Sans s'arrêter aux gémissements qui frappent son oreille, il monte avec vivacité et poursuit son chemin. l'amour en avait fait un petit crâne.

Il pousse une porte entr'ouverte, la seule qu'il rencontrât ; il entre dans une chambre, il y trouve un lit tout chaud et vide. — Ah ! c'est sans doute celui du piqueur que je viens d'envoyer avec la meute. Il sort, il avance ; une porte encore lui barre le chemin ; il tâte, la clef est à la serrure ; il tourne, et la porte ne s'ouvre point ; il pousse fortement avec l'épaule ; les clous qui condamnent cette porte de l'autre côté ne cèdent point ; mais une planche crie, se détache, Trufaldin la soutient, la pose à terre doucement, et passe par le trou qu'il vient de faire.

Il se trouve dans un corridor si vaste, qu'il juge devoir réfléchir. Ce corridor devait être un des principaux du château. Cependant, la maison était si grande qu'on pouvait en avoir abandonné une partie aux filles de basse-cour. La porte qui ouvrait près de l'escalier en échelle donnait quelque vraisemblance à cette idée. Il ignorait qu'elle fût condamnée, et, selon lui, elle n'avait résisté que parce que mademoiselle Inès ou une autre tirait probablement les verrous avant de se coucher.

Fort de ce jugement, le pauvre écuyer suit le corridor ; encore une chambre ouverte. Il entre comme il a fait partout. — Est-ce vous, mon ami ? dit une voix de femme à demi éveillée. — Oui, oui, c'est moi. — Ah ! contez-moi donc ce qui s'est passé depuis que vous m'avez quittée. A ces mots Trufaldin ne doute plus qu'il n'ait enfin trouvé sa grosse. Ardent comme un charbon, il ne répond pas ; mais il se déshabille en un tour de main, et se glisse sous la couverture.

La femme, étonnée de sa pétulance, veut parler ; Trufaldin ne lui en donne pas le temps ; elle soupçonne du micmac ; Trufaldin confirme ses soupçons : c'est Hercule sous l'enveloppe d'un goujat. La femme, convaincue qu'il y a erreur ou attentat, s'agite, se démène, jette l'assaillant de côté, et saute dans la ruelle. Trufaldin l'y suit ; elle se glisse sous la couverture en poussant les hauts cris ; Trufaldin, à qui tout champ de bataille est bon, poursuit opiniâtrément la dame ; le combat s'engage sous le lit. La dame pince, mord, égratigne, fait lâcher prise à l'assaillant et se roule au milieu de la chambre. Dix fois Trufaldin a touché au port sans pouvoir y entrer. Furieux et incapable de distinguer la différence des voix et des formes, il redouble d'efforts et regagne la position avantageuse qu'il a si souvent perdue et qu'on lui dispute encore. Les forces de la dame sont épuisées; elle va céder, involontairement sans doute, et va céder sans pécher, lorsqu'un chevalier paraît inopinément, un flambeau à la main : ce chevalier est le comte d'Aran.

Les cris et la résistance de sa femme lui prouvent évidemment qu'elle n'a pas consenti à son déshonneur. Il ne conçoit pas quel est l'enragé qui viole une femme de cinquante ans; mais, quel qu'il soit, il doit être châtié. Le châtiment commence par vingt ou trente coups de flambeau appuyés sur les reins. La poix, la résine enflammées coulent sur la peau du malheureux Trufaldin, la brûlent, la corrodent. Il se lève en poussant des cris affreux; il reconnaît le comte, la comtesse; il se croit mort, et ne peut prononcer que ces mots : — Je croyais que c'était mademoiselle Inès. — Inès ou Isaure, coquin, reprend le comte, est-ce ainsi qu'on courtise les dames ? Tu mérites la mort, et tu vas la recevoir de ma main. Trufaldin, à genoux, demandait grâce et prétendait qu'une méprise n'est pas un crime. Le comte, blessé à l'endroit sensible, avait pris le bâton d'une vieille hallebarde, et répondait aux arguments de l'écuyer en lui frappant à outrance les fesses, le ventre, l'omoplate, les cuisses, la tête. C'en était fait du pauvre homme si Cerdagne, qui sortait de chez sa fille, ne fût entré fort à propos.

Il ne sait quel est le drôle qu'il trouve tout nu chez la comtesse et qu'on fait périr sous le bâton; il voit un malheureux qui ne sait que se plaindre. Il se jette devant son ami, lui représente que le vainqueur des Maures ne doit point tuer un ennemi sans défense. — Eh! reprend d'Aran, cet ennemi est un drôle que je nourris depuis quinze ans, et qui m'a fait... — Non, mon ami, non, répliqua la comtesse, il ne t'a pas fait... — Corbleu! madame, en êtes-vous bien sûre? — J'en jure par l'amour que j'ai toujours eu pour toi. — Vous avouerez du moins qu'il s'en est fallu de bien peu de chose. — Ah! mon petit, je ne dis pas non. — Seigneur Cerdagne, continua Trufaldin, j'honore, je respecte madame; jamais je n'ai levé un œil profane sur elle. J'aime mademoiselle Inès; c'est elle que je cherchais, et, je le répète, c'est avec elle que je croyais être. — Allons, mon cher ami, dit Cerdagne, je ne vois pas, puisque tu en es quitte pour la peur, qu'il faille assommer ce malheureux. Cependant cette aventure est de celles qu'il faut ensevelir dans le silence : les rieurs ne seraient pas de ton côté. Voyons, docteur, quelle est cette Inès? mets-nous au courant de tout ceci, ou je te fais jeter dans les fossés de mon château.

Trufaldin avait trop d'intérêt à se justifier dans l'esprit de ses maîtres pour ne pas entrer dans tous les détails qui pouvaient le disculper. Il raconta comment il s'était lié avec mademoiselle Inès, fille de basse-cour, que Rotrulde avait emmenée pour la servir; comment ils étaient tombés ensemble dans la rivière ; comment une oie lui avait fait le tour que vous savez lorsqu'il cherchait à guérir sa maîtresse de la colique; comment ils avaient été au moment d'être brûlés ensemble; comment il était naturel qu'il la cherchât dans un château où tout le monde dormait ou paraissait dormir ; comment, en la cherchant, il avait lâché les chèvres, les agneaux, les poules, les pigeons, les lapins et les chiens courants ; comment il avait jeté par-dessus sa tête un valet qui descendait un escalier en échelle ; comment il avait enfoncé une porte; comment, en cherchant une fille de basse-cour, il était entré chez la comtesse qu'il ne savait pas être au château. — Enfin, mes bons seigneurs, dit-il, si j'ai cédé à la concupiscence, le châtiment a été plus loin que la faute, car enfin je n'ai rien fait, rien du tout, et mon corps n'est que plaies, que meurtrissures. Ah! mon Dieu, mon Dieu, comment donc faire pour avoir cette fille-là?

La narration de Trufaldin avait été assaisonnée de traits si naïfs et si originaux que Cerdagne riait aux éclats en l'écoutant, et rit encore lorsque le conteur eut fini. D'Aran prétendait que ces saillies de gaieté étaient très-déplacées. Il ordonna à l'écuyer de prendre ses habits et d'aller dans le corridor se mettre dans un état décent. La comtesse avait regagné son lit, et prétendait qu'elle ne reviendrait pas des contusions qu'elle sentait partout, et qui s'étaient multipliées dans ces combats consécutifs. — Ah! mon ami, mon cher ami, vous que j'ai tant aimé et à qui j'ai été si fidèle, cette nuit est plus cruelle que celle où nous essayâmes de donner un petit frère à Mendoce, et où ce malheureux ciel de lit tomba sur nous deux. Au moins c'était vous qui partagiez mes plaisirs et ma disgrâce ; mais cet affreux Trufaldin ! quel gouverneur vous aviez donné à votre fils! Il faut pourtant que je convienne qu'il se présente joliment. — Bah ! bah ! madame, c'est bien le moment de penser à ces balivernes.

— Hélas! disait Trufaldin en se rhabillant, il faut que je sois né sous une bien triste étoile ! Bathilde m'a fait cocu vingt fois sans que j'osasse m'en plaindre, et je ne ne puis tenter de m'approcher d'Inès qu'il ne m'arrive quelque chose de funeste. Comment diable ai-je été prendre une vieille comtesse pour une jeune fille de basse-cour ! Ah ! dame, le désir, la précipitation... et puis la nuit tout cela se ressemble. J'aurai mon Inès pourtant, car je l'épouserai pour n'en point avoir le démenti, et nous verrons si la fatalité qui me poursuit empêchera la consommation du mariage.

Qu'eût dit le malheureux écuyer s'il eût su que le lit qu'il avait trouvé chaud était celui de sa maîtresse, que le prétendu valet à la jambe masculine à qui il avait fait faire le saut était Inès elle-même !

Cependant Cerdagne, en s'efforçant de contenir sa gaieté, en consolant d'Aran et sa femme, en apportant à son ami de l'eau-de-vie camphrée pour bassiner les contusions de madame, Cerdagne pensait à ce valet que Trufaldin avait tué ou à peu près. Il sentit que, pour n'être pas noble, on n'en est pas moins homme, et que tout être qui souffre a droit au secours de ses semblables. Il prit un flambeau, gagna le diable d'escalier au bas duquel il vit une grosse fille nue dont le postérieur avait écrasé un agneau, et qui n'était évanouie que par l'effet de sa frayeur. Cerdagne jugea qu'à la figure près Inès méritait les empressements de Trufaldin et de tout autre, et son premier mouvement fut d'appeler Pédrillo. Il réfléchit pourtant que cette aventure était d'un tout autre genre, et pouvait avoir d'autres conséquences que les amours de Séraphine et de Mendoce ; il jugea qu'il fallait laisser ignorer à Inès la cause de sa chute, et mettre Trufaldin dans l'impossibilité de jaser. En conséquence, il appuya contre le mur son flambeau, dont la grosse fille se servirait pour regagner son lit quand elle aurait repris ses sens. Il entra dans son chenil où s'étaient retirés ses chiens, fatigués de manger des lapins ; il prit de ses nobles mains le baquet où s'abreuvait sa meute ; il le vida sur le corps d'Inès, qui, saisie de cette immersion glaciale, ouvrit les yeux, regarda devant elle et ne vit pas son seigneur, qui montait l'échelle derrière elle aussi lestement qu'un écureuil. Cerdagne retrouva Trufaldin à la même place, assis contre le mur, les mains jointes, tournant ses pouces et faisant la plus vilaine grimace. Le comte pensa que, puisqu'il avait été discret avec Mendoce, il pourrait l'être encore dans cette conjoncture. Cependant, s'il le laissait libre dans le château, il se ferait panser par quelque valet à qui il faudrait donner une cause de toutes ces brûlures, et Cerdagne savait que Trufaldin n'était pas d'un esprit inventif. D'ailleurs, en allant et venant, plus tard il rencontrerait inévitablement le comte et la comtesse, pour qui son aspect n'aurait rien d'amusant : toutes réflexions faites, Cerdagne appela Pédrillo, le chargea d'une terrine d'eau-de-vie camphrée, prit Trufaldin par l'oreille qui lui restait, le mena à la porte de la tour qu'habitait Mendoce ; Pédrillo ouvrit, poussa dedans l'écuyer et la terrine, referma soigneusement la porte et fut se coucher jusqu'à nouvel ordre.

Cerdagne, très-fatigué, jugea à propos de reposer quelques heures ; il engagea d'Aran et sa femme à suivre cet exemple. Ils dormirent tous comme on dort lorsqu'on est fortement préoccupé, c'est-à-dire assez mal. Aussi, à la pointe du jour, tout le monde était debout, et même la pauvre Inès, qui était loin de penser que ce fût son amant en personne, son amant si désiré, si attendu, qui avait failli la tuer, et qui pourtant ne lui avait fait aucun mal.

Dans l'autre partie du château, on n'était pas encore levée ; mais on n'avait pas fermé l'œil, et on n'en était pas moins jolie : pensers de bonheur sont un baume qui rafraîchit le sang. Séraphine et la petite n'avaient pas cessé de jaser. La jolie demoiselle se promettait bien de tourmenter un peu son papa, mais il était important de prévenir Mendoce de ne s'alarmer de rien, et d'être bien persuadé que sa Séraphine était d'intelligence avec lui. Un billet bien tourné, bien tendre, était écrit depuis deux heures au moins. Il n'y avait qu'une difficulté, c'était de le faire parvenir à son adresse, et on ne savait dans quel coin du château était enfermé Mendoce.

Le demander était le moyen de ne rien savoir : l'espionnage parut l'unique ressource. Mais comment la petite femme serait-elle partout à la fois ? C'était une autre difficulté. Elle va trouver son mari, qu'elle avait singulièrement négligé depuis son entrée au château ; elle fit sa paix comme la font des époux qui s'aiment ou qui en ont l'air ; elle conta au page ce qu'elle savait des aventures de la nuit et ce qui était résolu pour cette journée. Le page, charmé de pouvoir faire quelque espièglerie, se prêta à tout de la meilleure grâce du monde, et prononça sans hésiter que Cerdagne avait trop de confiance en Pédrillo pour qu'il ne fût pas un des meneurs de cette petite guerre.

Cependant il n'était pas prudent que Guzman s'attachât aux pas du vieux domestique : il savait de quoi un page est capable. Il était plus naturel que la petite, qui avait cent prétextes d'aller et de venir pour les affaires de la maison, se chargeât d'observer le vieillard pendant que son mari observerait, autant qu'il le pourrait, sans inspirer de défiance, et sans paraître enfreindre l'ordre qui le retenait chez lui. Encore une difficulté, la petite ne connaissait pas Pédrillo.

Mais, quand une femme a adopté un projet, connaît-elle des obstacles qui en empêchent l'exécution? Celle-ci se mit à trotter par tout le château. Elle avait besoin à la cave, au grenier, à l'office, au garde-meuble. Destinée à seconder Théodora, il fallait qu'elle se mît au courant : ce ṭt la réponse qu'elle fit à Cerdagne, qui la rencontra trois ou quatre fois en une heure, et qui eut la bonté de la croire.

Un valet à cheveux blancs se trouve nez à nez avec elle; elle l'aborde de l'air le plus gracieux, et lui dit que, sur le bien qu'elle en a entendu dire, elle avait conçu le plus vif désir de faire connaissance avec le respectable Pédrillo. — Hélas! reprend le valet, je suis vieux comme Pédrillo; mais je n'ai pas comme lui l'honneur de posséder la confiance du maître et d'éprouver tous les jours sa générosité. — Je suis persuadée, mon ami, que vous méritez l'une et l'autre, et je me ferai un vrai plaisir de vous recommander. — Grand merci, petite et charmante dame. — Mais faites-moi donc connaître ce trop fortuné Pédrillo. — Oui, trop fortuné, car enfin qu a-t-il fait plus qu'un autre?... Tenez, tenez, le voilà qui file en tapinois au bout du corridor. Je vous assure que mon zèle... mes services... mon... La petite n'avait plus besoin de lui, elle était déjà bien loin.

Les domestiques qui servaient dans l'intérieur du château étaient toujours consignés dans leurs chambres; les palefreniers, les piqueurs, les valets de chiens, avaient seuls reçu l'ordre de reprendre les fonctions qu'ils exerçaient à l'extérieur ou dans les parties éloignées du lieu de la scène, et c'était un de ces messieurs que la petite avait eu le bonheur de rencontrer.

Elle traversa le corridor que suivait Pédrillo, en chantant et en tenant en évidence un plateau chargé de conserves qu'elle portait n'importe où. Elle tourne la tête du côté du vieillard et passe rapidement ; elle avait pourtant fait ses remarques. Pédrillo tenait un panier très-probablement garni de vivres.

Le rusé vieillard avait entendu et vu la petite. Il avait trouvé extraordinaire qu'elle apportât des conserves d'une partie de la maison où on n'en avait jamais mis. Il ne se doutait pas que la petite eût encore parlé à Séraphine, et cependant il eut des soupçons.

Il était essentiel que le jeune homme ne s'évadât point, et les plus faibles moyens sont quelquefois les plus sûrs. Pédrillo ne prévoyait point comment la petite préparerait une évasion; il ne jugeait pas même qu'elle y eût le moindre intérêt; mais les conserves étaient suspectes, et Pédrillo ne se souciait pas de voyager quinze jours pour ramener le seigneur Mendoce.

Cependant, après s'être assuré que les corridors étaient libres, le vieillard ouvrit les premières portes, passa un excellent déjeuner par le guichet de la troisième, referma toutes ses serrures, et fut faire part de ses soupçons à Cerdagne. Le comte crut faire un coup de maître en consignant aussi la petite : il s'était à peine écoulé un grand quart d'heure, et l'heureux amant de Séraphine tenait déjà le tendre billet.

La petite avait conté en quatre mots à son mari ce qu'elle avait observé; elle avait dépeint aussi brièvement les corridors qu'elle avait traversés, et une petite cour carrée entourée des écussons du maître, et qui donnait sur le corridor que suivait Pédrillo, avait éclairé maître Guzman. — Ma bonne amie, ma bonne amie, il est dans la tour qui sert de prison aux pages. Trois chambres l'une sur l'autre, que je connais pour les avoir habitées en trois mois...... Donne-moi ton billet. Tu as donc une clef de cette tour? — Non. — Et par où entreras-tu? — Je n'entrerai point. — Que feras-tu donc? — Tes jarretières, tes lacets, tes rubans; noue-moi vite tout cela ensemble, attache le billet à l'un des bouts. Je monte dans le grenier, qui est au-dessus de nous; de celui-là, je passe dans un autre; je sors par la lucarne... — Tu te tueras, malheureux! — Non. Je descends par une pente assez douce sur la terrasse de la tourelle; je descends le billet le long des croisées qui sont l'une sous l'autre, et Mendoce le prendra par la fenêtre de la chambre, où il se trouvera.

Aussitôt dit, aussitôt fait. Mendoce, étourdi, gai, mais sensible et bon, plaignait, consolait, pansait son pauvre Trufaldin, lorsque le billet suspendu à une attache légère vint voltiger à sa fenêtre. Il ne douta point que sa tendre Séraphine ne se fût occupée de lui. Il brûlait de tenir le précieux parchemin; mais la fenêtre était à dix pieds de terre, et c'est ce qu'avait oublié l'obligeant et trop pétulant page. — Comment faire, bon Dieu! Ne pas prendre ce billet! renoncer à une consolation si nécessaire à un captif! Allons, Trufaldin, un peu de courage, mon ami; viens ici, et je sauterai sur tes épaules. — Mais, seigneur..... — Hé!

viens donc, bourreau. Si la main bienfaisante qui me présente ce vélin allait se retirer !... Viens, viens donc. Le billet est pris, lu, relu, baisé, baisé encore, et Guzman est heureusement rentré chez lui quand Pédrillo vient, de la part de monseigneur, ordonner à la petite de garder les arrêts.

Une précaution en amène une autre. Les archers, qui avaient conduit Mendoce à la tour, pouvaient jaser avec les domestiques : on interrompit encore toute communication entre le corps de garde et le château. Il était temps ! Oh ! l'amour fera toujours des dupes.

Cependant tout se disposait pour la tenue de cette cour d'amour, qui devait rappeler ce qu'on avait vu de plus fameux en ce genre à Avignon, à Pierre-Feu, à Romanin, sans compter cette fameuse cour d'amour tenue par la reine Berthe pour juger le chevalier Robert. C'est ce tribunal qui connaissait de toutes les injures faites aux belles; qui n'offrait qu'un jeu d'esprit, lorsqu'il n'était question que de bagatelles; mais qui punissait par la dégradation, et même par la peine de mort, les chevaliers qui s'étaient portés aux derniers outrages. Ces cours étaient ordinairement présidées par les plus grands seigneurs du pays, qui, pendant la session, s'appelaient *princes d'amour*. Les juges, les assesseurs, les hérauts d'armes étaient choisis parmi les femmes les plus qualifiées et les plus jolies du canton. Les formalités, les cérémonies, tout respirait la plus noble galanterie, et, si on convient de l'influence qu'a toujours eue le sexe sur les mœurs des hommes, on avouera que ces siècles étaient ceux de l'ignorance, et non pas de la barbarie.

Le but de Cerdagne était de faire à Mendoce une peur qu'il n'oubliât de sa vie et qui le rendît sage. Il n'osait se flatter que sa fille seule opérât ce prodige, et, avec un homme comme Mendoce, on ne pouvait rien attendre que de la raison cachée sous la forme des grâces et embellie par le sentiment.

Déjà sept à huit piqueurs étaient partis pour avertir une cinquantaine de gentilshommes les plus voisins, qui devaient arriver dans la journée, armés de pied en cap. Des palefreniers conduisaient des mules aux plus jolies des vassales de monseigneur, qui avait, pour les habiller magnifiquement, la garde-robe tout entière d'une épouse qu'il avait tant aimée. Pédrillo avait reçu l'ordre d'arranger avec la plus grande pompe la salle où s'assemblaient les officiers hauts-justiciers du comte, et le comte, qui avait besoin de Théodora pour pousser vivement Mendoce, était allé en personne lui donner ses instructions. — Bonjour, ma chère Théodora. — Eh bien! seigneur, qu'y a-t-il de nouveau? Allez-vous mettre ma patience à de nouvelles épreuves? — Toujours grondeuse, Théodora! — Il y a longtemps que vous le savez. — Et que je m'en plains. Au reste... — On ne change plus à quarante ans; j'achève votre pensée. — Je vous en remercie. — Au fait, seigneur, que me voulez-vous? — Je viens vous proposer de vous charger d'un grand rôle. — Ah! ah! et de quel genre est ce rôle? — Un insensé, un téméraire a manqué de respect à ma fille, et je veux l'en punir. — Ah! vous en revenez à mon sentiment. Je le savais bien, qu'on m'écouterait à la fin. Et de quel genre de mort le punirez-vous? — Comment, de quel genre de mort? — Allons, n'allez-vous pas ménager un paltoquet qui a l'insolence de plaire, qui entre chez vous par un soupirail, et qui m'enferme dans un caveau au vin! Votre haut-justicier, ses conseillers, ses gens de plume sont-ils avertis, sont-ils arrivés? l'audience va-t-elle s'ouvrir? — Je n'ai besoin d'aucun de ces gens-là. — Ah! vous le ferez expédier sans formalités : c'est plus bref. Mais quel rôle jouerai-je donc dans tout ceci? — Voulez-vous me faire la grâce de m'entendre? — Eh! je ne fais que cela. — Il me semble, au contraire, que vous m'interrompez à chaque mot. — Je suis muette. Voyons vite le rôle que vous me destinez. — Je convoque une cour d'amour. — C'est une misère que cela. — C'est tout pour un homme d'honneur. La dégradation de la chevalerie.... — Et s'il n'est pas chevalier? — Il l'est. — Mais son valet, au moins.... — Oh! nous verrons ce qu'on en fera. Je convoque donc une cour d'amour, et ma fille présidera. — La belle idée! — A la rigueur, je devrais me nommer prince d'amour; mais je suis le seul ici qui sache lire et écrire; ainsi je me charge de la partie des écritures. — Mais votre fille ne condamnera pas un homme que je la soupçonne fort d'aimer. — Elle n'a pas le droit de l'absoudre : d'ailleurs, je lui donne pour rapporteur quelqu'un qui n'a jamais plaisanté, et que je crois incorruptible. — Et qui, s'il vous plaît? — Théodora. — Rapporteur, moi? Je suis rapporteur! Ah! quel rapport je vais vous faire! Je sais par cœur celui qu'on prononça dans la fameuse affaire de Pierre de Provence et de la belle Maguelonne. Il n'y aura que quelques mots à changer. Ah çà, et qui proposera les questions à résoudre par le délinquant? — Moi. — Il faut ici des questions bien entortillées, bien obscures; des questions..... — Insolubles, n'est-ce pas? — Insolubles, c'est le mot. — J'en ai trouvé dans les procès-verbaux des cours d'amour d'Avignon, de Pierre-Feu, de Romanin. — Bon, et dégradé à la minute, s'il répond de travers. — Je vais vous envoyer des habits magnifiques. — Bien. — Pédrillo vous servira à dîner dans votre chambre; ainsi rien ne vous empêchera d'être prête quand on viendra vous avertir.

Cerdagne s'en fut dîner en petit comité avec monsieur et madame d'Aran. Il leur parlait de ses dispositions magnifiques comme d'une chose qui devait lui faire autant d'honneur qu'elle serait utile à leur fils. — Je veux voir cela, disait le comte d'Aran. Vous me prêterez encore votre armure bien complète, et je me mêlerai parmi vos hommes d'armes. — Mais, mon cher Cerdagne, reprit la comtesse, savez-vous que je n'approuve pas trop votre projet? — Et pourquoi cela, madame? — Mon fils a de l'esprit, beaucoup d'esprit, infiniment d'esprit, et cela est incontestable. Mais si l'aspect imposant de l'assemblée, un mouvement de frayeur, une distraction, le faisaient répondre de travers, il perdrait la noblesse, lui, plus noble, bien plus noble que le roi d'Aragon, et l'unique espoir de notre postérité. — Il ne perdra rien, madame. — Mais les arrêts des cours d'amour sont sans appel. — Oui, quand elles sont compétentes. Celle-ci est composée de moi, de ma fille, de ses femmes, de mes vassaux, et bien certainement on ne peut être à la fois juge et partie. Nos jeunes gens et les autres, qui ignorent les plus simples éléments du droit naturel, ne s'aviseront pas de récuser le tribunal; mais je le casserai, moi, de mon autorité privée, si je vois les choses tourner mal. — Vous me rassurez, cher comte, et bien qu'excessivement fatiguée, je veux être présente aussi. Le cher enfant! je ne l'ai pas vu depuis six ans. — Moi, je l'ai embrassé, et le coquin a pris mes larmes paternelles pour de la pituite. — Mais, madame, reprit Cerdagne, votre fils vous reconnaîtra. — Je prendrai un habit de matrone et un grand voile noir. — Théodora a votre affaire. — Je me mêlerai parmi les conseillères. — Fort bien. — Et j'opinerai contre mon libertin de fils..... si pourtant je peux résister à l'envie de l'embrasser à mon tour. — Ah! résistez, madame, de grâce résistez; vous gâteriez tout. — Ah çà! cher comte, comment finira la séance? — Eh, parbleu! par ce que nous désirons tous. La procédure sera suivie d'un bal, le bal d'un gala, et de la table à l'autel,

Puisse votre fils rendre ma Séraphine heureuse ! et, ma foi, je l'espère. Il est étourdi comme je le fus à son âge ; mais il a le cœur bon comme moi. J'ai dû beaucoup à ma femme de glorieuse mémoire, et j'aime à me persuader que la sienne le ramènera. — Ainsi soit-il, cher comte. — Hé ! mais quel bruit entends-je dans mes cours ?

Cerdagne se lève, sort et revient. — C'est une cinquantaine de mes hommes d'armes, couverts de leurs plus riches armures ; ce sont les plus jolies de mes vassales, que des habits somptueux vont rendre plus belles encore. — Pédrillo ! — Monseigneur ! — Fais mettre les chevaux de bataille dans mes écuries, conduis les maîtres à la salle à manger ; sers-leur ce que tu trouveras de mieux, et envoie-moi la femme de Guzman. Ah ! va prendre un habit de duègne complet chez Théodora, et apporte-le à madame ; va à mon bureau noir, prends l'écrin de madame de Cerdagne, porte-le à Séraphine, et dis-lui de ma part de charger de diamants sa coiffure et ses habits. — Ah ! je vous en prie, monseigneur, ne m'ordonnez plus rien. — Non, que de faire sortir tous mes gens des arrêts, de conduire un détachement de mes hommes d'armes à la tour pour amener l'aimable prisonnier quand il en sera temps. Tu t'iras coucher après si tu veux ; je l'y engage même, car il est au moins inutile que Mendoce te reconnaisse.

Le comte et la comtesse d'Aran sont travestis. La bonne dame, exténuée de la façon de Trufaldin, essaie de marcher par la chambre, appuyée sur une canne en béquille ; la petite vient prendre en riant les ordres de monseigneur ; monseigneur, qui aime les femmes gaies, la prie, en riant aussi, et sans savoir pourquoi, de faire rafraîchir ses vassales, de les conduire à la salle haute, entourée d'armoires où sont les habits de cour de feue madame la comtesse, de les distribuer selon l'âge, la taille, la grosseur ; de faire les pinces et les replis nécessaires, et surtout de mettre à cela autant d'ordre qu'on en a mis depuis au magasin de l'Opéra.

La petite part en sautant ; Cerdagne sort, donne un signal à son nain, et aussitôt les cornets à bouquin, les trompettes, la grosse cloche de la chapelle, celle qui appelle les commensaux à dîner, le carillon de la grande horloge, les tambours, tout sonne et joue à la fois. Quel dommage qu'il n'y eût pas alors de canons ! Tous ceux qui étaient dans le château fussent devenus sourds pour la vie. Le bruit de ce concert infernal pénétra jusqu'aux bas-fonds de la tour où gisait Trufaldin. Il sauta malgré ses douleurs du lit que son bon maître lui avait abandonné, et il s'écria : — Voilà les inquisiteurs de Pallarols qui viennent prendre leur revanche ! — Toujours poltron ! — Et malgré cela toujours battu. Si vous l'aviez été comme moi, vous auriez peur de votre ombre. — Imbécile ! tu ne vois pas que le futur beau-père veut s'égayer à nos dépens ? — Que le diable m'emporte si je ris de ces essais-là. — Mais, bélître, je t'ai lu le billet, le doux, le charmant billet de l'adorable Séraphine ! — La belle caution ! les amants voient tout de travers, et j'en ai su quelque chose quand j'ai pris madame votre mère pour Inès. — Faquin, s'il t'arrive jamais de dire un mot de cette impertinence, à moi, à qui que ce soit au monde, à Inès même, je te coupe l'oreille qui te reste. — J'entends bien, monseigneur, et je ne vous en parle que pour vous prouver... — Paix. — Qu'un roturier.... — Paix. — Se trompe comme un noble, et un noble comme un roturier. — Paix, paix, pour la dernière fois, paix ! — Ah, mon Dieu ! on ouvre les portes. — Et sans cela comment sortirions-nous ? — Vous vous tirerez d'affaire, vous, et moi... — Et toi, qu'as-tu à craindre chez le comte de Cerdagne ? — Mais j'étais chez lui quand votre père m'a si bien étrillé. — Je t'aurais tué à sa place ; ne me romps pas la tête davantage.

Les portes s'ouvrent en effet. Dix à douze hommes d'armes, couverts de fer, la visière basse et la lance en arrêt, ordonnent à Mendoce de les suivre. — Un moment, messieurs, j'ai là un petit miroir d'acier qu'il faut que je consulte. Je ne paraîtrai pas, quoi que vous fassiez, dans le désordre où me voilà. — Allons, presto, dit un homme d'armes en grossissant sa voix. — Ah, monsieur le bourru ! reprit Mendoce en arrangeant les crevasses de ses manches et de son haut-de-chausses, en donnant une tournure élégante aux boucles de ses blonds cheveux ; ah, monsieur le bourru ! je vois bien que vous n'êtes pas amoureux. — Presto, seigneur, prestissimo. — Si nous étions tête-à-tête en rase campagne, je vous presserais bien autrement. — Vos armes tomberaient devant moi. — Diable ! — Elles tomberaient, vous dis-je... En effet, c'était son père qui lui parlait.

Mendoce sortit de sa tour en levant les épaules devant le bourru, en se caressant le menton et en arrangeant les plis de sa fraise. On ne saurait penser à tout, et Cerdagne n'avait pas donné d'ordres au sujet de Trufaldin. L'écuyer, qui ne se souciait pas de rester seul dans la tour, se mit à côté de son maître, et marcha avec lui entre deux escouades de ces hommes bardés de fer, qui les conduisirent au petit pas et au son des trompettes dans la salle où s'était établi le tribunal.

Sur les côtés étaient des banquettes couvertes de draperies écarlates relevées en bosse d'or. Sur ces banquettes étaient assises vingt ou trente femmes plus jolies les unes que les autres, et parées de tout ce que l'art peut ajouter à la beauté. Dans le fond était un fauteuil à bois doré, couvert de coussins cramoisis, chargés de galons et de crépines d'argent; ce siége était occupé par Théodora, travestie en rapporteur. Au milieu de l'audience, était le comte de Cerdagne, vêtu d'un tissu d'or relevé d'une broderie en argent. Il était assis devant une table couverte d'un tapis et chargée de papiers. A côté du fauteuil de Théodora, était un dais surmonté de plumes, à rideaux de velours vert retroussés par des glands d'or. Le fond présentait en grand les armes de la maison de Cerdagne, brodées à l'aiguille et du travail le plus parfait. C'est sous ce dais que paraissait Séraphine, élevée au-dessus des autres femmes plus encore par ses charmes que par le rang. La soie ondoyante eût laissé deviner ses formes si les pierres précieuses qui les couvraient n'eussent ébloui l'œil le plus téméraire et le plus perçant. Derrière le dais étaient rangés les hommes d'armes, qui s'étendaient circulairement le long des banquettes. En avant de Cerdagne, une balustrade en cuivre doré séparait le tribunal de l'auditoire, composé des vassaux roturiers et des domestiques du comte. C'est parmi eux qu'étaient cachés Pédrillo, Rotrulde, Inès, Guzman, la petite et ceux à qui il était défendu de se laisser voir.

Mendoce ne put se défendre, en entrant dans cette salle, d'un mouvement de respect et d'admiration; et dès qu'il parut il fixa tous les regards. Beau comme Apollon du Belvéder, fait comme lui, il portait un habit de satin blanc, à crevasses couleur de rose. Des bottines d'un vert clair, un petit chapeau de la même étoffe que ces crevasses, surmonté de plusieurs plumes, qui badinaient au gré de l'air. Ses grâces et son air modeste complétaient sa parure.

Il traverse la salle, frappé du silence profond qui règne autour de lui. En passant devant Séraphine, il met un genou en terre et se recueille un moment devant la divinité qu'il adore. Fort de ses promesses et disposé à la seconder quoi qu'elle fasse, il se tient debout à la place qu'on lui désigne, et Trufaldin le suit pied à pied : il est devenu l'ombre de son maître.

Cerdagne n'avait pas prévu que monsieur l'écuyer accompagnerait Mendoce. Sa présence ne lui plut pas du tout. En effet, le bavard pouvait répondre aux interrogations qu'on lui adresserait certaines choses d'un rapport trop direct à certaine aventure, qui ne pouvait pas flatter certain comte. Mais enfin ce diable d'écuyer était là ; Cerdagne ne pouvait pas le renvoyer sans entrer dans certains détails. Il jugea à propos de laisser là Trufaldin, mais il se promit bien de ne pas toucher la corde délicate.

Mendoce regarde Séraphine. L'air sérieux de la demoiselle l'avertit de garder celui qu'il avait pris d'abord. Théodora se leva de l'air le plus important et se disposa à parler : — Un moment ! s'écria Trufaldin. — Silence ! dit un héraut d'armes. — Je parlerai, morbleu ! — Silence ! silence ! — Oui, quand j'aurai fini.... Vous saurez que je ne mérite pas l'honneur d'être jugé par une cour d'amour ; que je ne suis pour rien dans cette affaire ; que mon maître est un fou, qui n'a pas voulu m'écouter ; que vous en ferez ce qu'il vous plaira, et que je vais vaquer à mes affaires.

En finissant ce burlesque plaidoyer, Trufaldin traverse la salle en courant, et les hommes d'armes courent après lui. En dépit de ses brûlures, il sautait la balustrade, et allait se faire jour à coups de poing à travers la valetaille, lorsque le comte d'Aran, qui lui en voulait, et très-fort, l'arrêta par le talon, le jeta le nez par terre, et le reconduisit à sa place, le fer de sa lance dans les reins. — Encore un accident, disait Trufaldin en se frottant le visage. Il n'y a pas de raisons pour que cela finisse.

Malgré le grand sérieux qu'affectait Mendoce, il était difficile qu'ennuyé de la lenteur de Théodora, il ne revînt un peu à son caractère. — Allons donc, dit-il, aimable rapporteur, voyons les griefs à ma charge. — Du respect pour vos juges, répond Théodora en fronçant le sourcil. — Vous êtes sans doute très-respectable. — N'oubliez pas, dit Séraphine avec dignité, que c'est moi qui préside. Mendoce ne répond que par une profonde révérence. — Diable ! disait à part lui Cerdagne, ma fille a le ton magistral. — La session est ouverte, reprend Séraphine. Voyons, madame, votre rapport.

Théodora, toujours debout, attendait avec impatience le moment de faire briller son éloquence. Elle passe sa langue sur ses lèvres, elle baisse les yeux, elle les relève et commence.

— Quand je me remémore tant de romans fameux qui font

les délices de nos soirées d'hiver ; quand j'y vois des chevaliers brûler, trente ans consécutifs, d'un amour respectueux et ne baiser la main de leurs princesses qu'après les épousailles ; quand j'y vois arracher le baudrier et les éperons au téméraire qui exprime simplement un désir injurieux, que dirai-je de celui qui est l'objet d'une procédure qui va fixer l'attention de tout le monde chrétien ?

« Rappellerai-je au tribunal des félonies malheureusement trop connues ? Un nom supposé, un père menacé, un asile violé.... Non, je ne retracerai pas des crimes dont la seule idée fait frémir d'indignation tous les honorables membres. J'applaudirai, je partagerai ce sentiment, garant terrible et sûr de la pudicité du sexe, et je terminerai en quatre phrases.

Ah ! bon, dit Trufaldin en lui-même, elle ne conte pas à ces dames que j'ai eu l'honneur de coucher avec la comtesse. Gardons-nous bien d'en dire un mot.

Théodora tousse, crache, se mouche et se résume.

Il est constant, il est avéré que ce chevalier déloyal est coupable au premier chef d'après les statuts de la chevalerie ; il est donc évident qu'il a encouru la dégradation. Cependant, la cour, dans sa clémence, lui accorde la faculté de se défendre, et son honneur dépendra de la manière dont il va répondre aux questions qui lui seront proposées.

Ici Cerdagne regarde son gendre en dessous, en ayant l'air de feuilleter ses paperasses. Ici Mendoce prend un air pensif et même timoré. Ah ! ah ! se disait le beau-père, le fripon ne rit plus ; il commence à avoir peur. Je savais bien que je le corrigerais. Le cher comte ne s'apercevait pas qu'à chaque instant Mendoce fixait Séraphine, la devinait au coup d'œil, et s'arrangeait un visage selon le vœu de sa charmante maîtresse.

— Quant au valet complice de ces projets audacieux, reprend Théodora, il ne mérite pas, ainsi qu'il l'a observé lui-même, l'honneur d'être jugé par une cour d'amour. — Ah ! grand merci, bonne dame. — Je conclus à ce qu'il soit livré à la justice ordinaire du seigneur Cerdagne, et pendu dans les vingt-quatre heures. — Voilà une femme bien endiablée après moi. Ça vous parle de pendre un homme comme un ivrogne de casser une bouteille vide. Quoi ! parce qu'il m'est arrivé cette nuit de prendre une dame pour une grisette... Aïe, aïe, aïe ! finissez donc, monsieur l'homme d'armes, je peux défendre mon cou peut-être ? C'était donc le comte d'Aran qui, pour faire taire

Trufaldin, lui piquait le derrière avec sa lance. — Si tu ajoutes la moindre chose sur la grisette ou dame, dit Cerdagne d'un air courroucé, tu seras pendu sans formalité. — Seigneur Mendoce, mon cher maître, plaidez ma cause au moins; tirez-moi des mains de ces gens-là. — Mon pauvre Trufaldin, je n'ai pas la parole. — Il faut la prendre, morbleu! — Silence! crie le héraut. — Silence! silence! Je voudrais vous y voir. Vous vous laisseriez pendre sans rien dire, n'est-ce pas? Puis s'adressant de nouveau à Mendoce : — Et vous qui perdez la parole quand il n'est question que de vos éperons et de votre baudrier, vous aviez bien besoin de me fourrer dans ce galimatias. Seigneur Cerdagne, ayez pitié d'un pauvre diable qui ne vaut pas le cordon; renvoyez-moi; mariez votre fille comme vous l'entendrez, et si j'approche seulement de vos frontières... — Il me semble, poursuivit Cerdagne que, sans être justiciable de la cour, le valet peut suivre le sort de son maître. — A la bonne heure, dit Théodora, et je retire la dernière partie de mes conclusions : condamnés ou absous ensemble.

— Condamnés à perdre mes éperons, dit Trufaldin... Ah! parbleu, les voilà et les bottines aussi. Je vous salue, et je m'en vais. Il jette ses vieilles bottes au milieu de la salle et se remet à courir. Il trouve partout la pointe de la lance du comte d'Aran, redevenu leste par le désir de se venger, et l'écuyer est encore forcé de se remettre à sa place.

Tous ceux qui étaient dans le secret se pincèrent les lèvres pour ne pas éclater. Inès seule, Inès, tremblant pour son écuyer, murmurait, se plaignait, et allait adresser au tribunal des remontrances telles quelles, lorsque Pédrillo, qui avait l'œil à tout, qui prévoyait tout, et qui parait à tout, prit la grosse fille par la main et la mit à la porte.

Cerdagne bien remis reprit la parole : — J'ai proposé, dit-il, que les deux coupables fussent condamnés ensemble; mais je n'ai pas entendu qu'ils subissent la même peine. Trufaldin, tu es le plus âgé, tu n'es pas sot, et tu as sans doute été l'instigateur de tout ceci. — Non, par saint Pancrace! Seigneur Mendoce, rendez-moi au moins cette justice. Théodora, qui ne demande qu'à déployer la sévérité de son emploi, déclare que, d'après la sentence de l'officier de plume, elle persiste à la peine prononcée contre le valet.

— L'enragée n'en démordra pas! s'écrie l'écuyer. Au moins, seigneur Mendoce, n'allez pas répondre de travers.

Jusqu'alors la belle, la sensible Séraphine avait gardé le silence. Elle crut qu'il était temps d'exercer ses fonctions, et s'adressant à Mendoce de l'air le plus sérieux : — Vous avez entendu, dit-elle, ce dont on vous accuse, qu'avez-vous à dire pour vous justifier? — Je ne puis nier les faits qui me sont imputés. — Que diable! on nie toujours, dit Trufaldin. — Ecrivez qu'il avoue, reprit Théodora. — Mais, continue Mendoce, je demanderai à tous ceux qui verront Séraphine s'il est possible d'écouter sa raison auprès d'elle, et si le délire qu'elle a fait naître ne doit pas trouver grâce à ses yeux.

— Voilà, s'écrie d'une voix aigre la dame rapporteur, voilà un argument bien tourné. C'est-à-dire que, si elle était votre femme, il serait permis de l'aimer à tous ceux qui la verraient; il leur serait loisible de faire les extravagances qui leur passeraient par la tête, sans qu'elle ni vous pussiez le trouver mauvais, et cela parce qu'elle a de beaux yeux! Vous ne vous tirerez pas d'affaire par là, mon cher ami.

— Bien, fort bien, disait tout bas Cerdagne, et il se frottait les mains, et il sautait sur l'humble pliant qu'il avait pris en qualité de greffier. — Je suis, dit Séraphine plus sérieuse que jamais, je suis de l'avis du rapporteur. Cette réponse du chevalier, faite avec réflexion, est plus offensante peut-être que les démarches qui l'ont précédée.

Cerdagne ne saute plus, les bras lui tombent, et il ne conçoit pas que sa fille, qui a fait l'aveu de sa tendresse, poursuive aussi son amant. Pendant qu'il s'étonne, qu'il réfléchit à la bizarrerie des femmes, Théodora, qui ne perd pas son objet de vue, requiert l'homme de plume d'écrire que l'accusé n'a rien à dire pour sa défense, et de passer de suite aux trois questions d'usage.

Ici la crainte, l'inquiétude, les alarmes de Trufaldin redoublent. Il s'approche de l'oreille de son maître : — Tenez-vous bien, au moins; ce n'est pas un jeu d'enfant que ceci.

Cerdagne lève la tête, et propose la question suivante avec toute la solennité qu'il peut mettre dans son maintien et dans sa voix.

« Quel est celui qui produit sans cesse, et qui sans cesse dévore ses enfants? »

Mendoce réfléchit. Sa mère, cachée derrière le dais de Séraphine, tremble qu'il ne compromette sa réputation d'homme d'esprit; son père s'aperçoit avec plaisir que le jeune homme ne marque aucun embarras, et comme il n'est pas de sot qui ne soit plein de confiance en sa pénétration, Trufaldin réfléchit aussi de son côté.

— Quel est celui, reprend Cerdagne, qui produit sans cesse et qui sans cesse dévore ses enfants? — C'est un lapin, s'écria Trufaldin. — C'est le temps, répond modestement Mendoce. — Parbleu, dit Cerdagne d'un air de satisfaction, voilà précisément ce que répondit Lancelot à la cour d'amour de Pierre-Feu.

Il allait motiver la validité de la réponse, lorsque la dame au grand voile noir, enchantée de la sagacité de son fils, quitta sa cachette et courut à lui les bras ouverts. Cerdagne se leva précipitamment, lui prit respectueusement la main et la conduisit derrière le président. — Quelle est donc, se disaient tous les assistants, d'Aran et Pédrillo exceptés, quelle est cette femme à qui le comte marque tant d'égards?

Ce petit incident avait suspendu la discussion, mais n'avait pas détourné Séraphine de son objet. Elle voulait intriguer son père à son tour, et, rappelant l'attention sur la réponse de Mendoce, elle soutint qu'elle était fausse et de toute fausseté.

Cerdagne commença à trouver l'opiniâtreté de sa fille plus qu'extraordinaire, et il devint sans s'en apercevoir le défenseur de celui qu'il avait poursuivi. — Comment, dit-il, ce n'est pas le temps qui produit sans cesse, et qui sans cesse détruit ses enfants? — Non, seigneur. Le temps détruit sans doute, mais la nature seule a la faculté de produire. — Ces dames, reprit Théodora, sont sans doute de l'avis du président? Ici toutes les bachelettes se lèvent *spontanément*.

— Ecrivez, poursuivit le rapporteur, que l'accusé ne sait ce qu'il dit. — Prenez donc garde à ce que vous faites, dit Trufaldin à son maître; que diable, vous allez me faire pendre!

Cerdagne écrivait de fort mauvaise grâce et de plus mauvaise humeur. Il fixa alternativement sa fille et Mendoce, ne remarqua aucun signe d'intelligence, pas la moindre marque de gaieté, et passa à la seconde question :

« Quel est le plus parfait des deux sexes? »

— Ah! par exemple, reprit Mendoce, voilà une question tout au plus bonne à embarrasser des enfants. — Un moment, s'écria Trufaldin, consultez-vous un peu. On n'est pas de cette étourderie-là. Je vois bien que vous ne risquez que des éperons.

— Quel est, répète Cerdagne, le plus parfait des deux sexes?

— Le féminin pour un homme galant; le masculin pour une femme sensible.

— Ta, ta, ta, ta, dit le rapporteur, c'est là tout ce que vous savez, beau chevalier? Je suis une femme sensible, j'espère, et, je vous soutiens que nous valons mieux que vous. Qu'en pense le tribunal?

Tous les assesseurs étaient debout avant qu'on eût demandé leur avis. — Ecrivez, pour la seconde fois, poursuivit Théodora, que l'accusé ne sait ce qu'il dit. — Me voilà perdu, s'écria Trufaldin.

Le comte et la comtesse d'Aran étaient très-mécontents du tribunal. Il leur semblait que leur fils avait répondu comme un ange, et ils commençaient à se repentir de s'être prêtés à l'épreuve de Cerdagne. Pour le père de Séraphine, il était d'une colère, mais d'une colère qu'il contenait à peine, et qui parut à l'altération de sa voix lorsqu'il posa la troisième question :

« Quel est l'état le plus heureux pour la femme? »

— C'est celui de l'amour, répondit Mendoce, parce qu'alors la femme reprend sur nous l'empire que nous affectons sur elle en toute autre circonstance.

— Ah! dit Cerdagne avec un long soupir, je me flatte que cette fois vous ne contesterez pas la justesse de sa réponse. — Elle n'a pas le sens commun, interrompit le rapporteur. Qu'est-ce que c'est, s'il vous plaît, que l'empire des hommes dont on nous parle ici? Je ne suis pas mariée, et sans doute je ne me marierai jamais, je n'estime pas assez ces messieurs pour cela; mais amante ou épouse, indifférente ou non, un homme quel qu'il soit s'avisât-il seulement de me regarder de travers, jour de Dieu! je lui ferais voir que cet empire ne soumet que des sottes. — Eh! madame, répliqua Cerdagne en fureur, vous oubliez que le capitaine Diégo.... — Diégo était un brigand. — Il ne vous a pas moins soumise. D'ailleurs, ce sont des raisons qu'il faut ici et non de l'emportement. — J'en donnerai et d'excellentes, dit froidement Séraphine. — Parbleu, je vous en défie, lui répondit son père. — Je ne nierai point, reprit la jeune personne, que l'homme, en général, n'abuse de son empire; mais lorsqu'il y renonce volontairement, qu'il soumet, qu'il abandonne tout son être à l'objet qui a su le charmer, quelle femme délicate et raisonnable pourrait s'en prévaloir? Ne sentira-t-elle pas que l'amour n'est qu'un échange de soins et d'égards, qu'il s'éteint au seul soupçon de la contrainte, et

que, pour plaire longtemps, l'épouse doit être la plus aimante et la plus douce ?
— Je suis mort ! s'écria Trufaldin, et il se jette la face contre terre. Cerdagne, hors de lui, saute sur son pliant, sur la table, envoie d'un coup de pied son écritoire au bout de la salle, menace Théodora et s'adressant à sa fille : — Quelle fureur avez-vous donc de faire de l'esprit, et même contre vous ! Il y a une heure, vous trembliez pour ce jeune homme, et vous le poursuivez avec un acharnement... — Ce n'est point à l'homme de plume que je vais répondre, il n'est là que pour écrire ; c'est à mon père, qui ne saurait perdre ses droits. Seigneur, votre juste ressentiment est entré dans mon cœur. Je ne vois plus dans Mendoce qu'un homme digne d'une punition exemplaire, et je vais la prononcer. — Allons, c'est trop fort, et ceci n'est pas naturel. Séraphine, tu me joues... Ah ! tu ris, méchante fille ! — J'avoue, seigneur, que je me suis un peu vengée des inquiétudes que vous m'avez causées, et le jeune comte d'Aran, le fils du roi d'armes, était d'intelligence avec moi. — Comment ! vous saviez tous deux... — Oui, que nous n'avions rien à craindre. Pardonnez-nous cette tricherie, seigneur : je n'ai pas prévu l'état où elle vous a mis. — Il faut bien, parbleu, que je pardonne, puisque mes ruses sont découvertes. D'ailleurs, je comptais toujours en venir là. — Ce pardon sera le dernier, je vous le jure, lui répliqua Mendoce. Mon amour n'est comparable qu'aux charmes de Séraphine : que pourrai-je lui préférer jamais ? — Mais il me semble, reprit le comte d'Aran en levant sa visière, qu'on a aussi besoin de mon indulgence. — Moi, je commence par tout oublier, dit la comtesse en levant son voile et se jetant dans les bras de son fils... — Mon père... ma mère... — Cher Mendoce, sois sage... sois heureux. Et les exclamations durèrent un quart d'heure.

Séraphine était rayonnante. Il est si doux, pour la beauté d'accorder sa vertu et son cœur ! Le grand sérieux du tribunal avait fait place à la joie la plus vive ; on se mêlait, on souriait, on parlait tous à la fois : c'était charmant. Cerdagne apprit de Mendoce qu'il savait l'arrivée de son père et de sa mère. Il loua la délicatesse qui avait porté le jeune homme à jouer la surprise pour éviter à la comtesse le désagrément de certaines explications sur lesquelles pourtant Trufaldin s'était suffisamment étendu dans la tour. Le comte augura bien de la discrétion de son gendre, et regardant sa Séraphine avec attendrissement :

— Sois son époux, demeure son amant, et par pitié pour mes vieux ans, sois-lui toujours fidèle. Je renonce aux épreuves, renonce aux aventures. — Je vous le jure, mon père, par l'amour et par l'honneur.

Théodora était la seule qui n'avait pris aucune part à la satisfaction générale. L'étonnement où l'avait jeté ce dénoûment imprévu lui avait ôté l'usage de la parole ; mais, revenant enfin à son caractère, elle mit ses poings sur ses hanches et sortit en disant à Cerdague : — Ce jeune fou épouse Séraphine ; il ne le devait pas ; je ne le voulais pas. Je suis outrée, furieuse, désespérée, et je ne sais qui je dois blâmer le plus de l'amoureux ou du beau-père.

Trufaldin, lui qui se croyait pendu ou prêt à l'être, était resté étendu sur le plancher. Mendoce, qui lui était vraiment attaché, quitta pour le secourir la belle Séraphine, à qui il avait tant de choses à dire. La joie du bonhomme fut extrême quand il apprit que sa vie était en sûreté, et qu'il pourrait revoir Inès sans être exposé à de nouveaux accidents. — Seigneur Cerdague, dit-il, pendant que vous êtes en train de faire des mariages, daignez consentir au mien. Mademoiselle Inès n'en sera pas fâchée. Elle vous servira avec plus de zèle, et je ferai mes efforts pour vous être agréable. — Ah ! tu comptes donc rester avec moi ? — Hé ! comment voulez-vous, après ce qui s'est passé cette nuit, que la comtesse d'Aran... — Ah ! diable, je ne pensais plus à cela. Allons, je te fais mon lecteur. Va annoncer cette nouvelle à ta grosse fille, à qui, par considération pour toi, je donnerai une place plus relevée, et soyez prêts tous deux pour cette nuit. — Quoi ! s'écria Mendoce, c'est cette nuit, cette nuit même ?... — Oui, mon ami : ce qu'on perd en bonheur ne se retrouve jamais, et accélérer celui de ma fille, c'est céder à mon cœur. Mesdames et seigneurs, passons dans la salle de bal. Je me sens de force à l'ouvrir avec la future comtesse d'Aran : c'est le privilége des papas.

On court, on se presse ; la joie commune fait oublier l'étiquette. Les vassaux nobles se mêlent avec les gens titrés. Telle comtesse ne dédaigne pas une sarabande que lui propose un simple gentilhomme. On ne pouvait admettre les roturiers sans une dérogeance absolue ; mais ils se dédommageaient dans une salle voisine avec les principaux domestiques du comte. Rotrulde, la petite Guzman, donnèrent le signal du plaisir. Inès, enchantée, sautait à enfoncer le plancher, et le bon Trufaldin, oubliant le passé, vivant dans l'avenir, dansait, et dansait bien, car c'était de tout son cœur.

Mendoce prétendait, à la fin de chaque danse, qu'il devait être minuit. La modeste Séraphine n'osait convenir qu'elle trouvait la soirée longue; elle répondait simplement : — Oui, je crois qu'il est tard. Cerdagne, qui était le maître d'avancer le moment, sourit d'abord de l'impatience des amants, s'y rendit ensuite, et fit passer ses convives dans la salle du banquet. Le chapelain du château prononça d'un ton grave et traînant un bénédicité qui fut écouté très-dévotement, mais qui ne bannit point la gaieté. Chacun était content et chacun fut aimable. Ce n'était pas l'amabilité de nos jours, ces jolis riens, ces bagatelles insignifiantes auxquels on ne trouve de sens qu'en disséquant les phrases et les mots; c'était la bonne gaieté de la nature, cette gaieté franche qui s'exprime clairement, se permet un mot gaillard et ne séduit ni femme ni fille : c'était la gaieté du douzième siècle.

On la poussa jusqu'à improviser des couplets à la fin du repas. Mendoce voulut chanter son bonheur; Cerdagne et quelques autres esquissèrent aussi des vers. Vous ne les trouverez pas bien bons, car les couplets ne finissent pas par une pointe; mais les bonnes gens lisaient l'épigramme et chantaient des chansons. Au reste, les voici. Ils vont assez bien sur l'air de la romance du *Cousin de tout le monde*. Mendoce adressa le premier à sa Séraphine :

> Une belle obtient mon hommage;
> D'une autre, l'amabilité
> Me séduit bientôt davantage;
> Une troisième a la gaieté.
> Charmes divers subjuguent l'âme;
> On veut tout avoir aujourd'hui;
> Mais, quand on a tout dans sa femme,
> On laisse en paix celles d'autrui.

Cerdagne, piqué au jeu, riposta par le couplet suivant :

> Le voisin a femme piquante;
> On a bien mieux que le voisin;
> Mais la voisine est agaçante,
> Et souvent on lui cède enfin.
> Bravant les attraits de la dame,
> Malgré l'usage d'aujourd'hui,

> Sois toujours l'amant de ta femme ;
> Toujours froid pour celles d'autrui.

— Ah ! dit madame d'Aran, je chanterai aussi. Et elle commença en chevrotant un peu :

> Vous qui dédaignez de vous rendre
> Au langage de la raison,
> Pardonnez si j'ose entreprendre
> De vous faire ici la leçon.
> Gardez-vous de troubler nos dames :
> Malgré l'usage d'aujourd'hui,
> Donnez le bonsoir à vos femmes,
> Souhaitez-le à celles d'autrui.

Le comte d'Aran ne voulait pas qu'on eût plus mauvaise opinion de son esprit que de celui des autres. Il commença :

> On voit encor plus d'un bon père...
> On voit encor..

— Ah ! m'y voilà.

> On voit encor plus d'un bon père
> Se mettre parfois...
> Parfois en courroux...

Diable ! diable ! Je ferais cent premiers vers si je voulais ; c'est le second qui ne vient pas. — Il est minuit, s'écria Cerdagne, qui voulait ménager l'amour-propre de son ami. — Il est minuit, répéta Mendoce. Il se lève et il présente la main à Séraphine. Leurs parents, leurs amis se précipitent sur leurs pas ; Inès et Trufaldin se mêlent avec les autres, et on arrive à la chapelle.

Je vous fais grâce de la cérémonie nuptiale, de celle qu'on observa en couchant les mariés. Mendoce et Séraphine sont heureux, voilà tout ce qui vous intéresse, tout ce que vous voulez savoir. Hélas ! Trufaldin et sa grosse femme comptaient bien l'être aussi, mais l'infortune est un cercle qu'on parcourt sans s'arrêter : il n'a pas de fin.

Les garçons et les filles ont couché les pauvres époux ; ils se sont retirés en souhaitant ce qu'on souhaite en pareil cas ; mais, hélas ! ces souhaits ne se réalisent pas. Trufaldin s'étonne d'abord de sa nullité et s'en afflige ensuite. Inès est au désespoir et ne conçoit pas cet étrange accident : *tantum mutatus ab illo !*

Épouse soumise et complaisante elle agit, elle se fatigue, elle se repose, elle recommence... Rien. Trufaldin se lève en colère et prétend qu'il y a dans le château quelque sorcier qui lui a noué l'aiguillette. Il oubliait que la frayeur qui l'avait violemment agité était l'unique sorcière dont il eût à se plaindre. Plein de son idée, il court trouver le chapelain et le prie de l'exorciser. Le chapelain, homme très-profond, ne doutait pas de la puissance des noueurs d'aiguillettes, et croyait plus fermement encore à celle de l'eau bénite et des prières. Il exorcisa tant, il pria tant, il secoua tant de l'aspersoir, que Trufaldin, qui était nu, se sentit glacé jusqu'à la moelle des os : — Mouillez, révérend, mouillez plus fort, plus fort encore... Le maléfice augmente; je me sens prêt à mourir de froid. Le révérend mouilla si bien, qu'il fut impossible au pauvre mari de se relever du coussin sur lequel il s'était mis à genoux; il était paralysé des jambes et des cuisses.

Le révérend, plein de charité, chargea le perclus sur ses épaules et le reporta dans son lit. Inès, qui n'entendait pas être la femme d'un paralytique, jeta les hauts cris. Le révérend l'exhorta à se soumettre à la volonté de Dieu. — Dieu, répliqua Inès, veut que j'aie un homme parce que je les aime. Que ferai-je de cet animal qui n'est bon à rien? — Mais, ma chère sœur, vous avez promis à l'autel de garder votre mari en santé comme en maladie. — Mon mari, oui; mais cet estropié ne l'est pas. — C'est ce qu'il faudra faire vérifier par les matrones. — Et que diront-elles, vos matrones? qu'il me manque quelque chose? et qu'est-ce que cela prouvera? Croyez-vous, révérend, que j'ai vécu trente ans sans avoir eu des mouvements de curiosité? — Fi, ma sœur, fi, quelle indignité! — Indignité tant qu'il vous plaira, cela ne laisse pas d'être...

Plaintes amères d'Inès, désolations de Trufaldin, consolations pastorales du bon chapelain employèrent le reste de la nuit et une partie de la matinée.

Séraphine et Mendoce, au contraire, étaient sortis de la couche nuptiale, brillants comme le soleil qui s'élevait sur l'horizon. D'Aran et Cerdagne partageaient la félicité de leurs enfants; les seigneurs, les dames jouissaient de l'allégresse des heureuses familles; on était réuni pour le déjeuner lorsque le chapelain entra d'un pas ferme et d'un air recueilli qui annonçaient quelque chose d'extraordinaire. Mendoce accablait sa Séraphine des plus tendres caresses; le comte d'Aran parlait à sa femme de la certitude de se voir bientôt renaître dans un petit-fils; Cerdagne, toujours vif, demanda au chapelain ce qui l'affectait si profondément. — Un mariage qui n'est pas consommé, monseigneur ; un mari devenu paralytique, par la vertu de l'eau bénite ; une femme qui veut faire casser son mariage. — Quel galimatias me faites-vous là, monsieur l'abbé ? — Il n'y a pas de galimatias, monseigneur. On a noué l'aiguillette à Trufaldin. Je l'ai exorcisé ; la force des exorcismes l'a rendu perclus, et Inès, qui s'est levée, dit-elle, comme elle s'est couchée, ne veut plus de ce mari-là et défie toutes les matrones, parce que depuis longtemps elle a perdu tout ce qu'elle pouvait perdre. — Je vais arranger cette affaire-là, seigneur abbé. Et Cerdagne monte à la chambre nouvelle qu'on avait donnée à madame Trufaldin.

Il trouve les époux aussi éloignés l'un de l'autre que le permettent des murs que la haine conjugale ne saurait faire reculer. — Ta femme se plaint de toi, dit-il à Trufaldin ; voyons si ses plaintes sont fondées ; évertue-toi, et fais à l'instant le mari. — Je l'ai souvent fait sans l'être, monseigneur. — Raison de plus pour le paraître quand la circonstance l'exige. — Vous ne concluez donc pas de ma nullité de cette nuit que je doive être nul en ce moment ? — Non, sans doute. De plus honnêtes gens que toi ont éprouvé cet accident. — Eh bien ! monseigneur, puisque vous me passez la nuit, pourquoi ne m'accorderiez-vous pas un jour, un mois, un an ? Ma virilité a disparu au moment où je m'y attendais le moins : elle peut revenir de la même manière. — L'abbé, ce raisonnement me paraît concluant. — Pour vous, monseigneur, qui n'y perdez rien, dit Inès ; mais je vous observe, moi, que si mon mari ne m'épouse que dans un an, il peut bien aussi ne m'épouser que dans deux, dans six, dans quinze, enfin pas du tout, ce qui n'est pas plaisant pour une femme qui entend remplir ses devoirs, mais qui veut avoir les bénéfices avec les charges. — Autre raisonnement concluant, reprit Cerdagne. Je suis vraiment embarrassé. Quoique l'histoire offre mille affaires de ce genre bien ou mal jugées, ma foi, je m'en tiendrai à la décision du pape Alexandre III, qui n'était pas un sot. Une femme mariée tombe malade : *Instrumentum ejus impeditum est*. Nous donnons au mari, dit le pape, la permission d'en prendre une autre. Je retourne la décrétale, et je dis à Trufaldin : *Instrumentum tuum impeditum est*, et je donne à Inès la permission de se pourvoir comme bon lui semblera. — Mais, monseigneur, observa le chapelain, Honorius III ordonne qu'une femme qui se plaindra de l'impuissance de son mari demeure huit ans avec lui jusqu'à divorce. — Ah ! le pape Honorius a dit cela ? — Je m'en tiens, s'écrie Trufaldin, au jugement du pape Honorius. — Cet Honorius ne sait ce qu'il dit, s'écrie à son tour Inès. Apparemment que ce pape-là n'était homme que tous les huit ans. — Ma foi, je suis très-embarrassé, dit Cerdagne. Au reste, voilà ce que j'ordonne de mon autorité privée. Je supprime les exorcismes et l'eau bénite, parce que je ne crois pas aux sorciers. On mettra à l'instant le mari honteux dans un bain de lie de vin cuite avec de la sauge. Il prendra toute la journée de bons consommés et des viandes succulentes ; ce soir, une rôtie au vin de la Manche chauffé avec des herbes aromatiques, et nous verrons demain.

Le lendemain tout allait à merveille. Le bain avait détendu les nerfs qui commençaient à se roidir ; la rôtie avait dissipé le maléfice. Trufaldin avait le diable au corps, et le lendemain sa femme fit supplier le comte de lui laisser son cher petit mari.

Cependant Cerdagne, qui n'avait pas de raison d'être discret, avait amusé ses convives de la mésaventure de Trufaldin. Il fit valoir la restauration du bonhomme, et prétendit en savoir plus que tous les exorcistes du monde. L'abbé n'osait dire non, mais il faisait la grimace. Les convives, désœuvrés comme on l'est toujours à la campagne, renchérirent sur les circonstances de cette histoire ; elle fit du bruit, on en parla partout ; elle se répandit en France, et, comme dans tous les temps les Français ont aimé les extrêmes, ils imaginèrent le *congrès*, espèce de combat aussi injurieux pour le mari obligé de l'accepter qu'infamant pour l'épouse qui avait l'impudeur de jeter le gant.

On connaît le dernier procès de ce genre qui fut jugé à Paris en 1659. Le marquis de *Langeais*, attaqué par sa femme, demanda lui-même le congrès. Ils entrèrent dans leur lit ordinaire, les rideaux exactement fermés. Les inspecteurs, retirés dans un cabinet voisin, ne devaient paraître qu'après la défaite et la victoire du mari. Les impertinences rebutantes de madame de Langeais firent succomber le marquis. Il présenta un second cartel. Les juges, fatigués des cris des superstitieux, des plaintes des prudes et des railleries des plaisants, refusèrent la seconde tentative, déclarèrent le mari impuissant et le mariage nul.

Le marquis se remaria avec *Diane de Navailles* ; il lui fit sept enfants.

La grand'chambre, éclairée sur le ridicule scandaleux et l'inutilité de ces procès, abolit le congrès, comme on a aboli depuis les sorciers, qui n'existaient pas ; la Sorbonne, qui affectait d'y croire ; les droits de jambage, de marquette et de prélibation, les servages, les jansénistes, les molinistes, les miracles, les moines, et, comme il faut être extrême en tout, la religion, qui ne faisait point de mal et qui consolait les faibles ; la piété filiale, la fidélité conjugale, la morale et la probité, qui étaient utiles à tous.

MORALE DE LA CHOSE

1° Il faut des romans pour tous les goûts.
2° Très-souvent on va chercher bien loin et à travers mille difficultés le bonheur qui est à nos côtés.

FIN.

Paris. — Typ. Collombon et Brûlé, rue de l'Abbaye, 22.

LA FOLIE ESPAGNOLE
EXTRAIT DU SOMMAIRE DES CHAPITRES

Chapitre Premier

Il y est démontré : 1° que Cerdagne et d'Aran sont moins heureux à la guerre qu'en amour ; 2° que Diego, le dévirgineur, quoique simple capitaine, est plus veinard que le bon roi Ramire ; 3° qu'en Espagne, de même qu'ailleurs, c'est véritable pain bénit que d'enlever son amant à sa meilleure amie ; 4° que les caves ont été surtout inventées pour qu'il s'y passât des choses extraordinaires.

Chapitre II

Ce qu'était Trufaldin ; pourquoi Batilde était Pedro, et comment par crainte de scandale chez un saint homme, un coffre-fort est ouvert. — Admirable résignation de Batilde à se sacrifier, autant et plus, pour la sauvegarde de Trufaldin obligé de voir et souffrir ce qu'il ne peut empêcher. — Le jeune don Mendoce d'Aran en fait voir de grises et même d'une autre couleur aux papas et aux maris de Saragosse. Les folies d'Espagne commencent.

Chapitre III

L'ermite Pacôme et son ermitage ; événements miraculeux et non miraculeux qui ne seraient point contés s'il ne s'agissait d'ermite et d'ermitage... en Espagne.

Chapitre IV

Infortunes conjugales du seigneur Gonzalve, et celles non moins innombrables de ses nobles convives — *Meli-melo* et *tohu-bohu* nocturne tout à fait réussi de donas, signoras, chambrières, duègnes, avec comtes, marquis, hommes d'armes et laquais. — Un poignard planté à l'espagnole plus haut que la jarretière de la terrible Séphora fait parler beaucoup de lui. — Entre temps, il est narré les conséquences tout à fait désagréables de la chute d'un ciel de lit à un moment inopportun.

Chapitre V

Diable et archange s'ensauvant de compagnie à travers champs. — Une veuve promptement consolée. — Deux ou trois nuits agréables chèrement payées. — Accouchement impromptu. — Voyage à travers les Espagnes et aventures auxquelles Mendoce et Trufaldin ne comprennent rien, si ce n'est que leur cicerone est une jeune fille inconnue, mais bien jolie, ce dont enrage Trufaldin, et ce qui plaît fort à Mendoce.

Chapitre VI

Le voyage accidenté continue. — Des velléités de gaillardise valent à Trufaldin un bain forcé et prolongé en compagnie de la grosse Inès. Continuation de malchance : une oie avide engloutit une partie très-intéressante de son individu ; à peine débarrassé de la gloutonne, il résout à quatre pieds du sol, le problème : plus lourd que l'air, ce qui lui vaut d'être accusé de sorcellerie avec Mendoce, l'inconnue et d'autres aussi ; le bûcher est allumé, mais ce n'est pas pour eux qu'il flambera.

Chapitre VII

Intrigues des plus compliquées prouvant que les ruses d'amour ne sont pas imaginées d'hier et que de même que Guzman, Mendoce ne connaît pas d'obstacles...

Chapitre VIII

Effraction, escalade, assaut et envahissement de la place forte. — Patatras ! Voilà Mendoce bel et bien prisonnier Trufaldin cherche partout Inès et finit par trouver ce qu'il ne cherchait pas... Une cour de justice et d'amour. Serment solennel de ne plus faire de folies en Espagne ni ailleurs... Intermèdes badins ! — Aiguillette de Trufaldin nouée et dénouée. Morale de la chose.

www.ingramcontent.com/pod-product-compliance
Lightning Source LLC
Chambersburg PA
CBHW050642170426
43200CB00008B/1117